I libri di Viella

362

Lorenzo Tanzini

Una Chiesa a giudizio

I tribunali vescovili nella Toscana del Trecento

viella

Prima edizione: ottobre 2020
ISBN 978-88-3313-456-7

viella
libreria editrice
via delle Alpi, 32
I-00198 ROMA
tel. 06 84 17 758
fax 06 85 35 39 60
www.viella.it

Indice

Premessa

> Uno piovano il quale avea nome il piovano Porcellino, al tempo del vescovo Mangiadore, fu accusato dinanzi dal vescovo ch'elli guidava male la pieve per cagione di femine. Il vescovo, facendo sopra lui inquisizione, trovollo molto colpevole. E, stando in vescovado, attendendo l'altro dì d'essere disposto, la famiglia, volendoli bene, l'insegnaro campare. Nascoserlo, la notte, sotto il letto del vescovo. Ed in quella notte, il vescovo v'avea fatto venire una sua amica, ed essendo entro il letto, volendola toccare, l'amica non si lasciava, dicendo: – Molte impromesse m'avete fatte, e non me ne attenete neente. – Il vescovo rispose: – Vita mia, io lo ti prometto e giuro. – Non – disse quella: – io voglio li danari in mano. – Il vescovo levandosi per andare per danari per donarli all'amica, il piovano uscì di sotto il letto e disse: – Messere, a cotesto colgono elle me? Or chi potrebbe fare altro? – Il vescovo si vergognò e perdonolli; ma molte minacce li fece, dinanzi alli altri cherici.[1]

Il racconto sul pievano Porcellino è probabilmente la prima testimonianza nella letteratura italiana in volgare di uno schema narrativo straordinariamente fortunato, quello della storia del chierico lussurioso. Accusato di aver dilapidato il beneficio della sua pieve per intrattenersi con donne di malaffare, il pievano riesce a sorprendere il vescovo che lo ha giudicato nell'atto di commettere lo stesso reato, peraltro con un'amica particolarmente venale, e quindi dal medesimo vescovo così svergognato ottiene un insperato perdono. Il *cliché* non è originale, perché non sarebbe difficile trovarne precisi echi nella letteratura duecentesca,[2] ma l'autore del *Novellino* ne fornisce una versione adattata a circostanze storicamente vicine,

1. *Il Novellino*, LIV: *Qui conta come il piovano Porcellino fu accusato.*

2. In particolare il *fabliaux L'evesque qui beneï le con*, databile alla prima metà del Duecento, metteva in scena una storia identica (nella quale però la componente oscena-

quelle della Firenze dell'episcopato di Giovanni Mangiadori, morto nel 1274.[3] La letteratura volgare dalla fine del Duecento in poi avrebbe offerto una messe inesauribile di racconti di questo tipo: nella versione più standard del prete dedito ai piaceri della carne, ma anche in una variante più complessa come questa, in cui il peccato tutto sommato veniale del sacerdote è messo a contrasto con l'ipocrisia del vescovo, dedito a vizi tanto più biasimevoli quanto più grave è l'autorità dalla quale pretende di giudicare il pievano. Il *Decameron* torna più di una volta su questo dispositivo narrativo, e lo stesso fanno i novellieri toscani come Sacchetti, Giovanni fiorentino, il Sercambi fino a Poggio Bracciolini, tanto che la satira del chierico vizioso figura tra i temi più costantemente presenti nella letteratura delle origini.[4]

Quello che il racconto di Porcellino suggerisce è però anche un risvolto non immediato, vale a dire la centralità del tema del giudizio. La sostanza etica dell'episodio è tutto sommato grossolana, ma è inquadrata in ricorrenti riferimenti al processo: giudiziaria è la cornice, anzi la storiella sta tutta dentro una successione di momenti propriamente processuali – l'accusa, l'inquisizione, la paradossale e farsesca assoluzione, anche se in una scena pubblica di rimprovero che evoca forse la *purgatio canonica* – e in un ambiente formalmente deputato, come testimonia l'accenno ai "familiari" del vescovo, presumibilmente il personale della curia. Giudiziaria in una certa misura è la morale del racconto, che dal caso del pievano si traduce piuttosto in un serio monito, nel più convenzionale tono sapienziale, al "medico cura te stesso" di tanta letteratura religiosa e didattica del Duecento. Questo insistito riferimento al giudizio è ricorrente proprio

mente blasfema è più marcata) con protagonisti un anonimo prete e il vescovo di Bayeux: cfr. *Nouveau recueil complet des fabliaux*, pp. 193-205.

3. In riferimento ai rapporti interni al clero urbano l'episodio viene citato da Thompson, *Cities of God*.

4. Per un campionario Pasquini, *Clero e pubblico parrocchiale nei testi letterari*, pp. 575-599, e per un altro contesto Polo De Beaulieu, *L'image du clergé séculier dans les recueils d'*exempla, pp. 61-80. Da un certo punto di vista questo insistito richiamo ai vizi del clero, oltre ad adoperare luoghi comuni della stessa normativa ecclesiastica sulla riforma dei costumi dei chierici, era anche il segno di una familiarità dei fedeli con le persone ecclesiastiche, quindi un segno della vitalità delle strutture della Chiesa: mettere alla berlina i difetti dei chierici era in fondo anche un modo per ribadire la necessità della figura del degno sacerdote come indispensabile mediatore per i fedeli, e di conseguenza tutto il contrario di una generica svalutazione: si vedano in questo senso i saggi in *Anticlericalism in Late Medieval and Early Modern Europe*, in particolare S. Seidel Menchi, *Characteristics of Italian Anticlericalism*.

nella letteratura sulla satira del chierico. Molte delle novelle di Boccaccio che rientrano nella tipologia di racconti sui peccati dei religiosi ripetono questo *cliché*, per cui all'accusa segue un rovesciamento burlesco, che porta il giudice stesso a essere svergognato e quindi a emettere una seconda sentenza di riequilibrio e riparazione. Lo schema dell'episodio di Porcellino è replicato da Boccaccio in almeno due occasioni. Nella novella I, 4 si racconta la storia del monaco caduto in peccato con una fanciulla, che riesce ad evitare la punizione scoprendo l'abate in una situazione identica. Mentre però nella prima giornata la dimensione "giudiziale" è soltanto vagamente accennata, più limpido il caso della novella IX, 2, in cui il ruolo di Porcellino è recitato dalla monaca Lisabetta e dal suo giovane amante: in questo caso la badessa, riunito il capitolo per castigare la suora fornicatrice, compare con in testa le brache del prete con cui stava giacendo, e accortasi del tragicomico errore, ripone gli intenti di condanna e lascia benevolmente a tutte le suore di «prendersi buon tempo come poteano». L'esito della vicenda è costantemente una vittoria di tipo giudiziario più che etico: con tutte le sue ambiguità, visto che i protagonisti sono eticamente colpevoli, ma ottengono comunque di prevalere sull'avversario con un audace *escamotage* nel momento del giudizio.[5] È stato notato anzi che la cornice del giudizio è una delle strutture più ricorrenti della narrazione boccaccesca: non solo il ciclo comincia con una paradossale e blasfema finta confessione e si conclude con la figura cristologica di Griselda, ma anche molte delle novelle richiamano implicitamente la struttura del processo.[6] Lo stesso si potrebbe dire di Franco Sacchetti, nel quale peraltro l'esperienza diretta di uomo delle istituzioni porta nel racconto un'enfasi moralistica e molto puntuale sulla dimensione della retta giustizia, che è insieme misura dei rapporti personali e principio della civile convivenza. Nel caso delle *Trecentonovelle* poi la figura dell'arguto e beffardo giudice Dolcibene, che in almeno due novelle si trova professionalmente coinvolto in giudizio con chierici e vescovi,[7] funge da ulteriore spia del cortocircuito tra giustizia e costumi del clero.

5. Emblematica la rubrica della novella I, 4: il monaco «si libera dalla pena» usando «onestamente» il rimprovero all'abate, cioè adottando uno stratagemma lecito nel contesto del processo, che però non toglie la realtà del suo peccato. Si potrebbe richiamare qui forse uno dei più noti stratagemmi giudiziari della letteratura del tempo, quello con cui Tristano si libera (legittimamente) dalla (giusta) accusa di adulterio con Isotta.

6. Utile in tal senso soprattutto il recente lavoro di Steinberg, *Mimesis on Trial*.

7. Rispettivamente le novelle XXV e XXXII.

Questa premessa letteraria può fornirci il viatico per iniziare un percorso nella prassi delle istituzioni vescovili del Trecento toscano. A lungo il XIV secolo è stato letto dagli storici della Chiesa attraverso lo spettro della crisi: una Chiesa minata dal temporalismo e dagli effetti del suo stesso trionfo, incapace di interpretare le esigenze profonde della società, divisa e lacerata, minata nella sua credibilità da una corruzione diffusa, di cui la letteratura si fa interprete impietosa: tutti fattori che avrebbero anticipato la catastrofe – o il trauma palingenetico a seconda dell'orientamento confessionale – della Riforma del XVI secolo.[8] Questa ossessione della decadenza e della corruzione è stata ormai superata dagli storici:[9] non foss'altro per la considerazione che una crisi durata quasi due secoli, dal tempo della peste fino alla Riforma o forse al Concilio di Trento, non è più una crisi, ma merita quantomeno di essere considerata una fase storica con i suoi caratteri peculiari. D'altro canto sia nel merito della vita religiosa che in quello dell'organizzazione ecclesiastica innumerevoli studi sono giunti a mostrare quanto vitale e creativa fosse la Cristianità di quei secoli, e quanto oltretutto certi ambienti delle gerarchie ecclesiastiche si mostrassero consapevoli, responsabili, sinceramente dediti a quello che ritennero essere il bene del loro gregge. La stessa ricorrente, ossessiva lamentela sui costumi del clero, sulla corruttela delle pratiche, sulla venalità, la lascivia e la crassa ignoranza dei chierici secolari è stata almeno in parte ricondotta proprio a una reale capacità di mettere a fuoco i problemi della Chiesa del tempo:[10] che beninteso non equivaleva a risolverli, ma era comunque una presa d'atto responsabile e in qualche modo interna alla Chiesa stessa, quindi tutto il contrario di una squalificazione e di una perdita inesorabile di credibilità.

Se un carattere unificante si volesse trovare nella Chiesa del XIV secolo, al di là dell'immagine consumata della crisi, si dovrebbe probabilmente ricorrere all'immagine classica della "Chiesa del diritto".[11] La cultura giuridica e la familiarità con il diritto, specie nella sua versione della prassi di giudizio sulle circostanze della realtà, è una cifra assolutamente ubiquitaria nella vita della Chiesa del tempo, che esprime la sua azione principalmente nella for-

8. Un ripensamento del paradigma è già molto netto in *Strutture ecclesiastiche in Italia e in Germania prima della Riforma*.

9. Una svolta in questo senso era già nel volume *Vescovi e diocesi in Italia*; per ulteriori precisazioni Merlo, *Inquadramento ecclesiastico e vita religiosa*, e Chiffoleau, *La Religion flamboyante*.

10. Swanson, *Religion and Devotion in Europe*, pp. 54-55.

11. Per evocare il classico studio di Le Bras, *La chiesa del diritto*.

ma del giudizio e negli atti che a quella forma si riconducono: l'inquisizione, l'inchiesta, il processo, la scomunica, il perdono, l'arbitrato, il *consilium*. Nella stagione più matura delle fonti del diritto canonico, quando il *corpus* è ormai consolidato e integrato nella pratica dell'insegnamento universitario in tutta Europa e la formazione giuridica è la chiave per l'accesso alla gerarchia ecclesiastica al centro come alla periferia, il diritto tiene letteralmente insieme l'edificio della Chiesa. Questa dimensione giuridica come chiave fondamentale della Chiesa tardomedievale è molto spesso intesa dalla storiografia sul piano normativo o dottrinale. Molto meno presente, per ragioni legate perlopiù alla storia degli studi e alle condizioni della documentazione, è stata l'attenzione per la sfera della prassi, cioè per quella quotidiana attività giudiziaria che avveniva a tutti i livelli della gerarchia ecclesiastica, ma che aveva nei tribunali vescovili la forma di gran lunga più diffusa, perché presente in tutte le diocesi della Cristianità. L'obiettivo di questo volume è indagare la Chiesa del diritto nella sua dimensione pratica, attraverso la documentazione giudiziaria, e locale, focalizzando cioè uno spazio circoscritto, per quanto articolato al suo interno, come l'area toscana. Il vantaggio di un approccio del genere è innanzitutto quello di uscire dal circuito ricchissimo ma spesso autoreferenziale della tradizione di studi sul diritto canonico; l'obiettivo sarà però anche quello di esplorare il punto di contatto tra le istituzioni ecclesiastiche nella loro organizzazione e il mondo dei fedeli. La vita religiosa del laicato è un tema di enorme interesse ma anche di grande difficoltà per la ricerca, perché la logica delle fonti è molto spesso tutta interna all'ambiente religioso o ecclesiastico, e anche laddove sia possibile seguire la vita di esperienze devozionali laicali, in esse si riproducono facilmente le idiosincrasie e le rigidità delle fonti ecclesiali. La sfera del diritto vissuto nella quotidianità delle cause giudiziarie, fossero esse accuse contro chierici indegni o controversie sulla validità dei matrimoni, o ancora cause per la gestione dell'eredità di patrimoni usurari, mette in scena i semplici fedeli nelle loro aspettative e attitudini, e quindi può schiudere possibilità notevoli per lo studio dei laici nella Chiesa. È fin troppo facile osservare che la porzione di vita dei laici o del clero che entra nelle carte giudiziarie è appunto quella rilevante per il processo, che acquisisce un senso nella logica della controversia giudiziaria e non oltre. Una volta fatta la scelta di seguire il linguaggio del diritto, lo storico non è autorizzato a uscirne a proprio piacimento.[12] Tuttavia,

12. È la riflessione fatta in varie occasioni a proposito di esperienze di ricerca su singoli *dossier* processuali assurti a punti di osservazione di grandi fenomeni e contenuti

uno dei corollari di quella grande intuizione della Chiesa del diritto è che la stessa percezione che i fedeli avevano del proprio essere parte della Chiesa aveva una natura giuridica. L'essere cristiano nei secoli medievali è un fatto essenzialmente sociale, una questione di appartenenza, di conformità a una serie di pratiche sociali, molto più che adesione per intimo convincimento dell'individuo.[13] Di conseguenza le dinamiche di appartenenza e conformità, che sono giuridicamente rilevanti, esprimono il cuore stesso della vita cristiana del tempo. Ad un livello decisamente "alto", nell'ambito della cultura, Paolo Prodi ha enfatizzato questo aspetto, sottolineando la sovrapposizione che nei secoli bassomedievali si mantiene tra la sfera del diritto canonico e quella dei comportamenti leciti del cristiano.[14] Questi ultimi verranno percepiti come elementi etici, quindi distinti dai concetti del diritto, soltanto con il XVI secolo. Nel nostro XIV siamo ancora al di qua di una divaricazione tra morale e diritto, e quindi anche i conflitti, le tensioni e le forzature sono sempre intese in chiave giudiziaria: anzi per certi versi trovandoci proprio nell'estrema maturità storica di quella cultura, il nostro osservatorio è cruciale anche per intenderne i caratteri e i punti di crisi.

I due temi che saranno sviluppati in questo volume attraverso l'esame della documentazione giudiziaria vescovile saranno dunque la vita del clero e il rapporto dei fedeli con le strutture ecclesiastiche. Tra i due temi, tornando quindi alla suggestione anticipata in apertura, c'è evidentemente una tensione. Il quadro che emerge dalle carte giudiziarie è quello di una difformità stridente con le aspettative, di una pressione continua per la condanna di comportamenti criminosi: se la "crisi" si è rivelata una categoria

di cultura, come il *Montaillou* di Le Roi Ladurie o il Menocchio di Ginzburg, non sempre con la debita consapevolezza dei meccanismi che presiedono alla costruzione del testo processuale. Sul caso di Montaillou la letteratura critica è molto ampia, ma si veda di recente Laurendeau, *Le village et l'inquisiteur*: riguardo alle fonti usate dal classico di Ginzburg un richiamo metodologico essenziale è quello di Del Col, *Alcune osservazioni sui processi inquisitoriali*. Nell'ambito specifico delle fonti sulla Toscana un caso davvero emblematico è quello del fortunato volume di Brucker, *Giovanni e Lusanna*, basato sugli atti di una causa quattrocentesca del tribunale vescovile di Firenze, oggetto di una approfondita recensione di Kuehn, *Reading Microhistory*, da cui emerge il richiamo a considerare le carte giudiziarie come fonti per il racconto di un processo, prima o piuttosto che come il racconto di una vicenda d'amore.

13. Esemplare in questo senso Swanson, *Church and Society*: «medieval society was implicitly Christian, even if there were conflicts between the ideal and the reality. Equally, the medieval church and its religion were explicitly social, catholicity defining its membership rather than its beliefs» (p. VII).

14. Prodi, *Una storia della giustizia*.

poco utile o addirittura ingannevole, certo quella che emerge dalle carte è una Chiesa messa in questione. Una delle più riuscite e autorevoli storie generali della Chiesa uscite negli ultimi decenni, quella pubblicata da Michel Mollat e André Vauchez, ha suggestivamente strutturato la lunga sezione tra il II Concilio di Lione e il primo Quattrocento come una successione di domande (*Una? Sancta? Catholica?*) per rappresentare i caratteri di una struttura ecclesiale messa letteralmente in questione nei suoi caratteri.[15] Il titolo che si è scelto di dare a questo lavoro vuol richiamare proprio un aspetto del genere: chiese a giudizio nel senso che vivono quotidianamente la prassi del diritto amministrato, ma anche in quanto sono esse stesse messe a giudizio, sotto accusa e sotto pressione. Anche perché le aspettative spirituali del laicato non sono immobili. Il Trecento vede una Cristianità mossa da una inquietudine religiosa particolarmente intensa: è il secolo della religiosità *flamboyante*, della proliferazione delle devozioni, dell'ansia del peccato e della remissione.[16] A tutte queste spinte le strutture ecclesiastiche rispondono in maniera probabilmente insoddisfacente. L'enorme successo delle esperienze mendicanti, nella prima stagione duecentesca e poi in quella della grande predicazione osservante, sta senz'altro a mostrare come il clero secolare sia rimasto indietro, forse in Italia più che altrove, e in questo sta forse anche il senso di biasimo e insoddisfazione che leggiamo tanto spesso nelle fonti giudiziarie.

Rispetto agli obiettivi che questo lavoro si è proposto, è necessario dichiarare fin d'ora anche i suoi limiti. Innanzitutto di natura tematica e documentaria. L'oggetto di questo studio è e vuole essere la giustizia, quindi il suo interesse arriva laddove arriva la documentazione giudiziaria in forma di registro. È evidente che la vita delle chiese locali abbia trovato modi anche diversi di esplicarsi, beninteso fuori dalle strutture episcopali o ecclesiastiche ma anche all'interno di esse nella gestione del patrimonio, nella politica dei benefici e così via, che talvolta, anche se non molto spesso in verità, constano di testimonianze documentarie loro proprie per questo periodo. La rinuncia a includere tutte le tipologie documentarie in una lettura come questa è stata consapevole, e gli esiti del lavoro sapranno dire quando condizionante. Vi sono poi limiti temporali: i termini cronologici del tutto estrinseci del XIV secolo saranno qui tenuti come cornice abbastanza rigida. Dal punto di vista dei riferimenti *post quem* questo è sta-

15. *Storia del Cristianesimo. Religione-Politica-Cultura*, VI. *Tempo di prove (1274-1449)*.

16. Chiffoleau, *La Religion flamboyante*.

to particolarmente facile perché la documentazione giudiziaria su registro compare nel tardo Duecento, e comunque costituisce una tipologia conservata per un numero significativo di casi comparabili solo nel Trecento. Il limite *ante quem* è meno definibile, e in effetti talvolta si useranno esempi tratti dal XV secolo, ma in linea di massima la stagione conciliare, inaugurata già a Pisa nel 1409, è stata considerata come una soglia da non varcare per i problemi specifici che essa pone sul piano ecclesiale: del resto il passo decisivo che la conquista fiorentina di Pisa nel 1406 comportava per il riequilibrio politico e in prospettiva anche ecclesiastico di buona parte della Toscana conferma l'opportunità di una periodizzazione del genere.[17]

***

Il lavoro per questo volume è stato reso possibile dalla disponibilità di tutti i responsabili e il personale degli archivio diocesani toscani: vorrei ringraziare specialmente gli amici Simone Allegria, Alessandro Furiesi, Pierluigi Licciardello, Silvano Sassolini. A Mauro Ronzani e Gian Maria Varanini va la mia gratitudine per la lettura ricca di suggerimenti e correzioni della prima versione del lavoro. In molte occasioni ho avuto poi modo di confrontarmi su singoli punti o sul disegno generale del libro con colleghi studiosi dai quali ho tratto correzioni, spunti documentari e riflessioni: in particolare Francesco Borghero, Jacques Chiffoleau, Silvia Diacciati, Trevor Dean, Giuliano Milani, Jacopo Paganelli, Michele Pellegrini, Paolo Pirillo, Sergio Tognetti, Massimo Vallerani. Ciò che resterà di manchevole e difettoso nei risultati è tutto responsabilità dell'autore.

17. Resta comunque valida l'osservazione di apertura di Bossy, *L'Occidente cristiano*, p. 5: «Il 1400 è un buon momento per avviare una descrizione della Cristianità cui si trovarono di fronte i riformatori cinquecenteschi, perché fu un anno in cui non accadde nulla di particolarmente importante».

1. Le carte e la procedura

La lettura dei verbali processuali della giustizia vescovile nel corso del Trecento offre una casistica molto ricca, una galleria di episodi che ricorda la novellistica coeva che abbiamo evocato nell'introduzione, non soltanto per i temi, ma anche per la *verve* narrativa e la ricchezza del racconto. Come accade anche per le carte dei tribunali secolari, le fonti giudiziarie vescovili paiono raccogliere il caleidoscopio della vita sociale e dei suoi conflitti con una freschezza difficile da ritrovare in altri documenti: racconti boccacceschi, inserti volgari nel rigoroso tessuto del latino del diritto, storie tragiche, surreali e a volte di involontario umorismo. Anche nelle pagine che seguono ci affideremo spesso alla voce delle fonti e alla modalità in cui queste ci presentano gli episodi. Questo risvolto narrativo della documentazione giudiziaria è però anche estremamente insidioso. La fonte scritta, infatti, in ogni caso ma in maniera particolare in ambito giudiziario, ha una sua logica peculiare, un modo particolare di organizzare gli elementi fattuali e in una certa misura di costruirli. La storiografia sulla giustizia medievale ha messo in guardia dal considerare la testimonianza delle fonti processuali come una riproduzione dei conflitti o delle vicende sociali. La cultura del notaio estensore, la solidissima formalità del processo romano-canonico definito nei formulari e negli *ordines*, la strategia stessa degli attori, l'intervento della giustizia colta del giurista interpellato sul caso, sono tutti elementi che costruiscono gli eventi nella loro traduzione nelle carte,[1]

1. La storiografia su questo punto è molto ricca e verrà richiamata puntualmente nelle pagine che seguono: in termini generali vale la pena segnalare *Criminalità e giustizia in Germania e in Italia*; *Stadt un Recht im Mittelalter / La ville et le droit au Moyen Âge*; *Praxis der Gerichtsbarkeit in europäischen Städten des Spätmittelalters*; *Pratiques sociales et politiques judiciaires*; *The Politics of Law in Late Medieval and Renaissance Italy*.

anche solo per una questione lessicale: concetti come *fama*, *rumor*, *mores*, *inimicitia* o simili sono innanzitutto dispositivi della procedura anche se finiscono per connotare il racconto della realtà.[2] Senza una considerazione del genere, lo studioso finirebbe per ragionare su semilavorati credendoli materie prime, adottando magari una lettura sociologica o antropologica dei comportamenti del clero o dei laici nel teatro processuale,[3] senza considerare che quei comportamenti vengono rappresentati nelle carte secondo precisi schemi formulari e logiche dettate dalla normativa canonistica.[4] L'effetto di distorsione di quegli schemi si somma poi ai nostri occhi alle circostanze materiali dell'organizzazione delle carte, che è di certo tutt'altro che trasparente nel caso di una istituzione onnipresente ma molto complessa come quella vescovile nell'Italia bassomedievale. Una istituzione, vale la pena aggiungere, che vanta una straordinaria continuità nel tempo fino ai nostri giorni, il che ha consentito la conservazione di ricchi archivi ma ha anche esposto le carte medievali a ripetuti episodi di riorganizzazione, aggregazione e smembramento secondo le esigenze e gli intendimenti delle epoche successive, come proprio di un archivio per certi versi rimasto per secoli "corrente" e disponibile all'uso del suo produttore.

Se vogliamo quindi prendere sul serio questo carattere intrinsecamente problematico della fonte, dobbiamo partire da una considerazione paradossale, cioè riconoscere che per quanto possa sembrare singolare nel campo della giustizia vescovile le carte nascono prima dell'istituzione, nel senso che i caratteri propri di queste tipologie documentarie rispondono a criteri che esistono al di là, o quantomeno prima del modo in cui localmente se ne gestisce la redazione. Ci concentreremo quindi in primo luogo sulle caratteristiche proprie della giustizia vescovile e delle sue ricadute documentarie, per poi entrare nel vivo con il quadro quantitativo e tipologico delle carte giudiziarie toscane. Questo ci permetterà di trattare a ragion veduta, nel secondo capitolo, della struttura istituzionale dei tribunali, e quindi di sviluppare nei capitoli successivi i grandi temi dei contenuti specifici delle cause.

2. Da cui la necessità di capire i meccanismi attraverso i quali «il mondo va a finire negli atti»: *Als die Welt in die Akten kam*.

3. Con quel «pregiudizio realistico, che ipotizza la corrispondenza fra traccia giudiziaria e comportamento» dal quale metteva in guardia già Grendi, *"Premessa" a "Fonti criminali e storia sociale"*.

4. Al rischio non è immune chi lavora con documentazione di età successiva: cfr. Mancino, Romeo, *Clero criminale*.

1. *La procedura dal centro alla periferia*

Le carte giudiziarie vescovili offrono un ambito di studio per certi versi affine a quello della giustizia cittadina, quella cioè dei tribunali del podestà o del capitano del popolo nelle città comunali italiane; hanno tuttavia anche peculiarità significative. Se infatti la procedura del tribunali secolari, pur dialogando intensamente con la cultura giuridica universitaria, si era trovata a costruire passo dopo passo modalità proprie e originali,[5] per i tribunali vescovili gli *ordines iudiciarii* della cultura canonistica rappresentavano un modello già configurato e calato per così dire dall'alto dell'autorità pontificia. La storia della diffusione di un simile modello è nota nelle linee generali. Sebbene la secolare, proverbiale litigiosità degli enti ecclesiastici e religiosi avesse accumulato una grande esperienza di risoluzione di controversie presso l'*audientia* del vescovo, oggi testimoniata in maniera disordinata ma abbondante nei *rotuli* e pergamene sciolte degli archivi, il momento di svolta fu la grande fioritura del XII secolo, che vide insieme la crescita della documentazione papale e l'elaborazione di quello che abitualmente si definisce processo romano-canonico.[6] Il processo romano-canonico è uno schema di svolgimento delle cause, un *ordo*, costituito dalla successione di una serie di momenti, ciascuno dei quali corrisponde a un atto scritto registrato dal tribunale: *petitio/libellus*, *litis contestatio*, *citatio*, *iuramentum*, *positiones*, *mandata*, *testes* eccetera fino alla *sententia*. La gestione della controversia, fosse essa su un reato o sulla contestazione di diritti in sede civile, era così segmentata e ordinata in un simile schema. Dagli anni di Innocenzo III, e in particolare con il canone *Qualiter et quando* del Concilio lateranense IV, a questo modello si aggiunse una variante fondamentale, quella del cosiddetto processo inquisitorio, che sostituiva la figura dell'accusatore con quella più astratta e ambivalente della *fama* giunta al tribunale.[7] Si definiva così uno

5. Basterà ricordare qui le pagine di sintesi di Cammarosano, *Italia medievale*, con la riflessione critica divenuta a sua volta un classico, di Maire Vigueur, *Révolution documentaire et révolution scripturaire*.

6. Per una recente sintesi sulla storia della procedura cfr. Donahue jr., *Procedure in the Courts of the* Jus Commune, e Id., *The Ecclesiastical Courts*; il parallelo con le corti secolari e la loro evoluzione tra XIII e XIV secolo si può seguire agevolmente grazie a Vallerani, *La giustizia pubblica medievale*, e Id., *Modelli processuali e riti sociali*. Sull'articolazione delle varie parti specialmente nella pratica dei tribunali vescovili è ancora utile Fournier, *Les officialités au Moyen Âge*, pp. 133 sgg.

7. All'origine del processo inquisitorio ha dedicato studi fondamentali Julien Théry, del quale si veda qui nello specifico *Fama: l'opinion publique comme preuve judiciaire*.

schema processuale parallelo, che tuttavia condivideva con l'*ordo* tradizionale la rigorosa divisione in momenti processuali e tipologie di atti. Questi modelli processuali furono molto presto adottati dalla cultura canonistica, e diffusi non soltanto dalle decretali pontificie ma anche da veri e propri trattati di procedura, sui quali a loro volta si formavano gli operatori della giustizia.[8] L'*Ordo iudiciarius* di Tancredi da Bologna, pubblicato all'indomani del Lateranense IV, è uno dei più fortunati, ma il punto fermo di tutta la tradizione fu lo *Speculum iudiciale* di Guglielmo Durante vescovo di Mende (detto appunto lo *speculator*) che negli anni Settanta del XIII secolo fornì una trattazione organica e dettagliatissima sui modi di svolgimento del processo. Si trattava di un'opera appositamente pensata per gli operatori della giustizia ecclesiastica, e destinata a una lunghissima fortuna fino ai tempi della stampa. Uno dei pregi dello *Speculum* per i tribunali era la sua impostazione sistematica: nel primo libro si trattava delle figure coinvolte nel giudizio (il giudice, il procuratore, l'attore, il testimone eccetera); nel secondo, di gran lunga il più ampio, tutti i momenti del processo dalla *petitio* fino alla sentenza e alle sue conseguenze; nel terzo le modalità dei processi criminali *per inquisitionem*. A conclusione del trattato il quarto libro presentava una raccolta di tutti i contenuti sostanziali del diritto, per singoli istituti e reati, offrendo essenzialmente una enorme collezione di modelli di *libelli*, *positiones* e schemi di atti presentati e discussi, che i giudici e avvocati avrebbero potuto facilmente consultare e riprodurre nella pratica processuale.[9]

L'impalcatura formale del processo canonico non conobbe cambiamenti essenziali nel nostro periodo, salvo per l'introduzione nel primo Trecento della cosiddetta procedura sommaria, formulata al tempo di Clemente V nelle decretali *Dispendiosam* (*Clem*. 2.1.2) e *Saepe contingit* (*Clem*. 5.11.2). In virtù di queste nuove norme il giudice avrebbe avuto la facoltà di procedere *summarie et de plano et sine strepitu et figura iudicii*: di fatto comunque non era una fuoriuscita dalla cornice del processo legale, ma una modalità semplificata di questo, nella quale alcuni atti scritti venivano sostituiti da adempimenti orali, e abbreviati alcuni tempi di svolgimento delle pratiche.[10]

Considerando dunque questa evoluzione della giurisprudenza canonistica, appare chiaro che quando negli ultimi decenni del Duecento comincia a comparire dagli archivi vescovili una produzione documentaria seriale,

8. Pennington, *The Jurisprudence of Procedure*.
9. *Speculum clarissimi viri Gullielmi Durandi*.
10. Pennington, *Introduction to courts*.

organizzata in quaderni, fascicoli e registri redatti da notai o collaboratori della curia, questa nasce per così dire già vecchia, dal momento che interpreta un tipo di prassi codificata e perfettamente verificabile nei formulari e negli *ordines*. Ciò che invece era nuovissimo era l'intento di dare un'organizzazione stabile alle carte prodotte nell'ambito del processo: proprio qui si ponevano i caratteri e gli intendimenti delle istituzioni vescovili nei loro rapporti con la società chiericale e secolare.

2. *Il processo, teatro della fama*

Le carte dei tribunali vescovili consistono dunque in una successione degli atti formali, un insieme complicato ma allo stesso tempo facilmente riconoscibile grazie alla standardizzazione del formulario secondo il consolidatissimo schema della cultura giuridica tardomedievale. Sia che tutti gli atti fossero ordinati secondo lo schema della causa, sia che si dipanassero in senso cronologico obbligando il lettore a una faticosa ricostituzione della vicenda pezzo per pezzo tra le pagine del registro, l'asse portante è sempre evidentemente il processo romano-canonico, l'ordinata successione di azioni e scritture in cui si esprime la giustizia. Questa ordinata successione cala sui dati puramente fattuali un condizionamento molto forte, anche se gli schemi recepiti dalla procedura canonica erano certamente applicati non senza un certo grado di flessibilità. L'intervento della giustizia si trovava sul limitare tra due livelli diversi di lettura della realtà: la norma da una parte, e l'insieme delle vivaci sollecitazioni dei conflitti della pratica dall'altra. Capita così talvolta, specialmente nei contesti documentari più ricchi, di trovare inserti volgari redatti dagli attori, o approssimative denunce da cui prende origine il processo stesso: materiali cioè che non hanno ancora avuto la necessaria "formattazione" da parte dei notai del vescovo, ma dei quali tuttavia si volle far memoria, normalmente inserendoli ripiegati tra le pagine dei registri, a testimonianza insieme dell'interesse e del carattere ufficioso delle scritture che veicolavano.[11] La conservazione

11. A Lucca ad esempio il registro delle cause criminali del 1367 (ASDL, *Tribunale ecclesiastico*, *Criminale*, 18) contiene inserito nella rilegatura tra le carte LXXXXIV e LXXXXV un foglietto di denuncia volgare al vicario che descrive certe aggressioni verbali di un tale sembra contro il vicario di Coreglia, a cui si riferiscono le carte del processo che segue. L'uso, di cui citeremo più avanti varie altre occorrenze, era anche il portato della consuetudine alla procedura sommaria, per cui le fasi iniziali del processo avvenivano in

assolutamente episodica e casuale di simili frammenti non consente probabilmente di attuare l'analisi che si potrebbe immaginare, cioè un confronto tra le modalità della denuncia e i binari assunti dal procedimento una volta avviato per vie formali, ma ci ricorda che in ogni caso l'azione del tribunale, anche quando procede per la via tradizionalmente gerarchica dell'inquisizione, ha comunque alle spalle una segnalazione, un impulso esterno. Si colloca qui l'importanza cruciale del concetto della *fama*.

La fama è una vera e propria chiave di volta per la giustizia medievale.[12] Concetto polisemico e problematico, indica insieme una fonte di conoscenza dei fatti, in quella nebulosa comunicativa del sentito dire della società, e uno status delle condizioni personali, la considerazione sociale della persona.[13] Nel primo dei due sensi la fama è la molla che fa scattare la giustizia inquisitoria, fin dalle basi normative del famoso canone *Qualiter et quando*, che affidava proprio alla *fama* la funzione di innescare un procedimento d'ufficio dell'autorità superiore contro il vescovo. Ma allo stesso tempo la fama nel senso di credito e considerazione sociale è il criterio che guida il giudice nel concreto del provvedimento, perché consente di vagliare testimonianze e di definire il profilo dell'accusato come degli accusatori, in modo da giungere a una conclusione di concordia o a una restituzione della persona alla sua fama violata. Se questa centralità della fama è molto evidente nella giustizia secolare, in quella canonica vale ancor di più, perché in tale ambito era stato elaborato il concetto e perché l'autorità disciplinare del vescovo sul suo clero aveva evidentemente una natura etica di salvaguardia della rispettabilità e del buon nome dei sacerdoti. I processi dei tribunali vescovili che ci troviamo a compulsare sono veri e propri teatri della fama, dispositivi nei quali la giustizia è chiamata a riconoscere, conferire, difendere il buon nome del clero, o a manifestare in maniera pubblica l'infamia dei singoli, in modo che la credibilità

forma orale e di conseguenza non erano formalmente registrate nel corpo della causa, anche se avevano comunque bisogno di una registrazione anche rapida per iscritto.

12. *Fama. The politics of Talk*; *Fama e publica vox nel Medioevo*; molto esclusivo sulle fonti di dottrina Migliorino, *Fama e infamia*, mentre esamina la fortuna del concetto al di fuori dell'ambito canonistico Ilkins Stern, *Public Fame*.

13. Nelle parole, sempre gravide di echi nella pratica processuale, di Guglielmo Durante, «fama est illaesae dignitatis status, vita ac moribus comprobatus [...] fama est vehemens vulgi seu maioris partis eius opinio rei de qua quaeritur consentiens [...] [infamia] est lesae dignitatis status, vita et moribus reprobatus»: *Speculum clarissimi viri Gullielmi Durandi*, III, *De notoriis criminibus*, § *fama quid sit*, n. 1, p. 44.

dell'istituzione resti immune tramite l'esclusione della parte malata o la sua remissione e cura. L'apertura del processo è in effetti segnata proprio dalla diffamazione: dal momento che la fama attribuisce a una certa persona un reato – che è quindi "diffamato" – la giustizia si muove contro di lui: *diffamatus* è dunque il corrispondente inquisitorio che *accusatus*,[14] una corrispondenza in senso tecnico anche se ovviamente il primo termine aveva una componente etica molto pesante. Il procedimento continua così sul limitare tra la sfera puramente etica e quella tecnico-formale. Nel caso che l'imputato non risulti colpevole, e che questi si dimostri non essere "diffamato", questa volta in senso etico, la sua "buona fama" viene ristabilita: un obiettivo che risultava vitale specialmente per la gerarchia ecclesiastica, preoccupata di salvaguardare la credibilità del clero.[15] In un esempio tra tanti, abbastanza precoce, tratto dai registri fiesolani del primo Trecento, il prete Lapo rettore di Santa Maria a Petriolo Valdigreve viene accusato di omicidio da Casino di Spinello di Santa Maria della Castellina Valdigreve. L'accusa è molto grave, ma dopo una serie di testimonianze e schermaglie formali il vicario ritiene che il fatto non sia provato e assolve il prete, usando proprio la formula «non esse aliquatenus diffamatum».[16] E anche nei casi di grazia a condannati, disposta dal vescovo o dalla stessa autorità pontificia, la reintegrazione della fama dell'interessato è esplicitata con grande cura ancor più della cancellazione della pena.

Questa centralità polisemica della fama faceva sì che nella struttura del processo, nella logica della fonte a cui abbiamo fatto riferimento sopra, assumesse un valore enorme il dispositivo della narrazione. All'interno della logica del processo nei tribunali medievali il racconto non ha principalmente la funzione di acclarare lo svolgimento dei "fatti": serve piuttosto a definire i ruoli dei protagonisti, cioè a chiarire se e in che misura il convenuto o i suoi accusatori siano degni di fede, abbiano uno status

14. La fama, in altre parole, funge da "soggetto accusante" nella nuova logica inquisitoria del processo dopo la decretale *Qualiter et quando*: su tutto questo Vallerani, *Modelli di verità*, p. 126, e Id., *Il giudice e le sue fonti*.

15. Il chierico, infatti, può essere diffamato in virtù delle sue azioni, ma può sempre ottenere di essere reintegrato nel suo buon nome (anche attraverso una *purgatio canonica*, su cui Fiori, *Il giuramento di innocenza*) a differenza di categorie di persone "infami" per la loro stessa condizione, come le prostitute o i marginali in genere, che non possono beneficiare di questa possibilità di "recupero" della fama: cfr. Todeschini, *Visibilmente crudeli*, pp. 96-99.

16. ASDF, XIV.III.A.10, cc. 74r-80r (2 dicembre 1306).

rispettabile, possano beneficiare di una composizione onorevole al fine di ristabilire la pace.[17] Questa centralità del racconto dava luogo alla necessità, da parte degli stessi attori del processo, di articolare in forma narrativa e narrativamente efficace la propria figura: in contesti molto diversi si è potuta studiare la strategia narrativa dei condannati che supplicano la grazia del sovrano, dando luogo a narrazioni di grande finezza che uniscono frammenti vernacolari, formulari di cancelleria, veri e propri *topoi* letterari, una vera *fiction* in archivio.[18] Nell'ambito del processo l'intensità di questo elemento narrativo è se possibile anche più spiccata perché la procedura stessa segue nel vivo la contrapposizione di "racconti" alternativi, che sono quelli degli attori in conflitto.

Quanto questo orientamento della fonte sia presente nella logica del processo lo si coglie molto bene nella giustizia vescovile, che come vedremo tra poco è interessata principalmente a verificare la dignità etica delle persone coinvolte, e invece dedica un'attenzione tutto sommato minore alla verifica dei singoli punti di fatto dei casi esposti al suo giudizio. Si capisce quindi come la narrazione, che sovrabbonda soprattutto nelle *inquisitiones* o nei libelli di accusa, serva proprio a caricare, spesso con toni esasperati, un vivido quadro degli elementi negativi che si intendono mettere in luce per gravare il convenuto di un insostenibile peso di infamia e discredito. È cosa ben nota che i processi penali medievali giungessero solo in una parte non preponderante di casi a conclusione con la sentenza: ebbene è altrettanto facile osservare che la sentenza spesso adopera le stesse parole del libello o dell'inquisizione. Quando il processo giunge alla sua conclusione formale il disegno dell'accusato è esattamente quello, dai tratti infamanti, che si era presupposto in partenza: o se si preferisce, con un rovesciamento non illegittimo dato il modo di lavorare dei notai di tribunale, l'inizio stesso del procedimento disegnava una immagine dell'accusato esemplata sulla definitiva negatività della condanna. Salvo poi rovesciare il tutto quando quell'immagine – a prescindere dai singoli dettagli fattuali – risulti insostenibile, e quindi la narrazione alternativa messa in gioco dalla difesa risulti vincente. In altre parole, la narrazione delle fonti giudiziarie non va mai considerata come una componente esterna e per questo più autentica,

17. Su questo punto in particolare Vallerani, *La documentazione giudiziaria al crocevia*, ma già Id., *I fatti nella logica del processo medievale*.

18. Da cui lo studio classico di Zemon Davis, *Fiction in the Archives*; una ricerca simile per il XV secolo e un ripensamento metodologico in Arnade, Prevenier, *Honor, Vengeance, and Social Trouble*.

che si inserisce nella rigida formalità della procedura. È il modo in cui il processo è pensato a aver bisogno di un tipo di narrazione così condizionata, dai tratti così vividi.

Chiaramente prendere atto che le fonti hanno uno statuto particolare e molto condizionante non significa rassegnarci a uno strumento guastato dalle sue stesse forzature. Che la narrazione sia in quanto tale inglobata nella logica del processo è in una certa misura un vantaggio per lo storico, perché in questo contesto il modo in cui i fatti vengono narrati ha in sé una enorme rilevanza per capire quella logica, per comprendere gli obiettivi, i presupposti e le inclinazioni dell'istituzione e dei soggetti che si attivano.

3. *Il vescovo giudice*

Una spiccata inclinazione per l'ambito della giustizia è un carattere proprio della figura del vescovo in tutto il medioevo. Già dall'età tardoantica le remore per la commistione tra la dimensione religiosa del cristianesimo e l'esercizio di una potestà normativa erano state superate,[19] e in particolare l'età postgregoriana vede moltiplicarsi le testimonianze sull'esercizio della giustizia episcopale. Titolare della *potestas ordinis* per la consacrazione del suo clero diocesano, il vescovo detiene anche la *potestas iurisdictionis*, che lo incarica di risolvere le controversie in seno alla sua Chiesa.[20] Dal momento però che *iurisdictio* si riferisce a un novero molto ampio di attribuzioni, relativo non solo alla giustizia in senso stretto ma all'insieme delle relazioni di potere,[21] quel concetto si prestava a coprire l'intero ambito dell'autorità episcopale sul clero e il popolo. La specializzazione delle funzioni e soprattutto la tecnicizzazione del diritto canonico nel XII secolo fecero progressivamente definire la dimensione giudiziaria, anche con l'emersione di figure ufficialmente incaricate di svolgerne la pratica. Anche in questa nuova fase, però, la *iurisdictio* di cui era titolare il vescovo manteneva un'accezione ampia, di cura della diocesi più che di mansioni tecnicamente determinate. In effetti già nella prassi documenta-

19. Per alcuni lineamenti generali cfr. Le Bras, *Institutions ecclésiastiques de la Chretienté médiévale*; Landi, *Tra collegialità e curialismo*; Fantappié, *Introduzione storica al diritto canonico*; Brundage, *Medieval Canon Law*.

20. *Histoire du droit et des institutions de l'Église en Occident*, pp. 121-122.

21. Basterà qui rinviare al classico lavoro di Costa, *Iurisdictio. Semantica del potere politico nella repubblica medievale*.

ria, così come nel concreto svolgimento delle cause, le curie ecclesiastiche mostrano sempre una spiccata flessibilità, una disponibilità sorprendente a trovare soluzioni concordate e compositorie, nella quale non è difficile trovare l'effetto di quell'idea della giustizia come paterna opera di correzione e cura del vescovo sui suoi fedeli e chierici che sta alla base della concezione medievale del ministero episcopale.[22] Il carattere compositorio della giustizia vescovile è anche accentuato dal fatto che ancora nel pieno Duecento molti casi documentati, anzi gran parte di quelli le cui carte furono conservate ancor prima di una redazione a registri, si svolsero nella forma di arbitrati, nei quali il vescovo (in prima battuta o come giudice delegato) agiva per risolvere una controversia tra comunità religiose o enti ecclesiastici di varia natura.[23]

Sul piano della normativa il *Decretum* prima, il *Liber Extra* e le altre compilazioni pontificie poi definiscono i lineamenti generali dell'*episcopalis audientia* e delle sue competenze, dedicando un'attenzione spiccata alle funzioni del giudice ordinario e delegato. Ancora dal centro dell'architettura ecclesiale, la pratica quotidiana degli appelli e degli interventi del papa dava luogo nel corso del Duecento a un patrimonio di casi e di modelli di risoluzione, rapidamente standardizzati dagli uffici apostolici per costituire un vero e proprio formulario.[24] Al volgere del XIII secolo, insomma, l'esercizio delle funzioni giudiziarie dei vescovi in tutta la Cristianità era un dato di fatto molto consolidato in binari tendenzialmente ben riconoscibili.

Si tratta di una giustizia sicuramente assai singolare: non del tutto circoscritta alla sfera chiericale, perché competente anche sulla vita dei laici, né soltanto pertinente alle materie spirituali, anzi non di rado impegnata a risolvere controversie di natura patrimoniale delle chiese locali. Una giustizia, quel che forse più conta, perennemente intrecciata con le

22. Sull'equità cfr. Grossi, *L'ordine giuridico medievale*; segnalava una spiccata flessibilità delle curie vescovili (segnatamente italiane) anche rispetto all'uso dei formulari e delle disposizioni canoniche sulla procedura Dolezalek, *Une nouvelle source*.

23. Nota questa prevalenza, in particolare per l'Italia del XIII secolo, Brentano, *Three Thirteenth-century Italian Cases*; cfr. poi Id., *Two Churches*, pp. 132-173; sull'evoluzione della pratica della giustizia vescovile da un modello sinodale di governo del clero allo strutturarsi di vere e proprie sedi giudiziarie con competenze tecniche è emblematico il caso inglese tratteggiato da Morris, *From Synod to Consistory*.

24. Nella compilazione del formulario dell'*Audientia* papale, definita tra i pontificati di Niccolò III e Bonifacio VIII, le lettere relative a casi giudiziari nati in seno alle curie vescovili sono la maggioranza: cfr. *Audientia litterarum contradictarum*.

competenze degli altri tribunali ecclesiastici e secolari. L'attribuzione al vescovo di diritti di natura pubblica, o l'acquisizione di vere e proprie signorie secolari sulla città o (come più abituale in Italia) su porzioni del territorio, accentuava questo carattere ibrido, perché faceva confluire sulla medesima figura competenze giudiziarie sia in quanto ordinario spirituale che in quanto signore temporale.[25] Il fenomeno ha una dimensione europea, e di conseguenza lo spettro di competenze e stili processuali della giustizia episcopale nei diversi contesti è estremamente vario. In prima battuta il giudice vescovile si occupa di tutte le cause che a vario modo coinvolgono *ratione personae* il clero. Già a questo proposito la situazione varia a seconda che le cause concernenti chierici siano civili o criminali, perché se le prime (specialmente per questioni di benefici o di gestione patrimoniale) sono onnipresenti, non ovunque in Europa si conserva effettivamente la prassi della giurisdizione criminale sul clero.[26] Per citare solo il caso più noto in Inghilterra, nonostante l'episodio memorabile di Thomas Beckett, il principio dell'esenzione del clero dalla giurisdizione secolare delle corti regie è sostanzialmente disatteso: spesso i tribunali vescovili inglesi hanno conservato solo cause civili (come accade nel caso fortunato di York) o laddove abbiano cause criminali queste sono riservate a competenze su materie specifiche, in particolare di ambito sessuale, e non a persone ecclesiastiche come convenuti.[27] Una giurisdizione di natura penale sul clero non è assente nelle curie episcopali francesi, specialmente nel Nord, anche se manca del tutto nei ricchi registri giudiziari parigini.[28] Cause penali si trovano nel registro trecentesco del vescovo di Barcellona,[29] oppure in un esempio superstite ma tardo, per gli anni della fine del XV secolo, della diocesi di Carpentras,[30] mentre i pochi esempi di area germanica molto raramente testimoniano una giurisdizione sulle cause penali concernenti i

25. Questa fattispecie, che richiameremo varie volte per singoli elementi dei casi toscani, è molto presente nella storia dei tribunali vescovili d'Oltralpe: cfr. i numerosi saggi in *La justice dans les cités épiscopales*.

26. Non si tratta solo di un problema di conservazione: nei vescovati d'Oltralpe la giustizia del vescovo veniva gestita di norma dalla figura dell'*officialis*, che nella normativa pontificia del primo Trecento aveva specifiche limitazioni di competenza e aveva bisogno di incarichi speciali per avere giurisdizione nell'ambito disciplinare: si veda *infra*, p. 77.

27. Helmholz, *Local Ecclesiastical Courts in England*; Swanson, *Church and Society*, pp. 163-173.

28. Donahue, McDougall, *France and Adjoining Areas*.

29. *The Register* Notule Communium.

30. Hardman, *Conflicts, Confessions and Contracts*.

chierici.[31] In Italia il principio della competenza anche penale del vescovo sulle cause con chierici come convenuti non è di norma messo in discussione. La vicinanza geografica e soprattutto politica alla curia pontificia, unita alla necessità dei piccoli stati cittadini di mantenere relazioni positive con la gerarchia ecclesiastica e soprattutto alla perfetta osmosi socio-politica tra il clero cittadino e le autorità secolari, faceva sì che i privilegi dello status ecclesiastico venissero abitualmente rispettati, e che quindi il tribunale vescovile mantenesse il monopolio della cause con chierici come convenuti, fatti salvi episodi singoli di controversie puntuali, che troveremo non di rado anche nelle nostre carte.

Anche sul piano delle materie esistono peculiarità italiane. Certamente le questioni di benefici e nomine di rettori, di casi matrimoniali o legati a testamenti sono materia quotidiana ovunque. Tuttavia, mentre in Europa le corti episcopali si occupano anche di comportamenti aberranti del laicato come l'adulterio, la mancanza nei sacramenti, la diffamazione, la rottura di giuramenti,[32] a sud delle Alpi il tribunale vescovile non sembra particolarmente attivo per tutto ciò che riguarda i comportamenti del laicato: è raro trovare cause penali contro laici per diffamazione o anche per comportamenti illeciti sul piano della fede, e quelli che si trovano hanno caratteri assai originali come episodi fuori dalla norma. Piuttosto, la sfera del credito e quindi dell'usura copre una parte importante dell'attività dei nostri tribunali, e quindi certo condiziona fortemente il rapporto della giurisdizione vescovile con la società. La recente ricerca di Claudio Pia sulla documentazione astigiana[33] ha ben mostrato quanto la dimensione del credito

31. Sia i casi trecenteschi di Schwab, *Das Augsburger offizialatregister*, sia quelli di un secolo più tardi studiati da Salonen, *The Consistory Court of Freising* riguardano in grandissima parte questioni patrimoniali, in seconda battuta di diffamazione o cause usurarie, ma quasi mai processi criminali contro chierici.

32. Tipologie ricorrenti soprattutto nei tribunali inglesi, come testimoniato anche nel celebre prologo del *Racconto del frate* dei *Canterbury Tales* di Chaucer, che mette in scena un arcidiacono «il quale arditamente infliggeva castighi a reprimere fornicazione, stregoneria, ed anche ruffianesimo, diffamazione ed adulterio, a corregge ufficiali ecclesiastici, testamenti, contratti e astensione dai sacramenti [...]»: Chaucer, *I Racconti di Canterbury*, p. 190. Per alcune ricerche sui casi inglesi Woodcock, *Medieval Ecclesiastical Courts*; Morris, *A Consistory Court in the Middle Ages*; *Lower Ecclesiastical Jurisdiction in late-medieval England*; Owen, *Ecclesiastical Jurisdicion in England*; per la diffamazione, della quale nel tardo medioevo inglese le corti ecclesiastiche finiranno per avere il monopolio, cfr. Donahue, *"Delictum est vobis"*.

33. Pia, *La giustizia del vescovo*.

fosse decisiva per la stessa consistenza pratica del lavoro del tribunale, non solo per tutto ciò che concerne l'usura (che è un tema comune ovunque) ma anche per l'impiego di speciali strumenti giudiziari a tutela della proprietà e delle transazioni.[34] Si ha l'impressione cioè che nelle città italiane la competenza del tribunale vescovile sull'etica dei laici sia molto blanda, almeno al di fuori di tutto ciò che concerne il credito. Probabilmente questa relativa debolezza dipende dal rapporto della giustizia vescovile con altri fori competenti. In primo luogo quello inquisitoriale: in Italia i tribunali della fede sono sempre a direzione mendicante e chiaramente distinti da quelli vescovili, una distinzione non così netta in altre regioni europee.

Allo stesso tempo la giurisdizione vescovile sul laicato era precocemente minacciata dall'estensione di quella dei tribunali cittadini. Tipica della legislazione criminale dei comuni italiani del tardo medioevo è in effetti una spiccata attenzione per l'etica civile, che in certe situazioni si traduce in una netta offensiva moralizzatrice contro comportamenti ritenuti aberranti specie in ambito sessuale:[35] l'omosessualità e la prostituzione sono esempi tipici, a cui si aggiungono anche le norme relative al vestire e alla condotta pubblica.[36] Di conseguenza reati come la bestemmia o il vilipendio dei luoghi sacri, l'adulterio, le pratiche sessuali illecite, il meretricio e così via sono minuziosamente sanzionate dagli statuti cittadini e molto spesso trattate dai tribunali secolari; questo vale anche, almeno nel XIV secolo, per le non numerose cause di stregoneria, che si trovano perlopiù tra le carte delle

34. A ben vedere queste peculiarità si ritrovano anche in una tipologia diversa, quella delle cause matrimoniali, che ovviamente sono una parte decisiva di tutta la giurisdizione civile del vescovo. In Toscana almeno è più facile riscontrare cause per nullità del matrimonio dovute a cause di fattori ostativi come l'età, l'impotenza, o a rotture di fatto della convivenza per violenze o abbandono, piuttosto che cause per adulterio, quindi che hanno a che fare con i comportamenti familiari. Questo anche perché le cause matrimoniali intervengono spesso sulla base di promesse *per verba de futuro*, nella consuetudine toscana, quindi le questioni per il tribunale cadono spesso più sulle condizioni della promessa che su quella del matrimonio consumato. Per un tentativo di comparazione cfr. Donahue, *Law, marriage and society*.

35. Dean, *Crime and justice*, e i saggi in *Crime, society and the law in Renaissance Italy*.

36. Nel caso fiorentino Peterson, *The Albizzi, the Early Medici, and the Florentine Church* ha notato negli anni della fine del secolo una vera e propria "risantificazione" della città (dopo la guerra sacrilega degli Otto Santi e la crisi dell'interdetto), espressa nei rituali pubblici, nelle magistrature pubbliche per la tutela della moralità (onestà, sodomia, suntuaria), che in definitiva attraevano fortemente nella sfera delle responsabilità della repubblica situazioni tradizionalmente legate all'autorità vescovile.

corti secolari.[37] Non stupisce così che materie di questo tipo, relative cioè alla moralità e ai comportamenti dei laici, abbiano un peso tutto sommato trascurabile nella prassi dei tribunali vescovili italiani.[38]

L'esito di queste peculiarità locali va a definire un assetto in un certo senso paradossale ma sommamente significativo dei caratteri della giustizia vescovile in Italia, e qui in particolare nelle sedi toscane. Nel nostro caso l'intervento del vescovo è per certi versi meno "confessionale" che altrove, nel senso che non ha una particolare inclinazione per i comportamenti del laicato al di fuori della sfera del credito, e del resto neppure si occupa abitualmente di questioni di fede; allo stesso tempo è decisamente più "corporativo", cioè più sistematicamente mirato al controllo sulla categoria clericale, per il quale anche le nostre fonti offriranno materiale abbondante.

4. *Uso delle carte e governo della diocesi*

Al netto delle differenze regionali, in Italia come altrove l'emersione di una scrittura regolare degli atti giudiziari deriva da due matrici abbastanza differenti. Da una parte stava la necessità di gestire alcune materie che la normativa pontificia del XII secolo, soprattutto da Alessandro III in poi, aveva enucleato come decisive per la vita cristiana dei laici, vale a dire in primo luogo il matrimonio. La complessa e assai flessibile prassi delle società europee quanto alla definizione del vincolo matrimoniale, alla sua validità e alla sua rottura aveva dato motivo ai pontefici e ai canonisti di specificare un quadro normativo sempre più dettagliato.[39] I vescovi si trovarono inevitabilmente a fungere da terminali sul territorio di questo grandioso progetto papale di definizione religiosa del vincolo matrimoniale,

37. Corsi, *Processi per stregoneria*; quasi tutti presso tribunali secolari o alternativamente presso l'inquisitore e non il tribunale vescovile sono i casi di processi per incantamenti, magia o stregoneria citati per il primo Quattrocento in Brucker, *The Society of Renaissance Florence*.

38. Sulla rarità di cause per adulterio nei tribunali ecclesiastici italiani Kelly, *Law and Nonmarital Sex*. Anche a Carpentras nel Quattrocento reati come l'adulterio e simili erano perlopiù attratti dalla curia secolare, che però in questo caso specifico era l'autorità del papa come sovrano nel territorio del Contado Venassino: Hardman, *Conflicts, Confessions and Contracts*, pp. 126-128.

39. Per il panorama generale cfr. Brundage, *Law, Sex and Christian Society*, pp. 430-437: ma si veda la parte IV per i riferimenti in dettaglio specialmente sull'aspetto della prassi giudiziaria.

e quindi ebbero molto precocemente la necessità di articolare una simile funzione in forme giudiziarie. Non stupirà riscontrare che in un episcopato come quello veronese il primo esempio di documento in forma di fascicolo, che cioè emergesse dalla pratica più antica delle pergamene sciolte, è il quadernetto del notaio capitolare Giovanni del 1207-1208, che insieme a documentazione varia, sia episcopale che dei canonici, raccolse una serie di sentenze del vescovo in ambito perlopiù matrimoniale.[40] Segno del fatto che anche in una data così risalente la giustizia, e la giustizia matrimoniale in specie, fungesse da primo coagulo per un salto di qualità nelle forme di organizzazione documentaria. Qualcosa di simile si può dire anche di un altro ambito del comportamento dei laici eticamente sensibile, quindi suscettibile di rientrare nelle categorie della legislazione canonica, cioè il credito, con il delicatissimo corollario dell'usura. Il fatto che la politica dei papi del XII secolo, compendiata poi dal Concilio lateranense IV del 1215, avesse così intensamente mirato a regolare queste due sfere della vita dei laici è il primo retroterra dello strutturarsi di una prassi giudiziaria vescovile in forme seriali. La Toscana offre a questo riguardo almeno una testimonianza molto precoce. Si tratta del fascicolo che per alcuni mesi del 1230 il notaio vescovile Ubaldo tenne a nome della curia arcivescovile di Pisa, annotando con grande cura gli atti delle cause presentate al giudizio del vescovo.[41] Il registro, compilato da un professionista con una conoscenza di alto livello del formalismo del processo canonico ma anche della prassi delle curie secolari, raccoglie atti di natura abbastanza diversa: controversie su benefici o decime per quanto riguarda il clero, ma principalmente cause di natura matrimoniale o legate a testamenti, non senza varie occorrenze anche di questioni sul credito e l'usura. Il lavoro di Ubaldo era destinato a rimanere un *unicum* per la ricchezza e la qualità della documentazione, ma è indicativo di come le curie vescovili potessero organizzare il proprio lavoro in questa prima metà del secolo. D'altro canto il fatto che gli operatori del tribunale (notai ma anche giudici consultati di volta in volta come *sapientes*) fossero figure di spicco della società cittadina lascia intendere una certa comunicazione con la prassi giudiziaria secolare, e in questo senso il lavoro del vescovo come giudice poteva forse avvalersi dell'esperienza delle curie civili, cioè di quelle forme di giustizia civile cittadina testimoniate dal XII

40. Il documento è segnalato da Varanini, *Note sull'archivio del capitolo*, pp. XI-LXV.

41. Dolezalek, *Das imbreviaturbuch der erzbischöflischen*.

secolo, prima ancora che l'istituzione podestarile giungesse a coordinare la macchina giudiziaria del comune. Le curie civili sono ben note per una città vicina, Lucca, e hanno lasciato molti documenti anche per la Firenze duecentesca, ma senza dubbio avevano funzioni simili anche per Pisa, e quindi è plausibile che una certa continuità per lo meno di esperienza professionale vi fosse anche con il tribunale del vescovo.[42] D'altro canto la giurisdizione delle curie civili affondava le sue radici in epoche molto antiche, quantomeno nel XII secolo, cioè in un periodo nel quale il funzionamento del diritto aveva ancora un legame non così strutturale con il "comune" inteso quale istituzione di autogoverno: una stagione in cui la giustizia poteva riferirsi a un "diritto della città" più che "diritto del comune", e quindi si prestava a simili complementarietà tra sedi secolari e sede vescovile, ancora non nettamente separati da criteri sostanziali, "spirituale" e "temporale". Che poi fosse questo ambito eminentemente civile, rivolto alla vita dei laici, a fornire il coagulo essenziale per la creazione di registri della giustizia è confermato anche da un caso più modesto, ma tutto sommato coerente, di qualche anno più tardi. Nell'archivio diocesano di Fiesole, rilegato a chiusura di un registro degli anni Cinquanta con documenti del notaio vescovile Bernardo, si conserva un breve quaderno pergamenaceo dello stesso Bernardo, relativo all'anno 1246,[43] con gli atti di alcune cause, perlopiù matrimoniali, giudicate per conto del vescovo dal pievano della chiesa di Cascia. È questo a quanto pare il primo esempio superstite di una traduzione in documenti a registro della giustizia vescovile a Fiesole, che solo qualche decennio più tardi avrebbe cominciato a redigere quaderni tematici: d'altro canto il quadernetto di ser Bernardo ha ancora i caratteri estrinseci degli atti sciolti (quelli che a Firenze si chiamerebbero le pergamene a quaderno) più che quelli dei registri cartacei trecenteschi. Insomma una pratica documentaria ancora ai suoi sperimentali inizi, per la quale sono i dubbi e le controversie sul matrimonio a fare da fattore decisivo.

Sempre nel XIII secolo però dobbiamo tener conto di un secondo elemento, una seconda matrice che prepara la stagione dei registri del tribunale. Nei primi anni del secolo, poi molto esplicitamente con la norma-

42. Sulle pratiche del diritto nelle due città cfr. Wickham, *Legge, pratiche e conflitti*; per lo Statuto delle Curie, la cui redazione più antica trecentesca attende ancora un'edizione completa, *Statutum curie appellationum Lucensis civitatis*, e Lepsius, *Die Statuten des Appellations- und Syndikatsrichters in Lucca*.

43. ASDF, XIV.III.G.1, cc. 40r-43v: sul volume di imbreviature insieme al quale il quaderno è rilegato cfr. Tanzini, *Un notaio duecentesco*.

tiva del Lateranense IV, era entrata nella politica del governo papale una speciale enfasi sui temi della disciplina e della repressione degli *excessus* del clero.[44] Il governo dei comportamenti dei chierici era evidentemente un tema classico per il diritto canonico almeno dal periodo gregoriano, ma ora, specialmente con Innocenzo III, si traduceva in un inaudito piglio repressivo, tanto che gli strumenti per il controllo sul comportamento dei vescovi furono il canale privilegiato per la definizione della procedura inquisitoria, destinata poi a diffondersi nell'intero mondo dei tribunali canonici e secolari.[45] Un atteggiamento di questo tipo doveva necessariamente trasmettersi anche ai vescovi, anche perché negli stessi anni, e di nuovo con assoluta chiarezza nel 1215, andava definendosi il modello della parrocchia come quadro necessario della vita religiosa dei fedeli cristiani, e quindi del sacerdote curato come principale garante – non foss'altro perché erogatore dei sacramenti, dall'eucarestia alla confessione *proprio sacerdoti* – della regolarità del culto. L'enfasi sulla disciplina, unita a un'attenzione altrettanto spiccata e innovativa sulla parrocchia, in quella che la storiografia ha riconosciuto come una vera e propria "rivoluzione pastorale",[46] innescava così una forte pressione per il controllo sulla disciplina dei sacerdoti. Proprio nel contesto di una simile attenzione comparivano i primi esempi di visite pastorali o di normative sinodali sul clero, testimoniati precocemente in alcune sedi dell'Italia centrale come Città di Castello, Orvieto e poche altre[47] prima che la pratica cominciasse a generalizzarsi nel nuovo secolo. Anche in questo caso però la Toscana offre almeno un esempio di particolare precocità,[48] vale a dire la visita effettuata dal vescovo di Arezzo Guglielmino Ubertini a una parte della

44. Lemesle, *Le gouvernement des évêques*, pp. 23-56.

45. Del resto la stessa normativa canonica di ambito penale si costruisce nel corso del XIII secolo in gran parte proprio attraverso l'accumulo di soluzioni per singoli casi: cfr. Kéry, *Canon Law and Criminal Law*.

46. Platelle, *La paroisse et son curé*; più recentemente Vauchez, *The Church and the Laity*, e Cusato, *The Radical Renewal of Pastoral Care*.

47. Sensi, *Sinodi e visite pastorali in Umbria*.

48. Un caso particolarissimo e di grande rilievo è quello del vescovo di Pisa Federico Visconti, la cui visita pastorale ai vescovi della Sardegna nel 1263 rientra però in un contesto molto singolare, quello dei diritti di primazia della sede pisana sulla Chiesa dell'isola che coinvolgeva un complesso gioco di relazioni tra la Curia pontificia e il comune cittadino; la vicenda del Visconti è però indicativa dell'enfasi con cui l'attività di predicazione presule affrontò il tema della visita e della correzione dei costumi del clero, per quanto con una impostazione molto più morale che giudiziaria: cfr. comunque *Les sermons et la visite*

sua diocesi nel 1257.[49] Lo studio e la valorizzazione delle visite pastorali ha una tradizione propria e una serie di tematiche specifiche,[50] ma vale la pena qui segnalare un elemento macroscopico della visita Ubertini, condotta peraltro da un presule di cui è ben noto l'attivismo anche come leader politico della sua città. Nello svolgersi del suo breve viaggio il vescovo ebbe modo di verificare la tenuta delle chiese e le condizioni del clero secondo lo schema usuale della *visitatio*, ma in molte occasioni la visita innescò veri e propri procedimenti giudiziari per contenziosi sul godimento di benefici, conflitti tra chierici e talvolta per dar seguito a denunce contro chierici macchiatisi di gravi reati, o sessioni per la risoluzione delle controversie.[51] Ad Arezzo a metà del secolo quindi più che la visita come tipologia documentaria propria vediamo una curia vescovile che svolge le sue funzioni giudiziarie per così dire "in movimento", nel concreto della visita stessa. Esattamente negli stessi anni Cinquanta un altro registro notarile della diocesi di Fiesole, rogato dallo stesso Bernardo citato sopra, permette di seguire il vescovo in movimento, raccogliendo non una visita ma una successione di atti rogati nel giro di alcuni mesi in luoghi molto diversi dell'ampia diocesi fiesolana. Sebbene in questo caso il vescovo non svolga vere e proprie funzioni giudiziarie, di certo interviene a sanzionare comportamenti difformi del laicato in ambito matrimoniale, o a sanare situazioni di conflitto sull'uso di luoghi di culto.[52] Quel che sembra di intendere da questi esempi di metà secolo è che l'esigenza di controllo sul clero assumeva forme documentarie per così dire ibride, in parte a carattere processuale, in parte di inchiesta extragiudiziale.

Considerando dunque le varie risposte elaborate a parte dalle nuove esigenze della Chiesa, per la soluzione dei dubbi sul matrimonio e il credito da una parte, e dell'altra per una rinnovata attenzione alla disciplina del clero, si comprende come nella seconda metà del secolo il personale

pastorale de Federico Visconti archevêque de Pise, in particolare i sermoni LXXXXVI-CIII e il resoconto della visita sarda n. CIV.

49. *Visite Pastorali dal 1257 al 1516*, pp. 11-48.

50. Coulet, *Les visites pastorales*, da corredare con Id., *Les visites pastorales. Mise à jour*; per il quadro italiano Turchini, *Studio, inventario, regesto* e più recentemente Canobbio, *Visite pastorali nel medioevo italiano*.

51. Tanto da rendere forse plausibile una connessione di questa pratica con sopravvivenze di quel "placito sinodale" che in epoche più antiche i vescovi dovettero usare nella loro pratica di rapporti con il territorio: Coulet, *Les visites pastorales*, pp. 45-46.

52. Tanzini, *Un notaio duecentesco*.

delle curie vescovili cominciasse a contaminare le due esigenze,[53] facendo confluire in una sola serie giudiziaria sia gli atti sul contenzioso civile, specialmente sul matrimonio, sia quelli sulla disciplina del clero, a carattere quindi penale. Proprio il caso fiesolano si presta a fornirci il punto d'avvio, soprattutto perché un antico inventario della fine del Trecento[54] accredita il quaderno di ser Bernardo nella sua composizione così ibrida come il primo registro realizzato come tale esistente nell'archivio del vescovo, il primo tentativo cioè di passare dalle carte sciolte al quaderno: da quella esperienza era iniziata la storia dei registri del tribunale.

5. *I registri vescovili*

La produzione documentaria della giustizia dei vescovi inizia a essere riconoscibile nel suo complesso non prima del pieno Duecento. Abbiamo appena visto come le funzioni di natura giurisdizionale facessero parte delle attribuzioni tradizionali delle curie episcopali, ma una produzione regolare di documenti di natura processuale, organizzati in forma di registri, la si può riscontrare solo dal XIII secolo, cioè nella fase in cui in Italia si fa decisiva la collaborazione tra autorità vescovile e competenze professionali notarili, che metterà in moto una compresenza fortunata per secoli. Con qualche ritardo rispetto alle autorità cittadine secolari, che fin dalla fine del XII secolo, nelle sale degli stessi palazzi vescovili o in ambienti socialmente e materialmente vicini, avevano cominciato a organizzare per serie di registri la gestione quotidiana del potere sugli uomini, anche le curie vescovili iniziano ad affiancare alle casse di monumentali pergamene sciolte i quaderni e fascicoli di fattura inconfondibilmente notarile. Gli studi che negli ultimi due decenni hanno focalizzato con grande dettaglio il patrimonio documentario dei tribunali vescovili europei[55] hanno messo a punto una cronologia abbastanza

53. Enfatizza giustamente l'emersione della pratica giurisdizionale dei registri come precipitato di una più generale preoccupazione pastorale di disciplina dei comportamenti Hamilton, *Bishops, Education, and Discipline*.

54. Si veda il caso *infra*, pp. 56-59.

55. La prima rassegna della documentazione è *The Records of the Medieval Ecclesiastical courts*, Part I. *The Continent*, e Part II. *England*. Si tratta di un lavoro estremamente dettagliato ma la cui sistematicità va perdendosi via via che ci sia allontana dall'asse geografico portante dell'Inghilterra e della Francia: per l'Italia vi è solo un limitato sondaggio nell'archivio senese. Il volume miscellaneo *La justice dans les cités épiscopales* offre molti

coerente: a partire dagli anni Settanta del Duecento compaiono, in circostanze probabilmente molto singolari ma comunque in forma ormai chiara, i primi esempi di registri del tribunale della curia arcivescovile di Canterbury e, nel continente, dei vescovi di Mende nel *Midi* francese,[56] dei quali tuttavia il registro più antico pertiene alla giurisdizione temporale. Il primato cronologico e quantitativo dei vescovadi inglesi si sarebbe confermato nel primissimo Trecento, con la comparsa delle serie documentarie di York,[57] probabilmente le più interessanti di tutto il secolo, e di varie altre sedi nei decenni successivi. Nel continente la Francia meridionale è una delle aree più ricche ancora all'inizio del secolo XIV (Aix, Marsiglia, Narbona),[58] ma ad essa si affiancano dagli anni Quaranta la Catalogna (Barcellona, Girona),[59] alcuni episodi isolati in area germanica come il vescovado di Augsburg,[60] e la parte settentrionale del regno di Francia, in particolare con l'ufficialità del vescovo di Parigi nell'ultimo quarto del Trecento.[61]

L'Italia, dunque, rientra in questa cornice cronologica europea anche se la disponibilità effettiva di fonti superstiti non è fortunata. I primi esempi duecenteschi sono tanto più rilevanti quanto rari: essenzialmente solo per le sedi di Asti, Mantova e Città di Castello abbiamo testimoni superstiti di registri vescovili in numero significativo entro la fine del secolo.[62] In molti al-

spunti di ricerca ma focalizza per il periodo interessato soprattutto casi di giurisdizione temporale dei vescovi.

56. Woodcock, *Medieval Ecclesiastical Courts*: la prima serie importante di *rolls* inizia nel 1270 (*Selected Cases from the Ecclesiastical Courts*, pp. 7, 16-25); cronologia analoga in Francia, come attestato in Bulman, *The Court Book of Mende*, pp. 43-55: qui il primo registro copre il periodo 1268-1270, e l'autore cita anche un caso apparentemente coevo per la diocesi di Le Puy. Mende è la sede episcopale dello *speculator* Guglielmo Durante, che però vi sarebbe diventato vescovo solo alcuni anni più tardi, nel 1285.

57. Smith, *Ecclesiastical Cause Papers at York*: in realtà però gran parte dei numerosi casi qui regestati sono trasmessi da disordinate serie di pergamene sciolte e parti di rotuli, mentre veri e propri registri sono attesti solo per frammenti negli anni Settanta, e quindi in maniera continua nel XV secolo (ivi, pp. III-IV e 90).

58. Si vedano i saggi in *Les justices de l'Église dans le Midi*; per un quadro bibliografico dei casi francesi cfr. Bulman, *The Court Book of Mende*.

59. *The register* Notule communium; sul caso di Girona cfr. Armstrong-Partida, *Conflict in the Parish*.

60. Schwab, *Das Augsburger offizialatregister*.

61. Pommeray, *L'officialité archidiaconale de Paris*.

62. *I registri vescovili dell'Italia settentrionale*. Il caso di Città di Castello è stato messo in luce da Brentano, *The bishop's book of Città di Castello*, ma si veda anche Merli, *"Qui seminat spiritualia"*; per Asti Pia, *La giustizia del vescovo*; il caso di Mantova è stato

tri casi cittadini dobbiamo accontentarci di precoci indizi di collaborazione e impiego di notai nelle curie, che rendono plausibile l'avvio di una produzione documentaria regolare della giustizia vescovile, documentata però in maniera rilevante solo con il nuovo secolo. Ad ogni modo anche nei tre casi citati la materia giudiziaria è parte di una redazione dal carattere fortemente miscellaneo. Si tratta perlopiù di registri che raccolgono gli atti processuali ora con quelli patrimoniali, ora con le consacrazioni di sacerdoti e provviste di benefici: con una logica mista, insomma, che non enuclea la sfera giudiziaria come meritevole di una organizzazione documentaria a sé, anche se ne fa comunque un punto di coagulo decisivo. Questo carattere miscellaneo dei registri vescovili ha indotto all'uso della definizione di *libri curie*. I *libri curie* sono i registri del tribunale, che però rispetto ai registri di giurisdizione veri e propri contengono anche atti su vicari, lettere apostoliche, scomuniche, benefici e varia, comunque sempre redatti presso il *banchum iuris*.[63] I registri mantovani duecenteschi hanno questo carattere, così come quelli di Città di Castello giustamente noti per ricchezza e precocità, ma in parte anche quelli astigiani nel XIII secolo, che enucleano più chiaramente la sfera della giurisdizione solo dal secondo decennio del Trecento. Una simile tendenza trecentesca alla specializzazione tematica sembra confermata dall'esempio del registro torinese degli anni Ottanta del XIV secolo, che è in larga parte dedicato alle cause giudiziarie penali.[64] Il peso relativo della documentazione giudiziaria in senso stretto è forse più forte in quei contesti, come Trento o Aquileia, nei quali il vescovo esercitava una giurisdizione secolare su una parte del territorio: qui proprio l'elemento secolare potrebbe aver esercitato un ruolo di stimolo a consolidare anche documentariamente le funzioni di giustizia.[65] Vedremo che una considerazione del genere ha qualche utilità anche in alcuni episodi toscani.

Il relativo ritardo della strutturazione documentaria della giustizia vescovile italiana rispetto agli esempi d'Oltralpe è stato fatto oggetto di ampie considerazioni storiografiche anche recenti, sulle quali torneremo.[66] Possiamo dire però che certamente questa discrasia cronologica non è affatto legata

affrontato in varie occasioni da Gardoni, *I registri della chiesa vescovile di Mantova*, e Id., *Notai e scritture vescovili a Mantova*.

63. Chironi, *Tra notariato e cancelleria*.

64. Merlo, *Chiese e uomini di Chiesa*, pp. 159-188.

65. Per la varie realtà locali cfr. di nuovo i saggi in *I registri vescovili dell'Italia settentrionale*.

66. Il tema sarà ripreso nel capitolo sul personale notarile, qui alle pp. 89-94.

a fattori per così dire evoluzionistici di maggiore o minore consapevolezza o capacità tecnica delle curie vescovili, perché si dà il caso di ambienti episcopali muniti di professionalità e capacità tecniche di primo piano che non hanno lasciato per l'intero Trecento serie processuali, come accade ad esempio a Brescia, dove per contro fin dall'inizio del secolo esistono abbondantissimi registri per la gestione patrimoniale, i rapporti con i vassalli vescovili, le entrate e le uscite.[67] Evidentemente, al netto di episodi pur ricorrenti di distruzione della documentazione,[68] nei diversi contesti i vescovi e i loro ufficiali hanno investito in maniera diversa nelle varie tipologie documentarie, dando luogo a patrimoni scrittori condizionati da quelle strategie.

6. *Il caso toscano: caratteri, varianti, originalità*

Il patrimonio documentario delle sedi vescovili toscane porta al quadro generale della storia italiana un complesso di grandi potenzialità. Innanzitutto sul piano quantitativo della documentazione.[69] Dal 1339 al 1399 si conservano a Lucca oltre 120 registri del tribunale vescovile;[70] una sessantina sono i registri di Fiesole, distribuiti in diverse serie dell'archivio a partire dall'ultimo quarto del Duecento,[71] e una trentina quelli di Volterra con una connotazione più chiaramente giudiziaria dagli anni Venti del secolo in poi.[72] La sede vescovile di Pistoia e quella del preposto di Prato,[73] incuneato tra le diocesi di Pistoia e Firenze con attribuzioni sostanzialmente autonome,

67. Sul caso si veda ora l'ampio studio di Pagnoni, *L'episcopato di Brescia*.

68. Emblematico il caso della curia veronese, di cui conosciamo indirettamente la qualità professionale e l'alto livello di organizzazione già in una fase molto alta, ma che non ha lasciato documentazione di prima mano perché l'archivio è andato perduto fino alla metà del Trecento: cfr. Rossi, *I notai di curia*.

69. Il quadro globale si può cogliere a grandi linee dalla *Guida degli archivi diocesani d'Italia*, ma con molte lacune.

70. Per la consistenza delle carte lucchesi cfr. Meek, *I documenti del Tribunale ecclesiastico di Lucca*, e Geltner, *I registri criminali dell'Archivio arcivescovile di Lucca*.

71. *L'Archivio vescovile di Fiesole*.

72. Il patrimonio documentario della chiesa volterrana è ben descritto da uno strumento manoscritto presso la sala di studio.

73. Sul cui patrimonio cfr. *Gli archivi storici ecclesiastici delle Diocesi di Pistoia e Pescia* (ma la sezione dell'archivio vescovile risulta in corso di inventariazione nel 2018, quindi le segnature subiranno dei cambiamenti) e *Inventario dell'archivio della Curia diocesana di Prato*, con riferimento anche alla parte dell'archivio conservata a Firenze alle pp. 16-19.

hanno conosciuto storie singolari di smembramento, per cui hanno patrimoni documentari divisi tra l'Archivio di Stato di Firenze e la sede originaria, ma offrono almeno una dozzina di registri significativi dell'attività del tribunale, particolarmente antichi per quel che riguarda il caso pistoiese, che presenta esempi tardoduecenteschi. Dello stesso ordine di grandezza è la consistenza dei registri del vescovo di Arezzo con porzioni rilevanti di documentazione giudiziaria, anche se con una distribuzione cronologica perlopiù sulla seconda metà del Trecento.[74] A Pisa gli *Atti di Curia* sono una serie estremamente composita,[75] ma comunque offrono almeno una decina di corposi faldoni che dal 1304 alla fine del secolo restituiscono molto bene la pratica del tribunale. A Firenze,[76] a Siena[77] e nella nuova sede di Cortona eretta nel 1325[78] la situazione è meno ricca ma comunque offre esempi documentari significativi da recuperare in sedi parallele. L'accostamento di tutti questi casi, in una certa misura artificiale ma giustificato anche da una certa circolazione di personale, consente insomma di disporre di un campione che sul piano quantitativo non ha eguali nella storia italiana e può essere senz'altro paragonato alle più felici situazioni documentarie d'Oltralpe. Un campione, in altre parole, che permette di capire il fenomeno della giustizia vescovile nei suoi complessi caratteri.

I vescovi toscani e la giustizia

Uno studio della vita dei tribunali vescovili non può che prendere avvio dalle fonti normative, in particolare dalla legislazione sinodale delle chiese locali; a dire il vero le costituzioni sinodali toscane del primo Trecento sono una fonte in un certo senso deludente da questo punto di vista. Al di là dei loro caratteri estremamente conservativi, tipici del resto di questa tipologia documentaria,[79] esse trattano perlopiù questioni relative ai costumi del clero e alla pratica dei sacramenti, e sono molto avare di riferimenti

74. La migliore approssimazione alla consistenza dell'archivio aretino per quanto riguarda le carte giudiziarie sono i capitoli sui notai di curia in Barbagli, *Il notariato ad Arezzo*.

75. Come osserva Carratori Scolari, *Il governo delle diocesi nel Medioevo*. In generale sull'archivio cfr. Carratori, *Inventario dell'archivio arcivescovile di Pisa*.

76. Un quadro generico della consistenza è in *L'archivio della cancelleria arcivescovile di Firenze*.

77. Chironi, *La mitra e il calamo*.

78. Riferimenti alla consistenza del patrimonio in Bornstein, *Parish Priest in Late Medieval Cortona*.

79. Per i testi nel dettaglio si veda *infra*, pp. 111-113.

alla giustizia: basti pensare che le costituzioni sinodali del vescovo Enrico da Lucca datate 1308, tra le più ricche dal punto di vista quantitativo, sono pressoché prive di riferimenti all'organizzazione istituzionale e allo *stylus curie* del tribunale vescovile;[80] qualcosa di più verrà introdotto dal vescovo Berengario nel 1351,[81] che a conclusione dei ben 105 capitoli sul reclutamento del clero, la disciplina della vita parrocchiale e i vari aspetti del diritto sostanziale fece porre una tabella dei *dies feriati*, cioè dei giorni adibiti all'esercizio della giustizia, un riferimento molto usuale anche nei registri statutari dei tribunali secolari. Non meno reticenti sul piano delle procedure sono le norme trecentesche dell'episcopato aretino.[82] Una vera e propria eccezione, notevole anche per l'altezza cronologica, è quella delle costituzioni sinodali del vescovo di Firenze Francesco Silvestri da Cingoli del 1327.[83] Si tratta di una compilazione assai ambiziosa, non tanto per le dimensioni (il numero delle rubriche non supera quello di Lucca del 1308) ma per l'organicità e la struttura, articolata in cinque brevi libri a evidente imitazione del *Liber Extra* (e anche dei coevi statuti del comune). Il secondo libro delle costituzioni è dedicato proprio alla procedura del tribunale vescovile: si tratta di sole sei rubriche, che tuttavia specificano la tabella dei *dies feriati* ed enunciano regole importanti come il divieto di convenire un chierico o un laico «super causa que spiritualem exposcat indaginem» presso un tribunale secolare, o l'indicazione che per le cause del tribunale sotto i cento fiorini non si richieda libello ma si proceda sommariamente, secondo la procedura recentemente codificata dalle decretali *Clementine*. È sicuramente paradossale che il maggior dettaglio sul funzionamento del tribunale sul piano normativo sia attestato proprio per Firenze, che nel quadro toscano sembra la sede episcopale più povera di atti prodotti dal tribunale stesso. E l'impressione si accentua con l'avanzare del secolo, perché nelle costituzioni fiorentine del 1393 siamo di fronte a un vero e proprio *ordo iudiciarius*, che specifica i modi e i tempi della presentazione e del disbrigo delle pratiche (sempre secondo il modello sommario della

80. *Sacrorum Conciliorum nova et amplissima collectio*, XXV, coll. 173-198; Manselli, *La sinodo lucchese di Enrico del Carretto*.

81. Dinelli, *Dei sinodi della diocesi di Lucca*, pp. 67-131.

82. *Costituzioni sinodali*; le costituzioni del vescovo Ubertini sono peraltro molto lunghe, ben 153 rubriche, ma piuttosto reticenti quanto alle attribuzioni specifiche e al personale del tribunale.

83. Edite in *Capitoli del comune di Firenze*, pp. 4-49, e oggetto di un ampio studio di Trexler, *Synodal law*.

decretale *Dispendiosam*), giungendo a specificare il tariffario degli atti del tribunale, di nuovo in parallelo con quanto consueto negli statuti delle curie secolari.[84] Il fatto che la promulgazione delle costituzioni avvenga alla presenza dell'*advocatus curiae* Lorenzo Ridolfi, canonista celebre e uomo di spicco del governo della repubblica fiorentina di quegli anni, fa pensare che lo studioso abbia prestato la sua esperienza per una trattazione particolarmente rigorosa e dettagliata proprio degli aspetti processuali.

Nel complesso ciò che conosciamo della giustizia vescovile toscana nel corso del Trecento dipende molto più dalla testimonianza delle carte processuali che dalla produzione normativa locale. Questo non sarebbe un limite particolarmente grave, ma certo alcuni elementi ci sfuggono potendo guardare alla "macchina" della giustizia solo nell'atto del suo funzionamento e non con uno sguardo generale dall'esterno. Sempre episodiche finiscono così per essere le informazioni sugli aspetti materiali, per cui ad esempio fatichiamo anche a collocare nello spazio la vita del tribunale. Il quadro toscano è in questo purtroppo meno generoso di altri casi regionali. Per quanto infatti siano illustri e ben documentati, e talvolta ancora riconoscibili in alcuni dei loro caratteri medievali, i palazzi episcopali delle città toscane non hanno lasciato nulla di paragonabile all'aula della curia di Bergamo, con le sue decorazioni pittoriche duecentesche sulla vita di Cristo e il giudizio universale, che fungevano da eloquente teatro delle funzioni giudiziarie del vescovo.[85] Vero è che la sala del Palazzo dei vescovi di Pistoia porta ancora segni di decorazioni araldiche medievali, ma senza connessioni esplicite con le funzioni del tribunale. Il palazzo è comunque la sede abituale degli atti del tribunale, sebbene difficilmente si trovino riferimenti più precisi all'articolazione degli ambienti. È probabile che lo spazio della cappella, spesso annessa al palazzo, fosse il luogo della lettura delle sentenze: così accade di certo a Firenze dove la chiesa di San Salvatore al vescovo è abitualmente citata come aula del tribunale; molte delle pratiche dovevano comunque essere svolte nello spazio di residenza del vicario vescovile, o semplicemente in un luogo *ad banchum iuris*, che designa verosimilmente più la funzione che uno spazio fisico. Distinto dal luogo della giustizia era il carcere del vescovo, citato esplicitamente a Lucca e a Firenze: uno spazio difficile da collocare e probabilmente assai precario nella struttura, se è vero che a Lucca sono testimoniate un paio

84. Ivi, con edizione del testo alle pp. 307-339.
85. Miller, *The Bishop's Palace*, pp. 185-206.

di fughe da un luogo di detenzione probabilmente poco sicuro.[86] Nel complesso comunque la spazialità della giustizia del vescovo non sembra così condizionata dall'elemento architettonico, dal momento che al di fuori delle registrazioni standardizzate dei registri di curia, nelle pergamene sciolte conservate al di fuori dell'archivio, si incontra il vescovo o il vicario tenere giustizia anche fuori dalla città: la residenza rurale dei vescovi di Firenze, la chiesa di San Antonio a Montughi,[87] o l'antica signoria del vescovo di Lucca a Montopoli[88] possono essere usate come sedi temporanee del tribunale. Ciò che conta è la curia in sé, riunita *pro tribunali sedens*, che costituisce la corte giudicante a prescindere dal luogo in cui si riunisce.[89] I rituali e le procedure scritte del processo erano in definitiva il vero "luogo" della giustizia vescovile.

Emersione e consolidamento della forma-registro

Il primo vero e proprio registro toscano che si possa qualificare come libro degli atti del tribunale, dopo il caso del tutto erratico di metà Duecento, è quello di Fiesole del 1280,[90] che inaugura una serie assai ricca e coerente nell'archivio fiesolano: anche qui, come osservato in tante realtà italiane, non mancano inserti "esterni" che fanno inclinare il registro verso la tipologia del libro di curia. Dopo un cospicuo salto cronologico, i registri del tribunale fiesolano diventano abbastanza continui dal 1295,[91] e soprattutto conoscono già entro la fine del secolo una evoluzione qualitativa fondamentale per lo studio della giustizia del vescovo. Negli esempi più antichi gli atti giudiziari appaiono aggregati in forma essenzialmente cro-

86. ASDL, *Tribunale ecclesiastico, Criminale*, 30, 15r-17v e XXXVIIIr (1381): *inquisitio* e primi atti contro un chierico detenuto in carcere durante i termini del processo, evaso insieme ad altri complici; di qualche anno prima (ivi, 28, 1372) è il caso di un chierico convocato a giudizio per concubinato e fuggito dal palazzo, non è chiaro se con una vera e propria evasione.

87. Nel caso, per la verità un po' particolare, dell'arbitrato del vescovo Angelo Acciaioli citato *infra*, p. 249.

88. Dove è datata una sentenza del vescovo di Lucca copiata su pergamena sciolta in ASFi, *Diplomatico, Dono Polverini*, 1345 giugno 17, datata «pro tribunali sedens in domo episcopatus in castro suo de Montopori».

89. Un altro caso di questo tipo riguarda il vescovo di Volterra, che in una carta dell'ASFi, *Diplomatico*, *Ospedale degli Innocenti*, 1392 ottobre 5, tiene il tribunale nella persona del vicario «in Sancto Geminiano [...] in domo conveniente sibi».

90. ASDF, XIV.III.A.3.

91. ASDF, XIV.III.A.4 sgg.

nologica: libelli, posizioni, testimonianze, qualche rarissima sentenza su singole cause trascritte seguendo lo svolgersi dei diversi procedimenti in corso, secondo una logica documentaria tipica delle imbreviature notarili.[92] Dal 1296-1297 invece[93] si riscontra l'uso dei notai del vescovo di organizzare gli atti per cause: concretamente il redattore del registro iniziava un fascicolo ogni volta che un'accusa o un'inquisizione apriva un processo, procedendo ad aggiornare il *dossier* via via che gli atti susseguenti si accumulavano fino all'eventuale sentenza. Anche qualora la trascrizione avvenisse su un registro intero e non per fascicoli successivamente rilegati, il notaio "apriva" la causa lasciando un congruo spazio di carte bianche dopo l'inquisizione, destinato a ospitare a tempo debito gli atti opportuni. L'effetto, messo in conto sul piano pratico un po' di spreco di carte quando gli spazi non venivano riempiti, è il segno evidente della capacità e della volontà del tribunale di inquadrare con consapevolezza le singole situazioni; ed è straordinariamente vantaggioso per lo studioso, che può seguire una serie di registri costituiti da tante singole cause, non di rado introdotte da una rubrica nominale per semplificare il loro reperimento, aperte e svolte ciascuna per suo conto come un *dossier* autonomo.

Grosso modo lo stesso percorso sembra abbia compiuto la prassi della curia vescovile di Pistoia, che rappresenta l'altro caso precoce del campione toscano. Si sono conservati abbastanza fortunosamente a Firenze alcuni registri del tribunale della fine del Duecento e primi anni del nuovo secolo,[94] mentre la serie più corposa è poi documentata in maniera molto intermittente per tutto il Trecento. I registri conservati a Firenze[95] sono con ogni evidenza l'esito di una ricomposizione materiale successiva, a partire dall'uso di redigere fascicoli sciolti indipendenti l'uno dall'altro. Gran parte di questi fascicoli sono *libri testium*, intesi cioè a conservare le deposizioni dei testimoni su questioni di particolare rilievo, sulla disciplina del clero ma anche per controversie di natura beneficiale tra chiese diocesane o come cause delegate. Agiva però anche qui una tendenza all'aggregazione dei vari momenti del processo, quindi alla creazione di *dossier* su singole cause, a volte anche

92. A questa tipologia si può ascrivere anche il registro ASFi, *Prepositura di Prato*, 2, relativo all'anno 1282, che tuttavia è in condizioni di conservazione troppo precarie per consentire un'analisi dettagliata.

93. ASDF, XIV.III.A.5.

94. Pinto, *Clero e chiese rurali*; Fossier, *Les registres judiciaires*, pp. 57-68. Lo stesso Fossier sta lavorando a uno studio su questa documentazione.

95. ASFi, *Tribunale vescovile di Pistoia*, 1-4.

molto corpose, che includono non solo i testimoni ma anche i libelli di accusa e i vari passaggi del procedimento, anche se mai la sentenza. Una parte degli atti sono quindi organizzati per cause, come abbiamo visto delinearsi anche a Fiesole:[96] l'interruzione della serie e una lunghissima lacuna per buona parte del Trecento impediscono di verificare se effettivamente questa modalità fosse rimasta consueta a Pistoia anche nei decenni successivi, ma le tracce superstiti sembrano confermare questa tendenza.[97] In entrambi i casi vescovili visti fin qui, comunque, quella dei *dossier* per cause era in linea di massima la norma sia per le cause penali contro i chierici che per le controversie non penali, cioè processi matrimoniali, per restituzione di usure o anche per benefici e diritti di chiese, quindi ambiti in senso lato da controversie civili. Si tratta di un elemento di originalità rispetto alla prassi della giustizia secolare, che abitualmente organizzava gli atti delle cause civili in senso cronologico della loro produzione e senza aggregarli in *dossier*.

Nei più precoci esempi toscani, insomma, l'unità fondamentale dell'organizzazione dei documenti del tribunale vescovile è quella della causa, con tutto il suo svolgimento: e in effetti anche l'archivio lucchese, la cui documentazione inizia in forma seriale nel 1347 per il penale e nel 1341 per il civile (esclusi i testamenti), testimonia questo assetto, per cui sia le cause disciplinari contro i chierici che la maggior parte di quelle matrimoniali sono organizzate per *dossier* unitari.[98]

Il caso dell'archivio vescovile pisano, dove le carte giudiziarie cominciano a comparire nei primi anni del XIV secolo,[99] rompe apparentemente il quadro, ma in effetti fornisce una chiave di lettura assai utile. La maggior parte dei libri pisani conservati nel primo Trecento sono *registri extraordinariorum*, cioè depositi di annotazioni quotidiane della giustizia vescovile, nei quali sono registrati in ordine d'arrivo le tipologie più varie di strumen-

96. Da cui l'uso di vere proprie intitolazioni per singoli procedimenti: qui ad esempio «causa appellationis filiorum Loisi de Florentia...» e simili.

97. Il registro con la segnatura A-70 del vecchio ordinamento dell'archivio pistoiese, intitolato *Liber accusationum et inquisitionum* per gli anni 1322-1332, contiene anche condanne, redatte materialmente a seguire gli atti dell'inquisizione, come nel caso edito da Fantappiè, *Eresia e inquisizione a Prato*, pp. 61-67.

98. Nel caso delle cause criminali l'organizzazione per *dossier* era usata anche senza l'impiego di fascicoli sciolti poi rilegati, ma gestendo le pagine di un registro unitario in partenza: già in ASDL, *Tribunale ecclesiastico*, *Criminale*, 1, talvolta (ad esempio c. XXV) le carte lasciate bianche non furono sufficienti e la causa aperta venne continuata "saltando" lo spazio occupato da quella cronologicamente successiva.

99. ADPi, *Archivio degli arcivescovi*, *Atti straordinari*, in particolare i registri 1-11.

ti. Qui gli atti processuali sono più spesso frammisti a documenti di natura beneficiale e a lettere vescovili, e anche quando di documenti giudiziari si tratta di norma gli atti si accavallano in serie cronologiche, assumendo solo in rari casi la forma di *dossier* su singole cause. In almeno un caso però, nel 1305, si conserva il *liber causarum*, nel quale gli atti sono raccolti, seppur in maniera approssimativa, secondo lo schema che abbiamo visto sopra per Fiesole.[100] In altre parole la tendenza generale sembra quella di tenere notizia di tutti gli atti in forma corrente, e poi eventualmente organizzare questa massa documentaria in fascicoli o *dossier*: difficilmente si è conservato il doppio livello della registrazione, perché probabilmente la conservazione dell'uno rendeva inutile l'altro, e da questo dipende la grande variabilità dell'attuale situazione degli atti. A Volterra, per contro, la prassi sembra aver adottato un criterio intermedio, per cui solo le cause criminali sono state organizzate per *dossier*,[101] trovando cioè un livello di organizzazione superiore rispetto al deposito quotidiano degli atti, al quale invece si è fermata la memoria delle cause civili. Alcuni quaderni erano quindi dedicati alla registrazione delle cause (*libri causarum*), organizzati per singoli *dossier* dall'*inquisitio* alla sentenza, mentre una serie parallela raccoglieva, in ordine in questo caso cronologico, tutti gli atti collegati: citazioni, procure, comparse, eventuali presentazioni di *consilia pro parte*.

Nel corso del secolo queste prime esperienze di organizzazione documentaria si sarebbero molto evolute, con la messa in atto di soluzioni estremamente flessibili e creative per rispondere alle esigenze dell'autorità vescovile. La diversa gestione di cause civili e criminali, specialmente col moltiplicarsi delle situazioni e la tendenza alla corsività, oltre che il succedersi di notai diversi come incaricati della redazione, impedì nella maggior parte dei casi di seguire uno schema fisso. Talvolta, anzi, vennero sperimentate modalità singolari. A Fiesole si conserva un esempio interessante: il registro del 1385[102] si articola in una prima parte dedicata a raccogliere in forma cronologica tutti gli atti presentati al tribunale, e una seconda in cui invece alcune cause in particolare, a carattere penale o per processi usurari, sono organizzate come *inquisitiones* e svolte nei passaggi successivi. Il registro metteva insieme i due livelli di registrazione, in una forma che ricorda molto da vicino i libri giudiziari degli ufficiali secolari del territorio,

100. Ivi, 1, cc. 1-172.
101. ASDV, *Curia vescovile*, *Tribunale - Processi civili*, in particolare i registri 3 e 11.
102. ADF, XIV.III.A.47.

i vicari o podestà del contado fiorentino o lucchese del tempo, nei quali una prima parte del registro era tenuta come nota cronologica degli atti, e una seconda (normalmente meno corposa) come *dossier* delle cause penali avviate o eventualmente concluse.[103] L'esempio, per quanto indicativo della circolazione delle pratiche documentarie tra diversi ambienti istituzionali, non ebbe particolare fortuna, quindi ancora per tutto il secolo le varianti locali prevalgono di gran lunga sulle somiglianze.

Alla metà del secolo il caso di Lucca, che come si è accennato è il meglio documentato perché conta oltre un centinaio di registri solo dagli anni Quaranta alla fine del XIV secolo, restituisce un quadro documentario che raggiunge la massima complessità e articolazione. In questo periodo vengono redatte dai notai del vescovo due serie parallele di cause criminali e cause "civili", essenzialmente matrimoniali o per questioni usurarie. Queste seconde, molto più numerose, prendono a seconda degli anni forme abbastanza mutevoli, ma in linea di massima si mantengono fedeli al modello "per *dossier*" che abbiamo visto sopra. L'articolazione dell'archivio lucchese non si manifesta però solo nella distinzione grosso modo tematica degli atti, che certo non poteva aver luogo che in un episcopato di alto profilo urbano: anche all'interno di quella che l'astratta suddivisione attuale qualifica come "sezione criminale" trovano collocazione registri di natura assai diversa. In linea di massima si possono riconoscere almeno tre tipologie, chiaramente non tutte rappresentate compiutamente nei registri superstiti, e inizialmente confuse almeno fino ai primi anni Cinquanta. Nella seconda metà del secolo i notai del vescovo redigevano le cause in libri di inquisizioni, completi di tutti i passaggi processuali, e libri di sentenze, con una copertura cronologica più ampia dei primi (dal momento che poche erano le sentenze pronunciate rispetto alle cause avviate), di norma intorno ai 4-5 anni ciascuno.[104] A questi si aggiungevano registri detti *Rubrice condempnationum*, dei quali resta un solo esemplare dal 1350 al 1367,[105] e nei quali venivano annotati solo gli estremi delle condanne con relativi pagamenti, remissioni e grazie.[106] Spesso i registri delle inquisizioni includevano gli atti

103. Tanzini, *Pratiche giudiziarie e documentazione*, e per un caso anche più precoce Bratchell, *Medieval Lucca and the evolution*.

104. I casi più nitidi sono ASDL, *Tribunale ecclesiastico*, *Criminale*, 15, 18, 28, 29, 34, 39, non tutti ugualmente completi, più alcuni casi di singoli fascicoli poi rilegati.

105. ASDL, *Tribunale ecclesiastico*, *Criminale*, 11.

106. Una forma diversa si riscontra a Pistoia in ADPt, C.5.III: libro delle cause ordinarie del 1394 e 1395, munito di una tavola coeva di «rubrice processuum et instrumen-

di giurisdizione secolare del vescovo, la Jura, ma almeno in un caso, nel periodo 1382-1389,[107] per la giurisdizione sulla Jura venne redatto un libro del tribunale apposito in parallelo agli altri. Si tratta, come si può vedere, di un sistema documentario estremamente articolato. Lo stesso vale per la materia civile, che viene organizzata in due serie parallele: le esecuzioni di testamenti e gli atti civili in senso proprio. Oltretutto anche nell'evoluzione nel tempo il tribunale lucchese mostra una vitalità del tutto analoga a quella delle altre curie cittadine, dal momento che specialmente negli ultimi anni del secolo compaiono registri in cui la procedura civile è annotata in maniera estremamente sommaria, a volte solo con l'apertura della causa e una serie di semplici annotazioni sui passaggi successivi;[108] una tenuta del genere avvicina la prassi del tribunale del vescovo agli schemi tipici della giustizia civile secolare trecentesca, non senza qualche assonanza con lo stile della Curia dei Mercanti, l'influente tribunale mercantile della città del Volto Santo. Considerando una simile, rigorosa specializzazione dei vari registri, e considerando altresì l'alto profilo tecnico della redazione delle cause, non lontano da quello delle più complesse curie secolari, diventa difficile applicare alle carte lucchesi la categoria del *liber curie*, il registro a carattere miscellaneo compilato con atti giudiziari, lettere e mandati, documenti beneficiali, che sarebbe tipico delle pratiche documentarie dei tribunali vescovili. Siamo di fronte piuttosto a serie eminentemente giudiziarie di grande rigore. Quello che si riscontra a Lucca è per così dire il grado massimo di articolazione, frutto di una serie di fattori concomitanti: una grande città, un ambiente giuridicamente molto colto e un notariato di alto livello, un episcopato forte, temprato dalla gestione di giurisdizioni secolari e da una eminente presenza nella vita pubblica cittadina.

Altrove sarebbe impossibile trovare una simile ricchezza. La serie attualmente denominata *Libri causarum* dell'archivio vescovile di Fiesole si compone in larga parte di registri del tribunale, ognuno dei quali, strutturato come si è accennato sopra per singole cause, riunisce normalmente sen-

torum in presenti libro descriptorum». A parte alcuni atti beneficiali la materia è divisa per processi con le relative pagine, quindi è plausibile che il notaio abbia trascritto qui in maniera singolarmente ordinata gli atti relativi alle cause svolte nel periodo organizzandoli appunto per grossi *dossier* di processi.

107. ASDL, *Tribunale ecclesiastico*, *Criminale*, 467.

108. Esempi in questo senso sono ASDL, *Tribunale ecclesiastico*, *Civile*, 62 e 82: le modalità però si alternano a registri tenuti in forma lunga in cui gli atti sono tendenzialmente aggregati per cause ancora alla fine del secolo.

za soluzione di continuità casi criminali contro chierici e questioni civili, in particolare per matrimoni, collazioni di benefici contestate, restituzioni di eredità usurarie. Il che non impedisce l'impianto di serie giudiziarie parallele: talvolta si riscontra l'uso di fascicoli di testimonianze, perlopiù rilegati in un secondo momento con il resto delle carte giudiziarie, e in un caso un singolare registro pluriennale di procure:[109] esempi sporadici di come alcuni passaggi specifici della procedura trovassero una sede propria. Così come una sede propria è riservata alla corrispondenza, almeno in un caso del 1309[110] che raccoglie lettere del vescovo di Firenze, probabilmente finito nell'archivio fiesolano al momento del passaggio di Antonio Orsi dalla sede fiorentina a quella fiesolana.[111]

In una ideale scala di specializzazione dei registri del tribunale, ciò che si riscontra a Siena e a Firenze occupa la posizione dell'estremo opposto rispetto a quanto osservato per Lucca. Qui infatti non si sono conservate vere serie di registri di cause del tribunale: i pochi esempi superstiti sono perlopiù *libri curie* molto misti, che raccolgono atti giudiziari di varia natura non di rado insieme a atti beneficiali o lettere del vescovo. A Firenze in particolare moltissimi atti del tribunale vennero redatti all'interno delle imbreviature dei notai del vescovo, e quindi si devono ricercare nell'archivio notarile, così come accade anche altrove, in alcuni centri del Nord Italia tra cui Milano.[112] In un caso, quello di ser Lando di Fortino, notaio del vescovo destinato a una brillante carriera nella cancelleria del comune di Firenze,[113] questa disseminazione documentaria ha dato luogo a una doppia sede di conservazione: il registro in cui si riportano gli atti rogati dal vescovo nel periodo 1372-1373 è conservato insieme alle altre imbreviature di Lando nell'archivio notarile antecosimiano, mentre un registro parallelo, relativo alle cause delegate del vescovo per gli anni 1364-1373 (quindi con una

109. ADF, XIV.III.A.46: registro cartaceo con coperta in pergamena, segnato *EL - Liber procurationum*: libro delle procure del 1354-1359, seguito da un registro analogo per il 1364-1377 rilegato insieme. Si noti la lunga durata: evidentemente per oltre un ventennio il libro venne aggiornato come sede complementare agli altri registri.

110. ADF, XIV.III.A.13, cc. 9r-18v: «Regestrum licterarum venerabilis patris Antonii Dei gratia episcopi florentini et registrate per me Michele Bonacursi de Lastra».

111. Caso simile in ASDV, *Curia vescovile, Tribunale - Processi civili*, 4: il fascicolo delle cc. 20r-34v sono lettere del vescovo a varie chiese e non (1321), perlopiù per questioni di benefici, indulgenze, scomuniche, autorizzazioni a permute e simili.

112. Belloni, *Dove mancano registri vescovili.*

113. A lui è dedicata una ricerca in corso da parte di Francesco Borghero; su altri casi si veda *infra*, p. 92.

parziale coincidenza cronologica) è rimasto nell'Archivio arcivescovile.[114] Di fatto non esistono a Firenze veri e propri registri del tribunale nell'archivio dei vescovi. Si deve però considerare che gli atti giudiziari conservati nelle imbreviature notarili non includono quasi mai sentenze: questo lascia pensare che almeno per queste ultime esistesse una sede ufficiale di registrazione non notarile, andata successivamente perduta.[115]

Tutti questi caratteri della giustizia vescovile in Toscana, pur nella loro varietà, manifestano tratti estremamente originali anche nel quadro europeo.

In primo luogo per il fatto che qui, con maggiore o minore nettezza a seconda delle sedi, la natura dei registri del tribunale come tipologia chiaramente distinta dalle altre serie documentarie è comune, in questo contrariamente a quanto osservato in tanti vescovadi padani o del Centro Italia. Un tratto del genere emerge anche dalle intitolazioni usate dai notai delle curie toscane negli *incipit* dei registri, quando conservate. Abitualmente i registri si aprono con una intitolazione del tipo *liber causarum civilium* o alternativamente *liber processuum*: normalmente però la denominazione è semplicemente la sommatoria delle tipologie raccolte, per cui si tratterà di *liber inquisitionum*, *liber testium*, *liber condempnationum*, o più genericamente *liber actorum*. Non di rado l'intestazione attualmente leggibile restituisce soltanto in parte l'effettivo contenuto del pezzo, data la frequenza con cui le unità archivistiche sono state smembrate o ricomposte nel corso della loro storia. Le intitolazioni mantengono però il carattere di segnale in qualche modo formulare. Anche a Firenze, dove in sostanza non si conservano veri registri del tribunale, nel caso di singole cause accidentalmente conservate per intero come quella citata sopra ritorna in tutta la sua solennità la sovrabbondante elencazione delle tipologie documentarie contenute in un ordinario *liber* delle cause civili.[116] In altre parole, anche stante il condizionamento esterno in

114. Rispettivamente ASFi, *Notarile Antecosimiano*, 11385, e AAF, *Atti civili*, *Notai diversi*, 45.

115. Una certa sovrapposizione tra la sede "cancelleresca" e quella notarile è riscontrabile anche nelle carte del tribunale pisano, che in parte si sono conservate in imbreviature per gli stessi anni in cui si conservano i registri delle cause: cfr. gli esempi citati in Ronzani, *Chiesa e clero nella Pisa del Trecento*.

116. Si veda l'*incipit* di un quaderno del 1368, occasionalmente conservato al di fuori dell'archivio vescovile ma testimonianza eloquente dei modi di redazione delle cause nella curia del vescovo di Firenze (ASFi, *Miscellanea repubblicana*, 19, inserto 6: «Hic est liber sive quaternus in se continens petitiones conmissiones citationes relationes comparitiones confessiones negationes protestationes terminos dilationes articulos positiones precepta

cui noi oggi conosciamo le carte, la loro natura di documenti processuali era percepita con limpida chiarezza. Ancora a Firenze, superando di poco i limiti cronologici di questo studio, non mancano esempi di fascicoli iniziati con la sola intestazione standard da registro giudiziario e proseguiti con solo una prima citazione o lasciati completamente in bianco:[117] chi curò una distribuzione del genere degli atti aveva evidentemente contemplato la possibilità di integrare i singoli bifogli organizzando gli atti in veri e propri *dossier*. È fuor di dubbio quindi che nel lavoro di redazione delle carte il modello del registro integralmente riservato alle cause del tribunale fosse molto ben presente in ogni caso, anche se poi l'organizzazione del lavoro nella cancelleria o gli accidenti della conservazione ne hanno obliterato la visibilità. Ciò conferisce alla giustizia dei vescovi toscani un carattere di grande consapevolezza per così dire politica delle funzioni del tribunale.

L'originalità vale però anche in un altro senso. Nella maggior parte dei vescovadi noti, infatti, laddove si siano conservati veri e propri registri di cause giudiziarie presso il vescovo, il suo vicario o ufficiale, normalmente gli atti vennero fissati in ordine cronologico, riproducendo cioè quell'accavallarsi quotidiano di momenti di diversi processi che era l'esperienza concreta del funzionamento della curia. Anche casi pienotrecenteschi insieme civili e penali, come i registri vescovili di Barcellona, hanno questo carattere di deposito alluvionale.[118] La scelta di aggregare gli atti per cause, che abbiamo visto poco sopra, sembra il segnale di un carattere fortemente proattivo della giustizia vescovile in Toscana, a sua volta effetto di una delle matrici cui abbiamo accennato sopra, cioè quella della disciplina del clero. Il tribunale vescovile non si limita ad accogliere le richieste, ma struttura la propria azione attorno ai singoli casi, teoricamente pensati per essere aperti e chiusi dall'autorità del presule. Dovremo mantenere questa osservazione

mandata iurium et instrumentorum protuctiones testes et eorum iuramenta et depositiones sententias et pronunptiationes et alias quamplures varias et diversas scripturas et acta civilium causarum factus heditus et compositus tempore reverendi in Xpo patris et domini domini Petri Dei gratia episcopi florentini...scriptus per me Laurentium quondam ser Tani Righi de Lutiano publicum imperiali auctoritate notarium et iudicem ordinarium florentinumque civem et nunc notarium scribam et offitialem supradicti domini episcopi [...]».

117. Ad esempio ASFi, *Notarile antecosimiano*, 6945 (dal 1418) che contiene anche alcuni frammenti di cause penali.

118. A onor del vero il caso del registro duecentesco di Mende testimonia l'uso di organizzare almeno una parte delle cause *ex officio* nella forma di *dossier* unitari, ma il dato è quantitativamente limitato e soprattutto condizionato dal carattere secolare della giurisdizione vescovile della corte in specie.

anche nelle pagine che seguono, perché l'intento di disciplinamento che questo tipo di organizzazione delle carte tradisce è probabilmente la chiave per capire i caratteri originali della giustizia vescovile in Toscana.

Provando dunque a riflettere su queste linee comuni di gestione e concezione del patrimonio documentario, malgrado la vistosa difformità tra un grande archivio del tribunale come quello di Lucca e un pulviscolo notarile come quello dell'arcivescovo di Firenze, potremmo dire che in tutte le sedi episcopali si riscontra un fenomeno che potremmo chiamare di spiccata intenzionalità della produzione documentaria. Laddove le carte processuali fossero organizzate per cause, cioè nella maggior parte dei registri per il criminale e in una parte di quelli per il civile, era inevitabile che il notaio lavorasse a una sorta di "ricomposizione" degli atti, dando cioè una forma continua e ben strutturata secondo l'*ordo* a materiali che via via si accumulavano nella prassi quotidiana dei mandati, comparse, bandi, posizioni eccetera. Non a caso proprio nella sede che vanta la più accurata e sistematica organizzazione documentaria, quella di Lucca, i registri del tribunale riportano spesso inseriti tra le carte foglietti sciolti, a volte solo francobolli di carta con rapidi appunti di *relationes citationis* o informali note per mandati: la prima cursoria annotazione di ciò che poi sarebbe stato organizzato in forma per così dire "calligrafica" nel registro della causa vera e propria. Ma questo elemento di intenzionalità vale anche in un altro senso. Quale che fosse la tradizione della stesura e raccolta delle carte giudiziarie, le curie episcopali erano solite riservare un'attenzione scrupolosa all'ordinata redazione di specifici documenti o serie documentarie nelle quali ravvisassero una evidente utilità. A questo riguardo è istruttivo osservare quanto si riscontra a Siena. Qui non si può neppure parlare di una serie giudiziaria vera e propria nell'assetto attuale dell'archivio, almeno non prima del XV secolo: una situazione quindi non migliore di quella fiorentina. A Giuseppe Chironi è stato necessario un accurato e fine lavoro di ricostruzione per individuare i lineamenti del sistema documentario del vescovo, comunque incentrato sulla forma miscellanea del *liber curie*.[119] In un caso però troviamo un ordinato registro di cause, raccolte dal 1348 al 1362, per una serie di processi perlopiù di restituzione di usure.[120] Ciò che colpisce nelle cause

119. Chironi, *La mitra e il calamo*, in particolare pp. 80-83.

120. AAS, 5433: registro rogato dal notaio Geri di Nello: l'intestazione è edita ivi, 281-282.

di questo registro, oltre all'accuratezza dei *dossier*, è l'entità delle somme coinvolte e degli episodi trattati. Una parte consistente delle carte è dedicata alla vicenda di Jacopo del fu Brizio, un mercante senese vissuto a Parigi e in altre città del Regno, dedito con ogni evidenza al credito usurario, del quale gli eredi si trovano a gestire la delicata pratica di trasmissione dei beni gravata dagli obblighi delle restituzioni di quanto percepito in spregio alle norme canoniche sull'usura. In una causa di pochi mesi più tardi la questione ruota intorno a gioielli e pietre preziose a Napoli; ancora in Francia portano le attività di un ulteriore testatore, mentre in un caso si esplicita che la somma complessiva dell'eredità ammonta alla cifra davvero ragguardevole di seimila fiorini.[121] Difficile non pensare, in effetti, che la cura e l'ordine con cui il registro è stato redatto siano legati proprio all'entità finanziaria delle somme coinvolte, che intercettava l'interesse del vescovo come gestore delle restituzioni, e quindi giustificava un'attenzione speciale per carte che in circostanze normali sarebbero state affidate a una conservazione più trascurata, frammentaria o "esternalizzata" presso lo studio del notaio.[122] Certamente questa operazione di speciale cura documentaria finì per avere come beneficiarie anche le più banali cause contro chierici inadempienti, che finirono nel registro "buono" solo per il fatto di cadere cronologicamente nel periodo di acuita attenzione documentaria della curia. È meno limpido per le motivazioni ma forse anche più impressionante un esempio che viene dall'archivio della prepositura di Prato. Questa sede ecclesiastica, che sul piano delle attribuzioni aveva caratteri molto simili a un tribunale vescovile, ha lasciato una interessante documentazione trecentesca, costituita però da registri dispersi in due diverse sedi e comunque molto lacunosi. Per quello che si può intendere, la redazione era alquanto miscellanea, quindi le pur rilevanti cause giudiziarie vi vennero appuntate in maniera non sistematica insieme ad atti di natura diversa. In un caso però

121. Ivi, cc. LXXXXVIIIIr- Cv; CXV sgg.; CLVIIIIrv; CLXXrv.

122. Un caso simile è l'inserto citato sopra a nota 116. Si tratta di una singola causa, relativa al testamento di Gioacchino di Maghinardo di Giovanni Ubaldini, che nel lasciare erede dei suoi beni il comune di Firenze ha disposto tuttavia che dell'eredità venisse impiegata una somma fino a 3150 fiorini per soddisfare i suoi creditori. Il vicario del vescovo, d'accordo con il sindaco del comune Giovanni Giugni, emette le relative citazioni e bandi. Alla fine delle pratiche il vicario sentenzia che la somma debba essere distribuita in opere pie. Segue un lungo elenco di enti religiosi perlopiù fiorentini, più alcuni privati per dote, che vengono beneficiati di quote di tale somma per disposizione del vescovo in quanto «pater pauperum Iehsu Xpi et dispensator bonorum ipsorum»: l'interesse strategico del vescovo per questo tipo di situazione era evidente.

le carte tradiscono una composizione fortemente intenzionale: un registro copiato nel 1371, tra l'altro con una mano approssimativamente libraria, del tutto inconsueta per scritture di questo tipo, raccoglie una serie di cause penali con relative sentenze, trattate presso il tribunale del preposto in date diverse fin dal 1315.[123] Il motivo per cui si sarebbe scelto di dare una sede così solenne a una scelta diacronica di cause non è chiaro, ma indubitabile è la singolarità della scelta, anche perché per ben due volte, prima nel XV secolo e poi in età moderna, quel registro venne ri-copiato, evidentemente come una sorta di prontuario formulare, di modello da tener presente nella prassi del tribunale.[124] La considerazione che emerge da questi due casi è che il tipo di aggregazione documentaria in cui troviamo composte le carte del tribunale non corrisponde a una maggiore o minore capacità tecnica a seconda delle sedi, visto che anche gli uffici episcopali apparentemente meno rigorosi e attenti erano perfettamente in grado di compilare registri al massimo grado specializzati, qualora circostanze specifiche lo rendessero necessario.

I tribunali toscani al lavoro

Una valutazione di massima sulle competenze e l'effettiva attività dei tribunali vescovili si può tentare già all'inizio della stagione dei registri nel tardo Duecento. Nei primi anni testimoniati dalle carte i tribunali toscani sono impegnati principalmente in tre tipologie di controversie: le cause matrimoniali, i conflitti per il godimento di benefici e le cause penali contro chierici. Non sarebbe prudente dare una valutazione quantitativa perché i registri sono sempre frammentari: in ogni caso nei frammenti pistoiesi le cause beneficiali prevalgono sulle altre due tipologie, mentre a Fiesole sono le questioni matrimoniali ad attrarre maggiore interesse della curia. Sembra ragionevole suggerire una distribuzione abbastanza equilibrata tra queste tre tipologie. Del resto la divisione è solo apparentemente nitida perché non di rado procedimenti contro chierici emergono da contestazioni

123. ADP, *Atti giudiziari - Atti della curia del preposto*, 1017. La redazione di un registro di cause criminali diacronico e "calligrafico" nel medesimo senso è testimoniata anche a Siena con un esempio del 1408-1411: Ascheri, *Fonti per la storia della giustizia ecclesiastica*, p. 283, ad ulteriore esempio di come anche a Siena l'abituale prassi di demandare ai singoli notai la conservazione degli atti non impedisse pratiche molto più organiche di registrazione almeno in determinate circostanze o per tipologie particolari di atti.

124. ADP, *Atti giudiziari - Atti della curia del preposto*, 1018 e 1019.

della validità del titolo o viceversa, quindi una valutazione sostanziale non è molto agevole. Con l'inizio del XIV secolo soccorrono anche gli atti del vescovo di Pisa, che si distinguono dai casi precedenti per una singolare frequenza di cause legate a testamenti ed eredità sospette di pratiche usurarie; a loro volta la comparsa dei primi registri volterrani porta una netta prevalenza delle cause criminali contro chierici, mentre le controversie sul matrimonio nel primo Trecento sono qui messe probabilmente in ombra dalla perdita di documentazione.

Rispetto a questo quadro molto incoerente se ordinato per materia, è più facile fare valutazioni sulle caratteristiche procedurali delle cause conservate all'inizio del Trecento. Il periodo iniziale della nostra storia vede una netta prevalenza di procedure formali iniziate con il libello secondo l'*ordo iuris*: una modalità di gestione delle cause ancora assai rigorosa nella sua formalità. Quanto ai modi dell'avvio della causa, la versione inquisitoria prevale nettamente già nei primi anni del XIV secolo per i casi di processi contro i chierici, che anche laddove (ed è la maggioranza delle occorrenze) questi prendano avvio da notizie e segnalazioni delle comunità parrocchiali, vengono poi condotti dal vicario del vescovo *per inquisitionem*. I processi civili in genere e matrimoniali in specie originano evidentemente da un libello o petizione dell'interessato. Col passare dei decenni la distinzione tra modalità accusatoria e inquisitoria tende a stemperarsi molto, perché non di rado vengono impostati come processi inquisitori anche procedimenti che con ogni evidenza sono stati innescati da una denuncia, magari nella forma della comunicazione informale, da parte dei parrocchiani, che in questo caso fungevano da portatori della *fama*. La stessa introduzione della procedura sommaria per come viene descritta dalla decretale *Dispendiosam* si intendeva valere tanto nelle cause su chierici e benefici ecclesiastici quanto in quelle per questioni matrimoniali o per usure:[125] una omogeneizzazione della procedura che confermava la posizione sullo stesso piano di tutte le cause per le diverse categorie sostanziali. In questo senso i dati della prassi toscana confermano tendenze già rilevate in varie occasioni dalla storiografia, sull'amalgamarsi dei modelli processuali via via che ci si addentra nel XIV secolo.[126] Ancora sugli aspetti procedurali, il consolidamento delle attività dei tribunali consentiva di applicare in maniera flessibile anche il dettato dei formulari, che proprio

125. *Clem.* 2.1.2.
126. Per l'ambito delle curie secolari Dean, *Crime and justice*, pp. 22-24.

in quanto ben conosciuti e profondamente assimilati potevano essere messi in pratica in maniera semplificata e soprattutto orientata alla rapidità, evitando di irretire il processo in modalità formali troppo complesse,[127] e in ogni caso contaminando modalità diverse.

Allo stesso tempo, specialmente a partire dagli anni Trenta del Trecento, la frequenza di atti relativi alle eredità usurarie cresce in maniera rilevante in tutte le sedi episcopali. L'intitolazione del registro aperto dai notai del vescovo di Fiesole nel 1336, *liber processuum inquisitionum causarum matrimonialium usurarum decimarum et aliorum*, testimonia come le varie fattispecie di cause presso il tribunale siano contemplate allo stesso modo come una sorta di ordinaria triade.[128] Quella dei testamenti è una pratica così strategica per il vescovo sul piano banalmente finanziario ma anche per quello simbolico, da indurre ad avviare serie di registri appositi, non soltanto in episcopati dall'alto profilo cancelleresco come Lucca: qui come accennato si è conservata già dal 1339, vari anni prima delle serie criminali, una regolare successione di *executiones testamentorum*. Anche a Pistoia però un registro del genere era già stato redatto nel 1337,[129] mentre a Volterra se ne è conservato uno nel 1351.[130] Tra le carte dell'episcopato di Fiesole si conservano frammenti di vacchette o registri deputati detti *absolutiones* di eredità usurarie, con accurati elenchi di eredi che dichiarano le somme dell'eredità e le relative pratiche per rendere perfettamente legittima la trasmissione anche secondo le norme canoniche.[131] Vedremo nel dettaglio più avanti le possibilità di analisi di questa tipologia documentaria, ma qui mette conto soprattutto segnalarne l'uso come spia di una diffusa vitalità delle scelte dell'impiego della scrittura quando questa fosse il tramite per controllare gli introiti della curia. È anche questa, in fondo, una tendenza che la giustizia vescovile trecentesca condivide con le curie secolari, cioè quella di riservare una spiccata attenzione ai risvolti contabili e finanziari della giurisdizione, approntando strumenti documentari molto accurati laddove si trattasse di passaggi finanziariamente rilevanti

127. Dolezalek, *Une nouvelle source*, riconosce già al lavoro precocissimo del notaio duecentesco del tribunale pisano un approccio assai informale e in definitiva piuttosto moderno, i cui caratteri si possono certamente estendere anche agli altri casi oggetto del nostro studio.

128. ASDF, XIV.III.A.34.

129. ADPt, C.3.II.

130. ASDV, *Curia vescovile*, *Tribunale - Processi civili*, 8.

131. ASDF, XIV.III.G.5: si veda comunque *infra*, pp. 235-252.

(restituzioni così come condanne pecuniarie) e invece più correnti, eventualmente destinati a una conservazione "privata" presso i notai per tutto il resto.[132] Emblematica in questo senso è la testimonianza della documentazione cortonese, cioè di una sede vescovile nuovissima, istituita nel 1325. Per quanto sia rischioso trarre indicazioni da un argomento *e silentio*, sta di fatto che l'unico vero e proprio registro superstite del tribunale cortonese nel primo anno dopo l'erezione a sede vescovile, il 1326, è proprio un fascicolo di *absolutiones hereditatis*, redatto con particolare cura e con una rimarchevole standardizzazione delle pratiche, a fronte della totale assenza di cause criminali o comunque processi di altra natura per il medesimo periodo e sostanzialmente per tutto il Trecento.[133]

In termini generali quindi la prassi delle curie toscane sembra seguire nel corso del secolo un trend che va da una più spiccata concentrazione di materie interne alla gerarchia, come le controversie sui benefici, verso situazioni più tangenti la vita dei laici come il credito. Anche la testimonianza di fonti notarili della seconda metà del secolo, che vede spesso controversie di natura secolare presentate al giudice episcopale, conferma questa tendenza all'apertura verso la sfera del credito. Una tendenza del genere però non comporta l'abbandono di una prospettiva per così dire disciplinante da parte del tribunale. Al di là del fatto che anche le cause per l'esecuzione di testamenti sono una tipologia molto "disciplinante", la loro espansione numerica non arriva comunque a squilibrare la distribuzione ancora paritaria con le cause criminali e quelle matrimoniali. Nell'archivio lucchese, meno generoso di altri per la prima fase fino al 1348, le cause penali anzi mantengono per tutto il secolo una struttura di grande chiarezza nella divisione per *dossier*, mentre quelle civili e testamentarie verso la fine del Trecento subiscono un forte processo di corsivizzazione. Se è vero che una registrazione più rapida era specchio dell'ordinarietà delle cause civili e non di un loro diminuito peso strategico nella prassi del tribunale, la solida organizzazione impressa alla registrazione delle cause penali conferma ancora alla fine del nostro periodo il forte investimento simbolico che la curia vescovile continuava ad attribuire loro.

132. Giorgi, Moscadelli, *Conservazione e tradizione di atti giudiziari*.

133. BCC, ms. 412, cc. 1-45: si tratta della parte iniziale di un manoscritto fattizio che contiene testi di natura molto varia dei secoli XV-XVI. Sui motivi di questa apparente preferenza per le cause legate alle eredità e sui caratteri sorprendentemente raffinati in uso in una curia vescovile così giovane è in corso una ricerca di Simone Allegria e Alarico Barbagli.

In ogni caso c'è almeno un elemento che appare del tutto comune alle cause in forma inquisitoria come a quelle sorte da contenziosi: si tratta della scomunica. Lungi dal rappresentare una conclusione, una sanzione a carico del condannato, la scomunica è un passaggio onnipresente della procedura, perché interviene a sanzionare la mancata comparsa ai mandati del vescovo: in sostanza svolge la medesima funzione del bando nella giustizia secolare, perché nella sua gravità di esclusione esercita una pressione molto forte sugli imputati affinché si sottomettano alle formalità del processo. La quotidiana prassi del tribunale lasciava così dietro di sé interminabili serie di provvedimenti di scomunica a fini puramente processuali: già a metà Duecento il vescovo di Fiesole Ildebrando nel suo testamento ordinò la cancellazione di tutti quelli emessi nel periodo del suo ministero, che evidentemente era impossibile controllare uno ad uno.[134] In ogni caso i suoi successori alla fine del Duecento avrebbero usato veri e propri fascicoli appositi di "purgazioni di scomuniche", per tener nota di soggetti fulminati dalla sanzione con la relativa riammissione in seno alla Chiesa.[135] Nella scomunica si cadeva facilmente, ma si usciva anche con altrettanta facilità, semplicemente onorando gli adempimenti processuali richiesti e attendendo un apposito provvedimento del vescovo. Con il tempo è plausibile che l'uso così corrente di uno strumento del genere finisse per indebolirne la portata, e per trasformarsi in una mera scocciatura tecnica.[136] In ogni caso, nel periodo di questa ricerca la sanzione spirituale non sembra aver perso la sua sostanziale gravità. In primo luogo per le autorità pubbliche: la scomunica viene lanciata spesso contro giudici secolari responsabili di

134. Tanzini, *Il testamento del vescovo di Fiesole*.

135. ASDF, XIV.III.A.4, cc. 156r sgg. (1295-1299). Un altro registro in cui sono particolarmente frequenti le scomuniche è il numero 33 del 1334, in cui le sanzioni spirituali sembrano molto spesso comminate per mancate comparizioni, non per cause penali, quindi di norma con assoluzione registrata anche pochissimi giorni dopo (es: cc. 72v, 80r ecc.); la parte finale del registro è costituita in gran parte da questa successione di citazioni, scomuniche, assoluzioni, quasi tutte a carico di laici *de decimis*, quindi evidentemente in una fase di recupero dei crediti per le decime nel corso del 1334.

136. È la considerazione che emerge dal classico studio di Vodola, *Excommunication in the Middle Ages*, secondo la quale nell'epoca del diritto canonico classico la scomunica diventa sempre più uno strumento giuridico e sempre meno un concetto etico-teologico, e quindi già inizia a perdere quella funzione di effettiva esclusione dalla comunità che aveva avuto alle origini (pp. 191-193): è da tener conto comunque che le due sfere di significato, proprio per la natura essenzialmente giuridica della comunità ecclesiale al tempo della "Chiesa del diritto", a fatica si possono distinguere nettamente.

violazioni della *libertas ecclesiae* o del *privilegium fori*. Per ragioni di legittimità e buon nome, le autorità secolari erano di norma molto solerti nel provvedere agli atti necessari per liberarsi da un simile gravame spirituale. Ma anche nel caso di privati pare che gli interessati prendessero molto sul serio le armi spirituali del giudice ecclesiastico, e in effetti questo potrebbe essere uno dei motivi più rilevanti per cui non di rado questioni civili tra secolari, o nelle quali la materia ecclesiastica era solo indirettamente coinvolta, venivano portate proprio davanti al giudice vescovile, evidentemente ritenuto in grado di giungere a soluzione con metodi più rapidi ed efficaci.[137]

Uno sguardo a ritroso: un vescovo archivista

Quanto detto sopra ci impone la necessità di riflettere non solo su come le carte fossero strutturate, ma anche su quale percezione ne avesse il soggetto produttore. Una domanda a cui è difficile rispondere, ma per la quale offre un prezioso spunto un episodio eccezionale che vede protagonista il vescovo di Fiesole, proprio alla fine del periodo che stiamo considerando. Nel 1397 il vescovo Jacopo Altoviti, domenicano di grande cultura ed esperienza anche nelle pratiche diplomatiche in ambito ecclesiastico e secolare,[138] si dedicò alla redazione di un imponente inventario delle pergamene e dei registri del suo archivio, che si concluse con la compilazione di quello che oggi chiameremmo un elenco di consistenza di ben 161 registri.[139] L'impresa, che dovette scontrarsi con il disordine dei registri superstiti e infatti richiese varie stesure intermedie, mise capo a un elenco nel quale i registri, ordinati cronologicamente, ricevettero ciascuno una notazione alfabetica, con una modalità tassonomica singolarmente simile a quella che nel medesimo periodo era in uso nella cancelleria della repub-

137. Ma si veda su questo punto il caso della giurisdizione sul credito *infra*, pp. 248-252.

138. Alcuni lineamenti biografici in Passerini, *Genealogia e storia della famiglia Altoviti*, pp. 98-99: domenicano di Santa Maria Novella, docente di teologia e presunto autore di un trattato *De sedando schismate*, fu raccomandato dalla Repubblica per il vescovado fiorentino nel 1389, ma Bonifacio IX lo nominò invece vescovo di Fiesole il 21 gennaio 1390. Fu incaricato dalle autorità cittadine per salutare l'elezione di Innocenzo VII nel 1405 e di Gregorio XII nel 1407. Morì l'11 giugno 1408.

139. ADF, XIV.III.G.6, cc. 51r-63r. Si tratta di un quaderno in forma di vacchetta rilegato insieme ad altra documentazione trecentesca. Sulla base del lavoro di inventariazione venne realizzato un *Repertorium fratris Jacobi de Altovitis episcopi fesulani*, oggi conservato in ADF II.B.9.

blica fiorentina,[140] con la quale del resto il vescovo aveva grande familiarità, per appartenenza familiare e per esperienze personali. Molti dei registri trecenteschi superstiti nell'archivio fiesolano portano ancora sulla coperta il segno dell'ordinamento impresso da quell'improbo e accurato lavoro del 1397. Tornando però agli appunti dei lavori preparatori dell'inventario, ciò che emerge in prima battuta è che l'Altoviti raccolse descrizioni di fascicoli presentati quasi costantemente come registri notarili: prescindendo quasi del tutto dal contenuto specifico o dalla tipologia degli atti contenuti, il vescovo-archivista li qualificò semplicemente con il nome del notaio redattore. L'archivio fiesolano andava quindi accumulandosi con la stratificazione del lavoro dei diversi notai, e non con una logica tematica o per tipologie. Un'immagine simile, anche se molto più disorganica, era emersa anche da un documento del primo Trecento, redatto probabilmente da ser Opizzo di Pipino da Pistoia notaio del vescovo.[141] In questo caso si tratta di un elenco più strutturato, che intendeva fornire il quadro di tutti i pivieri della diocesi, corredato dall'indicazione aggiornata delle collazioni del beneficio nel corso del tempo. Ebbene anche qui la sede in cui l'atto va ricercato è sempre indicata con un registro notarile: le collazioni risultano estratte da libri o quaderni di ser Accorso, ser Martino di Pietro, ser Michele di Bonaccurso, «manu mei Iohannis» con segnature numeriche e alfabetiche varie, oppure «in carta manu X notarii», o in un caso dal «liber ser Bernardi signatum per +».[142] Evidentemente nei registri citati in

140. Marzi, *La Cancelleria della Repubblica fiorentina*: in particolare l'uso della doppia lettera era impiegato dal personale della cancelleria per collocare i registri delle provvisioni, cioè le delibere consiliari del comune, secondo la data e il riferimento al notaio responsabile della redazione.

141. ADF XXVIII.B.1: registro cartaceo con coperta di riuso antica ma senza segnature. L'*incipit* a c. 1rv recita: «In Dei nomine hoc est quoddam registrum seu repertorium de plebibus et aliis ecclesiis spectantibus ad confirmationem vel collationem seu aliam provisionem ad episcopum fesulanum prout et sicut repertum est tam in libris episcopatus fesu[lani] quam in publicis instrumentis et aliis multimode modis prout et sicut inferius per ordinem annotatur». Segue un elenco di sezioni, una per ogni piviere: sotto il titolo di ogni pieve vengono riportati riferimenti alla collazione o elezione del pievano da parte del vescovo, con il richiamo al libro in cui l'atto è registrato. Normalmente le voci cominciano con collazioni del vescovo Manetto negli anni Sessanta o Settanta del Duecento e proseguono abbastanza irregolarmente fino agli anni Venti del Trecento, ma talvolta tornano anche indietro al vescovado di Ildebrando. Sicuramente intervengono più mani, ma a c. 27v si trova la sottoscrizione di ser Opizzo di Pipino da Pistoia e più avanti quella di ser Michele di Bonaccorso da Lastra.

142. Ivi, cc. 3r, 21v, 22r.

questa sede andranno riconosciuti gli stessi più tardi ordinati dal vescovo Altoviti:[143] ciò che la testimonianza primotrecentesca aggiunge però è che di certo quei libri di notai includevano anche elenchi di collazioni di chiese, quindi tipologie documentarie di per sé molto poco notarili, che però nella forma della conservazione dell'archivio erano comunque accreditati al nome del professionista che li aveva redatti. A questa medesima logica si attenne anche il vescovo Altoviti a conclusione del suo lavoro di riordino, che pure gli aveva consentito di toccare con mano l'effettiva consistenza e i contenuti dei registri dell'archivio. Effettiva consistenza, si badi, della quale l'estensore dell'inventario sapeva riconoscere le peculiarità, dal momento che talvolta segnala nei suoi appunti di aver messo da parte un registro perché «non est liber curie», dal momento che si tratta di imbreviature generiche. Non un ordinamento puramente estrinseco quindi, ma uno spoglio assai attento che tuttavia sceglieva criteri suoi propri nella valutazione dei singoli pezzi, esplicitati del resto con chiarezza. Il vescovo-archivista infatti dichiara in uno dei fogli preparatori del riordino di aver voluto redigere a parte un repertorio sistematico, che avrebbe concretizzato l'utilità del suo lavoro: «et scribam hic secundum quod signavi dum perscruptatus sum, reducens postea sub alia forma et secundum plebatus, ut faciliter possit reperiri illud quod queritur».[144]

In effetti è rimasto un apposito *Repertorium* in cui il vescovo non soltanto descrive esternamente i singoli registri, ma ne specifica anche i riferimenti interni ai singoli pivieri, essenzialmente per questioni beneficiali.[145] Forse l'Altoviti riuscì anche a realizzare il più raffinato degli strumenti di corredo che aveva immaginato, cioè un repertorio diacronico diviso per pivieri, con l'elenco degli atti che riguardavano ciascuno di essi nel corso degli anni. Anche se quest'ultimo strumento non sembra essersi conservato (ammesso che sia stato effettivamente realizzato), l'intenzione del vescovo testimonia con chiarezza che la logica della conservazione e dell'utilità delle carte («illud quod queritur», avrebbe detto) non era interessata tanto alle tipologie documentarie, apparentemente invisibili al repertoriatore, né alla coerenza cronologica, considerata solo un criterio di ordine superficia-

143. L'Altoviti ricorda di aver sfogliato anche un «Registrum seu repertorium antiquum» rispetto al quale però «sunt deperditi aliqui libri [...] nec potui vel valui invenire»: ADF, II.B.9, c. 33r.

144. Ivi, c. 59v.

145. ASDF, II.B.9.

le. Ciò che giustificava tutto il lavoro era in definitiva il riferimento territoriale, la composizione della diocesi in una serie di chiese pievane con i loro benefici, i loro patrimoni, e plausibilmente anche il loro contenzioso, fosse derivato da diritti messi in questione o da irregolarità nel comportamento del clero locale.

Certamente è difficile trovare episodi così clamorosi di vescovi che si misurano con la propria documentazione, ma l'esempio dell'Altoviti sembra indicativo soprattutto perché interviene in una fase molto avanzata della storia del tribunale, quando cioè le pratiche di gestione delle carte hanno ormai passato da molti decenni la stagione più sperimentale degli inizi. Per questo certe scelte si possono considerare una inclinazione profonda della cultura documentaria delle curie episcopali toscane, che da una parte continuavano a considerare i registri come materiali essenzialmente notarili, e dall'altra leggevano le carte giudiziarie guardando più che altro al quadro istituzionale delle pievi, quindi al governo della diocesi. Del resto abbiamo visto come nei contesti più ricchi, come a Lucca o a Volterra, anche le carte della giurisdizione secolare sono in larga parte mescolate con quelle del tribunale spirituale del vescovo. Il carattere "notarile" delle carte del tribunale secondo la percezione degli stessi vescovi non è insomma un fattore di confusione o di smarrimento delle peculiarità giurisdizionali dei documenti: è semmai il segnale di come quelle peculiarità trovassero senso nell'ambito di una complessiva e consapevole strategia di governo della diocesi.

2. Le istituzioni e le persone

1. *Il vescovo*

I vescovi nella Toscana del XIV secolo hanno alle spalle una storia millenaria di presenza nella città, una profondità di memorie e un prestigio che ne fa soggetti di primo piano nell'identità stessa della comunità urbana. In alcuni casi, specialmente ad Arezzo e Volterra, i presuli avevano esercitato a lungo poteri di natura pubblica; altrove i nomi di almeno alcuni erano stati decisivi nella storia delle istituzioni comunali, come il pisano Daimberto alla fine dell'XI secolo. Ovunque il peso della figura vescovile aveva mantenuto uno spazio significativo nella vita pubblica della città:[1] di conseguenza la prassi della giustizia del vescovo si pone non certo come un elemento settoriale e circoscritto dell'ambiente urbano, ma al contrario come uno dei suoi tratti caratteristici.

Allo stesso tempo però la figura del vescovo aveva conosciuto in tempi relativamente recenti, in tutta la Cristianità ma nell'Italia comunale in specie, alcuni cambiamenti profondi che ne avrebbero connotato i caratteri nel secolo che stiamo considerando. Ancora tra fine XII e inizio XIII secolo il rapporto tra il vescovo e la città era stato per così dire strutturale, perché d'abitudine la scelta del presule era stata appannaggio dei collegi capitolari cittadini, e soprattutto la maggior parte delle carriere episcopali erano state a vita: l'immagine del legame del vescovo con la sua città come rapporto sponsale indissolubile traduceva bene questa natura della

1. Per qualche orientamento bibliografico di massima sulla Toscana Benvenuti, *Pastori di popolo*; Ronzani, *La chiesa e il clero secolare*, e *Vescovo e città nell'alto Medioevo*. Saggi specifici sui casi locali saranno richiamati qui di seguito.

coessenzialità dell'istituzione con la sua sede. Già nel corso del XIII secolo l'autorità pontificia aveva però cominciato a intaccare un assetto del genere, riservandosi la possibilità di operare spostamenti e destinazioni alternative, oltre che nomine dall'alto per situazioni di necessità: il parallelo con la relazione sponsale manifestava tutta la sua efficacia, visto che come i divieti matrimoniali per consanguineità erano soggetti comunque a una deroga o una dispensa del papa, questo poteva valere anche per il matrimonio del vescovo con la sua chiesa.[2] Gli spostamenti di sede di vescovi italiani rimasero abbastanza rari fino all'ultimo quarto del Duecento, ma successivamente la pratica si fece frequente, e andò accentuandosi con Bonifacio VIII e i primi pontefici avignonesi, aggiungendosi alla progressiva estensione della riserva pontificia sui benefici vacanti, destinata a diventare presto la regola per tutte le sedi della Cristianità. Con un pontefice che rivendica la facoltà di scegliere il vescovo ed eventualmente spostarlo da una sede all'altra, le dinamiche del rapporto tra curia episcopale e ambiente urbano cambiano inevitabilmente. È pur vero che una parte consistente dei vescovi delle città toscane del Trecento sono cittadini – la totalità nel caso senese – ma comunque capita non di rado che giungano sulla cattedra religiosi forestieri o curiali in carriera. In ogni caso la provenienza cittadina non è più un dato strutturale, automatico. Questa rottura di un rapporto genetico fa del vescovo trecentesco una figura per certi versi ambigua: da una parte incarnazione dell'identità ecclesiale cittadina, dall'altra emanazione o quantomeno elemento di trasmissione tra la Chiesa locale e il centro della Cristianità. Il "difficile mestiere" del presule[3] è condizionato tra gli altri motivi da questa necessità non banale di rispondere a istanze diverse e non necessariamente compatibili, considerando anche il livello della conflittualità politica in cui il papato è coinvolto nell'Italia del Trecento. Sul piano pubblico, così, i vescovi continuano ad avere spesso un grande rilievo, ma ad un livello diverso rispetto al passato, e più eminentemente politico:[4] per giocare un ruolo importante nella città il vescovo deve pro-

2. Ronzani, *Un aspetto della circolazione degli ecclesiastici*.

3. *Il difficile mestiere di vescovo*: in particolare si veda l'introduzione della silloge di Rossi, *Vescovi nel Trecento*, che sottolinea proprio la rilevanza periodizzante di una mobilità delle figure episcopali.

4. Emblematico è un caso particolare, quello di Firenze, dove nel corso del XIV secolo andò consolidandosi il rituale del matrimonio del vescovo, un insieme di atti simbolici culminanti con l'ingresso del vescovo nel monastero cittadino di San Pier Maggiore. In questo caso il simbolismo dello sposalizio (nell'ottica di quanto accennato sopra sulla

iettarsi esplicitamente nell'agone dei partiti,[5] ora assumendo direttamente il dominio signorile come accade ad Arezzo,[6] ora attivando con più o meno successo un rapporto di complementarietà con le istituzioni comunali. Si applica cioè alle vicende trecentesche quanto ha osservato Mauro Ronzani già per gli ultimi decenni del secolo precedente, quando ai vescovi «non era più conosciuta pacificamente la rappresentanza dell'intera comunità urbana [...] ed essi erano divenuti i capi di una *pars* ristretta e contrapposta ad un'altra».[7] L'esercizio delle attribuzioni giurisdizionali, pur con tutti i suoi caratteri di tecnicismo, ha bisogno di essere collocato in questa mutata posizione pubblica dei vescovi e in questo gioco di ambiguità. Per articolare il quadro varrà la pena delineare la cornice generale degli episcopati toscani del periodo.

Una delle caratteristiche meglio studiate degli episcopati italiani nella dimensione europea è l'assoluta osmosi tra la gerarchia ecclesiastica locale e il ceto dirigente cittadino. Elemento questo tutt'altro che scontato in molte realtà europee, dove la società municipale è dominata da una componente mercantile solo in rari casi in grado di assurgere alla carriera ecclesiastica, tipica invece di ambienti della piccola e media aristocrazia.[8] Questa peculiarità italiana trova negli episcopati toscani un caso molto tipico, per cui la presenza delle famiglie del ceto dirigente comunale è decisamente molto forte, con l'effetto evidente di portare nel governo della diocesi interessi e istanze, ma anche meno direttamente strumenti formali di governo attivi nel teatro delle istituzioni secolari. Il modo in cui questo avviene

valenza della metafora nuziale) veniva valorizzato proprio in analogia con i matrimoni pacificatori tra le famiglie in lotta, e come emblema di un adeguamento del nuovo arrivato alla dinamica di potere della città, poi adattato anche qualora il vescovo fosse un fiorentino, ma comunque soggetto a una vera e propria ipoteca politica del comune: cfr. in tal senso Miller, *Why the Bishop of Florence had to Get Married*.

5. Non solo in Toscana ovviamente: sottolinea molto questa svolta politica primotrecentesca anche per un caso illustre di episcopato lombardo Silvestri, *Power, Politics and Episcopal Authority*.

6. Per la tipologia dei vescovi-signori cfr. ora Negro, *I signori vescovi*, e Ead., *Vescovi signori e monarchia papale nel Trecento*.

7. Ronzani, *Vescovi, capitoli e strategie famigliari*, p. 139. Una evoluzione in questo senso è segnalata per il caso astigiano anche da Pia, *La giustizia del vescovo*, pp. 196-201, che parla esplicitamente della fine di un ruolo di bilanciamento politico del vescovo in corrispondenza con la svolta "partigiana" del primo Trecento, accompagnata da una recrudescenza delle violenze interne al clero urbano: sulla violenza si veda comunque *infra*, pp. 170 sgg.

8. Berengo, *L'Europa delle città*, pp. 675-754.

conosce molte varianti. A Firenze ad esempio fin dal primo Trecento si riconosce una tendenziale sovrapposizione tra la più ristretta cerchia del ceto dirigente cittadino e le figure dei vescovo, salvo nei periodi di presuli forestieri: Visdomini, Mozzi, Ricasoli, Corsini, Acciaiuoli sono nomi che fanno riferimento a famiglie di storie e orientamenti politici differenti, ma sono tutti accomunati da un'appartenenza familiare di alto livello negli equilibri politici del momento.[9] Emblematico il giudizio molto malevolo di Dino Compagni a proposito del vescovo Antonio Orsi «di vile nazione, animoso in parte guelfa e nel vulgo del popolo, ma non di santa vita», in cui la nascita non illustre sembrava già in sé un motivo di deviazione da una buona pratica e in definitiva di squalificazione anche morale. Firenze ha poi la particolarità di una vera e propria legge statutaria che all'inizio del secolo vietava l'accesso al vescovato alle famiglie fiorentine: legge paradossale per il contenuto e per la sua ricorrente mancata applicazione, ma che funzionava come una sorta di ipoteca politica sull'affidabilità dei nomi scelti per l'episcopato. Il ceto dirigente fiorentino, poi, poteva contare sul controllo quasi costante di una seconda sede episcopale, quella di Fiesole, che nel XIV risiedeva nella chiesa urbana di Santa Maria in Campo e rappresentava una sorta di succursale della società ecclesiastica fiorentina, di cui amplificava le possibilità di carriera.

Spostandoci a un'altra grande citta vescovile, Siena, siamo di fronte a un caso in qualche modo complementare. Per gran parte del secolo la carica fu quasi monopolizzata da membri di una famiglia cittadina, i Malavolti: si trattava però di una antica schiatta magnatizia, quindi non ammessa al governo della città.[10] Si venne così a creare la situazione paradossale per cui avendo un vescovo "cittadino" il comune cercava sempre più spesso di gestire la propria politica ecclesiastica evitando di passare dalla curia episcopale e cercando canali diretti con il pontefice,[11] anche perché le violente lotte di parte che dividevano i Malavolti dalle altre famiglie magnatizie (segnatamente i Tolomei) rendevano il vescovado un fattore di instabilità più che di garanzia di tutela degli interessi del comune.[12] Di conseguenza,

9. Per una sintesi mi permetto di rinviare al mio *Il vescovo e la città*.

10. Per il periodo fino alla fine del Duecento cfr. Pellegrini, *Chiesa e città*. Per il profilo dei vari vescovi cfr. Bonucci, *Malavolti, Azzolino*; *Malavolti, Donosdeo*; *Malavolti, Rinaldo*.

11. Nardi, *Istituzioni ecclesiastiche e governo della chiesa locale*.

12. Non convincono le argomentazioni di Franco, *Episcopal Power and the Late Medieval State*, che sostiene un ruolo del vescovo come fattore di pacificazione dell'ambiente

molto più allineati agli interessi del comune o comunque graditi al regime furono figure vescovili di origine esterna o che venivano da carriere in altre sedi, come Guglielmo Gasconus (già titolare a Comacchio), vescovo dal 1371 al 1377, Luca di Bertino già vescovo di Narni, 1377-1384, o il longevo Francesco Mormile, chierico napoletano che dopo un ventennio di governo a Siena (1386-1407) sarebbe diventato vescovo di Cava.[13]

Nella serie dei vescovi pistoiesi[14] le figure di Bartolomeo Sighibuldi, parente del più noto giurista Cino suo contemporaneo, Andrea Ciantori o Baronto Ricciardi sono di nuovo testimoni di una prevalenza di chierici provenienti da grandi famiglie cittadine, le stesse in grado di offrire ai propri rampolli anche possibilità di carriera in altre sedi. Rispetto a questa centralità del ceto dirigente comunale il caso di Pisa, ben noto grazie agli studi di Mauro Ronzani,[15] ha un carattere originale, specialmente nell'alternanza di figure di religiosi esterni, di circuito sovraregionale, come Simone Saltarelli e Simone da Cascina, e vescovi come Giovanni di Scarlatto, un giurista di oscurissima origine pisana che si era fatto valere soprattutto negli uffici di curia, a partire dai quali non solo giunse sulla cattedra episcopale, ma poté anche impostare una sua politica nepotistica, che consentì al nipote Francesco Maricotti di essere suo primo successore nel 1362. Una Chiesa, quindi, che consentiva in una certa misura percorsi significativi di mobilità sociale. Poco dopo però tornava il parallelo tra governo della diocesi e controllo del comune, dal momento che la nomina di Lorenzo (Lotto) Gambacorta, vescovo dal 1381 al 1394, giunse per i buoni uffici dello zio Pietro, in quel momento signore della città.[16] Singolarmente, negli stessi anni anche a Lucca un vescovo veniva scelto come espressione di un dominio signorile, dopo che per molti decenni la chiesa cittadina si era mostrata particolarmente recettiva rispetto a figure di provenienza esterna:

cittadino: gli interventi del vescovo Donosdeo Malavolti citati nel saggio a tal riguardo sono generici (la valorizzazione dell'identità collettiva tramite i rituali religiosi) o tutt'al più strumentali, come nel caso dell'azione contro i tentativi sovversivi dei Tolomei, contro i quali i Malavolti erano animati da una tipica inimicizia magnatizia. A proposito della faida Malavolti-Tolomei e del ruolo del vescovo cfr. Théry, *Faide nobiliaire et justice inquisitoire*, pp. 292-299.

13. Elmy, *Mormile, Francesco*.

14. Sui quali Ferrali, *La serie dei vicari generali*.

15. Soprattutto Ronzani, *"Figli del comune" o fuoriusciti?*, e più recentemente Id., *Uffici vescovili e mobilità sociale*. Utile anche il saggio di Magni, *Il nepotismo episcopale nell'Italia dei comuni*.

16. Ragone, *Gambacorta, Lorenzo (Lotto)*.

Nicolao Guinigi diventò titolare della sede episcopale nel 1394, non ancora ventenne e *in minoribus constitutus*, ma forte dell'appoggio di Paolo Guinigi che stava consolidando il controllo delle istituzioni cittadine.[17]

Quello del rapporto tra titolo vescovile ed esperienze signorili è per la verità un elemento ricorrente. A Volterra la famiglia Belforti controllò l'episcopato per una buona parte del secolo,[18] mentre ad Arezzo, che già aveva avuto un vescovo-signore nella figura di Guglielmino Ubertini, Guido Tarlati incarnò forse nel modo più icastico questa sovrapposizione,[19] configurando il caso più tipico di vescovo-signore in un periodo in cui, specialmente in area lombarda, questa tipologia acquisiva una certa fortuna politica. Alla sua deposizione Giovanni XXII provvide a nominare Boso Ubertini, membro di una famiglia aristocratica del territorio, che tenne la diocesi nella più lunga stagione trecentesca, fino al 1365.

Di queste vicende molto diverse e connotate da stili politici che variano di città in città si possono ritenere almeno tre punti essenziali. In primo luogo la dinamica costante tra le forze locali e le prospettive della Curia pontificia. Che fossero legate ad appartenenze di parte o a preoccupazioni nella cura dei diritti episcopali, gli interventi pontifici fin dagli anni di Bonifacio VIII inducono una tendenziale apertura delle carriere vescovili a soggetti esterni, provenienti da diocesi diverse e a volte da contesti assai lontani. Questo comportava l'esigenza, nella quotidiana pratica del governo della diocesi e in particolare della giustizia, di un personale sufficientemente formato e consapevole delle situazioni locali, che potesse fare da *trait d'union* con il contesto diocesano per un vescovo arrivato dall'esterno. A questo proposito sarebbe un errore pensare che i vescovi di origine forestiera pagassero una sorta di handicap nella loro capacità di incidere sulla realtà cittadina, o che il loro trovarsi in una sede individuata dalla politica pontificia entro cui si inserivano, magari nel corso di una carriera di lunga data, li portasse a un atteggiamento puramente utilitaristico, di godimento di rendite di posizione in attesa di promozioni ulteriori. Al contrario, alcune delle imprese più significative di governo della diocesi vennero proprio da vescovi "curiali", che probabilmente portavano *in loco* un approccio più libero da condizionamenti municipali e quindi anche più capace di concepire progetti di riforma. Le costituzioni sinodali fiorentine

17. Ragone, *Guinigi, Nicolao.*

18. Il caso volterrano nella prima metà del secolo è ora ampiamente approfondito dai saggi introduttivi di *Il vescovo Rainuccio Allegretti.*

19. Barlucchi, *Note sulla signoria aretina*; Licciardello, *Un vescovo contro il papato.*

del 1327 furono il frutto dell'iniziativa di Francesco Silvestri da Cingoli,[20] che seppe riordinare il patrimonio della mensa dopo un periodo di dissesto e gestire con intelligenza anche i rapporti complicati con le autorità del comune, mentre a Lucca una impresa simile fu compiuta nel 1351 da Berengario, un chierico arrivato dalla Francia tramite i suoi legami con la curia pontificia,[21] ma che riservò una cura di grande energia al governo della sua nuova diocesi.[22]

La seconda considerazione riguarda un corollario della forte torsione politica cui abbiamo accennato all'inizio. Ci sono momenti della storia trecentesca in cui il rapporto tra vescovo e città sembra rompersi anche fisicamente, con l'abbandono della sede da parte del presule: questo accade soprattutto nella congiuntura degli anni Dieci e Venti, quando l'instaurarsi in diverse aree della Toscana di potenti signorie ghibelline aliena i vescovi fedeli a Giovanni XXII ai governanti della città. A Pisa una situazione del genere esplode prima con Oddone Della Sala, rimasto fuori dalla città dal 1317 al 1322, poi con il successore, il fiorentino Simone Saltarelli, che nei suoi primi anni dopo il 1323 governò la chiesa locale da Avignone, ma nel 1327 ne perse il controllo a seguito delle lotte con Castruccio Castracani e Ludovico il Bavaro; già da prima e per gli stessi motivi Enrico da Carretto aveva abbandonato la sua sede di Lucca, alla quale non sarebbe più tornato fino alla morte nel 1323. E la cattedra lucchese, quel che più conta, rimase alla sua morte vacante fino al 1330, passato cioè il momento del grande conflitto intorno a Ludovico il Bavaro. Negli stessi anni poi si consumava la traiettoria politica di Guido Tarlati, vescovo-signore della città processato e rimosso dal papa nel 1325. Questo è sicuramente il momento più drammatico di una simile lacerazione tra episcopato e sedi urbane, ma ve ne sono altri più circoscritti, in particolare quello della Guerra degli Otto Santi, e l'interdetto lanciato da Gregorio XI su tutte le città alleate di Firenze in guerra con il papa nel 1376:[23] se il vescovo Ricasoli lasciò Firenze solo per alcuni mesi, di nuovo a Lucca Paolo Gabrielli si allontanò dalla sua sede in ottemperanza delle sanzioni papali, e non vi era ancora tornato

20. Salvestrini, *Silvestri, Francesco*.

21. *Blasini, Berengario*.

22. Un simile effetto virtuoso della presenza almeno temporanea di figure meno coinvolte nelle dinamiche socio-politiche locali è stato osservato fuori dall'ambito toscano anche per Brescia, in Pagnoni, *L'episcopato di Brescia*, pp. 266-267 e 304-205.

23. Trexler, *The Spiritual Power*; sulla vicenda anche Lewin, *Negotiating Survival*, pp. 39-56.

quando morì a Perugia nel 1380.[24] I periodi di sedevacanza sono una situazione certamente dolorosa che poteva avere effetti deleteri sulla stessa struttura del clero diocesano, sul quale si riflettevano i rovesci della gerarchia in termini di divisioni, rancori, disorientamento generale. Ma erano anche momenti che mettevano alla prova il funzionamento delle strutture della curia in assenza del vescovo, paradossalmente favorendo una maturazione della capacità ordinaria di far funzionare le diverse mansioni, specialmente quelle giudiziarie.[25]

Un ultimo elemento comune vale per buona parte delle sedi episcopali toscane con qualche importante eccezione, e consiste nella tendenza, specialmente tardotrecentesca, al ricorrere di figure fiorentine. La gravitazione verso Firenze è particolarmente spiccata a Fiesole, e questo non stupisce, ma anche a Volterra, dove dopo la conclusione del dominio familiare dei Belforti e l'arrivo del vescovo Pietro Corsini nel 1362, gran parte dei vescovi sono fiorentini o percorrono una carriera legata alla sede di Firenze.[26] Ad Arezzo Angelo Ricasoli nel 1391 è il primo vescovo fiorentino, al quale però succede immediatamente nel 1403 Pietro Ricci, lo stesso che nel 1411 sarebbe passato alla sede pisana, a suggello della conquista fiorentina anche sul piano delle gerarchie ecclesiastiche.[27] E ancora, nel 1391 era vescovo di Cortona il fiorentino Ubaldino di Bonamico, prima ancora che si instaurasse il controllo politico della città. Questi primi cenni di una tendenza egemonica, che sarà visibile appieno solo nel XV secolo e che beninteso non arriva alle città fuori dallo stato fiorentino Siena e Lucca, sono però una variabile da tener presente a chiusura del nostro periodo.

2. *Il vescovo e i poteri cittadini*

Considerando tutte queste situazioni particolari, è evidente che anche le relazioni di natura giurisdizionale tra comune e autorità vescovile non fossero un problema propriamente tecnico-formale, ma comportassero anzi

24. Ragone, *Gabrielli, Paolo*.

25. Per un caso ben noto cfr. Brentano, *A New World in a Small Place*, p. 129.

26. Si tratta in particolare di Nofri Visdomini negli anni 1384-1390, Antonio Cipolloni già vescovo di Fiesole, 1390-1396, Giovanni de' Ricci canonico fiorentino, 1396-1398, Ludovico Aliotti, 1398-1411 e Jacopo Scolari o Spini, fiorentino, ancora nel 1411.

27. Ronzani, *La Chiesa pisana dopo il 1406*; a Pistoia si può segnalare il caso di Remigio da Firenze (1356-1369), agostiniano già vescovo di Comacchio.

un'attenta gestione dei rapporti politici. Da questo punto di vista già negli ultimi anni del Duecento si riscontrano importanti soluzioni normative nate nel contesto di situazioni di conflitto tra giurisdizioni secolari e spirituali. Sia a Firenze che a Siena vennero definiti nell'ultimo ventennio del Duecento regolamenti speciali per le cause criminali che fossero suscettibili di coinvolgere chierici, quindi di innescare dolorosi conflitti di giurisdizione. Nel caso senese l'esito fu la delibera nel 1297 di uno specifico ordinamento criminale da parte del comune, in cui le norme penali sostanziali venivano opportunamente adattate a eventuali imputati ecclesiastici (ad esempio con l'esclusione della pena di morte o delle punizioni infamanti): il vescovo ne riconobbe solennemente la validità nella propria curia, facendo sì che il diritto del comune potesse valere sugli ecclesiastici senza violare il privilegio del foro.[28] A Lucca la soluzione fu anche più raffinata, e venne trovata usando un'antichissima istituzione come le curie civili, tribunali cittadini preesistenti allo stesso sistema della giustizia podestarile. Uno di questi tribunali, la Curia dei treguani, era deputato alla risoluzione di controversie civili. Intorno al 1288, con un'aggiunta allo statuto delle curie, si stabilì che dei tre giudici che componevano il tribunale uno fosse un ecclesiastico di nomina episcopale, in modo che il tribunale avesse pieno titolo anche per giudicare le cause con un ecclesiastico.[29] Negli statuti successivi si previde anche la possibilità di un ulteriore giudice per gli ecclesiastici esenti, ma non è detto che venisse messa in pratica, e comunque in generale il tono della prassi giudiziaria di questa curia sembra molto basso, tipico di cause di non particolare rilievo. Forse non a caso nel 1371 scomparve anche il delegato del vescovo, considerato non così rilevante.

Strumenti normativi come questi facevano sì che nel XIV secolo la relazione tra giustizia del vescovo e giustizia cittadina si collocasse in un quadro di assoluta ordinarietà, che giungeva a conflitti aperti soltanto per situazioni contingenti, di natura perlopiù politica.[30] Il caso più noto è quello della Guerra degli Otto Santi nel 1376-1378; un altro, destinato a rimanere celebre anche nella cronachistica, fu quello che si aprì a Firenze negli anni Quaranta, a seguito dei grandi fallimenti delle compagnie di mercanti-ban-

28. Zdekauer, *Statuti criminali del foro ecclesiastico di Siena.*

29. Seghieri, *Giurisprudenza lucchese nel medioevo*; sulla documentazione della Curia cfr. Bongi, *Inventario del R. Archivio di Stato di Lucca*, vol. II, pp. 299-301.

30. Chittolini, *Stati regionali e istituzioni ecclesiastiche*; Tanzini, *Giurisdizione secolare e giurisdizione vescovile.* Per il ben studiato caso milanese cfr. Prosdocimi, *Il diritto ecclesiastico dello Stato di Milano.*

chieri, quando la gestione delle pratiche di fallimento fu avocata talvolta da tribunali ecclesiastici e il comune reagì con norme molto restrittive, sulla cui introduzione Giovanni Villani riserva osservazioni pesantemente critiche nei confronti del vescovo Angelo Acciaiuoli.[31] Ma in entrambi i casi più che il vescovo, effettivamente soggetto comprimario in tutta la vicenda, furono piuttosto la giustizia inquisitoriale e l'intervento del papato a inasprire il conflitto, comunque non tale da connotare un intero periodo nei rapporti tra comune e curia vescovile.

Ad accentuare questo quadro concorre anche un elemento di natura procedurale. Il modo in cui viene condotta la giustizia nella corte del vescovo è per molti versi identico a quello delle corti secolari: ferma restando l'applicazione del diritto canonico per materie concernenti la normativa spirituale, la forma del processo nei tribunali del vescovo usa le stesse formalità, le medesime strutture e formulari della giustizia secolare.[32] Di conseguenza era molto facile che le due sedi di giudizio vivessero in una sostanziale complementarietà. Per citare soltanto un esempio, a Fiesole giunse nel 1310[33] al vicario una causa avviata contro il chierico Doffo Ghiberti da parte di Andrea Adimari per il pagamento di un debito di 70 fiorini. Dalle carte processuali risulta che l'anno prima lo stesso Andrea era stato scomunicato dal vescovo di Firenze per aver tratto davanti al tribunale secolare del podestà e del giudice dei malefici di Firenze il medesimo Doffo con un tal Manno per un certo debito: dopo essersi scontrato con un potenziale conflitto di giurisdizione presso il tribunale secolare, l'attore aveva proseguito le sue richieste presso quello spirituale contando di conseguire per questa via alternativa lo stesso risultato. Casi di questo tipo sono la norma in tutti i contesti cittadini. In sostanza quindi la diversità dei fori finiva per essere una risorsa per gli stessi attori, che potevano giocare il complicato intreccio di azioni ed eccezioni cercando di trarne il maggior vantaggio possibile.[34]

31. Tanzini, *1345. La bancarotta di Firenze*.

32. Sottolinea questo aspetto per l'ambiente milanese, ma in chiave generale, Padoa Schioppa, *Note sulla giustizia ecclesiastica a Milano*.

33. ASDF, 15 (1310), cc. XXXVIIr sgg.

34. Sottolinea molto efficacemente questo aspetto, mettendo in luce anche le peculiarità della giustizia vescovile come possibile risorsa delle parti in definitiva complementare ad altri livelli di soluzione del contenzioso, giudiziale o extragiudiziale, il saggio sulla documentazione pieno-quattrocentesca di Della Misericordia, *Giudicare con il consenso*.

Di fronte a reali situazioni di conflitto, la modalità di gestione della pratica aveva binari ben definiti. Specialmente laddove un chierico fosse stato soggetto a provvedimenti di un giudice secolare, il vicario vescovile emanava di norma una *littera monitoria* per reclamare la giurisdizione sul caso e quindi la consegna dell'inquisito o lo spostamento della causa civile. I formulari trecenteschi, conservati non per la Toscana ma spesso per l'Italia del Nord, sono pieni di lettere di questo tipo, che forniscono lo schema di massima per la richiesta al giudice secolare.[35] La retorica delle comunicazioni richiamava volentieri la tradizione ecclesiastica della *libertas* e del *privilegium fori*,[36] e poteva assumere toni molto aggressivi di minaccia, ma la soluzione era di norma rapida, come accade a Prato nel 1319. In data 3 ottobre venne registrata una lettera del preposto al capitano del popolo di Prato che contestava la cattura e il procedimento penale avviato per aggressione ai danni del chierico *Iohannes Marosci*, in quanto effettuata contro le immunità ecclesiastiche: la lettera minacciava quindi la scomunica nel caso in cui il capitano non avesse ordinato immediatamente il rilascio. La lettera non ebbe seguito, perché poche carte più avanti segue la sentenza di scomunica, ma non più tardi del 20 ottobre si legge l'assoluzione dalla scomunica e la rinuncia da parte del capitano a ogni diritto in merito alla detenzione dell'imputato: in sostanza due settimane erano state sufficienti a concludere la controversia.[37] L'onnipresenza dello strumento

35. Si veda ad esempio *Il formulario vicentino-padovano di lettere vescovili*: tutte le lettere dalla 139 alla 166, al titolo *iudici seculari*, sono modelli da inviare ai giudici secolari per chiedere l'esecuzione di provvedimenti contro gli scomunicati, per prestare supporto alla difesa dei diritti patrimoniali delle chiese, ma soprattutto per chiedere di sospendere ogni atto giudiziario che sia lesivo dei privilegi delle persone ecclesiastiche.

36. In un caso registrato ad Arezzo nel 1372 il vicario scrive al podestà riguardo alla condanna e detenzione presso le carceri del comune di Cristofano prete «cum habitu monacali» figlio di ser Paolo da Puglia, ricordando che «vobis rectoribus et iudicibus secularì non liceat contra clericos et personas ecelsiasticas procedere, nec ipsos invitos detenere cum nemini liceat falcem immectere in messem alienam». Chiedeva quindi di inviare immediatamente il detenuto al tribunale vescovile. Il caso è citato in Barbagli, *Il notariato ad Arezzo*.

37. ASFi, *Propositura di S. Stefano di Prato*, 4 cc. 18v-22r. In un caso simile nel registro 3, c. 86rv (8 giugno 1321) si conserva per intero la lettera del preposto presumibilmente a tutti i suoi sacerdoti, che è un buon esempio dell'elaborazione anche formulare con cui veniva ordinata la cerimonia di scomunica, sempre in riferimento ad autorità pubbliche del Comune di Prato: «cum Otto et vexillifer animo iniquitatis et iniustitie tamquam filii sathane et iniquitatis alumpni deum non habentes pre oculis in contemptu iurisdictionis nostre et ecclesiastice libertatis Puccium Bellosi de terra Prati capi fecerunt manu armata et captum

della scomunica, che abbiamo già rilevato nel capitolo precedente, era di fatto anche il presupposto della sua estrema flessibilità. Ancora più rapido sarebbe stato un caso svoltosi a Lucca nel 1354. Il *dossier* processuale si apre con una lettera del vicario episcopale Tommaso da Foligno al giudice della curia dei malefici della città di Pisa (siamo nel periodo di dominazione pisana su Lucca) del 18 aprile 1354:

> Ad nostram nuper notitiam noveritis pervenisse quod vos ex officio vestro preceditis seu procedere velle videmini contra et adversus presbiterum Iohannem quondam Bini seu Bindi de Luca rectorem ecclesie sanctorum Laurentii et Bartholomei de Treggiaria plebatus Sancti Cervasii lucane dioecesis super nonnullis excessibus per eum ut dicitur perpetratis; quod cum de iure facere nequeatis, quoniam sicut nostis laycis in clericos nulla est attributa potestas, sapientiam et discretionem vestram tenore presentis requirimus et rogamus quatenus prefatum presbiterum tamquam nostro foro et iurisdictioni omnino subiectum cum omni et toto processu per vos contra eum formato remittere ad nos et nostra curiam dignemini et velitis...[38]

Il giudice risponde il giorno stesso, quindi con i tempi di un trasferimento fisico di documenti nelle poche decine di metri che separavano il palazzo vescovile dalle sedi giudiziarie comunali, inviando l'imputato alla curia episcopale «sicut iustitia postulat et requirit secundum formam vestrarum litterarum nobis ex parte vestra transimissarum», con allegata la copia dell'accusa contro l'imputato per aggressione. Acquisito quindi tanto l'imputato

detinerunt [...] ad excomunicationis sententias processimus ac etiam quapropter ipsius contenptu ne nervus vilesceret ecclesiastice discipline ipsas sententias adgravimus prout iura volunt et clamant ad hoc ut eius contemptus non traheretur ab aliis in exemplum, ut perinde predicti octo et Vexillifer per indirectum modum nos cogerent a processibus nostri iustis atque honestis et iuridice factis desistere sicut ipsi asseruerunt expresse, cum a nobis pro ipsius dimissione requisiti fuerunt dicentes quod eum non dimicterent donec per nos dicti processus revocarentur in totum; unde cum ipsi Octo et vexillifer et eorum quilibet personae hoc excomunicationis sententiam incurrerent ipso facto latam per decretalem *Quoniam de immunitate ecclesiarum* Libro Sexto, vos et vestrum quelibet requirimus et monemus una vice pro tribus et perhemptorie et nichilominus vobis sub excomunicationis pena stricte precipiendo mandamus ... quatinus hodie et deinceps continue predictos Octo et vexilliferum in missarum sollempniis coram populis si ibi affuerint candelis accensis et extinctis et campanis pulsatis cum audietis vestras campanas pulsari excomunicatos publice nunctietis donec ad mandata ecclesie et nostra redierint humiliter». La vicenda sembra chiusa con un atto a c. 90r (non datata, prima del 17 giugno).

38. ASDL, *Tribunale ecclesiastico, Criminale*, 6, c. VIIrv. Vale la pena ricordare che la chiesa è una tra le pievi della diocesi lucchese soggette alla giurisdizione secolare del comune di Pisa.

quanto la documentazione processuale, un mandato del vicario avvia il procedimento presso la curia ecclesiastica, che però non arriva a sanzionare il caso con una sentenza. Un altro episodio lucchese può dare efficacemente il tono di come dovevano svolgersi simili relazioni. Nel 1355 Pannocchia, rettore della chiesa di San Michele a Caprognano, ricorre al vicario denunciando di essere stato arrestato e anche torturato dal podestà di Castelfranco (oggi Castelfranco di Sotto), «in eorum et cuiuscumque ipsorum animarum periculum et suorum salutis animarum dispendium et libertatis ecclesiastice detrimentum». Verificato il fatto tramite due testimoni, il vicario procede a scomunicare il podestà e la sua *familia*, e scrive al vicario del vescovo di Firenze perché provveda a pubblicare la scomunica finché i colpevoli non avranno fatto ammenda.[39] L'intervento era stato molto severo, tale da compromettere almeno nell'immediato i rapporti con le autorità secolari specialmente in una situazione territorialmente complicata, di dominio politico fiorentino all'interno della diocesi lucchese. In questo caso non sappiamo come la questione si sia risolta, ma di certo la relazione con il giusdicente fiorentino a Castelfranco non dovette subire grandi ripercussioni se è vero che nel 1356 dal medesimo ufficio periferico (con un ufficiale nel frattempo cambiato) arrivava una lettera alla cancelleria vescovile, relativa a un altro caso di un chierico violento, con toni di grande moderazione e prudenza:

> Carissimo padre, e' no·mi parrebbe mai faticha di scrivervi ogni vostro honore; sapiate che domenicha a dì XIIII di febraio prete Piero da Chastelfrancho percosse cholle mani vote uno ch'à nome Poltrone più e pi<ù> percussioni nel volto e nella boccha del detto Poltrone, per la qual cosa sangue l'uscì della boccha: e però io vi priegho che l'onore di questo comune e'l mio vi sia rachomandato, che sapete che pocho tenpo è la gratia che aveste da questo comune per lui, e tuto dì fa cose disoneste ischoncie e villane; sono cierto che farete vostro honore. Aparechiatto senpre sono al vostro comandamento
> Il vostro Çanobi de' Biffoli da Firençe podestà di Castelfrancho dove data a dì XV di febraio[40]

Come si vede lo scambio di documentazione, richieste e sollecitazioni poteva bensì usare gli strumenti della sanzione spirituale, ma non dava luogo abitualmente a una rottura di rapporti ordinari.

Questo quadro di relativa collaborazione tra le curie non sembra essere turbato in maniera decisiva da una ulteriore caratteristica dei poteri epi-

39. Ivi, 7, cc. XXXIr-XXXIIv.
40. Ivi, 8, c. XVIIIIrv.

scopali trecenteschi, cioè l'esercizio di facoltà di natura secolare da parte del vescovo stesso. Tramontate ormai da tempo le ambizioni episcopali per l'esercizio di antichi diritti comitali, ancora vive a Volterra o a Arezzo nel pieno Duecento, restavano casi non trascurabili di signorie territoriali vescovili su certe aree delle campagne. La più significativa è probabilmente quella dei vescovi lucchesi, la cosiddetta Jura, per la quale è rimasta anche la documentazione dell'esercizio della giustizia secolare.[41] Per il controllo delle comunità della signoria vescovile i conflitti con il comune furono forti e ripetuti. Enrico da Carretto, poi Berengario Blasini nei decenni centrali del secolo, tentarono in vario di modo di recuperare una dominazione signorile sempre più svuotata dalla presenza cittadina, ma senza raccogliere grandi successi.[42] Non meno fallimentari furono gli sforzi dei vescovi senesi, in particolare Francesco Mormile, che morì nel 1407 senza che si fosse risolto del tutto il contenzioso per la giurisdizione sul cosiddetto feudo del vescovado,[43] in cui i diritti vescovili erano stati erosi dalle autorità secolari oltre che dalle comunità rurali soggette. Se però dalla storia delle relazioni diplomatiche si passa alla quotidianità del governo, all'effettivo esercizio della giurisdizione, il quadro sembra molto meno conflittuale. Nell'unico caso in cui si possa seguire il concreto dell'amministrazione corrente del vescovo, quello della Jura lucchese, Duane Osheim ha mostrato che normalmente le relazioni del comune con la giurisdizione del vescovo erano buone, e anzi i lucchesi sostennero militarmente la signoria vescovile di Santa Maria a Monte. In certi momenti emergevano piuttosto preoccupazioni da parte del comune perché il vescovo non aveva un controllo molto efficace del suo territorio e quindi per i cittadini risultava difficile veder riconosciuti diritti, crediti o simili, oppure le terre vescovili rischiavano di essere ricettacolo di banditi e fuoriusciti; i provvedimenti comunali però si limitavano a stabilire reciprocità nella cattura e consegna dei banditi, senza mai delineare un attacco di principio alle giurisdizioni del vescovo.[44]

Una inesorabile erosione delle prerogative signorili aveva anche interessato il vescovo di Volterra, che manteneva diritti molto limitati.[45] Quello di Fiesole, che avrebbe continuato a lungo a portare il titolo di conte di

41. Giuli, *La Repubblica e la Jura*.
42. Meek, *Del Carretto, Enrico*.
43. Mengozzi, *Il feudo del Vescovado di Siena*.
44. Osheim, *An Italian Lordship*.
45. Volpe, *Volterra. Storia di vescovi signori*, pp. 194-205, ma si veda ora Paganelli, *«Infra nostrun episcopatum et comitatum»*.

Turicchi, disponeva di una piccola signoria nell'area della Valdisieve, ma ormai limitata a dominio fondiario; per le analoghe signorie fiorentine si è osservato anzi che il dominio del vescovo, lungi dall'aver rappresentato un serio ostacolo alla giurisdizione del comune, ne fu un utile supporto perché offriva all'espansionismo cittadino l'abitudine di comunità ormai solite gravitare verso la città.[46] Fu la stessa Firenze, nel corso delle lotte politiche degli anni Trenta, a sottomettere direttamente il castello di Civitella di Valdichiana, signoria secolare del vescovo di Arezzo.[47] Se il comune di Arezzo non aveva avuto nessun influsso sul castello fino a quel periodo, il dominio fiorentino comportò di fatto la fine della giurisdizione episcopale, politicamente motivata dalla minacciosa funzione militare che un castello molto ben munito come Civitella aveva avuto nelle mani di un vescovo ghibellino e nemico del papa.

Se comunque queste esperienze signorili si possono considerare ormai residuali nel corso del secolo XIV, e comunque non tali da costituire un'alternativa reale al dominio politico della città, la loro funzione storica è comunque significativa anche dal punto di vista della giustizia vescovile. È plausibile infatti che una lunga abitudine all'esercizio della giurisdizione anche secolare abbia perfezionato le capacità professionali e gestionali del personale della curia, mettendo a disposizione della giustizia uno spettro molto ampio di competenze e di strumenti formali. Non è detto che i due fattori siano connessi, ma di certo l'unico vescovo che abbia mantenuto e governato un piccolo dominio signorile, quello di Lucca, è lo stesso ad aver dispiegato l'organizzazione documentaria di gran lunga più articolata ed efficace; d'altro canto questa tradizione era stata propria del vescovo di Volterra, che in effetti offre una messe significativa di registri del tribunale per il primo Trecento.[48] Le esigenze di governo degli uomini avevano ricadute rilevanti anche nella gestione dell'autorità spirituale.

46. È la tesi portante di Dameron, *Episcopal Power and Florentine Society.*

47. Ciccaglioni, *Tra unificazione e pluralismo.*

48. Si tenga presente peraltro che anche il registro del vescovo di Mende, su cui Bulman, *The Court Book of Mende*, si riferiva alla giurisdizione temporale; quanto all'altro caso precoce a livello europeo, quello di Canterbury, non è necessario ricordare il profilo pubblico di altissimo livello che il vescovo rivestiva nel contesto del regno inglese. Una conferma molto chiara di questa tendenza viene dal fatto che nell'intero panorama italiano tra le sedi episcopali con una tradizione cancelleresca più ricca e ben conservata vi sono quelle di Trento e di Aquileia, nelle quali il vescovo esercita consistenti diritti secolari di

3. *Il vicario*

A gestire nella pratica il lavoro dei tribunali vescovili del XIV secolo non era quasi mai il vescovo, bensì il suo vicario generale, incaricato di sedere materialmente in tribunale e quindi di sovrintendere a tutti i momenti della vita giudiziaria della diocesi. Per capire quindi nel dettaglio in che misura la giustizia che chiamiamo vescovile fosse effettivamente tale occorre definire le caratteristiche di questa figura istituzionale così cruciale e i suoi rapporti con il titolare della cattedra. Per come sono testimoniate dalle carte giudiziarie, le funzioni del vicario erano quelle di un vero e proprio *alter ego* del vescovo, dell'interfaccia della sua figura nei confronti del clero e spesso anche dei laici nella vita quotidiana della diocesi. Al di là delle funzioni istituzionali però la persona del vicario aveva un profilo molto differente da quello del vescovo, che merita di essere approfondito.

Guardando alla normativa canonica, la menzione del *vicarius* è rintracciabile già intorno al 1215, ma le testimonianze in proposito sono estremamente saltuarie e generiche, anche perché spesso fanno riferimento a deleghe temporanee più che a figure stabili, e questo vale anche per le decretali raccolte al tempo di Gregorio IX.[49] Con la legislazione duecentesca la figura comincia a delineare contorni più netti, ma sempre con riferimenti normativi assai labili. Ancora il *Liber Sextus* (1.13: *De officio vicarii*) si limitava a stabilire che (2, *licet*) quando la *causarum cognitio* viene commessa dal vescovo a un *officialis*, la «potestas inquirendi, corrigendi aut puniendi aliquorum excessus» non si intende inclusa «nisi sibi specialiter haec committantur», e che (3, *quum*) «Officialis aut vicarius generalis episcopi beneficia conferre non possunt, nisi beneficiorum collatio ipsis specialiter sit commissa».

Si tratta di riferimenti sparsi e perlopiù restrittivi, che sottintendevano una delega di poteri soltanto parziale, e preferibilmente motivata dall'assenza materiale del vescovo dalla sede. Per contro tuttavia nel corso del Duecento il pensiero canonistico era andato distinguendo sempre più nettamente i due profili dell'autorità episcopale, cioè quello sacramentale, espresso nel conferimento dell'ordine sacro ai sacerdoti e alla ricezione dei

giurisdizione sul territorio: cfr. per alcuni esempi i saggi in proposito nel volume *I registri vescovili dell'Italia settentrionale*.

49. Il primo libro del *Liber extra* contiene bensì il titolo 28 *De officio vicarii*, ma relativo alle funzioni vicariali di rettori di chiese, non del vescovo nello specifico.

voti dei religiosi, e quello giurisdizionale. Se il primo era ritenuto inerente la persona del vescovo, e quindi non delegabile – da cui la normativa restrittiva appena accennata – il secondo configurava una funzione in teoria scindibile dalla persona del vescovo e attribuibile a un delegato quasi nella forma della procura.[50] Di qui la possibilità, nel crescere e nel tecnicizzarsi delle funzioni di governo della diocesi nel corso del Duecento, di individuare figure stabili di rappresentanti del vescovo anche al di là dell'assenza fisica dello stesso.[51]

Questo avvenne però in maniera diversa a seconda delle aree geografiche. Nell'Europa a nord delle Alpi le prime sperimentazioni di poteri vicariali vennero orientate alla definizione di una figura specifica detta genericamente *officialis* (da cui la definizione di *officialité* nelle fonti francesi) alla quale il vescovo affidava la competenza sul versante giurisdizionale del suo ministero.[52] Si trattava quindi di un ruolo strettamente attinente alla giustizia, che rispondeva all'esigenza di fornire competenze specifiche in un ambito della vita della diocesi, che infatti, come abbiamo visto sopra, tra gli ultimi decenni del XIII e l'inizio del XIV in Francia come in Inghilterra e altrove cominciava a giustificare la redazione di registri deputati. Si deve intendere una evoluzione del genere soprattutto nel contesto della Chiesa dell'Europa continentale, in cui i vescovi si trovavano a gestire territori molto vasti, e quindi necessitavano di una specializzazione delle competenze dell'apparato di curia.

In Italia invece, terra di *civitates* e di diocesi molto spesso circoscritte all'ambito cittadino, le competenze erano a quanto pare più concentrate, e non si riscontra la presenza di un *officialis* espressamente dedito al tribunale. La figura che emerge invece è quella del *vicarius generalis in spiritualibus et temporalibus*, che assume funzioni di supplenza del vescovo in tutte le sue funzioni.[53] La cronologia è analoga anche se forse ancora più tarda di quanto registrato altrove per l'*officialis*. Vicari sono attestati a Como nel

50. Hope, *Bishops' Deputies and Episcopal Power in Medieval Law.*

51. Particolarmente ben studiato il caso inglese: Morris, *From Synod to Consistory*; per un esempio significativo Id., *A Consistory Court in the Middle Ages*.

52. Fournier, *Les officialités au Moyen Âge*; *Le gouvernement de l'église à l'époque classique*, pp. 166-169; Donahue, McDougall, *France and Adjoining Areas*, p. 301.

53. La distinzione tra le due figure, e il riconoscimento della filiazione del vicario dal procuratore generale del vescovo, che comportava una competenza a tutto tondo per le varie funzioni episcopali, venne riconosciuta per la prima volta da Fournier, *L'origine du vicaire general*, che resta un riferimento essenziale (in particolare cfr. pp. 283-365 e i

1247, Mantova nel 1265, Rieti nel 1282.[54] Per rimanere agli esempi toscani il vescovo di Pisa ebbe un *vicarius in temporalibus* solo a partire dal 1298,[55] e i tempi sono abbastanza plausibili anche per gli altri casi di diocesi vicine. Restando valide anche per i vicari "all'italiana" le restrizioni di cui sopra, le funzioni loro delegate si intendevano sempre circoscritte a una specifica commissione episcopale. Data questa, però, la peculiarità italiana era marcata da un punto che sarà importante ritrovare anche più avanti: che cioè l'elemento giurisdizionale non esaurisce le funzioni del vicario, come invece accadeva per quelle dell'*officialis*, ma anzi in linea di massima può essere sempre integrato con mansioni di natura più ampia relative al governo della diocesi, sempre ad esclusione delle funzioni di ordine sacramentale.[56] Il vicario insomma è una sorta di versione potenziata dell'officiale, rivestita di responsabilità di rappresentanza del vescovo a più alto livello. I casi toscani rientrano perfettamente nel quadro, anche se le testimonianze documentarie esplicite non sono così ricche. Emblematico quanto si può osservare a Siena, dove la nomina del vicario di Rinaldo Malavolti del 1259 richiamava soltanto la «cognitionem et decisionem omnium et singularium causarum et questionum», mentre oltre un secolo più tardi al vicario Niccolò di Ruggero dall'Aquila dal 1379 si attribuisce una varietà di funzioni diverse, tra cui la facoltà dell'ordine e quella dello *ius visitandi*, che in senso proprio non attiene alla sfera giurisdizionale. Un esempio eloquente, insomma, di come la figura vicariale si sia ormai strutturata come alter ego del vescovo. Non a caso in quel documento del 1379 non viene neppure menzionata l'assenza o l'indisponibilità del vescovo come motivo della delega vicariale, e quindi si configura quest'ultima come rappresentanza a pieno titolo automaticamente pertinente al vicario.[57] Probabilmente questo carattere così estensivo delle funzioni del vicario rappresenta un *unicum*, perché in effetti altrove

documenti specialmente alle pp. 381-388); cfr. anche Brentano, *Vescovi e vicari generali nel basso medioevo*.

54. Brentano, *Two Churches*, pp. 79-80.

55. Carratori Scolari, *Il governo della diocesi nel Medioevo*.

56. Da questo punto di vista è emblematico il caso geograficamente e istituzionalmente intermedio di Ginevra, nell'ampio studio di Binz, *Vie religieuse et réforme ecclésiatique*: a Ginevra l'ufficiale è la figura che gestisce la giustizia vescovile come negli episcopati francesi, ma esiste anche il vicario generale per tutte le funzioni di governo della diocesi, nominato appositamente solo quando il vescovo per qualche motivo è assente o impossibilitato, normalmente nella forma di una coppia vicari in contemporanea (p. 89).

57. Entrambi i documenti sono editi da Chironi, *La mitra e il calamo*, pp. 301-304: su di essi cfr. anche Nardi, *Istituzioni ecclesiastiche*, p. 39.

ancora alla fine del secolo è l'aspetto giudiziario a risaltare maggiormente; costante era invece la presenza del vicario in tutti i momenti della vita della diocesi, come una presenza indispensabile all'adempimento del ministero del vescovo. A Firenze ad esempio nel 1392 il vescovo motivava la nomina del vicario con le continue incombenze che gravano sulla curia, quindi individuando costui come vero e proprio delegato ordinario del vescovo, anche se concretamente le attribuzioni che vengono conferite al prescelto, il frate celestiniano Nicola da Montalto, riguardano essenzialmente il controllo e la giurisdizione sul clero.[58] Poco dopo ad Arezzo negli ultimi anni del secolo il canonico Simone da Nocera, vicario vescovile, si qualifica come «canonicus aretinus in Xpo patris et domini domini Angeli Dei gratia aretini [episcopi] in spiritualibus vicarius generalis ad inquirendum puniendum et corrigendum subditorum excessus [...]».[59] Simile ma più precisa la formula usata a Lucca quantomeno dal 1394: «vicarius generalis [...] et super puniendis et corrigendis delictis et excessibus prelatorum et clericorum».[60] La definizione che esprimeva bene la funzione espressamente rivolta alla correzione degli *excessus*, cioè le deviazioni dalla disciplina del clero messo sotto la lente dell'attenzione papale fin dall'inizio del Duecento.[61]

58. ASFi, *Notarile Antecosimiano*, 7457, c. 16: «plenam licentiam et liberam potestatem, auctoritatem et baliam et generale et speciale mandatum et omnem iurisdictionem suam tam ordinariam quam etiam delegatam et censuram ecclesiasticam in spiritualibus et temporalibus libere et plenarie exercendi, cum potestate et auctoritate inferius specialiter et singulariter descriptis et nominatis dumtaxat, causasque quascumque et quorumcumque ad suum forum iudicium vel examinationem quomodolibet pertinentes, civiles et criminales, spirituales et temporales, ecclesiasticas et seculares ac mistas, maiores et minores, etiam si speciale mandatum exigerent, audiendi et cognoscendi, corrigendi et puniendi et tempore debito terminandi ac sententias processus et mandata quelibet plenarie exequendi; de subditorum quorumcumqe culpis, criminibus et delictis [*verso*] ac excessibus quibuscumque et qualicumque gravibus inquirendi, cognoscendi, puniendi et corrigendi, condepnandi et multandi et seu etiam expedire etiam si privationis vel depositionis perpetuo vel ad tempus vel alia gravior pena imponi contigerit; visitandi etiam quacumque auctoritate apostolica sibi competenti vel commissa vel adtributa, corrigendi et reformandi que correctioni et reformationis auxilio viderit indigere [...]». Altri esempi di nomine vicarili si riscontrano a Cortona (AVC, *Visite Pastorali*, 9001, registro II, carta non numerata in data 4 settembre 1372: il vescovo elegge suoi vicari Cello da Cortona e frate Salvi da Firenze OP, priore dei frati predicatori e dei serviti) e Arezzo (AVA, *Atti di curia*, 10, c. 295rv nomina di Bernardo da Poggibonsi a vicario vescovile e 301v, 23 aprile 1395, nomina di Lando da Bibbiena al medesimo ufficio).

59. Ivi, 12, c. 73r.

60. ASDL, *Tribunale ecclesiastico, Criminale*, 42, *passim*.

61. Si noterà che «procedere ad inquirendum et puniendum subditorum excessus» era l'obiettivo della più volte citata decretale *Qualiter et quando* di Innocenzo III.

Volendo però venire allo specifico delle effettive funzioni svolte, dobbiamo seguire essenzialmente le carte giudiziarie: dal momento che uno studio sistematico sulle figure dei vicari non è mai stato intrapreso per l'ambito toscano, e anche gli studi sulle singole sedi hanno messo capo soltanto di rado a serie cronologiche coerenti e sistematiche, ci dovremo accontentare di uno sguardo che ha una certa misura di approssimazione, ma che comunque vuole essere assai aderente allo stato della documentazione.

La testimonianza delle fonti giudiziarie e delle carte vescovili in genere mostra innanzitutto come per buona parte del secolo la nomina di vicari generali fosse una modalità certamente consolidata, e quindi una presenza costante, ma anche molto variabile nei tempi e nelle funzioni, nel senso che pur restando la necessità imprescindibile di contare su un vicario, i vescovi provvedevano alla nomina con cadenze irregolari e modalità molto dipendenti dalle circostanze. Per cominciare da un caso ben documentato, a Volterra nei primi anni del secolo, e poi di nuovo in certi momenti del pieno Trecento, furono in funzione contemporaneamente due vicari: Ranuccio pievano di Morbo funse da sostituto del vicario Bartolomeo da Ferrara dal 1312, ma mantenne le sue funzioni anche negli anni successivi, quando dal 1314 risultano vicari sia Andrea da Casole che Ugolino da Perugia. Addirittura nel 1340, in una circostanza per la verità abbastanza eccezionale per i problemi politici del vescovo, fu nominata una sorta di balìa di quattro vicari generali in funzione contemporaneamente.[62] Sempre nei primi anni Quaranta anche l'arcivescovo pisano poteva contare su due vicari in funzione allo stesso tempo, che compaiono nelle fonti giudiziarie e che quindi apparentemente non pare avessero una divisione dei compiti stabilita in astratto.[63] D'altro canto era possibile che la stessa persona ricevesse un incarico vicariale da un vescovo per un certo periodo, poi fosse destinato a altre funzioni o comunque scomparisse dalle carte, per poi ricomparire di nuovo anni dopo, magari con un vescovo differente: lo si riscontra a Fiesole per il priore di San Apollinare Braccio, che fu vicario a intermittenza tra il 1323 e il 1330,[64] o per Tommaso di Marco da Firenze, che fu vicario volterrano già nel 1358, ma dopo anni di silenzio ricompare nel 1374.[65] Ad Arezzo sappiamo per certo che anco-

62. *Il vescovo Rainuccio Allegretti*.

63. Pietro da Orvieto e Lorenzo da Bologna, vicari nello stesso anno 1342: ADPi, *Archivio degli arcivescovi, Atti straordinari*, 7.

64. ASDF, XIV.III.A, 27 e 30.

65. ASDV, *Curia vescovile - Tribunale*, *Processi civili*, 9: si veda anche l'inventario manoscritto nella sala di studio. Con ogni probabilità la stessa persona era il Tommaso de'

ra nella seconda metà del Trecento l'incarico di vicario veniva assegnato abitualmente con una cadenza annuale.[66] Sebbene quindi l'incertezza delle testimonianze induca sempre alla prudenza, sembra di riscontrare una certa labilità nella fissazione dei caratteri di questa figura così cruciale.

I vicari generali dei vescovi toscani avevano profili personali abbastanza vari. Una parte cospicua dei nomi reperibili nella documentazione del XIV secolo appartiene alla categoria dei chierici locali, provenienti cioè dal capitolo della cattedrale o titolari di benefici pievanali importanti, che quindi ricevono l'incarico di vicario a conferma di un ruolo significativo nella società chiericale della diocesi. In una sede prevalentemente rurale come Fiesole si riscontrano almeno nella prima metà del secolo molti vicari che portano titoli di ricche pievi: Pitiana o Cascia nel Valdarno superiore, Stia o Romena in Casentino, San Leolino a Panzano nel Chianti. A Pistoia Andrea Franchi alla fine del secolo ebbe come vicari sia Giovanni di Paolo che Corrado, entrambi canonici della cattedrale, nonché Antonio Bracciolini abate del monastero di San Bartolomeo, mentre i suoi predecessori avevano nominato in più occasioni chierici titolati con canonicati a Prato.[67] Di certo il vescovo, locale o a maggior ragione forestiero, si avvaleva dell'esperienza di chierici esperti della realtà locale, ma allo stesso tempo è chiaro che il godimento di canonicati fosse già in sé un segno di una carriera ben avviata nella chiesa cittadina.

Alternativamente, però, capitava che fosse scelto come vicario un ecclesiastico forestiero, proveniente da un'altra città toscana oppure titolare di canonicati e titoli in un circuito vasto, tendenzialmente italiano. In particolare sono molto frequenti, un po' in tutte le sedi episcopali ma soprattutto nelle maggiori, vicari di provenienza dal Centro Italia: Città di Castello, Perugia, Spoleto, Gubbio, Narni, Orvieto, ma anche Orte o Amelia. Per alcune di queste provenienze è possibile come vedremo tra poco stabilire specifiche ragioni, ma in generale si trattava forse di ambienti nei quali le consuetudini di governo vescovile erano particolarmente solide, e che quindi consentivano di maturare un'esperienza di più alto livello.[68]

Marchi *decretorum doctor* che figura come consulente in una causa del vescovo di Fiesole all'inizio degli anni Ottanta: ASDF, XIV.III.A, 45, cc. 27v-28v.

66. Barbagli, *Il notariato ad Arezzo*, pp. 121-122.

67. Ferrali, *La serie dei vicari generali*.

68. Bisogna però anche ammettere che spesso i nomi dei prelati sono privi di patronimico o di riferimenti familiari, quindi non è escluso che talvolta si tratti di chierici locali titolari di canonicati fuori dalla Toscana.

Chiaramente anche l'inserimento nelle strutture del dominio secolare pontificio era un retroterra favorevole, e in questo senso si possono spiegare anche casi di chierici di ambito romagnolo, che arrivano da Cesena, Faenza, Ravenna o Ferrara: la provenienza dalle terre del papa portava con sé esperienza di governo e talvolta familiarità con le strutture della Curia, che facilitavano la carriera. Il giurista Andrea da Todi, che nel 1347 era vicario del vescovo di Lucca,[69] probabilmente non lo era più due anni dopo sotto il vescovo Berengario, quando però redigeva come delegato pontificio la lettera agli episcopati toscani per la raccolta dei contributi per la crociata.[70] Non mancano tuttavia anche chierici con titoli nel Sud Italia (Napoli, Salerno, l'Aquila) o più raramente di area lombarda e veneta.

Sia che si trattasse di chierici locali, sia che fossero uomini del vescovo o comunque figure di un circuito più ampio, un fattore che poteva innescare una carriera come vicario era senza dubbio la formazione. È cosa nota che specialmente nell'ambito della gerarchia ecclesiastica lo studio e il possesso di titoli accademici fossero elementi decisivi di mobilità sociale:[71] se in ambito secolare lo studio a alti livelli era accessibile solo a chi ne aveva la possibilità, all'interno della Chiesa e specialmente degli ordini religiosi strutture formative importanti accoglievano anche chi non disponesse di risorse proprie. A ogni modo, molti vicari possiedono titoli accademici: sono qualificati come *doctores*, o quantomeno come *licentiati* – quindi muniti di una formazione universitaria completa anche in assenza di una cerimonia finale di attribuzione del titolo – un numero consistente di vicari specialmente nelle sedi maggiori. Stando ai nomi che è stato possibile verificare nelle carte, si tratta di quattro casi su sei noti a Firenze dal 1318 al 1392, e addirittura undici su quattordici, una maggioranza molto netta, dei vicari citati dalle carte lucchesi dal 1347 al 1396 avevano senz'altro completato gli studi universitari di diritto canonico. Al di là della proporzione quantitativa, è evidente che per una funzione come quella del vicario una competenza giuridica di alto livello fosse necessaria, e quindi un titolo al riguardo più che opportuno. Quasi sempre si tratta di dottori in diritto canonico o *in utroque*, ma al diritto poteva in qualche raro caso essere preferita una formazione diversa, come per il domenicano Simone da Cascina vicario pisano dal 1381 al 1387 che era dottore in teologia. In

69. ASDL, *Tribunale ecclesiastico*, *Criminale*, 1 (1347).
70. ADPi, *Archivio degli arcivescovi*, *Atti straordinari*, 8, cc. 26v-29r.
71. Anheim, Menant, *Mobilité sociale et instruction*, ma anche per altri contesti Barrow, *The Clergy in the Medieval World*.

questo caso la scelta del vescovo Gambacorta cadeva però su una figura illustre dell'ordine domenicano in Toscana e non solo: docente negli studi cittadini di Pisa e Firenze, predicatore molto noto e autore anche di opere spirituali in volgare per il laicato più colto e consapevole degli ambienti cittadini,[72] Simone era certo un uomo di prestigio e autorevolezza notevole anche nel prestare le proprie risorse al governo della diocesi.

Di conseguenza quando ci troviamo di fronte alla quotidianità delle carte del tribunale, specialmente quelle che coinvolgono i comportamenti del clero, o i rapporti con le istituzioni secolari, o ancora la disciplina dei comportamenti dei laici nel contesto del matrimonio o del credito, possiamo senza dubbio tener presente che il modo in cui quelle questioni erano affrontate era il frutto di una consapevolezza culturale e dottrinale operante, per così dire, a confronto con la pratica della realtà. Il che rende la documentazione giudiziaria un luogo di grande interesse proprio per comprendere l'effettiva presa del pensiero canonistico sulla via della società. Anzi, spesso questo confronto doveva essere assai duro, perché non di rado le situazioni della quotidianità erano straordinariamente lontane dagli auspici del diritto o della dottrina teologica.

Considerate quindi queste categorie di massima, vale la pena articolare il quadro toscano nei suoi caratteri più puntuali e nella sua evoluzione nel tempo. Innanzitutto le varietà locali sono molte, anzi pare si possano individuare alcune tradizioni che connotano le singole sedi. A Pisa e anche a Pistoia il quadro di tutto il secolo vede una netta prevalenza di vicari di origine locale: se non cittadina, quantomeno nell'area della diocesi o contermini, mentre i casi di "importazione" esistono ma sono quantitativamente minoritari. Al contrario Lucca è una sede che mostra una spiccata disposizione a ospitare vicari di provenienza forestiera, davvero con uno spettro molto alto perché qui per oltre cinquant'anni compaiono ecclesiastici umbri ma anche campani e lombardi, dai poli estremi dello spettro del reclutamento italiano. Un altro elemento dinamico, questa volta in senso cronologico, lo si percepisce in alcune sedi come Volterra, Fiesole e in una certa misura Pistoia e Arezzo, vale a dire il progressivo avanzare della presenza di chierici fiorentini nella seconda metà del secolo. Il consolidarsi della struttura politica dello stato territoriale e il tendenziale assestarsi su di essa anche delle dinamiche di potere in ambito ecclesiastico favoriva chiaramente una penetrazione più forte di uomini provenienti dalla dominante:

72. Soriani, *Simone da Cascina*.

a parte comunque il caso di Fiesole, si tratta di una penetrazione non tale da sconvolgere le tradizioni locali. Sempre in senso cronologico, è soprattutto nella seconda metà del secolo che si accentua la presenza o quantomeno l'indicazione di titoli universitari, che trova sempre più conferma come fattore determinante di una carriera da vicario.

Una carriera che in qualche caso è possibile anche seguire nei suoi sviluppi. Purtroppo molti dei vicari testimoniati dalle fonti sono destinati a restare semplici nomi, almeno finché una ricerca specifica non metta a punto serie prosopografiche affidabili, però talvolta è testimoniata una vera e propria mobilità della figura del vicario.[73] Francesco da Caponago, chierico lombardo priore della chiesa di San Martino a Siena, fu vicario del vescovo di Lucca dal 1382, prima di assumere lo stesso ufficio al servizio del vescovo di Siena, dove risulta in carica nel 1398;[74] sempre a Lucca Luto da Soliera (attualmente Soliera Apuana), canonico della cattedrale di Luni-Sarzana, fu vicario a più riprese dal 1381 al 1394, ma già nel 1380 aveva svolto lo stesso incarico per il vescovo di Pisa, e il suo nome compare nel 1383 anche come vicario del vescovo di Pistoia.[75] Una circolazione straordinariamente intensa nel giro di pochissimi anni, ancora più significativa se si considera che lo stesso canonico nel 1368 era stato vicario del vescovo di Gubbio.[76] Più di un vicario del vescovo di Cortona conobbe una mobilità di questo tipo: Filippo di Gualterotto fu incaricato della visita pastorale nel 1337[77] e probabilmente continuò a esercitare a Cortona, ma successivamente fu vicario del capitolo di Siena nel periodo di sedevacaza dopo la morte di Donosdeo nel 1351 e vicario generale sotto Azzolino Malavolti suo successore;[78] è possibile che Marco da Firenze, *decretorum doctor*, di nuovo vicario cortonese a fine secolo, sia lo stesso a avere svolto l'ufficio per il vescovo di Volterra nel 1390.[79] Una figura di un livello più alto, Pa-

73. Da questo punto di vista gli esempi toscani suggerirebbero di correggere le considerazioni pessimistiche di Rossi, *Vescovi nel Trecento*, p. 228, che tuttavia si riferiscono perlopiù ad un ambiente settentrionale.

74. ASDL, *Tribunale ecclesiastico*, *Criminale*, 34; Ascheri, *Fonti per la storia della giustizia ecclesiastica*.

75. ASDL, *Tribunale ecclesiastico*, *Criminale*, 30, 34, 42, *passim*; ADPi, *Archivio degli arcivescovi*, *Atti straordinari*, 8, cc. 427-472; ADPt, C.5 registro II.

76. Luongo, *I notai della curia vescovile di Gubbio*.

77. Bornstein, *Parish Priest in Late Medieval Cortona*, p. 167.

78. Nardi, *Istituzioni ecclesiastiche*.

79. Tra i casi dubbi vi è anche quello di Antonio da Napoli, citato come vicario del vescovo di Arezzo nel 1391, che potrebbe essere lo stesso Antonio da Napoli che risulta vi-

olo priore di Sant'Egidio di Siena, che fu vicario del vescovo di Volterra nel 1365, nei due anni successivi compare come titolare del medesimo ufficio per l'arcivescovo di Pisa. Stesso percorso, quasi una ideale carriera da una sede minore a una più illustre, fu seguito dal canonista Francesco da Empoli, citato come vicario volterrano nel 1397-1398 sotto il vescovo fiorentino Giovanni de' Ricci e poi arrivato a Pisa quale vicario di un altro vescovo fiorentino, Alamanno Adimari, nel 1406.

Forse questi singoli esempi sono troppo poco per poter parlare di un vero e proprio circuito funzionariale, del tipo di quello ben studiato per i podestà e gli altri ufficiali delle curie secolari.[80] Tuttavia, l'evidente interscambiabilità delle persone sul medesimo ruolo in sedi diverse è una testimonianza eloquente del consolidamento delle pratiche della giustizia vescovile, che poteva mettere a frutto di volta in volta la cultura e le esperienze maturate in altre diocesi o in altre parte d'Italia.

Diversi potevano essere i motivi di questa circolazione, che certo a differenza degli uffici secolari non era legata a un obbligo di qualche tipo per la rotazione degli incarichi. Talvolta i vicari seguono il proprio vescovo come personale esperto, di cui il nuovo presule si circonda volentieri specie laddove si venga a trovare in un ambiente nuovo e difficile:[81] in effetti nei casi meglio studiati del Nord Italia questa connessione tra arrivo di un nuovo vescovo e insediamento di nuovi vicari è facilmente riconoscibile.[82] Un bel caso a questo proposito è quello della prepositura di Prato: nel periodo in cui fu preposto Giovanni da Parma negli anni Cinquanta compaiono come suoi vicari sia il parmigiano Filippo de' Rossi, sia Antonio da Berceto: due provenienze che danno un quadro assai nitido di una *familia* vescovile tutta di importazione e che lavora proprio in virtù di una esperienza comune. Il vescovo di Firenze, più volte citato, Francesco da Cingoli, portò probabilmente con sé fin dall'arrivo in città Enrico da Sant'Elpidio, che risulta

cario di Volterra l'anno dopo: il nome non è meglio precisato ma la provenienza abbastanza singolare da poter individuare la persona; già nel 1350 era stato vicario lucchese un *Philippus de Rubeis* che con ogni probabilità è la stessa persona che qualche anni dopo lavorava come vicario della prepositura di Prato.

80. Sulla fase trecentesca gli studi sono meno ricchi anche sul versante secolare: cfr. comunque Lazzarini, Menant, *Les potestats*.

81. Un caso assai indicativo già della fine del Duecento è quello del fiorentino Lottieri della Tosa, che divenuto vescovo di Faenza portò con sé un nutrito seguito di concittadini tra cui Bencivenne, vicario generale ed esecutore dei testamenti, Monte cappellano e Giovanni di Manetto cancelliere: cfr. *Il codice di Lottieri Della Tosa*, p. 11.

82. Qualche esempio in Ronzani, *Un aspetto della circolazione degli ecclesiastici*.

vicario nel 1324.[83] Una dinamica del genere è molto chiara a Pisa: nel 1323 diviene vescovo Simone Saltarelli, che rimase a Avignone ma governò efficacemente attraverso i suoi vicari Tommaso di Bino (suo nipote) e Taddeo de Costola, che era stato suo vicario a Parma; espressione di un personale tutto venuto da fuori e tutto legato alla persona del vescovo e alla sua funzione politica in senso papale. Morto Saltarelli dopo essere rientrato in possesso della sede alla fine del regime ghibellino, nel 1342 divenne vescovo Dino da Radicofani, già vescovo di Genova, che ebbe come vicario Guido Sette, già suo collaboratore a Genova e uomo di cultura vicino a Petrarca, ma soprattutto Bonaggiunta da Calcinaia, chierico di lungo corso già vicario di Saltarelli nel 1331.[84] Provenienze diverse insomma, ma tutte accomunate dall'esigenza congiunta di avere intorno a sé collaboratori fidati e di mettere a frutto l'esperienza di figure locali. Sempre nei primi decenni del secolo i vescovi di Volterra, specialmente quelli della famiglia Belforti, hanno un simile approccio molto nepotistico alla scelta dei collaboratori in un circuito molto più limitato, per cui tra i vicari si moltiplicano membri della famiglia o uomini dell'*entourage*. Lo *spoil system* non era comunque la norma, neppure nei casi di più sfacciato nepotismo. Di nuovo a Volterra un vicario come Tommaso di Marco, citato nei documenti dal 1358 al 1374, ebbe modo di lavorare con tre, se non con quattro vescovi diversi, e ad Arezzo alla fine del secolo furono tre i vescovi, tutti di provenienza fiorentina, che si avvalsero del lavoro del medesimo Simone da Nocera come vicario dal 1399 in poi.[85] Emblematica poi è la carriera del già citato Bonaggiunta da Calcinaia, che fu vicario a più riprese, di vescovi diversi e in diversissime circostanze politico-ecclesiali dagli anni Venti e Quaranta, alternando tale funzione a ruoli in qualche modo complementari come consulente legale, arbitro, procuratore, rappresentante dei cinque capitani del clero cittadino, oltre a quello più scomodo di imputato della giustizia vescovile, dal quale comunque uscì in maniera più che onorevole.[86] Potremmo dire che se in

83. *Lettres communes* di Giovanni XXII, vol. V, n. 20375 (21 maggio 1324). Del vicario si è conservato anche un *consilium* in materia inquisitoriale proprio del 1324: Parmeggiani, *I Consilia procedurali per l'Inquisizione medievale*, pp. 206-207.

84. Ronzani, *"Figli del comune" o fuoriusciti?*, pp. 803-818; cfr. anche le voci di Ronzani, *Simone Saltarelli*, e Stiaffini, *Dino da Radicofani.*

85. Barbagli, *Il notariato ad Arezzo*, p. 121. Traiettorie simili sono state tracciate anche Rossi, *Gli "uomini" del vescovo*, pp. 38 sgg., e Samaritani, *Una Diocesi d'Italia*, pp. 299-313.

86. Si veda l'ampio studio di Ronzani, *Chiesa e clero nella Pisa del Trecento.*

linea generale i rapporti di fiducia con il vescovo erano certo decisivi per la carriera del vicario, certamente questi rapporti potevano avere geometrie molto varie e non necessariamente legate alla provenienza o all'appartenenza familiare. La differenza di ruoli e di ragioni politiche della presenza in città tra il vescovo, terminale di una complicata negoziazione tra le autorità cittadine, il capitolo e la Curia papale, e il vicario con le sue funzioni tecniche faceva sì che i due piani scorressero l'uno sull'altro con notevoli sfasature.

Né mancavano del tutto le possibilità di saltare da un ruolo all'altro. I casi di carriere iniziate come vicario e proseguite sulla cattedra vescovile sono rare, ma non impossibili. Un caso un po' particolare è quello di Ranuccio Allegretti, pievano di Morbo, che fu vicario del vescovo Belforti per molti anni e nel 1321 ne ereditò la cattedra. Eccezionale anche quello di Neri Corsini, vicario del fratello Andrea vescovo di Fiesole negli anni Ciqnuanta, al quale subentrò come vescovo nel 1374. Rientrano invece in situazioni più comparabili due esempi fiorentini: il giurista e canonico aretino Giovanni Albergotti, vicario del vescovo di Firenze nel 1362, finì la sua carriera sulla cattedra della sua città dal 1375 al 1390; mentre il fiorentino Giovanni de' Ricci, vicario fiesolano nel 1386-1388 e poi di nuovo dal 1394, diventò vescovo di Volterra nel 1396. A questi andrebbe aggiunta, come testimonianza di una traiettoria ancora diversa, la vicenda del giurista Francesco Zabarella, uomo di cultura molto noto negli anni dello Scisma, che dopo essere stato a Firenze vicario nel 1383 con Angelo Acciaiuoli, vi tornò per un breve periodo nel 1410 con il titolo episcopale. Anche il già citato Paolo da Siena, infine, portava il titolo di vescovo di Calcedonia: una sede *in partibus infidelium* che fungeva semplicemente da qualifica curiale, ma comunque di prestigio.

Con la parziale eccezione di quest'ultimo, i casi citati finora hanno tutti un elemento in comune, cioè la vicinanza degli interessati con le più alte sfere del governo cittadino in cui si trovavano a operare: l'Allegretti era essenzialmente uomo dei Belforti, cioè della famiglia che controllava il vescovado e in buona parte il comune; il Ricci era membro di una famiglia al centro del reggimento fiorentino dei suoi anni, per non parlare del Corsini, che oltre a essere fratello del vescovo era preposto della canonica di Firenze ed esponente di una famiglia di primo piano dell'*élite* cittadina; l'Albergotti apparteneva a una delle famiglie più illustri di Arezzo, che aveva dato con Francesco un giurista molto celebre attivo a Firenze alla metà del secolo, così come suo figlio Ludovico, che spesso fungeva da consulente degli uffici della repubblica.[87] Il salto verso l'alto di una promozione episcopale avviene dunque quando ci sono fattori di mobilità in ascesa particolarmente forti, che prescindono anche dalle funzioni vicariali.

In conclusione, il breve quadro qui disegnato mostra caratteri almeno parzialmente diversi da quelli che Roberto Bizzocchi riconosceva nel suo classico studio sulla Chiesa della Toscana fiorentina del XV secolo.[88] Nell'osservare le caratteristiche delle figure vicariali del tempo, Bizzocchi presentava i funzionari delle curie diocesane come figure di livello medio, raramente legate al ceto dirigente fiorentino e invece spesso di estrazione comitatina o forestiera, caratterizzate da un profilo da burocrati ecclesiastici che non possono sperare in carriere che vadano oltre il livello puramente tecnico. Il quadro per un secolo prima è appunto parzialmente diverso, perché ferma restando la distinzione tra i due livelli del reclutamento (episcopale e vicariale), una certa permeabilità esiste, soprattutto perché i ceti dirigenti cittadini sono presenti in un numero non trascurabile di casi, almeno nella circostanza di membri di famiglie importanti che lavorano come vicari magari in una diocesi vicina o di una città amica. Oltre ai casi già citati sopra si potrebbe ricordare il giurista *in utroque* Bartolomeo Rapondi che fu vicario del suo vescovo lucchese nel 1373,[89] o i molti esempi di chierici del ceto dirigente fiorentino che furono vicari fiesolani, uno tra tutti Bartolomeo dell'Antella, menzionato con tale funzione sotto Neri Corsini.[90] D'altra parte se la semplice provenienza forestiera non è di per sé un segno di preminenza sociale, certo alcuni dei vicari forestieri portano titoli curiali importanti, segno dell'inserimento in un circuito che aveva qualcosa di più del semplice ufficio della burocrazia ecclesiastica.[91]

Questa differenza con quanto avrebbe caratterizzato la Toscana del secolo successivo andrà spiegata da una parte con la maggiore mobilità della

87. Cfr. i saggi raccolti in *Gli Albergotti. Famiglia, memoria, storia.*

88. Bizzocchi, *Chiesa e potere nella Toscana del Quattrocento*, in particolare sui vicari vescovili nel Quattrocento pp. 245-257.

89. ASDL, *Tribunale ecclesiastico*, *Criminale*, 27, e 55.

90. ASDF, XIV.III.G. 6, cc. 2r sgg.

91. Anche se non propriamente passata dalle funzioni di vicario, è interessante in questo senso la carriera di Paolo Gabrielli, che prima di salire sulla cattedra lucchese nel 1374 era stato ambasciatore per il comune di Siena (dove era anche docente dello Studio) presso la Curia avignonese e pievano di Santa Maria a Impruneta nella diocesi fiorentina, a conferma della circolazione anche geografica di certi personaggi: cfr. Nardi, *I vescovi di Siena e la Curia pontificia*, pp. 168-169.

società trecentesca, in cui le traiettorie di ascesa sono comunque aperte da tanti punti di vista, sociale non meno che curiale, più di quanto non lo fossero un secolo dopo; dall'altra con il fatto che l'osservatorio della Toscana fiorentina del Quattrocento restituiva il quadro di un territorio tutto incentrato sulla dominante e il suo ceto dirigente. La Toscana nel XIV secolo è un'area ancora policentrica, caratterizzata da orientamenti politici e quindi reti di relazioni molto varie, nella quale tutte le sedi episcopali, almeno nelle città maggiori, possono attingere a circuiti curiali di grande prestigio e quindi anche esserne investite. La giustizia dei vicari nel nostro secolo è insomma una pratica in grado di guardare alle sedi importanti e alle figure di governo della Cristianità anche dalla prospettiva locale.

4. *Il personale tecnico del tribunale*

I notai

Il ruolo dei notai nella pratica della giustizia vescovile è un fattore onnipresente, per molti versi un prerequisito nella sua stessa possibilità documentaria, come abbiamo già visto nel capitolo precedente. Allo stesso tempo il tema tocca una annosa questione storiografica, poiché sulla storia delle istituzioni ecclesiastiche dell'Italia bassomedievale grava da decenni il giudizio autorevolmente espresso negli anni Sessanta da Robert Brentano.[92] Nella sua fondamentale ricerca comparativa tra i vescovadi inglesi e quelli della penisola nel XIII secolo, lo studioso americano definì quella italiana una "Chiesa notarile", nella quale la figura professionale del notaio monopolizza la produzione scritta delle curie vescovili, e di conseguenza queste, contrariamente a quanto avviene nel mondo inglese o comunque Oltralpe, non sviluppano una vera e propria pratica cancelleresca nella produzione della memoria scritta. L'esito di ciò sarebbe la labilità della conservazione dei registri vescovili in Italia, anche a fronte di una pratica della scrittura praticamente ubiquitaria nel mondo urbano. Questo tipo di lettura è stata in tempi recenti alquanto attenuata,[93] dal momento che alcune sedi

92. Brentano, *Two Churches*, del quale però l'edizione italiana *Due chiese* portava una significativa introduzione storiografica di C. Violante. I saggi successivi dello stesso studioso, spesso ancora di ambito italiano, sono in Id., *Bishops, saints and historians*.

93. Fondamentali soprattutto le due raccolte di saggi *I registri vescovili* e *Chiese e notai*; per una impostazione del problema Chittolini, *"Episcopalis curiae notarius"*, ma si

vescovili non soltanto del Centro Italia (Rieti e Città di Castello erano state a suo tempo molto ben studiate dallo stesso Brentano) ma anche del Nord, ad esempio Asti o Mantova, mostrano fin dal Duecento una capacità di organizzazione della memoria documentaria certo legata alla funzione dei notai di curia, ma nondimeno caratterizzata da una grande capacità organizzativa. Del resto se la relazione tra vescovi e notai è assolutamente centrale, si tratta di un rapporto complesso, articolato, che prende molte forme e dà luogo ad equilibri variabili da caso a caso. Al di là comunque di quanto si può dire per il XIII secolo, il periodo oggetto di questo studio conduce ad un assetto diverso da quello a suo tempo definito da Brentano. Quella che abbiamo già riscontrato finora è una realtà di istituzioni episcopali che si servono dei notai, e affidano ai notai la quasi totalità della loro documentazione, ma allo stesso tempo reggono il complesso delle carte come un insieme organico e consolidato, talvolta in sedi documentarie molto chiare. Che l'equilibrio tra competenze professionali e pratiche di cancelleria fosse cambiato lo testimoniano anche i caratteri intrinseci della documentazione, a partire dal fatto che mentre i registri duecenteschi superstiti portano spesso le sottoscrizioni e i *signa* dei notai, nella maggior parte dei casi trecenteschi il nome del notaio compare nell'intestazione, a volte si è conservato nella coperta originale del libro per motivi di conservazione pratica, ma senza la sottoscrizione. In altre parole la logica dell'impiego del notaio nelle serie giudiziarie è più funzionariale, simile a quella che avveniva nei coevi registri degli uffici pubblici secolari, che non dettata dalle consuetudini interne della corporazione notarile.

Per dare qualche lineamento dei modi in cui si articola la funzione notarile nelle curie, in mancanza di una tradizione di studi consolidata sui singoli casi locali, possiamo attingere ad alcuni esempi significativi, che propongo qui di trarre in particolare dalle serie giudiziarie più continue, che consentano di seguire l'evoluzione attraverso tutto il secolo. In linea di massima quello che riscontriamo è l'abitudine della curia di servirsi di più notai contemporaneamente, anche nelle sedi più piccole. Uno dei primi registri del tribunale del preposto di Prato è un quaderno dai caratteri molto riconoscibili, con intestazione tipica da atti giudiziari che unisce due *quaternii actorum* originari e paralleli, uno di un notaio del 1318-1321

vedano anche i saggi in *Vescovi medievali*; una riflessione sintetica sul problema dei rapporti tra notariato e curie vescovili si trova anche nelle recenti monografie di Pia, *La giustizia del vescovo*, pp. 19-28, e Pagnoni, *L'episcopato di Brescia*, pp. 123-140.

(ser Jacopo) e uno di un altro del 1320-1321, redatto probabilmente da un notaio Giovanni.[94] I due lavoravano separatamente, a quanto pare anche in parallelo negli stessi periodi, gestendo le cause o singoli atti che capitava loro di ricevere nella quotidiana pratica, destinati poi a finire riuniti in un'unica sede nell'archivio del tribunale. Né questa distinzione di ruoli sembra avere un criterio di natura tipologica, almeno per quanto si intende negli anni successivi dalle testimonianze su ser Orlando di Tedice, a sua volta notaio della prepositura, che ha lasciato sia un registro di atti del tribunale sia uno di vere e proprie imbreviature per transazioni presso la curia. Un ambiente interessante per la precocità e la continuità della tenuta dei registri giudiziari è come accennato quello di Fiesole, dove è possibile seguire nel dettaglio le carriere notarili. Si tratta in certi casi di carriere di lunghissima data, che danno luogo a spiccate specializzazioni professionali: ser Opizzo di ser Pipino da Pistoia lavorò per vari presuli fiesolani dal 1306 almeno fino al 1327, sebbene sia rimasta traccia di un suo registro ancora nel 1345; suo ideale successore fu un concittadino, ser Soldo di Palesino da Pistoia, che, dopo una comparsa forse occasionale nel 1313, si trovò a collaborare con ser Opizzo almeno dal 1321, restando poi il principale artefice della produzione documentaria della curia fino al 1353. Negli anni seguenti sembra di poter ravvisare di nuovo un modello a due, per cui i registri sono redatti o da Giovanni di Gino o da Giovanni di Cambino o talvolta da entrambi nel periodo 1353-1364, mentre negli anni Ottanta la figura più ricorrente è ser Antonio da Volpaia, che tuttavia ha quasi sempre un notaio in funzione contemporaneamente. A Fiesole dobbiamo quindi supporre il funzionamento di un vero e proprio ufficio di cancelleria vescovile con ruoli articolati anche se forse intermittenti. Anche a Volterra in occasione della visita pastorale del vescovo Allegretti sono in funzione tre notai, tra i quali uno di provenienza bolognese, quindi uno staff di alta qualificazione professionale.[95] In situazioni del genere, specialmente laddove il rapporto del professionista della scrittura con la Curia fosse di lunga data, è comprensibile che nell'archivio vescovile si conservino i casi erratici di imbreviature tradizionali, con atti prevalentemente per privati: questo accade a Prato con ser Orlando di Tedice[96] e anche a Fiesole, dove in mezzo

94. ASFi, *Propositura di S. Stefano di Prato*, 3.

95. *Il vescovo Rainuccio Allegretti*, pp. 89-101.

96. ASFi, *Prepositura di Prato*, 7 (1326-1338), imbreviature di ser Orlando di Tedice, l'estensore delle carte giudiziarie del registro numero 5: sono atti vari, talvolta del vescovo

ai registri del tribunale si trova un libro di imbreviature con atti privati del notaio vescovile ser Opizzo di Pipino da Pistoia degli anni 1313-1318.[97]

Restando in area fiorentina, le pratiche dell'episcopato della città sull'Arno hanno la caratteristica di basarsi per buona parte del Trecento su una vera e propria dinastia di notai, proveniente dal castello di Lutiano nel Mugello. Francesco di Ottaviano è redattore di un piccolo registro giudiziario nel 1362,[98] ma negli stessi anni, dal 1359 in maniera intermittente fino al 1399, anche Lorenzo di Tano da Lutiano lavorò come notaio del vescovo.[99] Ancora più impressionante la continuità di lavoro di Filippo di Jacopo da Lutiano, notaio del vescovo dal 1375 in poi, che lasciò l'incarico al figlio Jacopo, grazie al quale la serie delle imbreviature giunge fino al 1451.[100] Durante questa lunga stagione di egemonia dei notai da Lutiano compare inoltre un'altra figura interessante, quella di ser Lando di Fortino da Cicogna, notaio del vescovo almeno dal 1364 al 1373, che presenta una peculiarità significativa dal momento che, partito come professionista locale nell'ambito dei castelli del Valdarno Superiore, a Firenze iniziò una carriera brillante che consentì ai due figli, Benedetto e Paolo, di assurgere ai più alti livelli del servizio della Repubblica nella cancelleria degli uffici di governo.[101]

La curia arcivescovile di Pisa è tra le sedi toscane quella che probabilmente poté contare su una struttura più consolidata a livello notarile: se nel 1375 la copia di una bolla di Gregorio XI viene sottoscritta da tre notai vescovili, Giovanni del fu ser Bonaccorso da Vecchiano, Giovanni del fu Martino e Andrea del fu Francesco Gerioli,[102] nel periodo del vicariato di Simone da Cascina sono attestati più volte in servizio contemporaneamente ben sette notai, i cui nomi vengono riportati nell'intestazione dei fascicoli del tribunale.[103] Forse in questo caso anche la formazione culturale del vi-

o di ecclesiastici ma anche di privati. Evidentemente il notaio teneva varie serie di *acta* e *instrumenta* che poi vennero tutti inglobati nell'archivio della prepositura.

97. ADF, XIV.III.A.19. Altri fascicoli di imbreviature del medesimo notaio si trovano, fuori dall'ambito giudiziario, in XXI.1 (1319-1322) e II.B.6. Non si considerano qui le imbreviature notarili aggregate all'archivio fuori dalle serie di *libri curiae*, ma lasciate per eredità o circostanze più varie, presenti sia a Volterra che a Lucca.

98. ASFi, *Notarile Antecosimiano*, 8045.

99. Ivi, 12141-12146.

100. Ivi, 7447-7457.

101. Alla carriera di questo personaggio si è fatto cenno a p. 46.

102. ADPi, *Archivio degli arcivescovi*, *Atti straordinari*, 10, cc. 371r-373v.

103. Ivi, 11.

cario, diversa da quella consueta dell'uomo di legge, richiedeva un surplus di sostegno da parte di figure tecniche. Questo episodio pisano può essere adottato anche a conferma di un ulteriore fattore qui più volte riscontrato, cioè il carattere essenzialmente trasversale degli incarichi notarili, per cui gli stessi nomi compaiono insieme o comunque al lavoro su tipologie documentarie diverse. Si tratta di una ricaduta sul piano delle scritture di un carattere rilevante della giustizia vescovile, vale a dire quello di non configurarsi come settore tecnicamente isolato dagli altri aspetti del ministero del vescovo, ma piuttosto come parte organicamente intrecciata con la gestione patrimoniale, la relazione con il clero e con le autorità secolari e così via. Le carte del tribunale sono insomma testimoni a pieno titolo di un complessivo governo della diocesi attraverso il diritto e la scrittura.

È bene ricordare infine che nella grande maggioranza dei casi i notai vescovili sono professionisti provenienti dalla diocesi o da territori vicini: una mobilità a vasto raggio paragonabile a quella dei vicari non è del tutto assente ma rappresenta comunque una eccezione. In questo senso davvero la figura del notaio si prestava a fungere da tratto di collegamento tra le logiche di governo della curia, la cultura del vicario e le consuetudini locali, che i notai potevano conoscere anche tramite la loro esperienza di professionisti *ad instrumenta* per privati o incaricati degli uffici comunali. Nel complesso, dunque, il panorama toscano trecentesco disegna un contesto nel quale immutata è la centralità del notaio nelle sue funzioni tecniche, anzi la necessità dell'apporto di professionisti della scrittura è anche accresciuta rispetto a un secolo prima per il complicarsi delle attività della curia, ma allo stesso tempo il ruolo notarile è più appiattito nelle sue incombenze pratiche di quanto non fosse nella stagione "creativa" dei primi registri duecenteschi. La standardizzazione di procedure e soluzioni documentarie poneva il notaio in una posizione certo rilevante ma tendenzialmente anonima rispetto al complesso della vita del tribunale.

A un livello ancora meno integrato nelle strutture istituzionali dei tribunali si collocano altre figure, che tuttavia compaiono con frequenza nella vita della curia e normalmente attigue all'ambiente professionale del notariato. Si tratta dei procuratori, autorizzati a agire in giudizio presso il vicario a nome dei loro assistiti. Nelle sedi episcopali esistevano beninteso procuratori del vescovo, che di norma erano scelti per necessità particolari: vedremo più avanti le funzioni del procuratore dei poveri che talvolta emergono con chiarezza nelle cause testamentarie. Nel processo tuttavia agivano figure in rappresentanza degli attori e convenuti, ed è frequente che un simile incarico fosse assunto da personaggi gravitanti intorno al vescovo in maniera continuativa. Un primo caso di questo tipo si può riscontrare nelle carte del vicario pistoiese, dove in almeno quattro cause dal 1299 al 1301 comparve come procuratore ser Armaleone d'Infrangipane:[104] non sorprendentemente si tratta di un notaio, perché qui come altrove è abbastanza usuale che le funzioni di patrocinio fossero tra le attività professionali dei notai per i privati. Molto più tardi, nel 1366, Pietro di Guiduccio patrocina quattro volte cause civili presso il vicario volterrano,[105] talmente diverse per contenuti e attori da non poter immaginare una connessione diretta, ma semplicemente l'impiego del medesimo professionista da parte di clienti diversi. Questi riferimenti assai singolari e sparsi non consentono di stabilire se tali soggetti facessero parte integrante dell'organigramma della curia o fossero liberi professionisti abituati a offrire ai clienti la propria competenza specifica sulle cause presso i vicari: tuttavia si tratta di una presenza estremamente significativa, non soltanto nel rendere più omogeneo lo *stylus* della curia. I procuratori portavano all'interno delle cause gli schemi argomentativi propri della cultura canonistica, quindi erano i protagonisti di quella delicata operazione di adattamento delle controversie ai concetti dell'*ordo iuris* da cui di fatto emergevano le vicende processuali così come possiamo conoscerle dalle carte. Vedremo nelle diverse sezioni quanto forte fosse la tendenza della documentazione processuale a inserire la varietà delle vicende private nel modo di pensare della procedura: era nel lavoro dei procuratori, oltre che beninteso dei giudici, che questo inserimento veniva attuato. Con una componente ulteriore e anche meglio nota, quella dei giuristi.

I giuristi

Il funzionamento del tribunale vescovile non vede soltanto l'intervento del vicario, che è in definitiva il responsabile dell'erogazione della giustizia, e dei notai per la redazione degli atti. Le figure istituzionali della curia sono spesso affiancate, nel concreto della gestione delle cause, da professionisti del diritto interpellati *ad hoc* come consulenti. La pratica del *consilium* è come noto una caratteristica costante della giustizia tardomedievale spe-

104. ASFi, *Tribunale vescovile di Pistoia*, 2, cc. 124v, 181v-182r, e 3, c. 71r.

105. ASDV, *Curia Vescovile, Tribunale - Processi civili*, 10, cc. 183r-191r; 12, c. 26r, 43r, 60v.

cialmente dal XIV secolo.[106] Forma principe di connessione tra le istituzioni giudiziarie e la cultura "alta" del diritto delle università, la consulenza legale vede spesso al lavoro autori di grande rilievo a confronto con le varietà della prassi. Nella prospettiva dei tribunali secolari, specialmente cittadini, i *consilia* arrivano a assumere una sorta di supplenza rispetto alla discrezionalità del giudice, che molto spesso delega le sue decisioni al professionista come portatore di una *sapientia* condivisa e autorevole; in questo giocava anche la dinamica di interazione tra il giudice, normalmente legato alla *familia* del rettore forestiero e quindi estraneo alla società cittadina, e il giurista, di norma membro della locale corporazione dei giureconsulti e quindi in definitiva espressione tanto della cultura della categoria quanto dell'identità municipale del suo ceto.[107] I caratteri generali di questa dinamica valgono in linea di massima anche per i tribunali vescovili, beninteso con alcune varianti legate al diritto applicato e al profilo istituzionale delle curie spirituali. Sebbene infatti per i tribunali ecclesiastici la base normativa fosse comune e calata gerarchicamente dall'alto, dal complesso del diritto canonico ormai consolidato dopo le grandi raccolte e i commenti dell'inizio del secolo, lo scarto tra la legislazione canonistica e le situazioni della quotidianità resta tale da consentire comunque un ampio margine di intervento dei professionisti dell'interpretazione, e anzi come avremo modo di vedere le fattispecie della prassi sono tali da esorbitare ampiamente la stessa sfera delle norme canonistiche. Certo nei tribunali dei vescovi non si riscontra tutta la messe di *consilia pro parte* che si accumula nelle curie secolari nelle cause civili (eredità, questioni familiari, controversie sui diritti reali), palestra privilegiata anche perché lucrativa della pratica dei giuristi consulenti, ma comunque l'uso era abbastanza frequente, specialmente nelle situazioni in cui fossero coinvolte fortune ingenti nei processi per usura. Nella seconda metà del secolo, nel 1374, le aggiunte alle costituzioni sinodali del vescovo lucchese Paolo Gabrielli regolano proprio le modalità e i costi per la presentazione del *consilium sapientis* in cause presso la curia spirituale del vescovo:[108] testimonianza inequivocabile di come la pratica fosse diven-

106. Per alcuni orientamenti, con particolare riferimento alla Toscana, cfr. Ascheri, *I "consilia" conservati negli Archivi*; *Consilia in späten Mittelalter*; *Legal Consulting in the Civil Law Tradition*; *The Politics of Law in Late Medieval and Renaissance Italy*, oltre all'utilissimo repertorio *Autographa. I.2. Giuristi, giudici e notai*.

107. Ascheri, *Il "dottore" e lo statuto: una difesa interessata*; Menzinger, *Giuristi e politica nei comuni di popolo*.

108. Dinelli, *Dei sinodi della diocesi di Lucca*, pp. 121-125.

tata abituale. Questa presenza decisiva non stupirà del resto considerando che anche nella giustizia dell'inquisizione il *consilium* era una prassi assai comune, per quanto poco studiata fino a tempi recenti, e si manifestava proprio nell'ambito penale per eccellenza, andando anzi a costituire l'unica forma di difesa consentita agli inquisiti.[109]

L'intervento dei giuristi è molto ricorrente già nei primi anni del Trecento. Il vicario dell'arcivescovo di Pisa ricorre ad esempio almeno cinque volte a consulenti nel giro di pochi mesi tra 1305 e 1306;[110] altrettanto abituale è la pratica per il tribunale di Fiesole negli stessi anni, sia per consultazione di singoli professionisti che per vere e proprie riunioni di interpretazione. A tal proposito nel 1319 il vicario del vescovo di Firenze, su delega del presule fiesolano,[111] discusse il caso di tre laici di Figline, Ghettuccio e Pucciarello del fu Bencio e Alessandro del fu Vezzoso detenuti nelle carceri del comune di Firenze, per i quali era sorto il sospetto di una competenza ecclesiastica che avrebbe motivato la scarcerazione per privilegio del foro; richiesto di stabilire se «episcopus fesulanus repetere habeat a iudice seculari dictum Alexandrum dententum in carceribus comunis [...] habitoque consilio semel et pluries cum aliquibus sapientibus iurisperitis [...]», il vicario conclude che «dictus episcopus fesulanus Allexandrum predictum detentum in carceribus comunis Florentie non habet repetere». L'intervento di una serie di giuristi in questo caso anonimo consentiva al vicario di escludere la legittimità di un suo reclamo presso la curia secolare del comune. La citazione generica di *sapientes* è comunque abbastanza rara, perché di norma il riferimento al consulente è esplicito, sia che il *consilium* sia effettivamente trascritto o inserito tra le carte della causa, sia che venga soltanto richiamato in assenza del testo vero e proprio. Di conseguenza è possibile tracciare il profilo dei giuristi più di frequente coinvolti nei giudizi del vescovo. Il tribunale fiesolano, che come consueto offre i casi cronologicamente più risalenti, testimonia una pratica abbastanza singolare che compare quasi soltanto alla fine del XIII o nei primi anni del XIV secolo, cioè quella di chiedere una consulenza legale a ecclesiastici o religiosi di

109. La tipologia è ora approfondita con molti esempi documentari da Parmeggiani, *I consilia procedurali per l'Inquisizione medievale*.

110. ADPi, *Archivio degli arcivescovi*, *Atti straordinari*, 1, cc. 76v-77r (messer Pietro da Todi); c. 83rv (il medesimo con Giovanni di Benigno da Vico); cc. 106v-107r (messer Raniero *Daconmiani*); c. 108r (Leopardo avvocato di diritto canonico); cc. 138v-139r (Pietro da Todi).

111. ASDF, XIV.III.A.23, c. IXv.

sedi prestigiose della diocesi o di centri vicini, essenzialmente le chiese fiorentine. Al 1281, proprio ai primordi della pratica di redigere in libri gli atti del tribunale, risale la copia di un *consilium* di Chierico, monaco della Badia fiorentina, sulla competenza del vicario su una lite per la chiesa di Spaltenna, nella porzione più meridionale del territorio della diocesi.[112] Dei primi anni del secolo è invece la richiesta del vicario a messer Gerardo de' Nerli priore di San Quirico a Capalle (Campi Bisenzio), di pronunciare un *consilium* per chiarire lo status personale di un tal Enrico da Montefical-le, che aveva reclamato il privilegio del foro pur sussistendo forti dubbi (poi rilevatisi in effetti fondati) sulla sua reale condotta di vita chiericale.[113] Qualche anno dopo, il 25 aprile 1311, è registrata la copia di un *consilium* di messer Lapo *decretorum doctor* monaco della Badia fiorentina, reso a ser Nello rettore di San Simone di Firenze ma per una questione che per motivi non chiari era connessa all'episcopato fiesolano.[114] Come si vede, si tratta perlopiù di religiosi di un prestigioso cenobio cittadino, e nel caso di Gerardo de' Nerli di un ecclesiastico membro di una famiglia illustre. Sembra cioè che il reclutamento dei consulenti guardasse in prima battuta a membri del clero locale o di ambienti vicini alla diocesi, muniti beninteso della necessaria formazione tecnica. Avanzando nel secolo è più difficile trovare scelte di questo tipo, perché abitualmente i vicari si affidano alla consulenza di canonisti o dottori *in utroque*, di solito laici che operano in maniera professionale. La richiesta di giuristi che unissero alle competenze canonistiche anche quelle di diritto civile era evidentemente un segno della crescita del contenzioso in ambiti come quelli del credito o dell'eredità, che inevitabilmente ponevano questioni civilistiche. Si riscontra anzi una circolazione molto intensa tra la prassi della consulenza per il tribunale vescovile e il mercato della cultura giuridica nella giustizia cittadina. In tre occasioni molto ravvicinate del 1305 il vicario arcivescovile di Pisa si rivolse a Pietro da Todi giudice, che in un caso viene citato come «iudex curie maleficiorum pisane civitatis», quindi un civilista che prestava il suo parere durante l'incarico come giudice del comune.[115] Questa sovrapposizione tra il personale della giustizia del vescovo e quello secolare non è un'eccezione: anche a Lucca ad esempio nel 1372 è un *consilium* di Corrado da Montepulciano giudice assessore del podestà di Lucca che risolve una causa tra un cittadino

112. ASDF, XIV.III.A.3, c. 58r.
113. Sull'episodio cfr. *infra*, p. 135.
114. ASDF, XIV.III.A.17, c. CCXIIIIr (25 aprile 1311).
115. Sono i casi citati sopra a nota 110.

laico e il monastero di San Ponziano.[116] Peraltro a Lucca gli interventi dei giuristi prendono normalmente il nome di *colloquium*, non tanto per una peculiarità sostanziale rispetto ai caratteri tradizionali della consulenza legale, quanto probabilmente per un parallelismo con l'uso del linguaggio delle istituzioni secolari, che in effetti avrebbero designato come *colloquia* le commissioni ristrette di discussione con il governo cittadino,[117] che altrove si sarebbero chiamate *consilia sapientum*, o a Firenze consulte: tutti termini a ben vedere calcati sulla definizione tecnica della consulenza giuridica anche se poi estesi a indicare la consultazione di figure competenti.[118]

La scelta del consulente dunque non sembra seguire i confini dell'*entourage* episcopale, ma guarda piuttosto a ragioni di competenza su materie specifiche o di convenienza generale. Questa prospettiva larga nell'individuazione del giurista ha il suo effetto anche nello specifico delle argomentazioni, che nei casi disponibili non sono appiattite sulla normativa canonistica, ma spaziano nell'intero spettro del diritto comune e non disdegnano neppure di attingere alla legislazione statutaria cittadina. L'amalgama dei diritti della prassi episcopale trovava qui una ragion d'essere nella stessa dimensione professionale dei consulenti. Non si deve dimenticare peraltro che il *consilium* era spesso sollecitato dal vicario stesso, ma poteva essere presentato anche dagli attori come nei processi secolari, e in questo caso giocava anche la strategia di rivolgersi non a professionisti locali ma a giuristi celebri. Il vicario di Lucca si rivolge a figure di ambito cittadino o dell'area lucchese come Ettore da Sarzana, Bartolomeo Forteguerri, Simone da Barga; talvolta però non rinuncia a interpellare professionisti di provenienza più lontana come i fiorentini Ricciardo del Bene e Ristoro Canigiani, quest'ultimo già consulente anche del vescovo di Firenze,[119] o nel 1379 il *legum doctor* messer Iacopo de' Presbiteri da Bologna,[120] incaricato di dichiarare usurario il credito di 600 fiorini vantato dagli eredi di Jacopo Cortucci da San Gimignano nei confronti del comune di Castelfranco, forse non senza un certo interesse finanziario del vescovo sull'eredità. La stessa

116. ASDL, *Tribunale ecclesiastico*, *Criminale*, 54, cc. LXIIr-LXIVr.

117. Bongi, *Inventario del R. Archivio di Stato di Lucca*.

118. Sul caso fiorentino lo studio classico di Martines, *Lawyers and Statecraft in Renaissance Florence*.

119. AAF, *Atti civili*, *Notai diversi*, 45, cc. 101r-103v.

120. ASDL, *Tribunale ecclesiastico*, *Civile*, 61, carta non numerata in data 13 marzo 1379. Il *consilium* autografo di Canigiani a Lucca è in ASDL, *Tribunale ecclesiastico*, *Criminale*, 33, ultimo fascicolo (1380).

ricerca di giuristi di fama si riscontra senz'altro a Volterra, dove nel 1375 un tal messer Pietro pievano di Pernina, in una causa concernente a quanto pare la legittimità della sua collazione, «produxit ad sui defensionem consilium sigillatum sigilli domini Lapi de Castellonchio de Florentia»,[121] quindi il parere di un giurista celebre come Lapo da Castiglionchio, le cui consulenze ebbero fortuna e giunsero alla stampa nel secolo successivo,[122] e che certo aveva più di un motivo per essere attento alle circostanze del caso essendo stato lui stesso pievano di San Lorenzo a Miransù nella diocesi fiorentina.

A parte casi come questo, definire il dettaglio dell'intervento dei giuristi nelle cause episcopali è difficile, perché come si è accennato molto spesso i *consilia* sono soltanto citati o richiamati nelle sentenze e non materialmente allegati o trascritti per intero. A Lucca nel 1373 è un *colloquium* che interrompe la causa intervenuta tra due laici e l'economo della chiesa di Santa Maria a Paganico (presso Capannori). Il *legum doctor* Guglielmo de' Frammi interviene senza allegazioni ma in maniera perentoria: «dico vos dominum vicarium non esse iudicem competentem nisi primo probatum fuerit saltim semiplene dictos Pierum et Cinum dicta bona ecclesie occupasse, et quod pendente lite super proprietate dictorum bonorum non potest nec debet de iure per vos procedi in causa occupationis».[123] Non ci sono dati certi per stabilire se si tratti di semplici estratti rispetto a documenti più articolati conservati a parte; è probabile, ma certo una formulazione del genere conferma il carattere molto corrente e ordinario dell'intervento del giurista. Tanto ordinario da assumere talvolta una posizione semipermanente: nel 1324 il vicario del preposto di Santo Stefano di Prato pronuncia più di una sentenza in ottemperanza dei *consilia* di messer Andrea di Lippo, che una volta viene qualificato come *assessor noster*,[124] configurando quindi una funzione stabile di consulente al servizio della Chiesa pratese. A fine secolo come abbiamo già accennato il canonista Lorenzo Ridolfi fu *advocatus curiae* in occasione della promulgazione delle costituzioni sinodali fiorentine del 1393.

Quanto alla sostanza dei pareri espressi, evidentemente non è possibile abbinare all'intervento del giurista un particolare esito della vicenda, perché i contenuti specifici variano di caso in caso. Da quello che sembra

121. ASDV, *Curia vescovile*, *Tribunale*, *Processi civili*, 18, c. 25v.

122. *Allegationes Lapi*: alcuni dei casi trattati dal giurista, derivati con ogni evidenza dalla pratica di consulente di curie vescovili, saranno citati *infra*, pp. 176n e 262n.

123. ASDL, *Tribunale ecclesiastico*, *Civile*, 55, cc. XIr-XIIIr.

124. ADPt, *Atti giudiziari - Atti della curia del preposto*, 1012, c. 29rv (10 luglio 1324).

di rilevare tuttavia, del resto anche dagli esempi fatti fin qui, la presentazione di un *consilium* tende normalmente a coincidere con un passo indietro della giustizia vescovile: l'assoluzione dell'accusato o l'interruzione della causa per incompetenza.[125] È una corrispondenza del tutto tendenziale e certo non una regola, ma il prevalere di questo tipo di esito in occasione di consulenze in diritto è forse un dato di fatto non casuale: il *consilium* riconduceva il procedimento nell'alveo consolidato dell'interpretazione, quindi tendeva a smussare forzature, a stemperare quadri conflittuali e anche a impedire fughe in avanti motivate da sostanziali interessi in gioco.[126]

Con tutta la prudenza del caso, anche questo fattore andrà considerato. E vista la frequenza con cui si manifesta a vario livello l'intervento dei giuristi, possiamo considerare senz'altro questo ruolo della cultura giuridica come una componente strutturale della giustizia vescovile. Tanto strutturale che i temi e motivi del pensiero giuridico sono il prisma in cui si riflette tutto il governo della diocesi, come mostra un caso molto singolare che ci porta di nuovo a Volterra. Intorno al 1390 venne commissionato a due giuristi di fama, Francesco Zabarella[127] e Stefano Bonaccorsi da Firenze, il *consilium* per una causa contro un tal presbitero Bartolomeo, accusato evidentemente di essersi portato come laico nel condurre genti d'arme alla difesa di un castello nel Volterrano.[128] L'eccezionalità dell'episodio giustificò la richiesta a consulenti di alto livello ma anche l'adozione di un'argomentazione altrettanto importante. I due giuristi riconducono l'azione del chierico nella definizione di "guerra giusta", dal momento che l'azione armata era stata richiesta dall'autorità legittima, il vescovo in persona, tito-

125. Oltre ai casi già menzionati sopra si potrà citare un episodio singolare avvenuto a Pisa. In ADPi, *Archivio degli arcivescovi*, *Atti straordinari*, 1, foglio sciolto inserito tra le cc. 180 e 181: contiene un *consilium* sigillato di Ranieri da Prato giudice sulla causa tra il capitolo e gli uomini di Arena (San Giuliano Terme), per la quale il giurista consiglia che i detti uomini non debbano essere scomunicati. Curiosamente sul dorso il foglietto porta l'appunto coevo «non aperiatur nec consultori solvatur»: il risultato della consulenza non era stato gradito dalla curia?

126. Una tendenza di questo tipo è forse anche il segnale di un atteggiamento proprio della categoria dei giuristi nei confronti della legislazione canonica, dal momento che gli elementi più pesantemente intrusivi della giustizia inquisitoria costruita dalla normativa papale suscitavano una certa resistenza da parte degli ambienti intellettuali, più legati alla tradizione del processo accusatorio: qualche nota in questo senso in Brundage, *Medieval Canon Law*, pp. 150-151.

127. Si ricorderà che lo stesso era stato anni prima vicario del vescovo di Firenze.

128. ASDV, *Curia vescovile*, *Tribunale*, *Processi civili*, 37, cc. 30r-31r.

lare della giurisdizione temporale ma anche secolare sul castello, e quindi sollevano Bartolomeo da ogni responsabilità disciplinare.[129] Un ragionamento molto intellettuale ma in definitiva non peregrino, perché oggettivamente di autorità legittima si trattava, e di eccezioni legate alla natura del potere del vescovo, quindi anche un simile episodio di conflitti sul territorio poteva attivare le più elaborate sottigliezze del pensiero giuridico.

Così come per le figure dei vicari, anche per l'intervento di tecnici la cultura teologica merita un cenno accanto a quella giuridica. In effetti in qualche caso il contenuto della questione giustificava l'appello alle competenze del teologo, come accadde a fine secolo a Cortona, dove un *consilium* su un dubbio per una vendita di una casa sospetta usuraria venne prestato da Angelo da Cortona degli eremitani di Sant'Agostino di Cortona *minimus inter sacre theologie professores*.[130] L'originalità del caso è comunque assai attenuata dal testo del *consilium*, che impiega prevalentemente allegazioni di diritto canonico dalle glosse di Giovanni d'Andrea, più che testi di natura teologica. La Chiesa del diritto non era messa in discussione nemmeno in questa occasione.

Il clero

La figura del vescovo, dunque, è tutt'altro che solitaria nello svolgimento delle sue funzioni. La *familia* episcopale di vicari, notai e collaboratori vari che ne concretizzava il governo della diocesi è però soltanto il circuito più stretto, oltre il quale, anche solo restando nell'ambito chiericale, vi era una varietà di soggetti con cui il vescovo era necessariamente portato a relazionarsi, anche nella sfera della giurisdizione. In primo luogo ovviamente il capitolo. La comunità capitolare è una realtà estremamente radicata nella storia delle chiese episcopali, e per molti versi un contraltare dialettico della stessa figura del vescovo. Espressione di consuetudini secolari, di equilibri

129. L'impiego dell'argomentazione della guerra giusta non è isolato: lo stesso Lapo da Castiglionchio insieme al collega Giovanni Bonciani ebbe a discutere il caso (presentato in circostanze ignote) di un giovane in passato coinvolto nella Guerra dei Cent'anni come soldato e poi passato alla vita religiosa, che poneva il problema di stabilire quanto le azioni belliche a cui l'interessato aveva partecipato potessero rappresentare impedimento alla sua entrata in monastero: cfr. BL, *Arundel* 497, c. 39rv.

130. AVC, *Visite pastorali*, 9001, registro II, carta non numerata in data 6 o 7 settembre 1372.

di potere nel ceto dirigente cittadino,[131] ma anche di un senso di continuità della tradizione chiericale urbana messo in discussione dalla politica delle provviste episcopali dei pontefici, che sempre più spesso attingevano a circuiti di reclutamento molti ampi, il capitolo si trova ad avere non di rado un rapporto conflittuale con il vescovo stesso, e comunque il dato più comune è quello di una amministrazione capitolare del tutto distinta per personale, pratiche, intendimenti da quella della mensa vescovile. Allo stesso tempo è evidente che i due soggetti interagivano intensamente. Come abbiamo appena visto, molto spesso i vescovi sceglievano i propri vicari tra le fila dei canonici della cattedrale, sia che questa scelta consacrasse un ruolo di prestigio e autorevolezza locale del capitolo, sia che vescovi politicamente più spregiudicati avessero procurato a parenti e collaboratori opportuni titoli tra gli scranni della canonica. In ogni caso quindi i canonici, nell'occasione dell'incarico vicariale, divenivano insieme attori della giurisdizione vescovile, e non mancano neppure casi episodici in cui la stessa soluzione di controversie è affidata al capitolo in quanto tale.[132] Del resto questo poteva avvenire anche non per nomina vescovile ma per normale procedura di successione, nel caso in cui la sede fosse vacante[133] e quindi il risvolto giurisdizionale dell'autorità vescovile si trovasse temporaneamente affidato ai canonici. È stato osservato anzi che in certi casi questa situazione di sedevacanza, e di supplenza canonicale delle funzioni giurisdizionali del vescovo, non solo non interrompesse la continuità della funzione del tribunale, ma anzi potesse addirittura favorire la conservazione delle carte, perché per la sua natura di comunità il capitolo era meglio attrezzato alla custodia della memoria attraverso il cambiamento delle persone.[134] Dunque, se sul piano del cerimoniale

131. Anche a questo proposito la prospettiva europea più illuminante è offerta da Berengo, *L'Europa delle città*. Per una recente messa a punto cfr. anche Tilatti, *Capitoli e canonici*.

132. Uno dei *consilia* già citati del 1305 in ADPi, *Archivio degli arcivescovi*, *Atti straordinari*, 1, c. 83rv (messer Pietro da Todi e Giovanni di Benigno da Vico) suggeriva di far risolvere una causa dal capitolo e non dal vescovo.

133. ASFi, *Notarile Antecosimiano*, 3835: imbreviature di ser Bonaccorso di Gerino del Cacciato «pertinentes ad dominos prepositum canonicos et capitulum et capellanos maioris ecclesie florentine», 1340-1346. Si tratta di un caso interessante perché il notaio lavorò quasi costantemente per il capitolo, salvo però registrare un momento particolarmente rilevante come la nomina e l'entrata in carica del nuovo vescovo quando i canonici si trovarono a gestire il passaggio: cfr. Borghero, *Il capitolo della cattedrale di Firenze*.

134. Si è già citato il caso di Rieti *supra*, p. 90. Anche Gardoni, *Notai di curia del Trecento*, nota che a Mantova l'attività del tribunale è attestata alla fine del Duecento in

liturgico e soprattutto delle pertinenze beneficiali o patrimoniali la mensa vescovile e quella canonicale venivano percepite nel XIV secolo come rigorosamente distinte, la sfera della giurisdizione spirituale è in qualche modo una presenza condivisa. Senza contare che il "contenitore" notarile, nel quale in certi casi gli atti sparsi del tribunale sono confluiti, aveva per sua natura caratteri estremamente vari e quindi poteva spesso mettere insieme tanto atti episcopali quanto capitolari.[135]

Al di là del capitolo della cattedrale, però, che rappresentava comunque una ristrettissima *élite* del clero urbano, il vescovo aveva a che fare con la collettività molto più ampia e articolata del clero della città e della diocesi. Ciò che più conta è che da molti segni documentari del XIV secolo questo clero mostra di avere forme di organizzazione come *universitas*, capace in una certa misura di agire come corpo organizzato.[136] Una prima testimonianza a tal riguardo dalle città toscane è quella di Arezzo, dove una *fraternitas clericorum* ha lasciato un vero e proprio statuto, intitolato anche alla *societas de Murello*, dal nome di una delle vie cittadine che dalla Piazza dell'episcopato scendevano verso la Porta Fiorentina. Lo statuto si è conservato in una redazione trecentesca, che conobbe vari rifacimenti nel 1317 e 1379:[137] l'erudizione locale ne ha immaginato una datazione all'XI secolo che è improbabile, ma comunque la versione trecentesca dovette rielaborare una materia quantomeno del secolo precedente. La *fraternitas* aretina, che aveva fini devozionali e di mutua assistenza, era un sodalizio volontario, una sorta di confraternita riservata ai membri del clero che intendessero per scelta condividere alcuni elementi di solidarietà collettiva. Altro è il caso, meno documentato ma probabilmente più significativo nella nostra prospettiva, di una forma di rappresentanza dell'intero corpo cle-

occasione della vacanza vescovile, e in corrispondenza con l'operato del canonico *magister* Giovanni, munito sicuramente di una formazione giuridica, venuto meno il quale cessa anche la documentazione disponibile del tribunale.

135. Un esempio ulteriore è fornito da ASFi, *Prepositura di S. Stefano di Prato*, 9 (1357): il registro contiene disposizioni varie, precetti e ordini per la gestione della pieve e delle sue cappelle, la disciplina del clero e simili, spesso con uso della scomunica, ma anche varie riunioni del capitolo dei canonici e dei cappellani della prepositura.

136. L'associazionismo clericale, fenomeno ben noto solo in poche realtà più fortunate ma probaabilmente più rilevante di quanto si possa supporre, poteva anche rappresentare una risposta positiva alle molteplici sollecitazioni che arrivavano al clero secolare per una cura pastorale adeguata alle aspettative del fedeli e alle disposizioni della gerarchia: sul tema cfr. Rigon, *L'identità difficile*.

137. Baluze, *Miscellanea*, II, pp. 577-581.

ricale cittadino o diocesano. A Lucca per esempio il cosiddetto *conventus clericorum de Luca*, citato come tale già nel 1260, includeva in linea teorica tutti i rettori delle chiese e cappelle urbane e suburbane, una quarantina nel momento di massima fioritura.[138] Queste forme di assemblea-*universitas* del clero sono significative nella nostra prospettiva perché nelle ricorrenti occasioni in cui il vescovo esercitava le sue funzioni per giudicare, e non di rado censurare gli *excessus* del suo clero, andava a intervenire su una realtà non priva di una certa identità di corpo: e infatti in tutte le sedi locali i riferimenti a questa dimensione penetrano anche nelle carte giudiziarie. Una simile identità di corpo poteva dar luogo a situazioni apertamente conflittuali, come quella che si aprì nel 1317, quando il vescovo pisano Oddone Della Sala venne letteralmente cacciato dalla città per il rovesciamento dei rapporti tra le parti che si contendevano il comune. Richiamato ad Avignone per render conto del proprio operato, il vescovo venne apertamente osteggiato dal suo clero, che assunse in pieno la linea politica di ostilità delineata dal comune. «Nos clerici sumus et esse debemus filii comunis, et ideo non debemus nos separare a voluntate comunis, sed debemus esse una secum [...]» furono parole pronunciate dall'autoproclamata riunione del clero pisano del 27 marzo 1320, dalla quale emerse la nomina di una commissione rappresentativa di canonici, abati, priori di canoniche, rettori di parrocchie urbane e pievi rurali per inviare una missione ad Avignone «ad accusandum et denumptiandum dominum archiepiscopum in Romana Curia».[139] A parte il contenuto politico dell'iniziativa, che è contingente alla situazione del momento, colpisce la maturità anche istituzionale della congregazione, che metteva capo a un collegio di rappresentanza dell'intero clero diocesano secondo le diverse categorie. Questa stessa suddivisione è probabilmente il motivo per cui quando le carte vescovili citano rappresentanti del clero, ciò si concreta nella nomina di una commissione di cinque ufficiali. Sono cinque gli ufficiali del clero eletti a Cortona nel 1376,[140] e di nuovo cinque saranno i chierici incaricati della rappresentanza del clero di Pistoia alcuni anni dopo.[141]

138. Cfr. Savigni, *Il "conventus" delle chiese cittadine di Lucca*, pp. 164-165.

139. Ronzani, *"Figli del comune" o fuoriusciti?*, p. 796; per inciso in tutta la vicenda ebbe un ruolo essenziale anche il Bonaggiunta da Calcinaia, poi più volte vicario vescovile, citato *supra*, p. 86.

140. AVC, *Visite pastorali*, 9001, registro I, carta non numerata in data 5 gennaio 1376.

141. Cfr. *infra*, p. 106.

A Firenze negli ultimi anni del Trecento la *congregatio clericorum* compare abbastanza spesso tra le carte dei notai del vescovo anche quando conservate direttamente nell'archivio vescovile,[142] ma normalmente si tratta di atti di amministrazione dell'ospedale dei chierici, una istituzione caritatevole di assistenza della quale si conosce anche uno statuto del 1388.[143] Non era però la solidarietà a rappresentare il motivo più cogente per questa identità collettiva dei chierici, bensì la fiscalità. Innanzitutto la fiscalità del vescovo, cioè i contributi ordinari o straordinari che il presule chiedeva alla sua diocesi, e che per il principio *quod omnes tangit* avevano bisogno non solo di essere ripartiti equamente ma anche attraverso una modalità rappresentativa. Queste istanze rappresentative erano ben operanti nell'episcopato aretino della fine del Trecento, dove tra le carte del tribunale del 1385-1386 si trovano una convocazione del sinodo del clero aretino per l'estrazione dei nove chierici ufficiali incaricati di formulare il sussidio che le chiese diocesane dovranno versare al vescovo, e un elenco degli stessi *Novem offitiales cleri aretini*, presieduti dal priore (fiorentino) messer Bernardo Altoviti canonico della cattedrale.[144] Da notare che qui il meccanismo rappresentativo è inteso non per categorie ma per territorio: gli ufficiali sono equamente distribuiti tra chierici della città, delle "cortine", cioè l'area suburbana, e delle valli circostanti – un criterio che numericamente valorizzava soprattutto il clero urbano rispetto a una compagine rurale di una diocesi molto vasta come quella aretina, ma che comunque stabiliva un principio di ripartizione. Negli stessi anni, il 31 dicembre 1386, il vescovo di Firenze Bartolomeo Uliari insieme con quattro procuratori e difensori del clero non esente provvedeva ad eleggere una commissione incaricata della raccolta di 1300 fiorini richiesti come contributo da papa Urbano VI.[145]

Queste esigenze fiscali potevano procedere anche dal rapporto dell'episcopato con le autorità secolari. Nel Registro 5 delle cause straordinarie del vescovo di Pistoia si conserva un atto singolare:[146] si tratta di un vero e pro-

142. Il sodalizio, noto come Compagnia di Gesù pellegrino o "dei pretoni", doveva avere una forma simile a quella nota per Arezzo: cfr. D'Addario, *Il problema "de vita et moribus clericorum"*.

143. AAF, *Notai diversi*, 46, cc. 236r-257v (*Constitutiones hospitalis presbiterorum de Florentia* del 1388), 271r-275v, 394r e *passim*.

144. AVA, *Atti di curia*, 7, cc. 75r sgg., e 9, c. 62r. Lo stesso Altoviti sarebbe diventato anni dopo vicario del vescovo di Fiesole.

145. Peterson, *Florence's universitas cleri in the Early Fifteenth Century*.

146. ADPt, C.5.IV, carta non numerata in data 24 maggio 1395.

prio verbale della seduta assembleare nella quale il vescovo Andrea Franchi insieme a cinque chierici e religiosi, qualificati come «quinque officiales cleri civitatis Pistorii», «vigore auctoritatis balie et potestatis eisdem concesse et actribute per clerum pistoriensem vigore publice reformationis obtente in ipso clero suprascripto [...]», costituiscono due chierici pistoiesi *camerarios et camarlingos* per ricevere dal comune di Pistoia tutto quanto dovuto a seguito, da quanto si intende dal testo, di una somma anticipata dal clero cittadino per l'acquisto del sale per il comune, la cui restituzione si sarebbe dovuta protrarre nel tempo. In questo caso la parte interessante del testo è la evidente dipendenza della delibera dal formulario tipico delle sedute consiliari del comune, adottato come standard notarile ma anche specchio di una piena assimilazione delle forme di delibera collettiva secolare nell'ambito della società del clero. D'altra parte la società chiericale cittadina conosceva nello stesso periodo varie occasioni di interazione con le autorità secolari, anche nello svolgimento di specifiche mansioni di natura tecnica, contabile o documentaria per gli uffici del comune.[147]

Una tendenza del genere sarebbe maturata anche a Firenze negli anni successivi, oltre il limite del XIV secolo, per dar luogo durante l'episcopato di Amerigo Corsini a una struttura assembleare molto articolata: tra 1415 e 1420 l'assemblea del clero conta procuratori e difensori, 11 consiglieri e un *maius consilium* di 66 membri, in grado di stabilire costituzioni e prendere decisioni, e questa collettività usa un formulario e un linguaggio fortemente improntato al corporativismo "repubblicano" della retorica pubblica fiorentina oltre che all'ispirazione conciliare in linea con lo spirito di quegli anni.[148] Si trattava insomma di una società clericale ben capace di azione politica e tenuta insieme da una corposa autocoscienza. Il rapporto del vescovo con il suo clero non poteva non essere condizionato, anche nei suoi risvolti giudiziari, da una situazione di questo tipo.

Per concludere, vale la pena ricordare che nelle congregazioni del clero si rileva un fattore altrimenti difficile da osservare, vale a dire il carattere trasversale tra città e diocesi: oltretutto abbiamo già visto cursoriamente

147. Il tema, già oggetto delle riflessioni di Trexler, *Honor among thieves*, è ora approfondito in una varietà di casi da *Churchmen and Urban Government in Late medieval Italy*, anche se abitualmente questo tipo di incarichi erano riservati a religiosi più che a membri del clero secolare.

148. Peterson, *Conciliarism, Republicanism and Corporatism*. Le contaminazioni tra cultura "repubblicana" e pratiche di decisione collettiva in ambito ecclesiastico furono particolarmente intense nel periodo conciliare: cfr. Black, *Council and Commune*.

che non di rado sono proprio chierici cittadini a essere titolari delle pievi rurali, quindi con una ulteriore commistione del mondo dentro e fuori le mura. L'elemento per così dire territoriale, non soltanto urbano delle cause nella giustizia vescovile è accentuato anche dall'uso di risolvere alcune controversie attraverso la delega a un vescovo differente. Questo può avvenire per particolari circostanze legate alla presenza fisica dell'imputato, o perché la sede vescovile è vacante, o perché la controversia coinvolge il vescovo stesso: in questo caso è necessario uno specifico atto di delega da parte della curia pontificia, che conferisce a un vescovo di condurre la causa. Nella documentazione giudiziaria trecentesca fiorentina si è conservato almeno un registro di sole cause delegate, perlopiù attinenti la gestione di pievi, enti religiosi o diritti parrocchiali nel territorio pistoiese.[149] La particolarità di documenti del genere, a parte l'elemento del contenuto in senso stretto, è proprio il fatto che questi fascicoli si siano conservati nell'archivio del vescovo, contrariamente a quanto è accaduto per la quasi totalità delle carte giudiziarie di cui abbiamo solo una piccola testimonianza nelle imbreviature dei notai. Probabilmente proprio il fatto di aver condotto la causa in virtù di una delega dall'alto isolava il *dossier* documentario dal resto della prassi giudiziale, favorendone la conservazione a sé nonostante la pratica notarile e la conservazione di norma non molto accurata delle carte dell'archivio fiorentino.[150] I casi a ogni modo sono troppo pochi per tracciare una tendenza generale della presenza di vescovi delegati nelle varie sedi. È macroscopica la prevalenza di scambi di delega nei casi dei vescovi di Firenze, Fiesole, Prato e Pistoia.[151] Quest'ultimo già nel 1299 (nella persona quindi di Tommaso di Andrea) era stato incaricato come giudice delegato e doveva risolvere la controversia tra il vescovo di Firenze, i monaci di San Miniato e le monache di Monticelli:[152] una questione annosa ma anche di un certo rilievo per il significato simbolico del cenobio di San Miniato, presso cui solo pochissimi anni prima il vescovo Andrea de' Mozzi aveva eretto il suo poderoso palazzo. Per contro i vescovi di Fi-

149. AAF, *Atti civili*, *Notai diversi*, 45.

150. Anche Brentano, *Two Churches*, pp. 167-168, osservava che in Italia le cause delegate sono tra le tipologie della giustizia vescovile meglio conservate, decisamente meglio delle carte ordinarie del tribunale.

151. Vari fascicoli in questo senso nell'archivio fiesolano, in particolare ASDF, XIV. III.A.21, 25, 26.

152. Il corposo *dossier* copre tutta la prima parte (cc. 1-104) del registro ASFi, *Tribunale vescovile di Pistoia*, 4.

renze figurano spesso come delegati per cause territoriali di area pratese o pistoiese: una tra le più complicate, conservata nell'archivio fiorentino, riguardò l'ospedale di Altopascio, le sue proprietà e un conflitto col comune di Castelfiorentino, che si protrasse molto a lungo negli anni Sessanta.[153]

Se casi del genere non sono così numerosi, si possono però considerare come testimonianza di quanto la giustizia dei vescovi fosse portata a gestire, applicando formalità e competenze trasversali, situazioni su territori anche molto diversi, mettendo a frutto la familiarità tra vescovi e forse anche la circolazione di personale che abbiamo rilevato.

Volendo accennare qualche valutazione conclusiva sull'interazione dei vari soggetti in gioco nelle curie vescovili toscane, anche in rapporto al panorama documentario che abbiamo tratteggiato nel capitolo precedente, vale la pena rimarcare alcuni elementi che i casi toscani offrono ad un quadro generale della storia degli episcopati italiani del XIV secolo. Se il fecondo rapporto tra competenze professionali notarili e curie vescovili è stato molto sottolineato dalla storiografia, i nostri casi invitano sicuramente ad allargare la prospettiva: non per sottovalutare la centralità notarile, ma per guardare ad un esercizio delle funzioni vescovili che aveva nella forma della giustizia il suo asse portante, rispetto al quale le professionalità notarili sono comunque un elemento accessorio e non viceversa. L'abbondanza della produzione documentaria propriamente processuale, il suo grado di elaborazione tecnica, ma anche l'importanza decisiva di tutte le competenze legate alla formazione giuridica al lavoro presso la curia lasciano intendere come proprio in questo ambito si collocasse il cuore della vita istituzionale vescovile. Su quanto si tratti di una specificità "regionale" occorrerebbero sondaggi comparativi sistematici, ma mi pare lecito segnalare come questa centralità del processo e della documentazione giudiziaria fosse più forte nei casi qui considerati di quanto non accada in contesti diversi, come quelli di Mantova, Brescia o le diocesi del Centro Italia, in cui è piuttosto la documentazione patrimoniale a giocare il ruolo di nucleo portante della consapevolezza documentaria dell'episcopato; e del resto anche ad Asti, caso privilegiato nella storia della giustizia episcopale, il versante della giurisdizione penale sul clero non ha un'ampiezza paragonabile a quanto abbiamo visto fin qui.[154] Se la giustizia

153. AAF, *Atti civili*, *Notai diversi*, 45, con sentenza a c. 71r.

154. Si fa riferimento qui agli studi già citati per i casi locali di Brentano, *A New World in a Small Place*; Gardoni, *I registri della chiesa vescovile di Mantova*; Merli, *"Qui seminat spiritualia"*; Pia, *La giustizia del vescovo*; Pagnoni, *L'episcopato di Brescia*.

in quanto tale è l'asse portante della vita istituzionale toscana, e svolge la funzione che altrove era affidata alla gestione del patrimonio e delle relazioni sociali che da quella gestione promanavano (si pensi ai diritti signorili o alle fedeltà in senso lato feudali), forse la ragione andrà cercata nel peso di quelle dinamiche di esercizio dei poteri pubblici – appunto in primo luogo la giustizia – che animavano le istituzioni secolari cittadine nel XIV secolo, con una intensità particolare proprio nella Toscana delle più mature esperienze di popolo. L'osmosi intensissima tra i ceti dirigenti urbani e le curie episcopali, intese sia come figure dei presuli sia come personale di curia, non poteva che facilitare una simile condivisione di scelte documentarie tra la sfera secolare e quella spirituale. D'altro canto se confrontiamo le serie episcopali toscane trecentesche con quelle di altre aree italiane, abbiamo l'impressione di un rapporto con i poteri pubblici per così dire più libero. Certamente le carriere vescovili hanno anche qui un tasso di politicità molto forte, come si è visto a suo luogo, ma non troviamo nei nostri casi quella monopolizzazione della carica episcopale da parte della famiglia signorile testimoniata ad esempio nel caso veronese,[155] né una capacità di politica episcopale come quella messa in atto da Bernabò Visconti nelle "sue" città nel secondo Trecento, o come quella che lo stesso stato fiorentino avrebbe cominciato a delineare grosso modo da Martino V in poi, in una fase successiva rispetto alla nostra. Quella che troviamo è piuttosto una politicità più variegata e vivace, in cui giocano in maniera relativamente aperta condizionamenti di poteri locali, geografie di alleanza che guardano ad Avignone o ai signori ghibellini, tradizioni familiari, talvolta tentativi nepotistici o semplicemente brillanti ascese di uomini di chiesa abili e capaci. Una situazione del genere, beninteso diversa a seconda di casi locali, permetteva alle curie vescovili di mettere pienamente a frutto l'esperienza di governo e di impiego della documentazione degli ambienti secolari cittadini, senza per contro esserne troppo pesantemente condizionate. Questo fragile equilibrio tra coinvolgimento pubblico delle figure dei vescovi, autonoma capacità di manovra e qualità del personale tecnico si può considerare elemento qualificante delle gerarchie vescovili toscane del XIV secolo, nel quale si inseriscono i casi giudiziari dei quali ci dovremo ora direttamente occupare.

155. Tendenze in questo senso non mancano, come mostrano i casi senese e anche volterrano, ma si tratta pur sempre di esperienze non durature, che anzi proprio nel corso del XIV secolo vengono stemperate e complicate dall'intervento di fattori diversi come l'arrivo di presuli curiali o di uomini del ceto dirigente fiorentino.

3. Il clero giudicato

1. *Norme e pratiche*

Gran parte delle cause che affollano le carte dei registri vescovili riguardano direttamente i chierici, sia per addebiti penali che per controversie civili o relative al patrimonio; la giustizia del vescovo si svolge cioè principalmente come governo del clero. Il retroterra di tale governo era costituito dall'emanazione di norme sinodali e dallo svolgimento della visita pastorale, tipologie per le quali le sedi episcopali toscane hanno lasciato una discreta messe di testimonianze, anzi in certi casi configurano situazioni davvero privilegiate nel panorama italiano del XIV secolo: vale la pena quindi iniziare con qualche cenno in proposito.

La normativa sinodale, cioè le costituzioni emanate dai vescovi abitualmente in assemblea con il clero della diocesi, sono una fonte abbastanza diffusa nella Toscana medievale. Quasi tutte le diocesi ne hanno lasciata almeno una redazione: quelle fiorentine e lucchesi presentano più versioni assai articolate nel corso del secolo, ma anche Arezzo, Siena e Fiesole presentano casi abbastanza ricchi. I contenuti sono assai variegati ma una parte preponderante delle costituzioni riguarda proprio il comportamento dei chierici – *De vita et honestate clericorum* è un titolo ricorrente, direttamente esemplato sul lessico di tutte le grandi compilazioni canonistiche.[1] È necessario però sottolineare che la normativa in sé presenta caratteri di forte conservatività nella sostanza: molto spesso anche al variare dell'intensità dei richiami o della gravità delle pene resta costante il contenuto di massima, per cui il modello del comportamento del chierico e le idiosincrasie

1. In particolare è il *titulus Clem.* 4.1.

della normativa ricadono sempre sui medesimi tratti.[2] Del resto questo non è che l'effetto di ciò che sta a monte della normativa sinodale, dal momento che questa traduceva in circostanze specifiche norme canoniche radicate nella tradizione della Chiesa e fissate soprattutto in età postgregoriana. È stato osservato anzi che per tutto ciò che concerne la vita dei sacerdoti e la cura d'anime il quadro di riferimento per il periodo restano sempre i canoni del Concilio lateranense IV del 1215, rispetto ai quali le costituzioni sinodali giungono a perfezionare la presa delle norme nei vari contesti locali ma senza introdurre novità sostanziali.[3] In altre parole il modello a cui guarda il quadro normativo presente ai vicari trecenteschi è sempre quello degli anni di Innocenzo III, diventato al massimo più realistico nella sua realizzazione grazie a un lento affinarsi degli strumenti pastorali. Questo riferimento fisso è tanto operante da agire anche a livello compositivo: le costituzioni fiorentine del 1327, che contano solo 58 rubriche, vengono divise in cinque libri, con una partizione esemplata su quella delle grandi collezioni canoniche (e peraltro seguita anche negli statuti della città), ma certo non necessaria ai fini puramente contenutistici; già nel 1310 poi l'ultima delle costituzioni del vescovo Orsi era stata enfaticamente intitolata *De verborum significatione* come l'omonimo titolo del Digesto e come l'ultimo titolo del *Liber Sextus*.[4] Scelte cioè di immagine e di conformità alle fonti più illustri, molto più che di aderenza alle esigenze specifiche. Non solo. La legislazione sinodale è tendenzialmente ripetitiva rispetto alle sue fonti pontificie ma è anche assai conservativa nel tempo, come dimostra il caso di episcopati per i quali si siano conservate più redazioni. Per la diocesi di Siena si è ad esempio conservato il codice delle costituzioni del vescovo Donosdeo Malavolti del 1336,[5] che tuttavia consiste in larga parte nel riordino, con integrazioni, di costituzioni già emanate dai predecessori, e infatti buona parte delle rubriche portano ancora nei titoli il richiamo ai vescovi (*Raynaldus*, *Roggerius* o *Bonfilius*) che le avevano introdotte già dalla prima metà del Duecento. Il vescovo fiorentino Angelo Acciaiuoli nel 1346 emanò le sue costituzioni ricalcando pedissequamente quelle del suo

2. Cfr. ad esempio la lettura diacronica di D'Addario, *Il problema "de vita et moribus clericorum"*.

3. A questo proposito fondamentale il quadro di Maccarrone, *"Cura animarum" e "parochialis sacerdos"*; sul carattere delle costituzioni sinodali in tal senso anche Rossi, *Vescovi nel Trecento*, p. 240.

4. Trexler, *Synodal Law*. Il riferimento è a *Li.Vi.*V.12

5. Ricchioni, *Le costituzioni del vescovado senese*.

predecessore Francesco da Cingoli del 1327;[6] anche il manoscritto inedito delle costituzioni del capitolo della pieve di Prato, deliberate dal vescovo pistoiese Giovanni Vivenzi (1370-1381), ingloba una serie di costituzioni della prepositura datate 1277 e varie aggiunte o integrazioni dagli anni Quaranta agli anni Settanta, presumibilmente copiate tutte dalla medesima mano al tempo del vescovo Giovanni.[7] Quando un vescovo si accingeva a emanare norme sul clero, dunque, non aveva come fine principale quello di creare regole nuove in assoluto: molto spesso è da ritenere che la convocazione del sinodo e la stesura delle relative costituzioni fossero occasioni per ribadire una volontà politica di controllo o di rinnovata sensibilità per il bene della diocesi, anche se poi nello specifico i provvedimenti sono più o meno sempre gli stessi. Considerando che le vicende politiche e anche ecclesiastiche del Trecento toscano sono non di rado molto conflittuali, con momenti di sedi vacanti o di vescovi impossibilitati a prendere possesso della propria sede, simili atti di volontà avevano un peso reale, perché anche solo la capacità del vescovo di ribadire un sinodo e assumere la responsabilità di ripetere criteri generali di governo della diocesi era un segno importante e tutt'altro che scontato. Quello che invece non possiamo attenderci da questo tipo di fonti è per così dire una reattività molto spiccata rispetto ai problemi concreti: ripetizione e specificazione di una sensibilità pastorale vecchia di più di un secolo, le norme erano uno sfondo abbastanza indistinto, ed era piuttosto alla variegata prassi del tribunale che era demandata la gestione concreta dei problemi.

Se è vero che le norme sinodali sono fonti interessanti ma piuttosto statiche, più vivace è sicuramente il quadro offerto dalle visite pastorali, per le quali si può parlare di un vero e proprio primato toscano, perché grandissima parte delle non molte testimonianze in tal senso nell'intera Italia trecentesca si sono conservate presso archivi vescovili toscani: Arezzo, Fiesole, Volterra, Cortona, Lucca, Pistoia, in parte Firenze i casi che restano nel XIV secolo.[8] Per la forma della visita si potrebbe dire un po' il contrario di quanto si è detto per le costituzioni dei sinodi, perché se in

6. *Sacrorum Conciliorum nova et amplissima collectio*, XXVI, coll. 23-74: *Concilium florentinum diocesanum circa annum 1346 celebratum ab Angelo*.

7. ASFi, *Prepositura di S. Stefano di Prato*, 1. Altrettanto rilevanti sono i prestiti delle costituzioni del vescovo lucchese Enrico dal Carretto del 1308 da quelle del suo predecessore Guercio del 1253: Manselli, *La sinodo lucchese di Enrico del Carretto*, pp. 202-207.

8. Turchini, *Studio, inventario, regesto*, con appendice sugli atti superstiti fino a tutto il XV secolo: si noti che al repertorio manca il caso della visita del vescovo volterrano del

quel caso la rigidità standardizzata della forma limitava l'aderenza alle situazioni locali, qui siamo sicuramente di fronte a tipologie documentarie che hanno la freschezza della sperimentazione, come abbiamo anticipato sopra per i casi duecenteschi di Arezzo e Fiesole. Quando arriviamo al XIV secolo la tipologia è ormai matura, e rappresenta sicuramente uno dei mezzi più eloquenti di governo della diocesi,[9] in particolare per il controllo sul clero. Non a caso la visita a pieno Trecento avveniva almeno in qualche caso con l'impiego di un vero e proprio questionario, che veniva sottoposto ai chierici di volta in volta interrogati. Un questionario del genere in ventidue domande era nelle mani del visitatore del vescovo di Lucca nel suo viaggio tra i chierici della Valdinievole nel 1354,[10] così come al di fuori della Toscana sappiamo essere osservato in più casi, talvolta giunti anche a noi.[11] Se è vero quindi che le circostanze pratiche erano molto diverse e variabili, esisteva comunque un quadro di massima che le autorità vescovili calavano sulla realtà locale. Certo la presa d'atto delle condizioni del clero non era ancora un intervento reale di riforma, ma è lecito ritenere che il ripetuto passaggio di visite così strutturate avesse l'effetto quantomeno di far assimilare ai chierici i principi generali di buona condotta, sempre che le circostanze esterne del vescovo consentissero a quest'ultimo di dedicarsi con attenzione al governo della diocesi, il che non era affatto la regola. Una simile assimilazione poteva essere conseguita del resto anche con altre vie complementari alla visita, ad esempio chiedendo ai chierici adempimenti formali che si prestassero a verifica, come gli inventari dei beni delle chiese di cui parleremo più avanti nel caso di Pisa.[12]

Quanto ai contenuti specifici e al quadro della vita comune che emerge dalle fonti, le testimonianze delle visite sono state variamente interpretate. Talvolta si sono messi in luce i tratti di scoraggiante miseria umana

primo Trecento, ora edita in *Il vescovo Rainuccio Allegretti*; cfr. anche Canobbio, *Visite pastorali nel medioevo italiano*.

9. Una riflessione recente a livello generale proprio su questo aspetto di governo della visita, in riferimento anche alle tipologie documentarie prodotte, si trova in Di Paolo, *La ordinaria amministrazione della Chiesa locale*.

10. Coturri, *Chiese e clero della Valdinievole*. Inedite sono le visite pastorali del vescovo pistoiese dal 1372 in poi.

11. Merlo, *Chiese e uomini di Chiesa*, in particolare il saggio *Inchieste nella diocesi di Ivrea*, pp. 149-157: la visita del 1329 comportò l'esame di 56 chiese sulla base di un dettagliato formulario di 43 articoli. Per un analogo questionario vicentino di primo Trecento cfr. De Sandre Gasparini, *Vescovi e vicari nelle visite pastorali*.

12. Cfr. *infra*, pp. 228-229.

del clero, totalmente immerso in pratiche di concubinato, afflitto dalla decadenza materiale della proprietà ecclesiastica, del tutto impreparato sul piano culturale; talvolta invece gli studiosi hanno sottolineato il regime di relativa serenità dei rapporti tra clero e popolo, mostrando un quadro complessivamente dignitoso se pure con molti casi negativi.[13] In una certa misura si potranno attribuire queste sfumature o queste differenze sostanziali a ragioni di congiuntura o a particolarità locali, e non ultimo anche all'inclinazione del singolo studioso nel valutare testimonianze che sono comunque parziali e statisticamente poco indicative. Nel quarto capitolo del volume cercheremo di entrare un po' più nel dettaglio. Una considerazione comune, tuttavia, ormai ben matura nella storiografia sul tema, è che la chiave di lettura fondamentale dell'approccio dei vescovi-visitatori sia l'onorabilità del clero agli occhi dei fedeli. Il fine principale delle visite è quello di vigilare non tanto su un astratto grado di conformità dei chierici a un modello di comportamento, quanto sul mantenimento delle funzioni ecclesiastiche a un livello accettabile di prestigio, considerazione e buona fama dei chierici. Questo vuol dire che anche comportamenti irregolari, in particolare quelli relativi alla sfera sessuale e al concubinato, sono trattati con una certa condiscendenza, perché non particolarmente scandalosi agli occhi dei fedeli, e sanzionati pesantemente solo laddove rappresentino motivo di turbamento dell'ordinata quiete della comunità.[14] L'attenzione della visita, in altre parole, è condizionata da una scala di valori che vede in primo piano la necessità di evitare scandali.

Quest'ultimo passaggio ci conduce al tema della giustizia, perché la stessa pratica giurisdizionale spirituale aveva una funzione perfettamente complementare a simili obiettivi delle visite. Nella più tipica tradizione delle istituzioni giudiziarie medievali, il tribunale esiste principalmente come luogo sociale di risoluzione dei conflitti, quindi la sua funzione anche nell'ottica dell'autorità episcopale è proprio quella di prevenire o disinnescare situazioni di scandalo, di conflitto interno, di deterioramento patologico del rapporto tra chierici e fedeli. Da questo punto di vista i casi a volte incomprensibili e le formalità non di rado assai aride del processo

13. Questo secondo approccio è stato in varie occasioni delineato da Ch. Marie de La Roncière nelle sue ricerche sulle visite fiesolane e i documenti fiorentini tra fine Duecento e inizio Trecento, che restano i lavori di riferimento sul tema: cfr. in particolare *Dans la campagne florentine au XIV siècle*, e *Aspects de la religiosité populaire en Toscane*.

14. Ha sottolineato molto questo aspetto Bornstein, *Parish Priest in Late Medieval Cortona*, a partire dai dati di Meoni, *Visite pastorali a Cortona nel Trecento*.

assumono un peso cruciale al cuore stesso del governo della diocesi. C'è in definitiva qualcosa di sistematico nella disordinata congerie delle cause contro i chierici discusse presso la curia vescovile: se non si può sempre parlare di un disegno consapevole di politica della giustizia, certo l'accumulo delle cause finiva per essere uno strumento formidabile di controllo sul clero, perché arrivate al tribunale per i motivi più diversi, a volte pretestuosi, o animate da intenti di aperta diffamazione, le denunce contro i chierici permettevano al vicario nella quotidianità del suo palazzo ciò che eccezionalmente poteva fare durante la visita, cioè verificare le abitudini di vita del suo clero.[15]

A ciò concorreva un ulteriore fatto legato ai modelli di comportamento dei chierici consolidati dal Lateranense IV in poi. Facendo tutti riferimento (in negativo) a un simile modello, i capi di accusa o le imputazioni dei processi inquisitori, qualunque sia l'origine del sospetto sull'imputato, soggiacciono a una logica per così dire aggregativa: difficilmente viene contestato un reato unico, o l'abitudine inveterata all'esercizio di un vizio da solo. Normalmente chi è sottoposto a giudizio deve difendersi da imputazioni articolate: il concubinato insieme alla dilapidazione dei beni,[16] la simonia insieme all'illecito commercio con i laici, ed entrambi con la bestemmia, il gioco d'azzardo e le cattive frequentazioni da taverna. Non di rado la raffica di accuse era portata tutta insieme dalla denuncia, come espressione di una generale condizione di infamia dell'inquisito. Questa logica aggregativa, intesa nell'ottica del vescovo, poteva diventare una sorta di rapida rassegna dei comportamenti del clero, e quindi si trova quasi formalizzata in alcuni

15. Un approccio di questo tipo dei vescovi del XIV secolo è sorprendentemente affine a quanto rilevato per alcuni casi di studio anche in età postridentina. In particolare Deutscher, *Punishment and penance*, ha osservato che a Novara durante l'episcopato di Carlo Bascapè a fine Cinquecento aumenta vertiginosamente il numero dei chierici inquisiti, addirittura fino a un quinto di tutti i parroci: l'esito era pochissimo efficace perché privo di capacità esecutive e spesso improntato alla clemenza, ma per lo meno metteva pressione sui comportamenti del clero, quindi anche qui la giustizia vescovile mostrava una sua originale inclinazione ad usare il processo come momento di verifica più che di repressione. Per un ulteriore paragone diacronico cfr. Cavarzere, *La giustizia del Vescovo*.

16. L'associazione del concubinato al cattivo uso del patrimonio è un dispositivo che viene assimilato dagli stessi parrocchiani: in un caso estremo della parrocchia inglese di Wanting (Wiltshire) nel 1405, i parrocchiani denunciarono che il prete portasse a casa i paramenti sacri per farli lavare alla moglie, per farci dormire i figli e per coprirsi anche quando si congiungeva con la donna, una vera e propria summa delle irregolarità (e dei pregiudizi) sulla pratica irregolare del clero; cfr. French, *Localized Faith*.

casi. A Lucca, dove il campione delle cause è molto ampio, una circostanza di questo tipo è alla metà del secolo quella dell'*inquisitio* contro Francesco rettore di San Lorenzo a Ripafratta, con i vari capitoli e la risposta dell'inquisito: le accuse sono vagabondaggio, porto d'armi, il fatto di essere uomo di mala condizione e fama, di non celebrare i sacramenti e di mancare dei titoli dell'ordinazione, e vengono tradotte in un articolato questionario al chierico, che nega sistematicamente.[17] Molto simile è l'interrogatorio a cui venne sottoposto a Volterra Roberto rettore della chiesa di San Iacopo e Filippo di Montecastello negli anni Sessanta.[18] Anche in questo caso le irregolarità relative al titolo (il fatto che si trattasse di un ex-frate uscito dal convento, come sopra l'assenza di ordinazione) si sommavano a quelle concernenti i comportamenti, in una accusa generale di infamia.

Alcuni anni dopo, la conservazione fortunosa di una sorta di brogliaccio per un verbale della giustizia criminale del vescovo di Volterra testimonia ancora più vivacemente quest'uso. In sostanza si tratta di una breve memoria del notaio, che probabilmente formulò in maniera rapida le imputazioni da accuse raccolte presso i parrocchiani, e nella stessa carta trascrisse sempre in forma rapida le risposte, ma in un bizzarro impasto linguistico tra il volgare delle accuse, che forse derivano dal documento ufficioso di denuncia, e il latino standardizzato della cancelleria per la difesa, a volte abbastanza sorprendente, del chierico inquisito e la sintesi delle parole dei testimoni convocati a suo carico, ser Nino e ser Loro. Vale la pena riportare per intero il documento:

> In Christi nomine amen. Ser Choppo prete e retore della chiessa di sancto Michele pivieri di Chanbassi veschovato di Volterra, huomo inonesto falsario e di mala vita e chonditioni e fama publicha precedente e indegnio di fede. Sia manifesto dinançi a voi messer Istefano vichario di messer Simone veschovo di Volterra chome el sopradetto ser Choppo nel MCCCLXXII ebbe uno fanciullo d'una sua sirochia charnale dela quale chossa è publicha boce e fama. § *negavit; ser Ninus dixit quod audivit dicere; ser Laurus dixit se audivisse.* Item in lui e sopra lui el deto ser Choppo sichome huomo secholare e disoluto el deto suo honore non chura e tiene, *et uficia divina et horas debitas non dicit.*

17. ASDL, *Tribunale ecclesiastico*, *Criminale*, 2 (1350-1351), c. XXXVIIIr.

18. ASDV, *Curia vescovile - Tribunale*, *Processi civili*, 11 (1364-1365), c. 5rv: della causa intentata ai suoi danni si conserva in effetti solo una sintesi delle domande postegli, cioè «si incedit in habito clericali - si vadit bibendo per tabernas - si gerit armas - si ludit ad ludum çardi - si est dilapidator ecclesie sue, si fuit alicuius religionis mendicantium - si vadit venando et aucupando».

§ dixit se dicere nisi quando esset in itinere. Dixit ser Ninus se nescire; ser Laurus dixit se nescire.
Item in lui e sopra lui el detto ser Choppo spesse volte <va> la notte per la tera sanza lume, in vestimento e abito secholare, armato chol choltello, cholla spada e chon altre arme divietate, usando cho·llaici lusores e inonesti e di mala fama e chondiçione.
§ dixit quod non vadit de nocte nisi aliquando iret ad Cecham cum amicis suis et tunc honeste vadit; de armis confessus fuit se portare gladium hoc quia habet inimicitias, alia negavit. S. Laurus ignorat.
Item in lui e sopra lui el deto ser Choppo nel MCCCLXIIII armata mano cholla rotella e chol falc<i>one assalì Bartalo di Cecho da Ghanbassi e lui ferì nella chossa del deto falc<i>one, e doppo questo à celebrato el divino uficio sança niuna assoluigione.
§ dixit se vulnerasse dictum Bartalum sed tunc non erat in presbiteratu constitutum sed in sodiaconatus ordine, et dixit se fuisse absolutus.
Item in lui e sopra lui el deto ser Choppo va usando cho·laici *inonestis lusoribus et male vite et fame per tabernas, postribula et locha inhonesta, ludendo adulterando e crapulando* con maximo *preiudicium, vilipendium et dampnum totius ordinis clericalis*
§ dixit se bibisse aliquando in taberna quia non habet vinum in domo et ratione sotietatis, et hoc in castro de Ghanbassi; de ludo dixit quod a duobus annis citra non luxit quod ipse recordetur. Ser Laurus quod bibit.
Item in lui e sopra lui el deto ser Choppo molte volte andando e vegnendo da Ghanbassi a Certaldo a Chastello fiorentino per la via andando e vegnendo chon uomini inoneste di mala fama e chonditioni si pone a giuchare nella strada maestra su chonfine e quivi dispetando in Dio e santi e tenendo vitam inonesta e none clericalle e onesta.
§ negavit
Item in lui e sopra lui el detto ser Choppo stando per la tera di Ghanbassi va in abito secholare, e dì di feste e altri dì giuchando al giuocho delle tavole, a çara e ad altri giuchi diviatati alchuna volta dispetando Dio e ssanti, tegniendo vita disonesta e none onesta
§ dixit se luxisse ad ludum tabularum ubi denarii vincebantur et perdebantur
Item in lui e sopra lui el deto ser Choppo, mandando messer Stefano vichario di messer lo veschovo di Volterra una letera a ser Laro di Belino prete di Ghanbassi che dovesse pronuntiare el deto ser Choppo schumunicato, el deto ser Loro e' fu e 'l siguì che la sera dinançi, coè nel MCCCLXXVIII di VI d'otobre, el deto ser Choppo spregiando e non churando et deto mandato del deto vichario disse che none ne potrebbe avere força el papa chon tutti e chardinagli none che 'l veschovo...[19]

19. Ivi, 22 (1378-1379), bifoglio non numerato segnato b).

Il botta e risposta è piuttosto indicativo del tenore di vita del chierico: questi nega gli addebiti più pesanti ma confessa l'osservanza intermittente degli obblighi dell'ufficio, la frequentazione delle taverne, del gioco e del vino (per compagnia), l'uso delle armi (perché ha dei nemici) e qualche episodio di violenza (ma quando era ancora agli ordini minori!). Ciò che ci interessa più direttamente è che le accuse rispondono a un canovaccio riproducibile e forse standardizzato, che poteva essere ripetuto di causa in causa. In questo modo la causa finiva per essere soprattutto un momento di verifica della buona (per la verità in questo caso della cattiva) fama del chierico. A conferma di questo tipo di funzione storica potremmo portare anche la testimonianza del rapido uniformarsi delle procedure. La distinzione tra procedimento accusatorio e inquisitorio non è particolarmente forte nelle fonti del nostro periodo: certo molto spesso le carte descrivono la causa come avviata da un'accusa dei fedeli contro il chierico,[20] ed effettivamente a inizio Trecento è possibile trovare veri e propri processi accusatori con tanto di libello formale, ma nella maggior parte dei casi, e in proporzione crescente con l'avanzare del secolo, la denuncia dei parrocchiani non fa che innescare una procedura inquisitoria sommaria, che rappresenta di gran lunga lo standard più diffuso. In sostanza quindi una volta raccolta una denuncia o una notizia generica il tribunale vescovile ha tutti gli strumenti per trasformare le maldicenze contro un chierico in una vera e propria inquisizione a verifica del suo comportamento complessivo.

D'altro canto, e anche questo dato offre un'utile conferma, le cause hanno spesso un esito negativo, sia che si interrompano senza alcuna sentenza, sia che diano luogo ad assoluzioni in piena regola. Sulla base di un calcolo per campioni, Guy Geltner ha valutato che, nella seconda metà del Trecento, a Lucca il 48% delle sentenze sono di assoluzione o di proscioglimento, ma anche tra quelle di condanna molte sono poi rimesse, il che vuol dire che nel complesso solo il 20% dei chierici sottoposti a giudizio sono condannati, talvolta in assenza.[21] Guardando ai procedimenti portati fino in fondo nel biennio 1358-1359, per il quale abbiamo la serie delle sentenze, vennero emesse 22 condanne a carico di chierici a fronte di 13

20. In linea di principio la legislazione canonica impediva, salvo casi circoscritti, ai laici di agire in giudizio penale contro un chierico, ma la proibizione era largamente disattesa nella pratica, proprio per effetto della logica inquisitoria: cfr. per una valutazione diacronica Helmolz, *Discipline of the Clergy*.

21. Geltner, *Patrolling Normative Borders*, p. 174.

assoluzioni.[22] In una porzione significativa di queste la sentenza dichiara espressamente false le accuse, e in qualche caso condanna gli accusatori a una multa. Chiaramente questi sono conteggi sulle sentenze emesse, non sulle cause avviate. A questo riguardo nel *liber accusationum et inquisitionum* del vicario vescovile di Fiesole, che copre il periodo 1337-1340,[23] si contano 18 procedimenti a carico di chierici, di cui ben 12 si interrompono alle fasi preliminari o alla raccolta delle testimonianze, 4 danno luogo a sentenze di condanna e 2 ad assoluzioni. Il fatto che le sentenze coprissero solo una piccola parte dei casi è un dato molto noto già negli studi sulla giustizia criminale delle corti civili: il confronto in tribunale è spesso solo un segmento di controversie varie che possono risolversi altrove o trovare vie differenziate di svolgimento. Il clero non sfuggiva da questo tipo di circostanza: l'immersione delle persone ecclesiastiche nella vita dei fedeli, dalla quotidianità dei rapporti patrimoniali e familiari, fino al coinvolgimento nelle vicende politiche con tutte le loro conseguenze, faceva sì che una dinamica del genere si proponesse anche per i chierici. La giustizia vescovile ha però anche un intento di *correctio excessuum*, una funzione repressiva oltre che di regolazione. In linea di principio possiamo dire che qualora un chierico fosse soggetto al tribunale perché sospetto di reati più o meno gravi, la possibilità di una effettiva condanna era probabilmente intorno a un terzo. Dando per scontato che una parte importante delle accuse sarebbe caduta, da sola o alla luce della procedura, la dinamica denuncia-inquisizione-processo forniva al vescovo più che altro la possibilità di un vaglio utile per pesare la credibilità del clero curato.

Prova ne sia, del resto, anche la politica delle pene e delle relative remissioni. La maggior parte dei reati viene punita con condanne pecuniarie: le più leggere sono quelle comminate per irregolarità di natura liturgica come le cosiddette messe binate, cioè per la celebrazione di più di una liturgia eucaristica al giorno, la rottura di interdetti, la mancata erogazione di sacramenti. Per i casi di concubinato a Lucca a metà Trecento lo standard sembra il pagamento di una multa di 25 lire, beninteso aggiunta alla separazione dalla donna, salvo casi più gravi di convivenza con donne sposate; sempre pecuniarie sono le pene abitualmente previste per reati di violenza, con una gradazione molto ampia. Il carcere esiste per reati estremamente gravi, l'omicidio o la violenza carnale specialmente se aggravata dalle con-

22. ASDL, *Tribunale ecclesiastico*, *Criminale*, 10 (1358-1359).
23. ASDF, XIV.III.A.36.

dizioni della vittima (vergine o circuita con pratiche magiche), ma anche in questi casi si preferiscono penitenze pubbliche, in particolare i pellegrinaggi riparatori. In ogni caso anche la condizione del condannato in carcere è di norma molto transitoria, e si conclude dopo alcuni anni con una grazia o una commutazione in pellegrinaggio. Capita in qualche caso di riscontrare, di fronte a reati molto gravi anche rispetto agli equilibri della comunità locale, l'uso di pene infamanti come l'esposizione del sacerdote mitriato al pubblico ludibrio,[24] ma è una circostanza molto rara. Il carattere in linea di massima assai clemente e poco efficace delle pene della giustizia dei vescovi è stato osservato in molti casi anche fuori d'Italia, e anzi è talvolta riconosciuto come uno dei fattori di debolezza del foro vescovile a fronte di una offensiva penale disciplinante e repressiva che si afferma nella giustizia secolare alla fine del medioevo.[25] Dietro a questa clemenza c'è di certo l'obiettivo della salvaguardia dello status ecclesiastico in quanto tale, che suggerisce di evitare sia pene infamanti, che avrebbero macchiato il prestigio della condizione del chierico in quanto tale,[26] sia per lo stesso motivo condanne a morte o alla mutilazione, che sono invece usuali nella giustizia secolare. La logica della clemenza del vescovo e quella della tutela della fama della categoria ecclesiastica agivano insomma come un tutt'uno. Quando il reato coinvolge in maniera decisiva il rapporto del chierico con la comunità capita spesso che l'imputato venga privato del beneficio: il che accade non tanto nei casi di concubinato e neppure per le violenze, salvo le più gravi, quanto piuttosto per mancanze molto pesanti negli obblighi di residenza, dilapidazione dei beni della chiesa e così via; comprensibilmente in questi casi la giustizia vescovile non poteva sperare di restaurare un rapporto dignitoso tra i chierici e i parrocchiani, quindi si orientava a scioglierlo del tutto. Una decisione questa che aveva però conseguenze assai negative, perché alimentava un circuito di chierici sradicati, destinati a prestare i propri servigi lontano dai luoghi di provenienza, e che infatti figurano non di rado tra i protagonisti di altre cause criminali. D'altro canto non si può pensare soltanto a una strategia del vescovo. Dobbiamo sempre ricordare che la giustizia ecclesiastica

24. Si veda un caso *infra*, p. 188

25. Per alcuni esempi Wunderli, *London Church Courts and Society*, pp. 132-139.

26. È stato osservato peraltro che la stessa reticenza opera in effetti anche a vantaggio di figure della *familia* episcopale, beneficiarie anch'esse di questa volontà di non compromettere con pene infamanti il buon nome del clero del suo complesso, persino di fronte a reati contro lo stesso vescovo: cfr. Burger, *Bishops, Clercs and Diocesan government*, pp. 136-166.

è per sua natura una struttura estremamente fragile, perché di fatto del tutto priva di strumenti esecutivi efficaci. Se i rettori delle curie cittadine potevano contare su un limitato apporto di uomini armati, che nel corso del secolo vide almeno in certi contesti l'integrazione di un corposo sostegno nelle figure semi-militarizzate dei bargelli, in grado di catturare banditi, imporre con la forza misure restrittive e resistere a eventuali ingiurie,[27] i vicari dei vescovi potevano al massimo affidare le proprie sentenze alla notifica di un nunzio, che talvolta rischiava di persona di essere malmenato dai destinatari del provvedimento.[28] Anche gli studi sistematici sulla giustizia vescovile in contesti meglio documentati di quello italiano ha messo in luce questa straordinaria labilità dell'operato dei giudici ecclesiastici, che in definitiva è anche il motivo di un progressivo tramonto delle loro funzioni verso l'età moderna. L'efficacia della condanna dipendeva di fatto dalla buona volontà dei destinatari, e quindi di nuovo metteva in gioco il ruolo della comunità più che un'applicazione rigida della normativa.

Da tutte le osservazioni che si sono fatte finora è evidente che un quadro puramente esterno dei procedimenti giudiziari a carico di chierici presso i tribunali vescovili può essere indicativo soltanto in senso molto problematico dello stile di vita del clero nella Toscana del XIV secolo. Se quello stile di vita sta evidentemente sullo sfondo del quadro, i tratti a noi visibili sono condizionati dalle strategie processuali, dalle precomprensioni della giustizia dei vescovi, dalle consuetudini documentarie e dal formulario notarile. Di conseguenza non sarebbe lecito ragionare su conteggi quantitativi, se non per dare un iniziale ragguaglio delle tipologie di reato che andremo qui di seguito ad esaminare. L'avvertenza è tanto più essenziale in quanto pochissimi sono i registri la cui compilazione abbia una sistematicità tale da poter essere impiegata a fini statistici. Nella maggior parte dei casi infatti abbiamo a che fare con fascicoli rilegati, dei quali non possiamo affatto dire con certezza che contengano tutti gli atti criminali prodotti in un determinato periodo. In definitiva disponiamo solo di un paio di registri lucchesi, qualificati espressamente come libri delle condanne, nei quali trovano spazio le sentenze trascritte per un periodo abbastanza lungo. Qualche altro registro, di nuovo a Lucca ma anche a Fiesole e a Volterra, presenta una successione di cause (concluse o meno da

27. Per una rassegna si vedano i saggi medievistici in *Controllare il territorio*.
28. Si vedano alcuni casi *infra*, pp. 186-188.

una sentenza) in forma standardizzata e regolare, che si possono ritenere il campione significativo degli anni coperti. Sulla base di questi esempi possiamo delineare alcune tendenze di massima della pratica quotidiana dei tribunali episcopali, relativamente alle cause di natura criminale, che come abbiamo accennato sopra sono normalmente isolate nella loro redazione per causa, e quindi si possono contare facilmente.

Il primo elemento che emerge a questo sommario conteggio è il peso preponderante degli atti di violenza: aggressioni fisiche o verbali, risse, porto d'armi illecito, fino ad arrivare ai casi più eclatanti di omicidio o sovversione dell'ordine pubblico. Nel registro dei processi penali del vescovo di Volterra del 1321-1328,[29] che è uno dei primi con una forma sistematica, ricorrono 30 processi contro chierici, tra i quali la tipologia più diffusa è senza dubbio quella dell'aggressione (10 casi) alla quale si aggiunge il porto d'armi (3). Meno ricorrente il procedimento per concubinato o reati sessuali (7), mentre 2-4 esempi nel corso del quinquennio testimoniano processi per cattiva tenuta del patrimonio della chiesa, gioco d'azzardo, irregolarità liturgiche o atti vari contro la morale. Per quanto può valere una fotografia del genere, l'incidenza delle tipologie di accuse-inquisizioni sembra inversamente proporzionale alla specificità del reato rispetto allo status ecclesiastico: in altre parole sono pochi i procedimenti tipici della condizione del sacerdote, come il comportamento indegno dell'abito ecclesiastico o le irregolarità nelle celebrazioni; aumentano ma non in maniera preponderante i numeri per comportamenti illeciti in generale ma più gravi per i chierici come relazioni sessuali illecite e cattiva amministrazione, mentre la tipologia più ricorrente di reati non ha nulla in sé di specificamente ecclesiastico – appunto i reati di violenza. Un quadro del genere – che, lo ripeto, nel caso di Volterra conteggia i processi avviati e non solo quelli giunti a sentenza – prende una certa verosimiglianza se confortato dai dati del *liber rubrice condempnationum* di Lucca. Come accennato sopra si tratta del primo esempio superstite di un registro espressamente riservato alle sentenze, nel quale vennero raccolte le condanne penali o le relative assoluzioni pronunciate per un quindicennio, dal 1350 al 1366.[30] I facili riscontri delle sentenze qui raccolte nei registri delle inquisizioni del medesimo periodo accreditano questa fonte anche nelle sue potenzialità statistiche. I casi conteggiati sono 107, dei quali soltanto un'ottantina specificano un reato, mentre nella

29. ASDV, *Curia vescovile - Tribunale*, *Processi civili*, 3 (1321-1328).
30. ASDL, *Tribunale ecclesiastico*, *Criminale*, 11.

restante parte la sentenza non fa menzione esplicita della colpa addebitata al chierico. Di questi 80 casi ben 33 riguardano chierici processati per violenze di varia natura (più due casi per solo porto d'armi). Le altre tipologie di reato seguono a una certa distanza e sono sostanzialmente comparabili: una dozzina di casi di chierici giudicati per gioco d'azzardo e altrettanti per reati sessuali o concubinato, mentre un gruppo consistente di 15 sentenze riguarda irregolarità per la celebrazione dei sacramenti o nella collazione di benefici, o ancora mancata ottemperanza di provvedimenti episcopali di varia natura. Rari (2 occorrenze) in tutto il periodo i giudizi per bestemmia o per cattiva amministrazione del beneficio: si può ritenere che colpe meno gravi fossero quelle delle quali la sentenza non esplicita il motivo, anche se non è stato possibile verificare. I peccati del clero che il vicario si trova più spesso a gestire sono insomma il precipitato di una società violenta più che di una giustizia preoccupata delle condizioni morali del clero.

Volendo applicare con cautela qualche confronto a livello europeo, i dati suggeriscono alcune considerazioni. Innanzitutto risalta la distanza dalla situazione inglese, nella quale i reati presenti nelle cause penali dei tribunali vescovili sono in larga parte sessuali o relativi alla bestemmia, alla diffamazione e alla rottura di giuramenti:[31] ma questo, come abbiamo osservato a suo luogo, è legato all'assenza nelle corti inglesi di una reale competenza penale *ratione personae* sui chierici. Un quadro del genere è invece abbastanza analogo a quello emerso dagli studi sulla giustizia vescovile nel *Midi* francese, e anzi presenta corrispondenze molto forti con la distribuzione dei reati nel registro di cause penali del vescovo di Carpentras nella seconda metà del Quattrocento;[32] anche i dati su Girona per un periodo più vicino al nostro (la metà del Trecento) confermano una spiccata prevalenza di questioni di violenza, molto più che di conformità a

31. Swanson, *Church and Society*. Nel Quattrocento i casi giudiziari *ex officio* riguardano spessissimo questioni sessuali, almeno per l'80%; nei casi di processi per accusa invece spesso si tratta di questioni che coinvolgono un giuramento (contratti in forma orale), questioni di diffamazione e conflitti matrimoniali, legati soprattutto all'enorme facilità con cui si contraevano le nozze (pp. 163-173); nei ricchissimi e precoci *Selected Cases from the Ecclesiastical Courts* i provvedimenti penali contro il clero sono rari.

32. Hardman, *Conflicts, Confessions and Contracts*, pp. 24-33: nel registro penale del biennio 1487-1488 i casi concernono violenze di chierici (41%), irregolarità liturgiche o genericamente religiose (27%), reati sessuali (16%), furti o reati contro il patrimonio (17%), più altri vari. La comparazione è comunque molto insidiosa e vale solo come impressione generale, se si considera che a seconda dei casi locali si sono conservate denunce, condanne, scomuniche per condanne o viceversa.

standard di natura etica,[33] e quindi collocano i nostri dati toscani in una tendenza riconoscibile nella giustizia vescovile dell'area mediterranea, tipica ad esempio anche nel caso particolare dei tribunali papali di Avignone.[34]

Il quadro però non era immobile. Tornando alla documentazione toscana i registri della seconda metà del secolo, che tornano a testimoniare elenchi di procedimenti aperti e non solo di sentenze, i dati offerti dal ricco caso lucchese non trasformano radicalmente il quadro, anche se talvolta certe tipologie sembrano espandersi a spese di quelle già attestate come prevalenti. Nel registro di inquisizioni lucchese del 1372-1373[35] i casi di reati sessuali e concubinato sono molti più di quelli di violenza o ingiurie (11 contro 6) mentre un numero cospicuo (7) è riconducibile all'ambito della gestione del patrimonio; per contro il conteggio di procedimenti avviati nel 1388[36] riporta la prevalenza, non così netta come qualche anno prima, delle violenze, 10 episodi sul totale di 25 in tutto l'anno, a fronte di 6 processi per concubinato e reati sessuali. Nella discrepanza almeno parziale di questi dati con quelli che per Lucca sono testimoniati dal libro delle condanne si può ravvisare un orientamento abbastanza coerente del tribunale: se il numero delle inquisizioni per reati sessuali è di non molto inferiore a quello dei procedimenti per violenza, questi ultimi arrivano più spesso a sentenza mentre per i primi è più facile che la procedura stessa delle verifiche e testimonianze abbia condotto a esaurire l'episodio anzitempo.

Una testimonianza significativa è quella di un singolare fascicolo fiesolano del 1371.[37] Qui il notaio del vescovo volle tenere nota di tutte le comparse in curia di chierici della diocesi, divise per pievi: non si tratta quindi di un registro giudiziario vero e proprio, ma di un semplice quaderno di annotazioni, il cui carattere sistematico è però ben testimoniato dalla divisione in sezioni territoriali e quindi giustifica le sue potenzialità statistiche. Le comparse di chierici sono 290, un numero imponente, ma nella grande maggioranza dei casi non sono relative a vere e proprie controversie, perché i sacerdoti compaiono in curia per fare fede del rispettivo titolo sul beneficio

33. Armstrong-Partida, *Conflict in the Parish*.

34. Chiffoleau, *Les justices du Pape*, pp. 104-110; il parallelismo vale anche per la successiva, tendenziale evoluzione dei tribunali verso una maggiore attenzione ai reati morali di ambito sessuale (ivi, pp. 175-195).

35. ASDL, *Tribunale ecclesiastico, Criminale*, 28: il libro copre il periodo maggio 1372-ottobre 1373, quindi poco più di un anno.

36. Ivi, 39: in questo caso il periodo compreso è gennaio 1388-agosto 1390.

37. ASDF, XIV.III.A.44.

(«fecit fidem de suo titulo»): di nuovo il tribunale vescovile svolge le sue funzioni ben oltre la sfera del contenzioso. A parte questa fattispecie molto particolare, il caso di gran lunga più ricorrente tra le comparse processuali è quello dei chierici accusati di concubinato, che ricorre in una trentina di casi in tutto il registro. Motivazioni di altra natura per irregolarità o atti riprovevoli dei chierici («ludit ad zardum», «non celebrat», «male gubernat») ricorrono al massimo tre-quattro volte, né molto più frequenti sono i casi di vendita del patrimonio della chiesa. A uno sguardo puramente esterno l'attenzione della curia per la sfera sessuale sembra fortemente accresciuta, il che si potrebbe interpretare, anche sulla scorta della sensibilità delle visite pastorali per questo tipo di reato, come un acuito sguardo vescovile sulla conformità del clero alle prescrizioni canoniche. Un buon quadro a questo riguardo è il registro delle condanne (l'ultimo disponibile per il nostro periodo) redatto di nuovo a Lucca per gli anni 1394-1398.[38] La proporzione tra i vari reati è nettamente cambiata, perché a fronte di 19 giudizi per violenze varie, sono ben 49 i giudizi di sacerdoti per concubinato o adulterio, a cui si possono aggiungere, insieme agli episodi marginali di gioco d'azzardo, cattiva amministrazione o varia, 11 casi di chierici condannati perché illecitamente assenti dal beneficio. Con tutte le cautele che abbiamo avanzato sopra, e quindi volendo interpretare i dati quantitativi più come segno di una politica del tribunale che come specchio dei comportamenti criminali,[39] qui siamo di fronte a una giustizia molto più nettamente disciplinante, che cioè interpreta in maniera decisa l'intento di inquadrare i comportamenti del clero, puntando sulla trasgressione simbolicamente più d'impatto, quella della sfera sessuale, ma con una sensibilità per gli obblighi di residenza che è in effetti coerente con varie testimonianze lucchesi del pieno Trecento.[40] Proprio negli stessi anni ad Arezzo il registro di inquisizioni del periodo 1397-1400 mostra una spiccata prevalenza delle cause per indegnità morale del clero, accanto a quelle per cause di usura.[41] Sembra quindi che si possa intravedere nelle scelte delle curie vescovili con l'avanzare del secolo una sensibilità più viva per la conformità a un modello di vita del clero, che nei primi decenni del secolo era del tutto messa in ombra dalla presenza preponderante della violenza fisica.

38. ASDL, *Tribunale ecclesiastico*, *Criminale*, 42.

39. Come suggeriva a suo tempo anche Chiffoleau, *Les justices du Pape*, p. 207.

40. I vicari di questo registro portano anche il titolo «vicarius generalis [...] et super puniendis et corrigendis delictis et excessibus prelatorum et clericorum».

41. AVA, *Atti di curia*, 12.

2. *L'ambiguità della fonte processuale tra* fama *e* inimicitia

Prima di entrare nel dettaglio dei comportamenti del clero che le carte processuali disegnano nel corso del Trecento vale la pena riprendere l'osservazione avanzata già sopra in sede di analisi delle forme documentarie. La giustizia del vescovo – come e più di quella delle curie secolari – funziona sulla base del concetto di *fama*. Ora, la fama nella sua applicazione nelle situazioni concrete aveva esiti molto ambigui, dal momento che da una parte il procedimento stesso nasceva da una figura astratta, legata al nome e alla considerazione sociale dell'imputato prima ancora che da dati di fatto, e dall'altra circostanze diverse da quelle del reato contestato entravano in gioco e finivano per condizionare in maniera pesante l'esito del processo: circostanze legate alle inimicizie, a rancori personali e alla sfera del gossip della comunità.[42] Il quadro sarà più chiaro ricorrendo a due casi concreti.

Nel 1303 il vicario del vescovo di Fiesole avviò un'inquisizione contro Lapo, pievano di San Niccolò a Nipozzano, accusato dei reati gravissimi di adulterio e infanticidio.[43] Il prete, nel periodo in cui era rettore di San Salvatore a Licciolo nel 1301,[44] avrebbe commesso adulterio con una vedova dello stesso villaggio, dalla quale avrebbe avuto due figlie; secondo l'accusa i due, con l'aiuto di un'altra donna, avrebbero ucciso e sepolto di nascosto i corpi delle bambine («fecerunt quandam foveam in qua dictas filias vivas miserunt et ipsas suffocaverunt in ipsa fovea»), in modo da eliminare in maniera atroce e nascondere il frutto della loro illecita unione. L'accusa viene sostenuta da tre testimoni, due generici, cioè in grado di riportare soltanto un racconto di seconda mano, comunque processualmente rilevante, e uno, Neccio del fu Gherardo da Castelnuovo, *de visu*, che afferma di aver visto la scena del criminale seppellimento, avvenuto ovviamente di notte, mentre andava a pescare nelle campagne vicine. Sul piano fattuale il racconto è quindi molto coerente.

In questo caso però il pievano compare in giudizio, e si dimostra oltre che molto determinato a difendere la propria innocenza anche assai avver-

42. Per usare il concetto messo in gioco da Wickham, *Gossip and Resistance*, per un periodo più risalente ma nel medesimo contesto delle controversie dei contadini di Passignano che incontreremo più avanti a proposito del tribunale vescovile di Fiesole.

43. ASDF, XIV.III.A.9, cc. 113r-121v.

44. Entrambe le chiese si trovano nelle campagne fiorentine nei pressi di Pontassieve.

tito nell'uso dei concetti e dei documenti processuali. Contesta quindi l'accusa con molte eccezioni formali e sostanziali, e soprattutto sostiene che

> nec fuit nec est sepe vel taliter diffamatus quod merito possitis inquirere contra eum, et si vos testes aliquos recepistis super infamia, quos in veritate recepistis, debetis ante omnia dare vel dari facere dicto presbitero Lapo nomina testium receptorum super infamia, et copia testimoniorum et depositionum ipsorum; debetis etiam eidem presbitero Lapo dare copiam articulorum [...] [ut] [...] presbiter Lapus valeat se defendere et legiptime exceptiones proponere.

Tutt'altro che intimorito dalle accuse e a quanto pare ben consapevole del funzionamento della giustizia inquisitoria, il sacerdote contesta proprio la qualità delle attribuzioni che hanno portato a avviare il procedimento, quindi la natura dell'infamia da cui queste a loro volta procedevano, in modo da mettere allo scoperto e disinnescare l'iniziativa giudiziaria a suo danno. Il percorso processuale prende quindi una via molto lunga, che si protrarrà fino al 1305. La strategia del pievano mira principalmente a squalificare il valore delle testimonianze a carico. Nello specifico contesta che i testimoni

> erant tempore dicte receptionis, et sunt hodie, inimici capitales et graves dicti presbiteri Lapi, quod patet maxime ex eo quod in anno dominice incarnationis MCCCprimo de mense novembris, tempore generalis rumoris et persecutionis partis albe civitatis et comitatus Florentie, venerunt ad dictam ecclesiam presbiteri Lapi armata manu et aggredientes eum et dictam ecclesiam eiecerunt eum per vim et metum quod cadere potuit in constantem, proicientes contra eum lanceas et eum fugantes cum ense evaginato, eumque spoliaverunt dictam ecclesiam et eum et dictam ecclesiam derobaverunt et depredaverunt.[45]

Dunque le testimonianze che hanno infamato il pievano vengono dalle medesime persone che anni prima hanno privato lui e la sua chiesa dei suoi beni, nell'ambito di un momento di violenza generalizzata che investì le campagne fiorentine nel 1301, in occasione dei violenti scontri tra la parte bianca e quella nera. Di conseguenza l'infamia gettata sul pievano si spiega con questa prevaricazione che i suoi nemici hanno già attuato in forme violente. Il tribunale vescovile segue a lungo il caso, senza che emergano testimonianze altrettanto precise sulle circostanze del delitto che in prima battuta erano sembrate così limpide, e in effetti il 2 dicembre 1305 il prete viene assolto da ogni accusa.

45. ASDF, XIV.III.A.9, c. 114rv.

Il senso di questa vicenda si può accompagnare a quello di un secondo caso, molto meno truce.

Nel 1362 il tribunale vescovile di Lucca si trovò a raccogliere le accuse contro Agostino rettore di San Bartolomeo a Ripafratta.[46] Si trattava di un episodio ricostruito anche qui con vivace dettaglio, degno delle pagine del *Decameron*. Secondo l'accusa il prete si sarebbe introdotto di nascosto in casa di Puccinello di Pino, che aveva lasciato intento a giocare in taverna – luogo di abituale frequentazione per il sacerdote – e qui avrebbe approfittato del buio per infilarsi proditoriamente a letto con la moglie di lui Francesca. Inizialmente la donna non si sarebbe insospettita, credendo che il marito fosse rientrato a casa, ma una volta entrata in intimità si sarebbe accorta dell'inganno perché l'uomo a letto non aveva la barba di Puccinello. «Traditore! esce di casa tu non se' desso!» avrebbe gridato la donna per allontanare il prete, sorpreso ma comunque intenzionato a farle violenza. Da qui l'allarme dei vicini, la fuga del molestatore e l'accusa in tribunale. Il racconto anche in questo caso è talmente dettagliato da dare apparentemente poco spazio a interpretazioni, almeno sul piano dei fatti. La conclusione del giudice è tuttavia perentoria a favore del sacerdote. Dopo una serie di passaggi il tribunale stabilisce che «non apparent predicta esse vel fuisse vera licet de predictis dominus Augustinus fuit infamatus, sed nobis et nostre curie apparet et est manifestum dictum dominum Augustinum esse bone fame nec ea vel similia facere actasse vel presumisse sed de ipso habentes laudabilem testimonium».

Tutto falso quindi? Le accuse della donna – e si suppone del marito – con tanto di citazioni in volgare delle parole gridate a soccorso nel momento culminante del tentato stupro, sarebbero nient'altro che una mistificazione? Non necessariamente. Quantomeno, il giudice ritenne che malgrado quelle testimonianze la credibilità del prete non fosse compromessa, e che quindi la sua difesa dovesse prevalere sul racconto accusatorio. La conclusione è solo indirettamente l'esito dei dati di fatto: il fine diretto è piuttosto la salvaguardia della fama dell'accusato. Il caso del pievano di Nipozzano funge quindi da contraltare di quanto si legge qui. Forse il testimone che aveva visto il prete con la sua concubina seppellire le due bimbe sventurate era un impudente mentitore, o forse uno sciocco mosso solo dall'ostilità per gli accusati; forse aveva invece riportato in buona fede quanto intravisto nel buio delle campagne. Ciò che interessa al giudice, e che il pievano

46. ASDL, *Tribunale ecclesiastico*, *Criminale*, 15, c. LXIIIrv.

riesce abilmente a far emergere, è che la credibilità delle accuse era del tutto compromessa dagli episodi di violenza e sopraffazione di cui gli stessi accusatori si erano macchiati ai danni del pievano: nessuna testimonianza, per quanto dettagliata e puntuale, poteva ragionevolmente minare il buon nome del chierico. Di conseguenza quest'ultimo era prosciolto dagli addebiti, la cui verosimiglianza di fatto, è bene ribadirlo, resta per noi inattingibile. Probabilmente il prete non era immune da comportamenti censurabili, ma non era neppure colpevole di reati atroci come quelli attribuitigli: in ogni caso all'interno del processo non possiamo conoscere la misura delle sue azioni. Un esito del genere è ad esempio quello a cui perviene alla fine del secolo il vicario di Pisa, che assolve dalle accuse (non specificate nei contenuti) Stefano di Signoretto priore della canonica di San Pietro in Vincoli in città, avendo verificato che le accuse «non veritate suffragari sed ymmo livore et falsa insinuatione et per malitiam per personas non fidedignas ad scandalum et ad infamiam fratris Stefani»:[47] anche qui è la fama degli accusatori ad essere giudicata un fattore negativo, che quindi rivolge nel senso dell'assoluzione l'intera ricostruzione dei fatti.

Questo tipo di situazione, macroscopica nei casi qui citati ma presente molto spesso nelle nostre fonti, è ciò che possiamo qualificare come ambiguità della fama. La circostanza cioè per cui la logica di fondo di funzionamento del discorso processuale rinvia spesso a qualcosa di esterno, di cui si deve tenere conto per evitare di trattare le carte processuali come una sorta di meccanica riproduzione dei fatti. Il processo è in sostanza un confronto di narrazioni concorrenti,[48] e come tutte le narrazioni anche quelle processuali servono a definire i personaggi, nella consapevolezza che l'esito del procedimento dipenderà proprio dall'immagine dei personaggi che il giudice deciderà di convalidare. Più nello specifico, è comune riscontrare sia nelle corti secolari che in quelle ecclesiastiche che i colpevoli di reati anche gravissimi mostrino una disposizione verso il tribunale volta innanzitutto a presentare le proprie azioni come un effetto di una serie di circostanze precedenti, siano essere un torto subito, una diffamazione o una più generica inimicizia, e comunque a diffamare l'avversario squalificando le sue accuse.[49] In questo

47. ADP, *Archivo degli arcivescovi*, *Atti straordinari*, 11, c. 103rv (10 marzo 1396).

48. Si rinvia a quanto detto *supra* anche sulla scorta degli studi di Massimo Vallerani, qui a pp. 21-22.

49. Non a caso questa circostanza è stata notata in entrambi i casi che abbiamo accostato al nostro, cioè in Armstrong-Partida, *Conflict in the Parish*, pp. 206-212, e Hardman,

modo l'attenzione della corte veniva ulteriormente sviata dalle circostanze del reato per attingere a una rete più ampia di solidarietà o di odi reciproci che stavano intorno al processo. Quella rete che la stessa fonte qualifica come *inimicitia*, o ciò che uno studio fortunato ha definito l'odio come istituzione sociale:[50] il processo nasce talvolta proprio dall'intento di screditare, di diffamare una persona costruendo una narrazione a suo danno.

Sarebbe tuttavia un errore immaginare la società medievale come attraversata da una infinità di fili di odio reciproco. Lungi dall'essere un termine generico, la nozione di *inimicitia* viene usata come un concetto processualmente rilevante, in un certo senso in analogia con l'onnipresente *fam*a, salvo che a differenza di quest'ultima la sua funzione si colloca tutta in un contesto accusatorio, di processo come teatro di una controversia tra le parti. Come la *fama*, comunque, si tratta di una vera e propria figura processuale. Secondo una tradizione consolidata nel diritto canonico, riportata chiaramente nello *Speculum* del Durante, uno degli effetti dell'esistenza di una *inimicitia* è che la persona che ne risulti affetta non può testimoniare né avanzare un'accusa.[51] Questo effetto ostativo era usato sistematicamente dai procuratori delle cause presso il vicario, come abbiamo visto del resto anche nelle numerose accuse contro chierici per i reati più diversi: la prima strategia per indebolire l'accusa o direttamente, o indirettamente squalificandone i testimoni, è per l'appunto addurre l'esistenza di una *inimicitia* che stando ai formulari impedirebbe all'accusatore o ai suoi testimoni di deporre in giudizio. Normalmente non era difficile argomentare in tal senso perché si potevano sempre trovare circostanze e situazioni di fatto raffigu-

Conflicts, Confessions and Contracts, pp. 94-107, ma è una modalità molto presente anche nelle cause penali presso le corti secolari.

50. Smail, *Hatred as a Social Institution*.

51. Per alcuni esempi *Speculum clarissimi viri Gullielmi Durandi*, I, § *De accusatore*, p. 182, n. 28 («inimicus repellitur ab accusando et ab excipiendo») e 29 («Inimicitiae quae repellant ab accusando»), o ancora III, p. 27, § *De inquisitione*, n. 19, p. 27 («inimicitia, seu cum inimicis conversatio aut consanguinitas reddunt testimonium nullum»). La forma ostativa dell'argomento dell'*inimicitia* è tale che lo stesso Durante, nel secondo dei passaggi citati, si chiede se in un certo senso questo non si risolva in un auto-annullamento del processo, perché in definitiva chi accusa ha qualcosa contro l'accusato e quindi da un certo punto di vista è suo nemico; la soluzione, significativamente, faceva ricadere il discrimine nell'ambito della valutazione etica della persona: «unde si nunc velit accusare, praesumitur inimicus ex praecedenti facto [...] alioquin nullus admitteretur, cum omnes dicerentur inimici», per cui il giudice dovrà valutare «qui est suspectus, vel facile litigans, vel malae conversationis vel vitae accusabilis vel non rectae fidei [...]».

rabili come motivo di ostilità reciproca: come tutte le figure del processo, una posizione del genere poteva essere avanzata in maniera più o meno plausibile o pretestuosa, e quindi stava al giudice, su sollecitazione dei procuratori, il verificarne la ragionevolezza. Quel che vale la pena ribadire è che sarebbe un errore pensare a una pervasiva presenza nella società di reti di inimicizia, laddove lo stesso impiego del concetto era tutto interno alla logica del processo nei suoi più limpidi fondamenti formulari: piuttosto, il lavoro del tribunale era proprio quello di sciogliere una situazione del genere, distinguendo i risvolti buoni e cattivi della *fama*, così come gli aspetti realmente ostativi o puramente pretestuosi dell'*inimicitia*.

Nelle pagine che seguono un'avvertenza del genere dovrà sempre essere tenuta presente.

Vedremo dunque le diverse tipologie di reati nell'ordine inverso che abbiamo rilevato sopra: a partire dai comportamenti più tipici dello status ecclesiastico, o se si preferisce dal modello di comportamento del chierico, fino alle trasgressioni più generiche, in un ideale quadro della vita dei chierici tra aspettative, cornici normative, pregiudizi e quotidiane controversie.

3. *Falsi chierici*

La prima preoccupazione delle curie episcopali nella loro prassi giudiziaria è probabilmente la salvaguardia dello status del clero diocesano, cioè la difesa delle prerogative dei chierici in termini di titolarità delle funzioni e riconoscibilità del loro ruolo. Questo comporta una speciale attenzione a tutte le situazioni nelle quali fosse in dubbio la distinzione tra lo status di chierico e la società secolare, nei comportamenti ma anche nei tratti puramente esteriori dell'abito.[52] Come abbiamo appena visto, a una valutazione numerica le cause espressamente dedicate a casi di chierici che si mostrano come laici non sono molte, e di certo hanno un'incidenza molto minore rispetto agli episodi di violenza o di concubinato, ma ciò non toglie che il tema avesse comunque una rilevanza d'immagine molto forte.

52. Già nel 1227 il vescovo di Siena Bonfiglio, in ottemperanza delle disposizioni del pontefice a tutti gli episcopati toscani, specificava una serie di norme sullo stile di vita dei chierici, dettagliando innanzitutto gli obblighi quanto al vestito: cfr. l'edizione in Pellegrini, *Chiesa e città*, pp. 473-479.

In effetti, se guardiamo alla legislazione sinodale del periodo, le norme in proposito sono tra le più ricorrenti, poste spesso in posizione di primato rispetto a altri riferimenti. Il sinodo diocesano di Pistoia del 1308 si articola in due sole costituzioni: I. *Quod clerici et conversi portent habitum et tonsuram*, e II. *Quod non recipiantur in canonicis vel conversis sine licentia episcopi*.[53] Nella prima si ribadisce che clerici, religiosi e conversi «secularibus negotiationibus et officiis dimissis omnino vestem et tonsuram portare debeant congruentes, ita quod in modo tonsurae et vestimentorum qualitate eorum religioni conveniant et a laicis discernantur». Le costituzioni fiorentine del primo Trecento erano state assai dettagliate a tal proposito,[54] mentre quelle di Francesco da Cingoli del 1327, tra le più ampie di tutto il secolo, prevedono come prima rubrica della sezione terza un ampio capitolo 1, *De vita et honestate clericorum*, che inizia con l'obbligo per i chierici di portare l'abito chiericale e di tenere una vita a quello consona, per poi proseguire con le sanzioni per i chierici concubinari, sui quali però rinvia alle costituzioni del cardinale Latino di quasi cinquant'anni prima.[55]

Questa preminenza della preoccupazione sull'abito e la riconoscibilità dei chierici è un perfetto contraltare dell'attenzione riservata allo stesso tema dalla legislazione statutaria secolare. Negli statuti cittadini trecenteschi si fa riferimento spesso alla figura dei chierici fittizi, che approfittano di una appartenenza ecclesiastica per sfuggire dalle corti secolari. In questo senso anzi la sovrapposizione tra normativa secolare ed ecclesiastica aveva risvolti anche più vistosi. Nella redazione statutaria del comune di Firenze del 1325 venne esplicitamente recepita una disposizione del capitolo della cattedrale, nella quale i canonici privavano di ogni tutela quanto al privilegio del foro quei chierici che per gravi reati o per uno stile di vita palesemente secolare si fossero dimostrati indegni dei privilegi del clero.[56] Si trattava dell'esito di una controversia esplosa nel 1285, relativa proprio alla possibilità che le curie secolari giudicassero figure chiericali. Nell'ambito di quegli episodi ricorrenti a fine secolo, di definizioni normative di quelle situazioni di frontiera potenzialmente foriere di conflitti, la parte ecclesiastica aveva stabilito regole abbastanza severe, tanto che le disposizioni vennero recepite dalle stesse autorità secolari come sufficiente garanzia per

53. *Sacrorum Conciliorum nova et amplissima collectio*, XXV, coll. 169-174.
54. D'Addario, *Il problema "de vita et moribus clericorum"*.
55. *Capitoli del comune di Firenze*, p. 17.
56. *Statuti della Repubblica fiorentina*: *Statuto del Podestà del 1325*, § III, 110, pp. 236-237.

eventuali usi impropri dello stato chiericale.[57] In maniera simile, le modifiche imposte dal legato papale agli statuti del comune di Lucca nel 1309 introducevano una serie di correttivi a difesa delle immunità del clero, ma allo stesso tempo eccettuavano il caso di coloro che, pur avendo ricevuto la tonsura, avessero un comportamento e costumi identici a quelli dei laici, e quindi meritassero di essere soggetti al tribunale secolare. In particolare intervenivano cassando il capitolo *De modo et forma procedendi et ius reddendi ecclesiasticis personis*, con l'aggiunta per cui «quod si aliqui clerici vel conversi habitum et tonsuram habiciant, et publice incedant tamquam laici, et pro laicis habeantur, si contingat eos deprehendi in aliquibus excessibus vel eorum enormitatibus in <h>abitu laicali, quod iudex secularis illos tales debita pena castigare possit, et procedere contra ipsos, sicut contra alios laicos esset facturus».[58] Nel quadro di una complessiva tendenza alla collaborazione tra poteri secolari ed ecclesiastici nella Toscana del Trecento, questo doppio scrupolo andava a definire piuttosto chiaramente la disciplina in materia.

Detto questo, il confronto con le fonti della prassi mostra una realtà non di rado difforme d prescrizioni statutarie o sinodali. In particolare poteva verificarsi il caso di individui che giocavano sull'appartenenza formale allo status ecclesiastico per ottenere privilegi giudiziari o sottrarsi a obblighi imposti ai laici. In uno dei più antichi registri pistoiesi vengono riportate le testimonianze su una causa del 1292, a proposito di un tal Chierichello che per sfuggire a una condanna del giudice secolare per stupro, *de consilio sapientis* aveva chiesto e ottenuto di diventare converso del monastero di San Tommaso a Santomato nei pressi di Pistoia, e ora vorrebbe tornare allo stato secolare.[59] Non stupisce che sia stato un professionista del diritto a suggerire a Chierichello questo *escamotage*, nel quale però rischiava di rimanere intrappolato.[60] A Pisa, anni dopo, compare la prima causa contro un tale colpevole di aver tentato di farsi accreditare come

57. Dameron, *Florence and its Church*, pp. 219-224; sul particolare momento storico di fine Duecento cfr. anche Ristori, *Chiesa fiorentina e clero della cattedrale*, pp. 191-236.

58. *Statuto del comune di Lucca*, pp. 337-345.

59. ASFi, *Tribunale vescovile di Pistoia*, 4, cc. 224v-226r.

60. La normativa sinodale del vescovo Enrico nel 1308 aveva in effetti previsto divieti specifici proprio a questo proposito, nella rubrica XXIII *De conversi non recipiendis per aliquem rectorem* (p. 180), che vieta severamente la pratica talvolta invalsa per cui alcuni laici vengono surrettiziamente presi come conversi «ut [...] possint circumvenire vindicta et onera Lucani communis tam realia quam personalia evitare».

chierico per eludere le imposizioni fiscali del comune.[61] Normalmente, come ben specificato dalla normativa lucchese, ciò che il tribunale cercava di fare era stabilire il tenore di vita del chierico, dal quale fosse possibile definire la sua effettiva posizione. Già nei primi anni del secolo il vicario fiesolano si trovò a gestire il caso di Enrico da Monteficalle detenuto nel carcere del comune di Firenze.[62] In particolare il vicario volle scrivere a messer Gerardo de' Nerli, priore di San Quirico a Capalle, per chiedere un *consilium* sulla questione: se fosse opportuno ingiungere al podestà di Firenze il rilascio per conflitto di giurisdizione, dato lo stato ecclesiastico dell'interessato. La risposta del giurista è positiva, ma nelle carte del processo emergono le eccezioni di Niccolò Franzesi, il celebre mercante e avventuriero uso alla corte di Francia,[63] il quale argomenta come Enrico fosse sempre vissuto come un laico, evidentemente con l'intento di farlo restare nel carcere del podestà. Enrico era stato «factor dominorum de Françesibus tempore quo fuit Parisii», quindi uomo di fiducia dei banchieri fiorentini nella capitale regia, e quel che più conta i testimoni ne parlano come di uomo uso al gioco, al prestito usurario, ai postriboli e alle taverne parigine. Il Franzesi doveva conoscere bene il suo fattore, e quindi la sua parola sembra credibile, ma il giudice preferì mantenere un rigoroso ossequio alla normativa sul privilegio del foro e accreditò comunque lo stato ecclesiastico della persona dell'interessato. Era evidentemente un punto di principio per l'autorità ecclesiastica rivendicare nel senso più estensivo possibile la validità del privilegio del foro, avocando a sé la giurisdizione su personaggi dallo status incerto o intermedio. Ma questa politica, motivata da un intento generale di salvaguardia del principio, finiva per riversare sotto la responsabilità del vescovo figure sostanzialmente laicali per frequentazioni e attività, che i procedimenti giudiziari cercano quindi di riorientare a una vita canonicamente accettabile. Nel luglio 1399 inizia ad esempio a Lucca una lunghissima causa avviata dalla petizione di Niccolò del fu ser Guido Onesti contro due conversi cistercensi, Bartolo e Giovanni, presso la curia dei mercanti.[64] Il vicario richiede a più riprese alla curia di interrompere il procedimento; sembra che l'interruzione abbia successo,

61. ADPi, *Archivio degli arcivescovi*, *Atti straordinari*, 1, c. 27r (1305).

62. ASDF, XIV.III.A.9, cc. 36r-39v e 42r-45v. La località di Monteficalle è l'attuale Montefioralle preso Greve in Chianti.

63. Pirillo, *Famiglia e mobilità sociale*, pp. 75 sgg.

64. ASDL, *Tribunale ecclesiastico*, *Civile*, 84, cc. 48r-62v (a partire dal 2 luglio 1399).

ma la sentenza finale stabilisce che i due conversi debbano vivere regolarmente nel monastero, e che se invece si troveranno a vivere in casa come persone secolari siano privati del privilegio del foro e sottoposti alla giurisdizione secolare. Una soluzione che peraltro era in linea con lo statuto del comune di Lucca, che già nella redazione del 1308 esclude di principio ogni possibile eccezione di foro per il converso «si continuam residentiam non fecerit et steterit in loco cuius sunt conversi ut alii conversi dicti loci, et vestimenta et habitum vere portaverit ut consuetum est portari per tales conversos».[65] Paradossalmente sono proprio monaci gli uomini di chiesa che più di frequente suggeriscono dubbi e sospetti, anche perché all'interno dei cenobi l'attività di controllo dell'autorità vescovile era ancora più aleatoria di quella esercitata sul clero secolare, quindi le situazioni irregolari fiorivano facilmente.[66]

Il problema dei chierici fittizi non veniva insomma affrontato solo con la definizione dei titoli formali dell'ordinazione, ma anche con la verifica di uno stile di vita che fosse consono con lo status ecclesiastico, tale cioè da non suscitare sovrapposizioni con il regime laicale. Una delle situazioni più ricorrenti che mettevano in questione la riconoscibilità dei chierici era la taverna: l'immagine del prete che si reca in taverna mescolandosi con gli avventori secolari, finendo per somigliare fin troppo a quelli nell'amore per il vino e il gioco, l'indulgenza per la bestemmia e la facile inclinazione alla rissa era tipica già delle normative sinodali, e in effetti le stesse inquisizioni contro chierici inquadrano unitariamente questa "criminalità da taverna".[67]

65. *Statuto del comune di Lucca*, § IV, 15, *De conversis conveniendis*. Sul problema dei conversi, anche a partire dalle fonti lucchesi, cfr. Osheim, *Conversion, Conversi and the Christian Life*.

66. Una di esse venne verificata dal preposto di Prato nel 1342, nell'*inquisitio* contro un monaco benedettino di San Salvatore di Val d'Agna «qui se gerit pro cappellano dicte plebis» e ne percepisce i frutti senza averne i debiti titoli. La causa si interrompe prima di giungere a sentenza, ma nel frattempo viene citato un altro episodio per percosse contro due donne di cui è accusato il medesimo monaco-cappellano, che quindi emerge come personaggio quantomeno sospetto agli occhi dell'autorità ecclesiastica: ADP, *Atti giudiziari*, *Atti della curia del preposto*, 1017, cc. 18v-20v. Un caso assai simile è discusso dal vicario di Fiesole (ASDF, XIV.III.A, carta non numerata del gennaio 1389), su un certo Marcovaldo apostata dei frati minori che si è fatto abusivamente passare per prete.

67. Anche la disposizione capitolare fiorentina a cui si è fatto cenno sopra associava l'immagine del falso chierico che abusa dei privilegi del suo status ai comportamenti riprovevoli del concubinato, del gioco e della socialità da taverna, presentati come emblematici di una condotta più secolare che da persona ecclesiastica.

Lusor et tavernator è un'endiadi ricorrente che diffama i chierici sottoposti a giudizio o sui quali il giudice ecclesiastico raccoglie le accuse. Proprio l'efficacia infamante della definizione ne favoriva l'uso anche a fini strumentali, qualora si intendesse interdire la nomina di un chierico per un beneficio ambito. Un caso del genere è ad esempio la denuncia presentata nel 1319 al vicario fiesolano contro la postulazione da parte di ser Stefano di Albizzino della pieve di San Cresci. L'accusa qualifica il postulante come «criminosus» e uso a comportamenti poco raccomandabili, e in particolare sottolinea il fatto che «notorium est tam per municipalia statuta comunis Florentie quam per iura comunia civilia et criminalia ludus taxillorum cum pecunia et ad çardum sit prohibitum»:[68] un riferimento molto puntuale e malevolo, perché citare la normativa del comune[69] nell'ambito di una possibile nomina a pievano metteva in gioco proprio la possibilità di qualche spiacevole contrasto con le autorità secolari. E infatti anche a Lucca nel 1353 il vicario si trovava a procedere contro Filippo pievano della pieve suburbana di Montuolo per una rissa esplosa dopo una partita a dadi, in una causa avviata su segnalazione del giudice ai malefici del comune di Lucca: «ex nostro officio et ex denunciatione nobis iure curie porrecta pro parte iudicis malleficiorum lucani potestatis».[70] È abbastanza frequente trovare questo tipo di procedimento avviato dai tribunali secolari, dal momento che la sorveglianza notturna, almeno in città, era garantita dalle guardie dei rettori o da ufficiali minori delle vicinìe, e chiaramente nel contesto dell'oscurità notturna era difficile distinguere tra un secolare e un ecclesiastico uscito dalla taverna. L'avvio del procedimento presso il rettore secolare era un ulteriore motivo di disdoro per l'autorità ecclesiastica, per il fatto che un chierico fosse preso per secolare, ma anche per l'imbarazzo che ne nasceva a motivo della sovrapposizione di competenze.[71]

68. ASDF, XIV.III.A.23, c. XLIVv.

69. Disposizioni contro il gioco d'azzardo sono onnipresenti nella normativa statutaria cittadina: ad es. *Statuti della Repubblica fiorentina*: *Statuto del Capitano del popolo degli anni 1322-1325*, § III, 6, *De ludis vetitis et mutuantibus ad ludum et ludos retinentibus et de contractibus factis causa ludi*.

70. ASDL, *Tribunale ecclesiastico*, *Criminale*, 5, c. LXVIIIrv (30 maggio 1353).

71. Emblematica di nuovo a Lucca nel 1350 la condanna contro il prete Niccolò rettore della chiesa di Santa Maria in Via sorpreso a vagare di notte a dispetto del suo stato ecclesiastico: il vicario, «volentes sequi consuetudinem et statutum lucane civitatis quo statuto cavetur quod euntes de nocte sine licentia solvant camerario lucani communis [...] XL denarios», lo condanna alla medesima pena prevista nello statuto, da versare però alla camera del vescovo: ASDL, *Tribunale ecclesiastico*, *Criminale*, 4, cc. LXIXv-LXXr.

L'imbarazzo era massimo se poi il chierico rispondeva in maniera inconsulta alle guardie notturne, innescando ulteriori complicazioni, come accadde per una causa del 1397 presso il vicario di Arezzo.[72] Ser Jacopo era rettore della chiesa di San Biagio a Migliari, un piccolissimo castello nella Valdambra, ma il suo stile di vita aveva tutti i tratti del chierico dal comportamento secolare: a parte la convivenza con una donna, costui aveva una quotidiana frequentazione della taverna della vicina Pieve a Presciano, e oltretutto tra i suoi compagni di gioco c'era spesso un certo Pagarino da Cornia, uomo d'arme al servizio del conte di Palazzuolo, il che introduceva un altro elemento di commistione con ambienti molto poco ecclesiastici; e a margine degli appuntamenti per i dadi capitavano anche risse a suon di schiaffi col medesimo Pagarino. L'episodio più spiacevole avvenne però una sera di maggio quando Jacopo si trovò a rientrare troppo tardi da una serenata, e si vide sbarrata la porta del castello.[73] Quando Pietro di Paolo, la guardia di turno, si rifiutò di aprire, Jacopo avrebbe dato in escandescenze gridando «a despecto de Dio et di quanti sancti sono in paradiso io c'entrarò a tuo despecto *et cetera*». Il verbale processuale non include il seguito della vicenda, quindi non sappiamo se il vicario abbia accertato la veridicità del racconto, ma di certo il nostro aveva già meritato il biasimo e il sospetto delle autorità diocesane, omettendo di presentarsi ad un mandato del vicario. Concubine, sfaccendati da taverna, bravacci di campagna erano frequentazioni non degne di un sacerdote.

Al di là di quelle che possiamo considerare come cattive abitudini comuni nel clero, il tribunale vescovile si trova spesso a trattare con personaggi che provengono dallo stato chiericale, mai formalmente abbandonato, ma che si sono dati alle attività più varie fino a confondere del tutto le distinzioni con lo stato secolare: in questo caso si trattava di situazioni per così dire strutturali, che andavano oltre la mera deviazione dalla morale.

Emblematico di questa categoria di personaggi, nella turbolenta e sanguinosa Lucca degli anni Sessanta, è il prete Naccio del fu Antonio da Siena rettore della chiesa di Santa Maria a Siepi nel Chianti senese, consegnato al vicario del vescovo dalla curia secolare del capitano e conservatore

72. AVA, *Atti di curia*, 12, c. 6r.

73. Le pratiche legate alla musica secolare suscitavano il sospetto delle autorità vescovili per le possibili commistioni con il modo di vita dei laici: emblematica il tal senso la rubrica XLIII *De pena clericorum sonantium vel coheriçantium instrumenta*, inclusa accanto alla più classica norma contro la frequentazione delle taverne tra le costituzioni del vescovo aretino nel 1344: *Costituzioni Sinodali dei vescovi di Arezzo*, p. 41.

della città di Lucca. Pur essendo un sacerdote, fuggito o cacciato dalla sua diocesi, Naccio si veste come secolare e porta armi «more stipendiariorum et dissolutorum hominum», anzi «se fecit scribi ad stipendium pisani communis» e si è reso colpevole di furti, in particolare di una barbuta,[74] non a caso un pezzo di armatura. Un vero soldato di ventura insomma, dopo una carriera da prete quasi sicuramente disastrosa. Probabilmente la stessa strada poco raccomandabile avrebbe preso anni dopo Onofrio pievano di Santa Maria a Loppia e di San Cristoforo a Barga, inquisito per aver abbandonato la pieve:[75] a quanto dicono certi testimoni sarebbe non solo un uomo di mala vita e violento, ma sarebbe addirittura entrato «inter sotiales gentes Biordi de Perusio» (il condottiero Biordo Michelotti), dunque di nuovo un soldato mercenario – al quale il vicario non può che infliggere la privazione del beneficio, ammesso che mai costui intendesse tornare a rivendicarlo.

Accanto a queste inquietanti carriere militari capita anche di trovare chierici dediti ad arti più rispettabili, ma di nuovo rischiose per la confusione di piani che finivano per alimentare. È il caso di Jacopo di messer Stefano da Venezia, inquisito e condannato dal vicario di Arezzo nel 1397.[76] Questi era un prete senza beneficio, che da tempo vagava per la diocesi di Arezzo sostenendo di avere lettere che lo autorizzavano a assolvere casi riservati; già questo sarebbe stato un reato grave. La principale attività di Jacopo era però la pratica della medicina e l'uso delle erbe medicamentose,[77] come confermava la testimonianza vari pazienti che a lui si erano rivolti pagando i suoi presunti, e a quanto pare inefficaci rimedi contro ascessi e malattie cutanee. Jacopo doveva avere avuto una effettiva formazione medica, perché lui stesso dichiarava di aver studiato all'università di Padova: la sua condizione attuale era però quella di un praticante irregolare, dal momento che la povertà del beneficio della sua chiesa non gli aveva consentito di sopravvivere e quindi si era risolto ad abbandonare la dioce-

74. ASDL, *Tribunale ecclesiastico*, *Criminale*, 15, c. LXXVIIIIrv (1362), e 17, c. XXXVIIIrv.

75. Ivi, 42, cc. XXXIIIr-XXXIIIV (27 maggio 1395).

76. AVA, *Atti di curia*, 12, cc. 19r-20v.

77. «Asserendo se scire medicare et expertum fore in medicina et maxime in fisica (*corretto su* cerusia) et herbis (*cancellato*) in experimentis herbarum plures et plures medicavit sine aliqua valitudine seu convalescentia ymo potius tales huiusmodi infirmos inducebat et induxit ad inconvalescentiam et ab ipsis attamen recepiebat et recepit mercedem», *ibidem*.

si di provenienza.[78] La figura insomma emerge con tratti molto peculiari: uno studente di medicina, forse diventato prete per godere di un beneficio e continuare gli studi, come molto spesso accadeva in tutta Europa; una prebenda troppo povera, in tempi difficili di chiese svuotate e immiserite; il tentativo di procurarsi di che vivere lontano dalla vigilanza del proprio vescovo, praticando senza troppi scrupoli un'arte medica per la quale non disponeva dei costosi titoli accademici. Il tutto agli occhi del vicario vescovile appariva segnato dalla irregolarità e dalla confusione di ruoli più riprovevoli, e quindi la condanna è la stessa: espulsione dalla diocesi e carcere perpetuo se vi dovesse far ritorno.

Evidentemente tra le accuse di vita secolare rivolte ai sacerdoti la più infamante è quella della pratica dell'usura, per la quale il chierico assumeva il più riprovevole dei vizi dei secolari. Ad Arezzo un'accusa del genere venne avanzata (senza esito processuale) ai danni di Donato di Dolfo Arnaldi cappellano del duomo, che stando alla denuncia sarebbe stato un «usurarius ac mercator sive negotiator» da ben venticinque anni.[79] L'uso della definizione è abbastanza indicativo, nel senso che la pratica della mercatura per un chierico è caricata di una valenza intrinsecamente negativa e quindi sovrapposta a quella dell'usura.

Più modestamente la commistione tra secolare e spirituale si manifestava, specialmente nelle campagne, quando i chierici si dedicavano a piccole attività commerciali, di norma più di sussistenza che per vere e proprie imprese. A Lucca nel 1358 Feo rettore della chiesa di San Pietro a Ceuli è condannato a una multa di 10 lire perché «in canonica dicte ecclesie vendidit vinum ad minutum, panem et carnes contra formam constitutionum episcopalium»;[80] a Fiesole nel 1389 viene inquisito e condannato a dieci lire Citto pievano di Sandetole, che «exercuit per se et alios artem lignaminis vendendo et emendo».[81] Non si sono riscontrati nelle nostre carte episodi di chierici che esercitassero direttamente l'attività di tavernieri, come compare talvolta in cause giudiziarie d'Oltralpe,[82] ma il contesto è abbastanza simile. Un tipo di iniziativa piuttosto organizzata sembra quella di Antonio di Francesco da Firenze priore di Santa Maria di Fregionaia,

78. «Propter paupertatem non valens se induere nec calcare preteriit precepta domini episcopi cum ecclesia quam habebat non esset sufficiens ad se sustentandum», *ibidem*.

79. Ivi, c. 34rv.

80. ASDL, *Tribunale ecclesiastico*, *Criminale*, 10, c. XXXVIIIr.

81. ASDF, XIV.III.A.48, carta non numerata del gennaio 1389.

82. Verdon, *Le clergé poitevin*, pp. 632-633.

inquisito per aver sottratto al convento libri, carte e oggetti preziosi portandoli a Firenze. Il processo presso il tribunale lucchese (del quale però manca la conclusione)[83] mette in luce una pratica del tutto delinquenziale, dal momento che l'inquisito non era affatto un canonico ordinato ma un laico, che nella sua città teneva un vero e proprio amministratore, tramite il quale reggeva il convento in modo totalmente secolare.

Questo è forse un caso estremo per la premeditazione del finto chierico, ma la scena di chierici immersi nella società laicale dalla quale non sempre si distinguono per stile di vita e mezzi materiali si traduceva non di rado in denunce di piccoli furti, che si possono considerare come specchio, nella logica dell'accusa, di una gestione irregolare dei beni della chiesa intesa come corollario di una condizione personale altrettanto irregolare.

Nel 1385 viene avviata dal vicario fiesolano una *inquisitio* contro Benedetto di Bino rettore di San Tommaso a Cavriglia nel Valdarno superiore, accusato di aver rubato a varie botteghe di Montevarchi un cappuccio nuovo, un pane di cera di 5 lire da Canocchia aromatario, un vaso, un falcetto e un pezzo di carne di castrato da 12 soldi.[84] Nel 1365 si era tenuta un'altra *inquisitio* del vicario volterrano contro il prete Iacopo rettore della cappella di San Vittore in città, accusato con altri due di essersi intromesso in casa di un tale per commettere il furto di quattro staia di grano, una capra, alcuni polli e una pomata di olio. Sentiti i testimoni, il prete viene condannato alla pena di un anno di carcere,[85] in effetti molto pesante per l'entità della refurtiva, ma forse legata all'infamia e al sospetto che ricadeva sulla figura del sacerdote nella sua comunità.[86]

Il panorama materiale di questi piccoli furti è certo specchio di una condizione mediamente molto modesta, nella quale se i pievani possono contare su risorse non più che dignitose, per certi preti di campagna si giungeva

83. ASDL, *Tribunale ecclesiastico*, *Criminale*, 27, c. Vr (1373).

84. ASDF, XIV.III.A.46, cc. XXIv-XXIr.

85. ASDV, *Curia vescovile*, *Tribunale - Processi civili*, 13, cc. 2r-5r.

86. Soggiace alla medesima valutazione anche la condanna inflitta nel febbraio 1394 dal vicario aretino a Marco di Paolo prete di Monterchi, sospetto di aver rubato dalla casa della chiesa di Santa Maria a Peneto (nelle colline a est di Arezzo) una scure, un libro e una cappellina: confesso, il prete è condannato a sei mesi di reclusione nel carcere del vescovo, subito commutata nell'espulsione per dieci anni dalla diocesi aretina: AVA, *Atti di curia*, 10, c. 294rv (4 febbraio 1394). Molto modeste erano anche le masserizie che nel 1375 il pievano di Laiatico (presso Volterra) denunciava essergli state sottratte dal vicino pievano di Orciatico con la sua serva: varie coperte, tovaglie, biancheria più una padella e un grattacacio: ASDV, *Curia vescovile - Tribunale*, *Processi civili*, 19, foglio sciolto numerato 44.

all'indigenza vera e propria. Questo aiuta a comprendere anche quelle situazioni in cui il sacerdote cerca di mettere a frutto in maniera venale le sue prestazioni. È dei primi mesi del 1392 l'*inquisitio* presso il vescovo di Arezzo contro il rettore di Sant'Angelo dell'Anciolina in Valdarno, accusato di aver giocato d'azzardo e bestemmiato, di aver commesso vari piccoli furti, e quel che è peggio di aver rifiutato ai suoi parrocchiani la sepoltura, o di aver chiesto denaro in cambio dell'officio funebre.[87] La causa, pur espressamente qualificata come inquisitoria, inizia con una denuncia (trascritta ma anche conservata in carta sciolta allegata) di Giuliano di Pietro canonico aretino, che agisce come sindaco e procuratore dell'*universitas* degli uomini di Anciolina: di fronte al comportamento del rettore i parrocchiani avevano ben strutturato la loro iniziativa giudiziaria che in effetti giunse al risultato sperato, l'allontanamento del prete e la privazione del beneficio.

Complessivamente questi episodi, che come accennato non hanno una incidenza quantitativa enorme nel quadro globale delle cause, disegnano comunque uno sfondo di abituale confusione tra la vita quotidiana del clero e quella dei parrocchiani. Una sovrapposizione che non riguarda solo la sfera della possibilità economica, per il tema assai classico della povertà del clero curato specialmente rurale, costretto a piccoli espedienti per mantenersi in condizioni di benefici miseri e insufficienti. Accanto a preti di campagna al limite dell'indigenza ci sono cappellani di città, o uomini comunque in grado di gestire relazioni di un certo rilievo come il finto chierico e fattore dei Franzesi che abbiamo incontrato sopra. La sovrapposizione con la società secolare è insomma a tutti i livelli, anche se in più di un caso compaiono qui figure di sradicati, di personaggi rimasti ai margini di una società violenta e divisa. Sarà opportuno tornarci. Stando alla testimonianza degli atti ciò che vale la pena sottolineare qui è che normalmente l'accusa, sia essa verosimile o pretestuosa, arriva a processo per situazioni che riguardano il patrimonio della chiesa e la gestione dei beni: si tratta di elementi che avevano nell'ottica della curia una rilevanza di primo piano, tale da attivare i provvedimenti più severi, e da condurci a un ulteriore ambito della disciplina del clero, quello del regolare svolgimento dei doveri curati.

87. AVA, *Atti di curia*, 11, cc. 76r-80v.

4. *Irregolarità, inadempienze, difetti formali*

Evitare frequentazioni sospette e mantenere un minimo di distanza dagli stili di vita laicali non erano ancora requisiti sufficienti per il clero secolare secondo gli auspici delle autorità vescovili. Elementi altrettanto indispensabili erano l'effettiva ordinazione sacerdotale e l'adeguata titolarità del beneficio, cioè il legittimo godimento della rettoria della chiesa con il regolare svolgimento delle funzioni liturgiche. Indispensabili ma tutt'altro che scontati. Da una parte infatti il clero curato bassomedievale era composto in gran parte da chierici muniti solo degli ordini minori,[88] che non avrebbero potuto svolgere la totalità dei servizi liturgici – e non è raro che figure di questo tipo assumessero la rettoria di cappelle o pievi in virtù di dispense temporanee o privilegi;[89] dall'altra le circostanze molto varie della collazione dei benefici rendevano difficile un controllo diretto da parte del vescovo, specialmente nei casi di patronati del popolo, di famiglie di laici o di comunità monastiche o canonicali.[90]

La documentazione episcopale dedica molto spazio alla verifica dei titoli dei chierici. La normativa vescovile interviene innanzitutto nel negare la concessione del beneficio a chierici che non abbiano ricevuto l'ordinazione dalle mani del vescovo, e che quindi sfuggano alla sua vigilanza. Nel 1372 a Firenze le costituzioni ribadirono l'obbligo di presentarsi in curia per prestare i titoli per la tenuta della chiesa,[91] e talvolta questo è anche lo spunto per ribadire alcuni requisiti fondamentali di idoneità.

La prassi giudiziaria offre varie conferme di un'attenzione di questo tipo. Abbiamo già citato il lunghissimo elenco di comparse di chierici presso la curia fiesolana nel 1371, che riporta nella stragrande maggioranza

88. Secondo i dati forniti per Padova da Rigon, *Clero e città*, pp. 146-147, a metà del Trecento degli ordinati solo il 6,8% sono sacerdoti, anche se la percentuale pare molto in crescita nel corso del secolo fino a circa il 25%.

89. Gli esempi in questo senso sono numerosi nelle lettere di dispensa dei papi avignonesi, conservate in gran numero. Un caso estremo ma non isolato è quello Feo di Lotto di Corso Visconti, rettore della chiesa parrocchiale di San Filippo di Borgo a Pisa, che nel 1327 teneva la chiesa da più di un anno pur non avendo nessuna ordinazione chiericale, perché impegnato negli studi: il papa lo autorizza ad attendere ancora un anno prima di essere ordinato sacerdote, ma gli impone di assumere per lo meno lo stato di suddiacono. Jean XXII, *Lettres communes*, VII, n. 29925 (23 settembre 1327).

90. Per la varietà dei diritti di collazione a partire dal caso pisano cfr. Ronzani, *L'organizzazione della cura d'anime*; si veda comunque anche *infra*, pp. 177-180.

91. Trexler, *Synodal Law*, pp. 302-304.

dei casi nomi di chierici presentatisi per *ostendere titulum*, cioè per dar conto all'ordinario dei documenti che comprovano la regolare detenzione del beneficio. La sproporzione tra questo tipo di adempimento, del tutto ordinario ma fondamentale, e tutte le altre ragioni per le comparse offrono un esempio eloquente di quanto questo aspetto fosse di gran lunga il più problematico agli occhi delle autorità vescovili.[92] Elenchi di chierici che mostrano il titolo sono comunque conservati non di rado tra le carte del tribunale,[93] fino a dar luogo a quelli che più tardi saranno i registri beneficiali, una tipologia distinta da quella della giustizia vescovile e separata dalle carte del contenzioso.[94] La situazione di fatto che le curie avevano di fronte era senza dubbio caratterizzata da una grande varietà di circostanze e peculiarità locali, e in generale il quadro sembra quello di un controllo abbastanza labile delle curie sull'effettiva distribuzione dei benefici specialmente nelle campagne: patronati del popolo o di famiglie di *domini*, chierici eletti in maniera irregolare o anche privi degli ordini, candidati in competizione tra loro o scelti senza una procedura documentabile, davano luogo a situazioni che il vescovo poteva nel migliore dei casi regolarizzare *ex post*, senza poter di fatto disporre in maniera gerarchica la pratica della collazione. Anche la regola, presente abitualmente nelle costituzioni sinodali, del divieto di assumere benefici fuori dalla propria diocesi senza una previa autorizzazione del proprio vescovo era a quanto pare largamente disattesa.[95]

92. Sul documento vedi *supra*, pp. 125-126.

93. Ad esempio in ADPt, C.3.IV: registro cartaceo con coperta pergamenacea moderna (*Acta et confirmationes beneficiorum ab a 1341 ad 1347*): contiene in larga parte nomine o conferme di rettori.

94. Un caso molto precoce però è in ASDF, XXVIII.B.1: registro cartaceo con coperta di riuso antica ma senza segnature, presumibilmente degli anni Venti del Trecento. A c. 1rv: «In Dei nomine hoc est quoddam registrum seu repertorium de plebibus et aliis ecclesiis spectantibus ad confirmationem vel collationem seu aliam provisionem ad episcopum fesulanum prout et sicut repertum est tam in libris episcopatus fesu[lani] quam in publicis instrumentis». Segue un elenco di sezioni, una per ogni piviere: sotto il titolo di ogni pieve vengono riportati riferimenti alla collazione o elezione del pievano da parte del vescovo, con il richiamo al libro in cui l'atto è registrato. Un altro caso fiesolano è ASDF, XIV. III.G.2, fascicolo 4: registro cartaceo senza coperta, con un elenco di nomine o conferme di collazione di benefici, diviso per pivieri, dal 1256 al 1336, redatto sicuramente da un'unica mano nel 1336; le nomine hanno spesso il riferimento alla sede originale dell'anno con il notaio e la lettera del relativo registro.

95. Emblematica la testimonianza di un anonimo del tardo Trecento che annotò la copia delle costituzioni del vescovo fiorentino Angelo Acciaiuoli, in particolare la rubrica *Ne*

Nel dicembre 1365 comparve ad esempio presso la curia volterrana il prete Ilario di Giovanni da Gambassi, rettore della chiesa di San Martino a Pietrafitta presso San Gimignano, sospetto di detenere in maniera irregolare il beneficio.[96] Richiesto di presentare la debita documentazione, questi dichiara di essere stato «ibi electus et institutus per populares» del vicino castello di Figline e dal pievano di Montaione, e alla puntuale domanda «si dicta ecclesia de consensu et auctoritate dicti domini episcopi Vulterre vel eius vicarii fuit sibi tradita vel collata» questi con disarmante sincerità o con celata malizia «respondit quod non, quia ignorabat hoc necessarium fore». La trascuratezza del sedicente rettore era aggravata dal fatto che costui aveva a sua volta rinunciato all'amministrazione della chiesa «in manibus Francisci de Rubeis vocatus Bonecchа», con una doppia violazione delle norme canoniche dal momento che aveva ceduto a altri un beneficio del quale lui stesso non avrebbe potuto disporre. Giudicato colpevole, il prete viene condannato a 50 denari e rimosso dalla carica.[97] La linea di condotta della curia è molto severa, ma probabilmente che il rettore neppure sapesse di dover ricevere il beneficio con una espressa autorizzazione del vescovo è un dato piuttosto indicativo del livello di efficacia che l'intervento episcopale doveva avere sul territorio. Era stato probabilmente più onesto, ma in circostanze molto simili, Belloso di Puccino Bellosi da Prato, eletto «per homines populi» rettore della chiesa di San Pietro di Figline,[98] «credentes ad eos spectare electionem sive nominationem rectoris». Quando però il prete si rese conto (spontaneamente o su intervento della curia) che l'elezione del rettore sarebbe stata prerogativa del preposto, scelse disciplina-

quis peregrinus sacerdos in aliqua ecclesia nostre civitatis et diocesis publice admictatur ad divina missarum offitia celebranda sine litteris commendatoriis sui episcopi: l'appunto recita «nota hec constitutio multum laudabilis per officiales domini episcopi nullatenus observatur». Cfr. BNCF, II.I.347, c. 17v.

96. ASDV, *Curia vescovile - Tribunale, Processi civili*, 10, cc. 140r-141v.

97. Singolare il caso pisano in ADP, *Archivio degli arcivescovi*, *Atti straordinari*, 11, c. 20rv (5 ottobre 1386): Michele di Nanni da Siena presbitero presenta una bolla del cardinale di San Sisto in cui si dichiara valido il suo ordine, contro le dicerie di alcuni che l'hanno contestato allegando che da giovane, senza sua colpa quando era ancora minore di sette anni, aveva servito uno stipendiario che aveva eseguito una condanna a morte. Il vicario recepisce l'atto e dichiara valida l'ordinazione dell'interessato, sanando quindi sia la sua condizione di forestiero, entrato nella diocesi dopo esser diventato presbitero, sia la fama sinistra legata alla precedente, infamante occupazione.

98. La località, oggi frazione del comune di Prato, non deve essere confusa con il citato castello di Figline in Valdelsa né con Figline nel Valdarno superiore, diocesi di Fiesole.

tamente di rimettere nelle mani del vicario il possesso della chiesa.[99] Al di là del comportamento dei singoli, restava una pratica di grande incertezza sugli stessi doveri del parroco.

Del resto anche quando le irregolarità erano conclamate per il vescovo non era automatico ottenere la rinuncia e quindi disporre liberamente della collazione del beneficio: a Fiesole il vescovo si vide costretto a convocare alcuni dei parrocchiani della chiesetta di San Giovenale di Cascia per intimare loro di non dar seguito a nessuna richiesta da parte di un tal Domenico di Sandro, che pretendeva indebitamente di essere rettore della chiesa.[100] Nelle situazioni più gravi, o qualora la controversia coinvolgesse personaggi con qualche capacità di relazioni ad alto livello, potevano arrivare persino lettere pontificie a chiedere l'intervento del braccio secolare per allontanare un pievano irregolare o consentire l'insediamento di uno contestato anche con la forza da coloro che controllavano la chiesa.[101] Altrove l'intervento del vescovo resta nel perimetro della società ecclesiastica, con la sanzione di pievani che abbiano assegnato chiese parrocchiali o cappelle senza la debita autorizzazione: accade a Lucca contro il *presbiter* Pietro del piviere di Torre «quia confirmavit contra formam constitutionum sinodalium lucani episcopatus presbiterum Danielem in rectorem ecclesie S. Laurentii della Cappella»,[102] o a un prete Giovanni di Bernardo *de Spania* «serviens et servire solitum pro capellano in plebe S. Ylicis lucane diocesis» che ha celebrato i sacramenti nella detta chiesa senza alcuna licenza del vescovo.[103]

Interpellare i parrocchiani su questo tipo di irregolarità poteva essere poco prudente, perché finiva per mettere l'esito della scelta del rettore nelle mani di dinamiche locali tutt'altro che pacifiche. Era facile che la questione della titolarità della chiesa mettesse in gioco rivalità e controversie già in essere, che adoperavano volentieri dubbi sulla regolarità della posizione

99. «[...] cum ad me Bellosum de novo pervenit quod non ad populares ipsius ecclesie set ad vos dominum propositum et capitulum plebis pratensis [...] renuntio in manibus vestris»: ASFi, *Prepositura di S. Stefano di Prato*, 3, c. 58rv (1320).

100. ASDF, XIV.III.A.46, c. XIVv.

101. Molti esempi saranno citati *infra*, pp. 179-180.

102. ASDL, *Tribunale ecclesiastico*, *Criminale*, 11, *ad annum* 1358-1359.

103. Ivi, 34, c. LVIIIrv. Non mancano neppure inquisizioni su chierici inabili per condizioni personali, come nel caso di un sacerdote accusato di cadere in preda al mal caduco, e quindi di avere una menomazione fisica incompatibile con l'ufficio ecclesiastico (ASDV, *Curia vescovile - Tribunale*, *Processi civili*, 3, c. 32r).

del parroco. Nel 1353 Puccetto di Giovanni e Giovanni del fu Bacciomeo, patroni della chiesa di San Lorenzo di Ripafratta, presentano al vicario del vescovo di Lucca un'accusa ai danni di Franco di Guccio da Collegoli, rettore della chiesa, additandolo come «simoniaco»: il termine è usato qui in senso abbastanza equivoco, più come motivo d'infamia che secondo l'accezione canonica, perché secondo gli accusatori il prete avrebbe introdotto l'abitudine di pagare a un tal Pardello di Corso metà dei frutti dei beni della chiesa, oltre a concedere in locazione al medesimo i terreni del beneficio. Ad aggravare il tutto il rettore non sarebbe neppure presbitero, ma piuttosto un *homo carnalis*, che per giunta si è reso colpevole di aggressioni.[104] La causa richiede l'intervento di ben sedici testimoni, anche se nel fascicolo non segue l'escussione dei testi, quindi è possibile che la vicenda processuale si sia spenta. Vediamo però perfettamente all'opera qui quella logica di accumulazione delle colpe che abbiamo visto sopra come tendenza generale, che compone un quadro del personaggio partendo da singoli reati puntuali fino a ragioni di diritto: la gestione delle proprietà della chiesa a vantaggio di una persona evidentemente non gradita alla comunità, la citazione di comportamenti violenti (non meglio specificati), il carattere non clericale dell'accusato, addirittura il suo status personale di chierico non ordinato, e infine la menzione della simonia come stigma definitivo sulla persona. Un caso del genere lascia intendere come l'irregolarità della detenzione del beneficio rinviasse da una parte alla gestione patrimoniale, e quindi alle controversie e invidie interne alla società locale, dall'altra alla sfera dei comportamenti, per cui il chierico irregolare è anche un falso chierico, che per questo quasi automaticamente ha modi violenti tipici della società laicale.

La preoccupazione sul godimento del titolo portava con sé anche il timore che chiese rurali di patronato laico, o comunque attratte nell'orbita di poteri signorili locali, potessero del tutto sfuggire all'autorità del vescovo. A Lucca nel 1372[105] si trovano l'*inquisitio* e condanna contro un rettore del quale – significativamente – il vicario non conosce neppure il nome («quem penitus ignoramus») della pieve di San Leonardo a Ripoli presso Cerreto Guidi, che a seguito di una denuncia dei parrocchiani si è verificato essere abbandonata, non officiata e in rovina, anche perché «nonnulli layci

104. ASDL, *Tribunale ecclesiastico*, *Criminale*, 5, cc. LXXIr-LXXIIIv (1353).
105. Ivi, 28, cc. 42r-43r (novembre 1372).

nobiles, quorum nomina pro meliori sub silentio preterimus, de facto – cum de iure non possent – indebite et illicite occuparunt». La reticenza degli atti non consente di collegare un nome ai presunti occupatori laici, ma di certo si trattava di *milites* delle campagne, di cui il rettore era stato complice non sappiamo se per fedeltà personale o soltanto per incuria. Una chiesa del territorio fiesolano negli anni Quaranta è sospettata di essere usata per tenere un sequestrato di Tribaldo Ricasoli, cioè di una delle famiglie dominanti del territorio:[106] il caso non era peregrino perché proprio nello stesso periodo sono stati riscontrati episodi di violente prevaricazioni da parte di pievani o figure appartenenti all'*entourage* di famiglie magnatizie come i Bardi, che approfittavano di patronati o rapporti di forza sulle pievi del territorio per esercitare un controllo sugli uomini di natura più politica che ecclesiastica.[107] La versione più grave di simili intrusioni, o il modo in cui queste potevano essere presentate in una forma più truce, è quella di situazioni in cui la chiesa non soltanto è spogliata della sua dignità e delle sue funzioni, ma è una vera e propria spelonca di banditi. In un caso addirittura si registra l'*inquisitio* contro Domenico pievano di Santa Maria di Rata (oggi nel comune di Londa) che avrebbe prestato la sua casa per tenere un bambino catturato da Silvestro di Paolo da Colognora «scheranum publicum et famosum et stratarum publicum robatorem» per chiedere poi il riscatto alla madre.[108] Ma l'uso degli spazi della chiesa per attività criminali di questo tipo, soprattutto in ambienti molto isolati o montani, si riscontra anche altrove. Presso il vescovo di Arezzo venne avviata nel 1392 un'*inquisitio* (apparentemente poi non portata alla sentenza) contro l'abate di Santa Maria a Montefollonico,[109] accusato di essere apostata e di tenere nel monastero «mascalçones et predones» con i quali sequestra le persone seviziandole ed estorcendo riscatti.[110] Chiaramente molto spesso le cause rispondono anche alla consueta logica della diffamazione, ma oggettivamente la sovrapposizione tra chierici e figure secolari, specialmente

106. ASDF, XIV.III.A.34, c. 453r.

107. Caduff, *Magnati e popolani nel contado fiorentino*; il tema è ora ripreso con molti esempi interessanti da Figliulo-Rosswurm, *Rural People and Public Justice*. I patronati su chiese cittadine e rurali erano caratteristici delle famiglie magnatizie: cfr. Lansing, *The Florentine Magnates*, pp. 64-83.

108. ASDF, XIV.III.A.36, c. 74r.

109. L'abbazia, oggi ridotta a un rudere, si trova nel comune di Torrita di Siena, in un'area tradizionalmente contesa tra i vescovi aretino e senese.

110. AVA, *Atti civili*, 11, c. 83rv.

se in grado di usare la forza a livello locale, poteva assumere queste forme così sanguinose. Alcuni casi che si possono seguire dalle lettere pontificie ai vescovi toscani mostrano tra l'altro l'impressionante frequenza con cui i monasteri potevano diventare ricettacoli di violenze organizzate. Del 1336 sono alcune lettere di Benedetto XII contro Frediano, abate del monastero di San Paolo in Ripa d'Arno a Pisa, il quale con l'aiuto di alcuni *milites* avrebbe occupato i beni del cenobio e cacciato i monaci, sostituiti con una masnada di genti d'arme;[111] pochi anni dopo, nel 1338, il papa assegnava il venerando monastero suburbano di Settimo a Giovanni abate della Badia fiorentina, cacciando il monaco Placido Ugolini che se ne sarebbe impadronito con la forza grazie all'ingresso di uomini armati.[112] Circostanze così gravi e ricorrenti fanno pensare ad eventi politicamente interessati, o quantomeno a figure di uomini di chiesa in grado di attivare relazioni familiari di violenza.

Il fatto è che anche l'intervento del vescovo, per dare una forma accettabile alla detenzione del beneficio o comunque per verificare la regolarità dell'operato del prete, poteva trovare una reazione tutt'altro che favorevole nell'interessato. Vedremo a suo luogo quali risvolti potesse avere questa modalità nelle pratiche dei rapporti del sacerdote con i fedeli. Dal punto di vista verticale, del rapporto del sacerdote con la curia vescovile, i cenni della documentazione lasciano emergere molti episodi di sorda insofferenza, se non di aperta ostilità di alcuni chierici all'intervento dall'alto della curia. Un episodio emblematico si può rintracciare nella documentazione aretina. Nel 1397 Collo pievano di San Savino[113] venne inquisito per molti reati diversi, tutti legati alle sue frequentazioni poco onorevoli e all'uso non ortodosso della chiesa per attività mercantili. Uno degli episodi che lo riguardano, raccontato con dettaglio nell'*inquisitio*, avrebbe visto l'interessato pronunciare parole ingiuriose nei confronti del vescovo:

> Al corpo de Dio in sulle sante Dio Vagnele [...] perché misere lo vescovo è sì ingrato che non conosce chi li fa honore? Che ongn'anno una volta vene al Monte in casa mia cum doddici cavagli, et quando otto et quando dodici dì me

111. Benoît XII, *Lettres communes*, 1, nn. 3796 (12 gennaio 1336) e 3889 (26 luglio). Sul rilievo anche politico del monastero nella congiuntura di quegli anni cfr. Ronzani, *"Figli del comune" o fuoriusciti?*.

112. Ivi, 2, nn., 6267 (1 aprile 1338), 6304 (22 giugno), 6327 (31 agosto).

113. La pieve di San Savino, nel centro dell'abitato di Monte San Savino in Val di Chiana, era al tempo il principale edificio religioso della comunità: oggi ha perso le funzioni parrocchiali ed è nota come chiesa della Misericordia.

sta adosso a consumarne: io procurarò in corte d'essere exento da lui e puoi non gli daria uno bicchieri d'acqua che non à gradi da Dio né dal diavolo.[114]

La presenza del vescovo sembra decisamente poco gradita, specialmente se accompagnata a gesti rituali (la comitiva a cavallo, l'ospitalità) con un'evidente valenza simbolica di richiamo alla soggezione gerarchica: e l'atteggiamento del pievano Collo non doveva neppure sembrare particolarmente abnorme, perché con il pagamento di una ammenda l'interessato viene prosciolto dalle accuse, restando aperto solo il procedimento per un episodio di adulterio, che aveva coinvolto una famiglia in vista della terra e quindi meritava una speciale attenzione del tribunale. Non più gradita era la presenza del vicario. Nel 1363 Jacopo di Castagnaccio, personaggio assai turbolento della società ecclesiastica lucchese dei suoi anni, venne accusato da un prete del capitolo, Dino di Giovanni, di partecipare abusivamente alle litanie con il clero in quanto chierico irregolare: costui avrebbe risposto «va' a dì al vicario che si gratti la tigna».[115] In entrambi i casi l'intervento delle figure di curia viene percepito come un fastidio per i chierici. Ciò getta una luce particolare anche sulla fonte delle visite pastorali, giustamente molto valorizzate come espressione dello sguardo della curia vescovile sulla diocesi. Dietro ai verbali dei visitatori vescovili dobbiamo probabilmente intendere un insieme di tensioni e resistenze da parte del clero stesso, che viveva la capillare attenzione dei vescovi come uno sgradevole intervento sulle dinamiche locali, a maggior ragione se si trattava di uomini di famiglie potenti e con ambizioni di potere sul territorio. D'altro canto per i vescovi mettere in luce le condizioni delle singole chiese, lungi dall'esaurirsi in una pratica piattamente amministrativa, assumeva un peso strategico molto rilevante, perché rappresentava un momento di confronto anche piuttosto ruvido con le consuetudini e gli equilibri di interesse locali.

Individuare le irregolarità e sanzionarle non significava evidentemente porvi fine, anzi lo stesso strumento della scomunica o dell'allontanamento dall'ufficio poteva essere disatteso dagli interessati. Numerose sono le cause per chierici che hanno celebrato messa anche se scomunicati, o che, ricevuto un mandato perentorio dal vicario per rendere conto dei propri

114. AVA, *Atti civili*, 12, cc. 15r-16v.

115. A fronte della doppia accusa di irregolarità e vilipendio del vicario il prete compare in tribunale, dichiarando di non aver saputo della sua irregolarità e di aver voluto offendere solo il detto Dino, e comunque di aver rinunciato a partecipare alle litanie: ASDL, *Tribunale ecclesiastico*, *Criminale*, 17, c. LXIr; per il primo episodio una lieve condanna al pagamento di 4 lire è registrata ivi, 15, c. LXXXIIIrv.

titoli, sono rimasti inadempienti. In diocesi di Fiesole è Migliore di Vieri Guadagni, un cittadino illustre della Firenze arciguelfa, in quanto patrono della chiesa di San Martino a Lobaco, ad accusare prete Tommaso di Giovanni da Radda rettore della medesima di aver celebrato messa sebbene scomunicato per non aver risposto al mandato del vicario.[116] A Lucca ricorrono casi di questo genere due volte nel solo anno 1361, a conferma di una situazione assai abituale.[117]

Il regolare insediamento del sacerdote sul suo beneficio era agli occhi della curia un requisito essenziale, ma in ogni caso l'operato del pievano o del parroco doveva anche attenersi nella pratica quotidiana ad alcune norme fondamentali sulle celebrazioni liturgiche e i sacramenti. La notizia di deviazioni da quanto previsto nelle costituzioni sinodali o nel diritto canonico a proposito della tenuta delle specie consacrate, la somministrazione dei sacramenti o l'officio divino era del resto l'occasione che consentiva di verificare anche infrazioni più gravi. La storiografia ha ampiamente dimostrato che nel XIV secolo le aspettative delle curie vescovili – e del resto anche dei fedeli – quanto ai compiti del clero secolare erano abbastanza limitate, e si riducevano essenzialmente all'adempimento delle ritualità liturgiche.[118] L'elemento pastorale della relazione con i fedeli era pressoché assente anche dalla normativa sinodale. Di conseguenza anche le situazioni di irregolarità o inadempienza che emergono dalle carte giudiziarie hanno tutte a che fare con le celebrazioni e i sacramenti; di questi ultimi tra l'altro il battesimo è come noto riservato alle chiese plebane quindi non rientrava tra gli obblighi dei semplici parroci. Capita così di incontrare condanne pecuniarie per "messe binate", cioè per la celebrazioni di più di una liturgia eucaristica al giorno, che violava le norme canoniche,[119] oppure per incuria nella conservazione delle ostie consacrate o degli oli sacri: in questo caso la penalità era normalmente più severa, anche perché poteva suscitare il sospetto dell'uso delle specie eucaristiche per finalità sacrileghe.[120] In effetti i peccati di omis-

116. ASDF, XIV.III.A.36, c. 64r: segue una seconda sentenza di scomunica a c. 73v, con appello senza seguito.

117. ASDL, *Tribunale ecclesiastico*, *Criminale*, 11, *ad annum* 1361.

118. Binz, *Vie religieuse et reforme ecclesiatique*; Merlo, *Chiese e uomini di Chiesa.*

119. Vari casi in ASDL, *Tribunale ecclesiastico*, *Criminale*, 10, cc. XLIIIv-XLIIIIr, con condanna pecuniaria a una multa di 5 lire.

120. Ivi, 11, *ad annum* 1361, contro un cappellano nella chiesa di Santa Maria Foriporta «quia non reposuit corpus Christi debito tempore in loco consueto»; ivi, 39, anno 1388, contro un sacerdote per irregolarità nella tenuta dell'ostia consacrata e degli oli sacri.

sione dei chierici si accompagnavano talvolta, in episodi tanto più gravi in quanto poco usuali, a un uso improprio o addirittura blasfemo dei riti o dei paramenti liturgici. A Volterra nel 1323 è registrato il processo contro un sacerdote accusato di aver fatto «incantationes cum invocatione demonum et sine invocatione demonum et cum certis versibus salterii»:[121] il prete confessa e viene condannato a una pena pecuniaria.[122] Gli sviluppi in senso magico o ereticale sono comunque rari, e laddove deviazioni del genere non fossero usate per reati più gravi legati alla sfera sessuale o a violenze di varia natura, l'autorità del vicario tendeva ad assimilarle agli abusi piuttosto comuni anche presso i laici, di impiego di immagini sacre o formule liturgiche ridotte in "brevi" da tenere come amuleti,[123] pratiche censurabili ma comunque non preoccupanti dal punto di vista dell'ortodossia.

Quanto alla somministrazione dei sacramenti, non era affatto scontato che questi adempimenti minimi fossero la norma per i parroci. A Lucca nel 1350 giunse l'accusa presentata da un parrocchiano con molti compaesani contro Bartolomeo rettore di Sant'Andrea in Croce di Brancoli per dilapidazione e irregolarità nella tenuta del beneficio, e per la convivenza con una concubina da cui avrebbe avuto una figlia: comportamenti che ne facevano in breve un uomo di *mala fama*.[124] A partire da questi addebiti, innanzitutto patrimoniali e di comportamento, il vicario verifica la conformità dell'inquisito agli obblighi generali imposti al clero. Il prete si presenta in curia e non esita a confessare la convivenza con una donna e anche l'uso di armi per la difesa personale. Interrogato sull'adempimento degli obblighi liturgici, questi ammette che «in eadem ecclesia celebrat aliquando sed ecclesiastica sacramenta non ministrat, quia non expedit», aggiungendo di essere stato più volte condannato dal vicario. La ragione per cui il parroco ritenesse non necessario o non opportuno andare oltre la celebrazione saltuaria della messa resta ignota, anche perché i parrocchiani avevano sì iniziato la causa, ma senza far riferimento a mancanze specifiche di ordine liturgico; è possibile che la chiesa non avesse una frequentazione di popolo tale da rendere indispensabile l'intervento del sacerdote. Resta il fatto che il prete risulti già in precedenza ammonito dal vicario per simili inadempienze.

121. ASDV, *Curia vescovile - Tribunale*, *Processi civili*, 3, c. 27rv.

122. A Fiesole nel 1371 (ASDF, XIV.III.A.44, c. 12v) Antonio rettore di Montecarelli «diffamatus est de maliis et quod ipse faciat artes diabolicas».

123. Vari esempi in Cagnin, *«Dio ne salve»*, e Faggiotto, *Aspetti della religiosità contadina*.

124. ASDL, *Tribunale ecclesiastico*, *Criminale*, 2, c. XVIIIr.

In sostanza le non numerose accuse su irregolarità liturgiche riguardano quasi soltanto i sacramenti di entrata e di uscita dalla comunità, il battesimo e la penitenza, specie se *in articulo mortis*. Quanto al battesimo, l'accusa più ricorrente è quella di aver negato o posticipato senza ragione l'impartizione del sacramento nonostante le richieste dei genitori, con gravissimo rischio per il bambino, evidentemente accentuato dai frequentissimi casi di mortalità, oppure di aver svolto il rito in maniera irregolare: in un caso aretino di fine secolo, conclusosi però con l'assoluzione, il prete era stato accusato di aver battezzato con l'acqua del pozzo in quanto il fonte battesimale sarebbe stato asciutto.[125] In qualche rara occasione le carte processuali aprono spiragli anche sui riti para-battesimali, come l'uso di "insantare" la madre e il bambino prima del battesimo, cioè sanare l'impurità fisica della procreazione come premessa al sacramento vero e proprio, un rito che due genitori della parrocchia di San Michele a Matriceto (Bagni di Lucca) avrebbero chiesto senza esito al parroco di svolgere sul neonato.[126]

All'altra estremità della vita religiosa dei fedeli stava il sacramento della confessione, che riceve un'attenzione anche maggiore da parte delle autorità ecclesiastiche, dal momento che l'assoluzione *in articulo mortis* coinvolgeva il caso di peccatori notori soprattutto per la pratica di usura. Vedremo più avanti questa situazione specifica, ma dal punto di vista del giudizio sui chierici le norme sinodali erano spesso molto severe nel richiedere a usurai manifesti una puntuale liberatoria sulla restituzione di eventuali crediti illeciti, come prerequisito per l'assoluzione in punto di morte. L'inadempienza del clero a questo riguardo, per trascuratezza o peggio per interesse, era considerata una grave mancanza. Emblematica in tal senso l'inquisizione avviata dal vicario del vescovo di Volterra nel 1365 contro Andrea del fu Guiduccio di Frosino amministratore della cappella di Giovanni di Vanni Sinibaldi nella chiesa di San Magno di Montalcinello (comune di Chiusdino, oggi provincia di Siena) per concubinato, per aver sottratto un altare, mancato di pagare le decime e sepolto senza licenza un certo Ghioro, sospetto di esser stato un usuraio.[127]

125. «[…] fons batismatis erat siccha»: AVA, *Atti di curia*, 10, c. 303r.

126. ASDL, *Tribunale ecclesiastico*, *Criminale*, 10, c. XLr: il sacerdote viene però assolto. Sul rito dell'insantamento si veda un caso *infra*, pp. 267-268.

127. ASDV, *Curia vescovile - Tribunale*, *Processi civili*, 11, cc. 41r-45v (manca la sentenza).

In conclusione dalle nostre fonti emerge un quadro che sembra caratterizzato soprattutto dall'incuria, l'approssimazione e la superficialità del servizio pastorale, rispetto alle quali i reati veramente gravi sono una componente soprattutto diffamatoria. Per riprendere quella tipica forma di *inquisitio*-visita che abbiamo introdotto sopra, è indicativa la causa intentata a Fiesole nel 1388 contro Filippo di Piero di Bono rettore di Santa Maria della Torre nel plebato di Vado in Casentino; anche qui il notaio annotò lo schema delle imputazioni con una sorta di informale sintesi delle *positiones* a difesa dell'imputato.[128] Le irregolarità conclamate sono in parte ammesse in parte negate: Filippo nega di aver mancato di eseguire il rito dell'elevazione dell'ostia durante la messa, ma ammette mancanze nella recita e nella stessa conoscenza dell'ufficio («horas canonicas pretermittit nec eas dicit nec breviarium habet et licterature defectum patitur»): confessa infatti con franchezza di avere un breviario ma di recitare le ore canoniche «come gli riesce, e comunque non ordinatamente» («respondit habere breviarium et dicere horas prout scit sed non dicit ordinate»). Passando ad addebiti più sostanziosi nega di avere una concubina e tantomeno di aver ucciso il marito di lei, confessa di portare uno "stocchetto" come arma e anche di tenere un artigiano («artificem artis lane») in chiesa, ma «quod non fecit in obrobrium cleri vel verecundia domini episcopi», e quanto al fatto che «non tenet clerichum qui adiuvet eum in divinis offitii [...] confessus fuit dixit quod non tenet propter impossibilitatem ecclesie».

L'ultimo elemento su cui la giustizia vescovile interviene è quello della residenza. Le cause incentrate sulla violazione degli obblighi di residenza non sono molte: se si eccettuano i casi più gravi, cui abbiamo fatto cenno nel paragrafo precedente, di chierici che hanno abbandonato la chiesa, non sembra davvero che questo tipo di obbligo suscitasse una speciale attenzione da parte della curia, che agiva in questo come in altri ambiti su segnalazione degli interessati, quindi senza una verifica davvero sistematica. Dal conteggio delle serie molto regolari delle condanne lucchesi di fine secolo abbiamo rilevato però una crescita della sensibilità dei vicari verso questo aspetto, quindi dovremmo pensare che nel tardo Trecento le curie stessero maturando un'attenzione più spiccata al rispetto della residenza, anche grazie a una pratica più regolare della visita: ma non è escluso che l'aumento delle cause di questo tipo sia dovuto anche a un peggioramento delle pratiche del basso clero, visto che gli stravolgimenti

128. ASDF, XIV.III.A.48, carte non numerate del giugno 1388.

demografici e i frequenti disordini militari dovettero rendere ancora più caotica e incontrollata la mobilità della società ecclesiastica. L'impressione che si trae dal complesso delle cause giudiziarie e degli atti vescovili in genere è che specialmente per quanto riguarda i benefici plebani vi fosse una certa tolleranza per situazioni al limite della regolarità ma comunque non tanto gravi da compromettere gli adempimenti liturgici minimi. In chiese nelle quali la tradizione prevedeva un collegio di chierici, magari incaricati ciascuno di reggere le cappelle delle campagne circostanti, era abituale che per i sacerdoti la residenza fosse intermittente o soltanto teorica. Una testimonianza interessante viene da Fiesole negli anni Sessanta. Il pievano di Monteficalle e Lorenzo canonico della detta pieve compromettono nell'arbitrato di Neri Corsini proposito della canonica fiorentina (più tardi, si ricorderà, vescovo di Fiesole) le loro controversie: costui sentenzia che al canonico debba esser data *in absentia* una prebenda annua di 12 staia di grano, e se invece il canonico sarà residente e servirà il culto della pieve la prebenda piena di un moggio di grano l'anno.[129] Evidentemente anche nell'ottica della curia la residenza per sedi collegiate era una opzione più che una necessità inderogabile. Il problema sarebbe emerso piuttosto laddove il numero dei chierici residenti potesse scendere dal livello minimo per assicurare i servizi liturgici.[130] Dovremo riprendere il discorso quando si tratterà di discutere del rapporto tra il clero e le esigenze liturgiche della comunità dei fedeli.[131]

5. *Il sesso*

Un numero molto significativo di cause giudiziarie presso i tribunali vescovili, come si è visto nella presentazione generale, hanno a che fare con la sfera sessuale. Nelle accuse di indegnità morale rivolte contro i chierici dalle inquisizioni del vicario o dalle accuse dei parrocchiani difficilmente manca il riferimento a qualche irregolarità attinente il commercio illecito

129. ASDF, XIV.III.A.43, cc. 117r-119r, 12 dicembre 1362.

130. Sul mantenimento degli standard di vita canonicale fino ai primi del XIV secolo e la successiva, drastica caduta sia nelle chiese rurali che nelle pievi cfr. Muzzi, *Una pieve toscana nel tardo medioevo*, oltre alla *Conclusione* di Ch. M. De la Roncière al medesimo volume.

131. Si veda *infra*, pp. 219-228.

con le donne, sia per casi di convivenza concubinaria, che per adulterio con donne sposate o non, sia infine per episodi di vera e propria violenza sessuale o di pratiche sodomitiche. Una mera elencazione degli episodi emersi nelle carte giudiziarie fornisce una casistica estremamente dettagliata dell'immagine del chierico lussurioso, incline a insidiare le vergini o le donne altrui, che la novellistica trecentesca ha più volte tratteggiato e trasformato in un vero e proprio stereotipo.[132] In una certa misura si tratta di una immagine che è paradossalmente il frutto di una definizione del ministero sacerdotale stesso. Dal momento infatti che la dottrina eucaristica andava a costituire il cuore della vita religiosa del cristiano, la figura del sacerdote come unico depositario dei riti della consacrazione assumeva una dignità del tutto speciale rispetto agli altri fedeli, e quindi tutti quegli elementi che ne riconducessero la figura all'esempio dei laici, *in primis* proprio la relazione con un universo femminile per sua natura escluso dal servizio dell'altare, era considerato infamante, anzi una vera e propria misura della *fama* e dell'infamia del chierico.[133] Per questo le relazioni con le donne fungevano da dispositivo perfetto per sostenere o mettere in dubbio il credito e la rispettabilità del chierico. A questa rilevanza generale si può aggiungere anche il fatto che nel 1279, poco prima della fase su cui si concreta questo studio, il cardinale Latino Malabranca quale legato papale in Toscana aveva emanato una serie di *constitutiones*, delle quali la terza era rivolta *Contra clericos concubinarios*, con l'esplicita esortazione ai vescovi di vigilare attentamente su tale abuso da parte dei chierici.[134] L'autorevolezza delle costituzioni, emanate con ogni probabilità con la partecipazione di Guglielmo Durante, il grande ordinatore delle norme sul processo canonico, e non ultimo l'importanza e il prestigio che il cardinal Latino assunse nella Toscana di quegli anni e specialmente a Firenze come

132. Particolarmente severa la rampogna che Franco Sacchetti allega alla conclusione della novella XXV, sul caso di Dolcibene incaricato della punizione corporale (per conto del signore di Forlì) di un chierico, concludendo che se una così meritoria severità vigesse dappertutto, «non sarebbono li viventi venuti a tanto che bandissono ogni dì le croci sopra le mogli altrui, e che tenessono le femmine alla bandita, chiamandole chi amiche, chi mogli e chi cugine; e li figliuoli che ne nascono, loro nipoti gli battezzano, non vergognandosi d'avere ripieni li luoghi sacri di concubine e di figliuoli nati di così dissoluta lussuria»: Sacchetti, *Le Trecento novelle*, XXV.

133. Todeschini, *Visibilmente crudeli*, pp. 79-99.

134. Le *constitutiones* sono riedite e ampiamente analizzate da Tilatti, *"Legatus de latere domini pape"*. Per le basi canonistiche del divieto del matrimonio può essere utile Liotta, *La continenza dei chierici*.

paciere tra le parti cittadine, conferirono certo un grande peso a quella disposizione normativa.[135]

Passando però dall'ambito della trattatistica canonistica a quello della prassi, è stato osservato più volte dalla storiografia come nel corso del XIV secolo, in Toscana non meno che altrove, il concubinato del clero fosse una pratica estremamente diffusa. Le visite pastorali sono un dato inequivocabile da questo punto di vista, perché presentano la situazione di parroci che abbastanza spesso convivono con una donna.[136] Allo stesso tempo le fonti, specie quando alla mera visita si aggiungono articolate testimonianze richieste ai parrocchiani, mostrano come la convivenza con una donna – e anche il corollario della generazione di figli che vivono presso il parroco come una vera famiglia – non fosse abitualmente percepita dai fedeli come un fattore in sé scandaloso, a patto che non coinvolgesse la frequentazione di donne sposate, mettendo a repentaglio gli equilibri sociali della comunità,[137] o portasse un evidente pregiudizio ai compiti di amministrazione della chiesa. L'approccio dell'autorità vescovile è a questo riguardo meno indulgente, nel senso che la vita sessuale del clero è comunque fatta oggetto di una attenta verifica di conformità alle norme canoniche: ma anche in questo caso si guarda più che alla convivenza in sé, alle caratteristiche etico-sociali della donna in questione, cioè sul fatto che si tratti di una *mulier suspecta* o *inhonesta*, il cui commercio con il prete pare suscettibile di compromettere l'onorabilità della Chiesa. Questo atteggiamento abbastanza permissivo lo si può cogliere *e converso* anche dalle strategie difensive messe in atto dai chierici di volta in volta accusati di questo tipo di irregolarità. Non di rado infatti la risposta alle accuse è il

135. In effetti talvolta le costituzioni del cardinale Latino vengono espressamente citate anche in tribunale a proposito del vizio del concubinato: cfr. ad esempio a Fiesole ASDF, XIV.III.A.36, cc. 44r-46r: Giovanni rettore di Santa Margherita a Cancelli (comune di Reggello nel Valdarno superiore) accusa Salvi rettore di San Giovanni a San Giovanni Valdarno di tenere, in spregio delle costituzioni del fu cardinale Latino, una donna sposata come concubina.

136. La frequenza della circostanza è indubbia a Cortona: Meoni, *Visite pastorali a Cortona nel Trecento*, poi Bornstein, *Parish Priest in Late Medieval Cortona*; a Ivrea 21 chierici su 56 esaminati conoscono almeno un episodio presente o passato di tal sorta, e 16 su 56 a Torino alla fine del secolo (Merlo, *Chiese e uomini di Chiesa*). La proporzione di circa un quarto del clero curato è confermata da studi d'Oltralpe, ad es. Franchette, *Moeurs des clercs et situation materielle*.

137. L'adulterio era in questo senso specifico un peccato contro la comunità: cfr. Bossy, *L'Occidente cristiano*, pp. 35-37.

tentativo di far passare la convivenza come un fatto di necessità materiale, quindi la donna come una necessaria compagnia domestica per le mansioni di casa, priva di ogni connotazione scandalosa. Peraltro era questa la via attraverso la quale i chierici potevano dare anche una continuità nel tempo ai propri rapporti sentimentali: aprendo lo sguardo ad un contesto territorialmente diverso, nei testamenti dei sacerdoti dell'entroterra veneto nel tardo medioevo compaiono spesso donne che con ogni evidenza sono conviventi, ma che, presentate come servitrici del sacerdote, ricevono una parte della sua eredità, magari in condivisione con un loro figlio, che più delle volte è frutto della relazione tra i due.[138] A Lucca nel 1381 una inquisizione vicariale sottopone a giudizio messer Ricco di Angelo *de Alamania* monaco cistercense ora cappellano della chiesa di San Silvestro a Larciano. Al monaco-chierico vengono attribuite irregolarità nella tenuta del beneficio, caso ricorrente per figure che provengono dall'esterno della diocesi, ma soprattutto la convivenza concubinaria con una donna chiamata Margherita da Montevarchi – forse anche la provenienza della sospetta concubina da fuori della diocesi, il Valdarno superiore, poteva essere motivo di sospetto per la comunità. Nel difendersi Ricco sostiene di aver lasciato consensualmente il monastero, di aver ricevuto l'ordine sacerdotale dal vescovo di Fiesole e di tenere la donna «ad serviendum sibi in suis infermitatibus».[139] Una domestica quindi, non una concubina, che in ogni caso doveva aver seguito il monaco-cappellano dalla sua vecchia residenza nella diocesi fiesolana. Distinguere tra le due figure non doveva essere semplice evidentemente, e ricadeva sul tribunale stabilire in che misura la donna potesse ritenersi "sospetta", in quanto nota per comportamenti non onesti, o per così dire poco credibile nel ruolo di perpetua in quanto troppo giovane: «iuvenis et suspecta» è ad esempio qualificata la convivente del prete Paolo rettore di San Giustino di Arezzo in un caso aretino.[140] Proprio in riferimento a criteri del genere, e con una sfumatura non priva forse di una certa ironia, aveva risposto il rettore della chiesa di Leccia nella diocesi di Volterra,[141] inquisito per concubinato con una donna sospetta. Comparso di fonte al tribunale, il prete «dixit quod dictam mulierem nomine Turma

138. Il fenomeno è l'oggetto dello studio di Cossar, *Clerical Households in Late Medieval Italy*.

139. ASDL, *Tribunale ecclesiastico*, *Criminale*, 30, cc. IIIr-IIIIr.

140. Citato in Barbagli, *Il notariato ad Arezzo*, pp. 215-217.

141. Oggi nel comune di Castelnuovo Val di Cecina (Pisa).

retinet in domibus ecclesie set suspectam esse negavit et cetera quia est XL annorum et ultra»:[142] anche qui dunque una donna che vive con il prete ma che – a suo parere almeno! – non si potrebbe ritenere sospetta di relazioni illecite trattandosi di una persona troppo matura per sospetti di quel tipo. In altri casi il medesimo accusato cerca di alleviare il peso del suo reato presentando la donna come una prostituta, il che certamente confermava la colpa ma la derubricava a volgare debolezza della carne senza una condizione di irregolarità consolidata. Di nuovo a Lucca, ma questa volta in una importante chiesa urbana come Santa Maria in Corteorlandini nel 1353, il rettore venne inquisito di frequentare una donna, che egli stesso, confessando la colpa, volle presentare come una *publica meretrix*.[143] La difesa per la verità non fu in quel caso efficace trovandosi ben due figli della coppia, e in effetti il rettore venne condannato a tre anni di sospensione da ogni officio e all'allontanamento dalla diocesi. Altrove comunque la semplice frequentazione di postriboli o di prostitute, anche accompagnate presso le chiese, è punita in maniera piuttosto leggera. Tornando al caso delle convivenze irregolari, il repertorio di penalità inflitte al clero lucchese tra gli anni Cinquanta e la fine del secolo ricorda perlopiù condanne pecuniarie, accompagnate beninteso dall'impegno a interrompere la convivenza: il pagamento di 25 lire sembra la pena più diffusa, almeno in assenza di aggravanti di vario tipo. Ma ad esempio Pino rettore di Sant'Andrea a Maggiano nei pressi di Lucca, colpevole di concubinato, è condannato a pagare solo 12 lire lucchesi e alla celebrazione in penitenza di dodici messe, oltre all'obbligo di lasciare la donna.[144]

La convivenza in sé è quindi una circostanza non immediatamente percepita come riprovevole. La distanza tra l'approccio dell'autorità vescovile e quello del sentire comunque era però dinamica, cioè suscettibile di rotture e strumentalizzazioni. È lecito ritenere che molti dei casi di accusa o di inquisizione per *mala fama* contro sacerdoti concubinari fossero legati alla rottura del rapporto di fiducia e rispetto che legava il parroco alla sua comunità: laddove cioè le relazioni del parroco con i suoi fedeli si fossero incrinate per ragioni diverse, anche non direttamente connesse con la sua condotta morale, era usuale adoperare la segnalazione di una convivenza irregolare per diffamare il chierico. Proprio una dinamica del genere

142. ASDV, *Curia vescovile - Tribunale*, *Processi civili*, 22, bifoglio segnato b).
143. ASDL, *Tribunale ecclesiastico*, *Criminale*, 5, cc. CXIIIr-CXIIIIv.
144. Ivi, 10, c. VIIr.

è stata osservata per uno dei più antichi processi a chierici conservati per la Toscana, quello del 1290 che apre il primo registro superstite del tribunale episcopale pistoiese. Si tratta della denuncia dei parrocchiani contro il rettore della chiesa di Fagno, accusato di essere adultero e fornicatore, e addirittura omicida della madre; si viene a sapere però che il rettore aveva a sua volta denunciato alcuni parrocchiani per mancato pagamento di certi censi, e le due cause erano direttamente connesse: evidentemente il rettore, a lungo considerato degno, perse la fiducia dei parrocchiani in occasione della lite per i censi, e quindi gli vennero rinfacciati episodi che altrimenti sarebbero stati tollerabili.[145]

All'inizio del Trecento anche a Fiesole si può segnalare un caso simile, anche se meno sanguinoso. Nell'aprile 1308 Pera di Guglielmo da Fontesterre accusa Jacopo rettore di San Lorenzo a Fontesterre (piviere di Pitiana presso l'attuale Reggello in Valdarno) di concubinato e di alcune irregolarità liturgiche, in particolare aver celebrato col calice di stagno e non argenteo; il prete risponde puntualmente dichiarando che tra l'altro l'accusatore non sarebbe credibile perché la sua parola è intenzionalmente esemplata su una simile accusa di un secondo parrocchiano a lui legato, il tal Guccio, il quale a sua volta ha una causa in essere con il rettore della chiesa, e quindi probabilmente usa questa nuova accusa per diffamare il suo avversario.[146]

Chiaramente è raro poter documentare in maniera positiva una dinamica del genere, ma le frequenti assoluzioni proprio per accuse generiche di concubinato che si possono riscontrare ad esempio nelle serie criminali lucchesi di metà Trecento lasciano intuire un caso ricorrente, nel quale entra di nuovo in gioco l'uso della diffamazione. Fuori d'Italia, dove molto spesso la competenza giudiziaria dei tribunali vescovili è limitata alle cause di pertinenza etica e non *ratione personae*, i procedimenti per diffamazione sono tra i più ricorrenti, tanto da disegnare il quadro di comunità quotidianamente divise da un flusso impressionante di maldicenze, calunnie, tentativi di squalificazione sociale attraverso la cattiva fama.[147] Nella prassi dei

145. Pinto, *Clero e chiese rurali*, pp. 108-117.

146. «Non est audiendus dictus Pera super dicta accusa, cum sit conversator familiaris et colonus dicti Gucci qui factus est inimichus dicti presbiteri ex eo quod dictus Guccius dictum presbiterum accusavit coram vobis de concubinatu et controversiam habet etiam cum eo civilem»: ASDF, XIV.III.A.10, cc. 92r-93v.

147. La tipologia e la sua singolare frequenza nella prassi del tribunale vescovile sono un tratto abbastanza caratteristico del caso inglese: cfr. Helmholz, *Local Ecclesiastical*

tribunali vescovili toscani non si enuclea spesso un novero di procedimenti espressamente rivolti a sanzionare la calunnia, ma capita invece molto di frequente che l'eccezione della calunnia emerga in sede di processo per un reato più grave, con l'effetto appunto di interrompere la causa.

Proprio a questo proposito la sfera delle irregolarità sessuali ha di per sé una forte carica diffamatoria. Se è vero come abbiamo osservato a suo luogo che nelle accuse e nelle inquisizioni trecentesche agisce una logica di aggregazione dei reati, per cui normalmente chi è accusato di una colpa lo è anche per molte altre che concorrono a costruire la sua *mala fama*, il sesso funge da perfetto collante per una aggregazione del genere, proprio perché come abbiamo accennato sopra il commercio con le donne poteva funzionare come emblema stesso dell'infedeltà del chierico. E d'altra parte l'immagine del chierico legato alla sua chiesa da una rapporto di sposalizio contribuiva a costruire una equazione tra relazione con una donna e rottura del rapporto esclusivo con la chiesa, quindi cattiva amministrazione della sposa pastorale. Di conseguenza, gli innumerevoli processi per indegnità morale dei sacerdoti abbinano molto spesso concubinato, cattiva amministrazione del beneficio, scarsa attenzione alla cura pastorale come una sorta di tutt'uno, che probabilmente non era necessariamente nella realtà, ma diveniva tale nel paradigma inquisitorio del tribunale o nelle stesse strategie degli accusatori. Nel caso del 1350, di nuovo lucchese, il prete Pietro rettore di San Michele in Granaiola (Bagni di Lucca) viene sottoposto a giudizio a seguito dalla denuncia di due parrocchiani, che lo accusano di aver rifiutato di «dare penitentiam et eisdem ministrare ecclesiastica sacramenta», di tenere una concubina da cui ha avuto figli, di aver dormito con un uomo di nome Allegro e «contra voluntatem ipsius Allegri voluit conmictere strupum et turpe peccatum»; l'accusa è accompagnata da cinque testi della comunità. L'episodio della mancata ottemperanza degli obblighi sacramentali portava con sé l'accusa infamante di concubinato e soprattutto di pratiche sodomitiche. La pratica dell'unione sessuale contro natura è un'accusa abbastanza frequente, e anch'essa è dotata di un potenziale infamante molto forte nello stesso senso della relazione con una donna:[148] ma proprio in quanto tale non

Courts in England, e per esempi concreti dalle carte trecentesche Donahue, *"Delictum est vobis"*.

148. ASDL, *Tribunale ecclesiastico*, *Criminale*, 2, cc. XIIr-XIIr; un altro caso di sodomia ivi, 30, cc. 15r-17v: *inquisitio* e primi atti contro il chierico Marco del fu Coluccino da Lucca inquisito e confesso di sodomia (20 maggio 1381). Detenuto in carcere durante i termini del processo, l'imputato insieme ad altri complici riesce ad evadere (c. XXXVIIIr).

sempre comporta un riferimento a pratiche sessuali specifiche, fungendo piuttosto da richiamo, più o meno pretestuoso, ad una generica irregolarità secondo i canoni etici di comportamento del chierico.[149]

La fattispecie dei reati legati alla sfera del sesso conosce molte varianti.[150] La complicazione più comune, anch'essa frequentissima nella novellistica, è la presenza di un marito tradito coinvolto nella relazione clandestina del chierico. In questo caso il reato non riguardava più solo l'onorabilità del sacerdote, ma coinvolgeva le relazioni sociali e quindi la rottura del rapporto di fiducia con la comunità era qui palese e drammatica. Nel dicembre 1354 si svolse presso la curia del preposto il processo contro Andrea di Finuccio, cappellano della pieve di Prato, accusato di varie irregolarità tra cui una relazione concubinaria. Il quadro che emerge dalle testimonianze non è chiarissimo, perché alcuni degli interrogati ricordano la relazione del chierico con una certa Biagia da Siena, mentre altri citano una seconda donna di nome Filippa: che si trattasse di diverse relazioni dell'accusato o della confusione propria di accuse pretestuose,[151] nel corso del procedimento emerge comunque che il marito della citata Biagia avrebbe già avviato un processo per adulterio presso la corte del podestà pratese. È lecito ritenere che proprio l'apertura di una causa a carico della donna, a questo punto pubblicamente infamata, a maggior ragione di fronte a un tribunale secolare, giungesse a aggravare pesantemente il quadro delle relazioni del chierico, che in effetti viene condannato alla privazione del beneficio. Altrettanto gravi sono, come comprensibile, situazioni nelle quali all'adulterio si aggiunge la fuga, l'abbandono del tetto coniugale da parte della donna, o l'attentato alla vita del marito. Entrambi i casi si presentano in processi lucchesi nel breve lasso di tempo del biennio 1358-1359.[152] Il primo contro Giovanni rettore di San Frediano in Arsina (a nord di Lucca), che ha tenuto Tuccia moglie di Matteo di Puccino come sua

149. Come ben osservato da Théry, *"Innommables abominations sodomitiques"*, anche per il quadro generale delle accuse a carattere sessuale e specificamente sodomitico nei procedimenti della giustizia pontificia (p. 76).

150. Ho trattato alcuni dei casi citati qui di seguito in *Giustizia penale e reati sessuali.*

151. ASFi, *Prepositura di S. Stefano di Prato*, 8, cc. 17r-23r. In ogni caso il cappellano Andrea di Finuccio risultò in varie occasioni un chierico non esemplare: molti anni più tardi subì un procedimento con pene molto severe per gravi irregolarità commesse nella conservazione e cura delle specie consacrate dopo la messa, come testimonia un atto del 1372: cfr. Mazzoni, *La carne e il sangue*, pp. 938-940.

152. ASDL, *Tribunale ecclesiastico*, *Criminale*, 10, rispettivamente cc. XXXv e LXVrv.

concubina, e poi ha tramato con lei per avvelenare il marito, che è rimasto disabile: il prete è condannato all'esilio e alla perdita del beneficio, e nel caso che facesse ritorno e cadesse in mano del vescovo, a tre anni di carcere duro. L'altro procedimento è contro il prete Domenico del fu Matteo rettore di San Donato in Casole, per aver rapito Franca moglie di Giorgio di Paolo e averla condotta con sé a Lucca e a Pistoia commettendo adulterio e tra l'altro sottraendo alcune suppellettili dalla casa del marito: il sacerdote è condannato alla privazione del beneficio e a 100 lire di multa. Sempre alla privazione del beneficio era stato condannato a Volterra Giovanni di Lapuccio da Castelfiorentino rettore di San Cristoforo e Antonio da Figline in Valdelsa per essere entrato nottetempo in una casa di Montaione per conoscere una donna sposata, sorpreso da suo fratello.[153] Come si vede l'allontanamento dalla chiesa era in questo caso il provvedimento più ricorrente, legato alla volontà di stroncare i possibili risvolti nei rapporti interni alla comunità.

Talvolta le relazioni dei chierici potevano essere ricostruite anche con tratti più vivaci, fino a disegnare singolari storie di coppie illecite. Tra le carte lucchesi del 1350 si legge l'*inquisitio* contro Pasquino rettore della chiesa di Sant'Anastasio e Bonino rettore della chiesa urbana di Santa Giulia, per aver vagato di notte in compagnia di una pinzochera francescana di nome Palmeria che il prete Pasquino terrebbe come concubina. Come accade di consueto vengono interrogati vari testimoni: uno di essi sostiene addirittura di aver visto la donna «nudam in lecto dicti presbiteri Pasquini» (qui il sospetto dell'intento diffamatorio è molto forte), mentre un altro racconta che «presbiter Pasquinus vadit de nocte pulsando cum quodam sotio nomine Iohannis qui pulsat liutum amore cuiusdam Palmarine pinsocore de ordine fratrum minorum».[154] Per quanto non del tutto chiare né particolarmente plausibili, le testimonianze confermavano l'immagine di un chierico quantomeno poco attento all'onorabilità dei suoi comportamenti specie in pubblico, esposti alla riprovazione dei fedeli.

In ogni caso, anche nelle circostanze più gravi la logica della giustizia vescovile sembra improntata soprattutto alla reintegrazione del reo, magari attraverso un periodo di penitenza o di allontanamento dagli uffici. Dato

153. ASDV, *Curia vescovile*, *Tribunale - Processi civili*, 11, cc.11r-12v.

154. ASDL, *Tribunale ecclesiastico*, *Criminale*, 2, c. XXXVr. La possibilità di simili comportamenti da innamorati non è del tutto inesistente: si veda un passaggio delle *Costituzioni sinodali dei vescovi di Arezzo*, p. 41: § XLIII, *De pena clericorum sonantium vel coheriçantium instrumenta*.

poi il carattere peculiare della giustizia vescovile, vòlta più alla correzione degli errori che a un uniforme criterio di repressione,[155] il gioco *fama/infamia* rimane di solito aperto alla composizione e alla remissione tramite la penitenza. L'equità canonica si traduce in una considerazione di natura etica sulle esperienze di vita dei sacerdoti, molto spesso al di là della pena irrogata: capita quindi che anche per reati sessuali molto gravi sia considerata la possibilità di una redenzione che in qualche modo restituisce il sacerdote alla sua dignità. È quanto accade a Michele priore di Santa Maria a Camaiore,[156] che nel 1366 era stato condannato dal vescovo di Lucca a un anno di reclusione e al pagamento di 50 fiorini per essere entrato in un monastero per consumare una relazione sessuale con una monaca, da cui era nato anche un figlio.[157] Dopo qualche anno dall'emissione della sentenza in contumacia, il prete si presenta di nuovo al tribunale nel 1372, mostrandosi non soltanto contrito, ma anche umanamente trasformato da anni di povertà e di dedizione allo studio, che gli hanno consentito di conseguire con grande fatica e sacrificio la licenza in diritto canonico. Il vicario, convintosi che la condotta di Michele negli ultimi anni lasci verosimilmente sperare una sua conversione, e considerando anche la povertà in cui costui vive per effetto della sua condizione di chierico in qualche modo sradicato, cancella la condanna alla reclusione e riduce a 25 fiorini la pena pecuniaria.[158] In questo caso lo studio era stato a quanto pare non solo strumento di

155. Molto opportunamente Hardman, *Conflicts, Confessions and Contracts*, p. 75, osserva che normalmente le carte mostrano un «soft approach to justice [...] the heart of the judges's job was identifying those engaging in criminal acts, ensuring confrontations with them, securing narratives from them and when possible instucting them in order to foster their reintegration as obedient and faithful members of the communities».

156. ASDL, *Tribunale Ecclesiastico*, *Criminale*, 18, c. LXVIIIr.

157. Non sono rari neppure i casi di relazioni clandestine di monache, soggetto come consueto alla giurisdizione del vescovo. A Pistoia (ADPt, *Tribunale ecclesiastico*, *Cause criminali* - serie R, 1.3) si conserva l'*inquisitio* (1416) del vicario e *iuris canonici peritus* Miniato da San Miniato contro Filippa di messere Bonaccorso da Firenze badessa del monastero di Santa Maria de Sala a Pistoia per adulterio commesso per molti anni nel monastero con Bartolomeo da Vinci, oggi archipresbitero della cattedrale fin dal 1398, avendone poi un figlio. Dopo aver ascoltato vari testimoni il vicario condanna la donna alla privazione dell'abbaziato e alla reclusione nel monastero di San Mercuriale a beneplacito del vescovo. Per situazioni del genere, anche nel retroterra di conflitti che il procedimento giudiziario metteva in luce, cfr. Mangione, *«In Christi fidelium scandalum»*.

158. ASDL, *Tribunale Ecclesiastico*, *Criminale*, 18, LXVIIIr: il vicario Matteo da Città di Castello pievano di Santa Maria in Tevere, «attendens idem dominus vicarius et experientia concernens vitam et mores ipsius Michelis in melius emendatos ac quod amodo

ascesa sociale a ruoli di prestigio ma anche via di riscatto morale e di recupero della buona fama di ecclesiastico. Anche Giovanni di San Frediano, che abbiamo visto sopra condannato per reati molto gravi, stando ad una nota datata 1366 avrebbe beneficiato della remissione della pena per grazia speciale e su preghiera di monna Margherita sua madre.[159]

Evidentemente i reati sessuali erano complicati dalla presenza di figli. Tuttavia è abbastanza difficile cogliere la posizione dei bambini nelle vicende dei comportamenti del clero, perché di norma l'esistenza di una prole entra nella documentazione processuale solo come attestazione dell'avvenuto congiungimento, non come problema a sé: niente di più che la testimonianza standard del fatto che il chierico abbia intrattenuto la relazione. Il problema era evidentemente verificare la paternità, la cui verosimiglianza era affidata principalmente alle reti di conoscenza comunitaria. Nell'interrogatorio a cui venne sottoposto nel 1372 emerge che il prete volterrano ser Coppo «ebbe uno fanciullo d'una sua sirochia charnale dela quale chossa è publicha boce e fama»: l'imputato nega di essere il padre del bambino, ma a conferma delle accuse seguono i nomi di 13 persone di Gambassi e 4 della valle di Catignano, perché «a costoro fu posto el fanciullo all'uscio e lle loro done el portorono a bateçare e ser Chaio prete da Chanbassi el batteçò».[160] Nulla di più difficile da ricostruire della paternità, almeno al di fuori delle circostanze della confessione. Proprio in quegli anni un appunto volgare allegato agli atti del tribunale di Volterra conteneva una memoria assai singolare, in cui frate Giovanni rettore di Sant'Agostino di Volterra ricordava di aver raccolto la confessione di una

novum hominem induisse in bonum cum ex tunc suum tempus totaliter expendiderat in acquisitione scientie maxime iuris canonici in quo nuper licentiatus existet, ita quod verisimiliter est sperandum quod in futurum vitia effugabit et virtutibus adherebit», e considerando la povertà con cui deve affrontare le spese dello studio, cancella la pena della reclusione e riduce alla metà quella pecuniaria. In circostanze analoghe le pene contro i chierici tengono in forte considerazione la povertà dell'interessato e le possibili conseguenze di un castigo troppo severo: ivi, 28 (1372-1373), c. 30r: il prete Bartolomeo rettore di San Pietro a Nocchi presso Camaiore viene condannato per concubinato alla pena di 25 lire, ma la condanna è annullata «considerato et cognito quod dictus presbiter Bartholomeus condempnatus est persona pauperrima et miserabilis et non habet unde vivat et ne vadat mendicando per mundum in obprobrium ordinis clericalis». Il caso di una remissione delle pene dopo un periodo di penitenza ricorre anche in altri episodi simili per gravi reati di natura sessuale: cfr. la vicenda di un cappellano pratese in Mazzoni, *La carne e il sangue*, pp. 937-938.

159. ASDL, *Tribunale Ecclesiastico*, *Criminale*, 10, c. XXXv.

160. ASDV, *Curia vescovile*, *Tribunale - Processi civili*, 22, bifoglio segnato d).

donna secondo la quale uno dei suoi bambini sarebbe stato figlio non del marito, ma di un tal Paniccia, al momento rettore dell'Ospedale di San Jacopo a Montescudaio.[161]

Questa difficoltà di attingere alla natura dei rapporti tra il chierico e la sua presunta prole è rotta in qualche caso, quando il problema entra nello specifico della vicenda processuale.

Negli ultimi anni del secolo giunge a tal proposito una causa presso il vicario del vescovo di Arezzo. Si tratta di una *inquisitio* contro Neri pievano di Capannole in Valdambra, accusato di aver commesso adulterio con Francesca di Andrea da Capannole da cui avrebbe avuto una figlia, Antonia, che tiene con sé. I fatti risalirebbero al 1390. Il pievano compare e fornisce alla corte una versione molto diversa. Non vi è stata nessuna relazione con la donna: la bambina è stata affidata al prete da Francesca stessa e da suo marito, che per povertà l'hanno data a Neri perché la tenesse e crescesse come figlia sua. Anzi, prosegue il sacerdote, in passato la curia l'ha già esaminato per questa accusa infamante, e l'ha trovato innocente, e questo dovrà pur risultare dalle carte del notaio del vescovo che ne aveva curato a suo tempo il processo. Vi poteva essere insomma nelle relazioni familiari dei chierici del tempo una varietà di situazioni che solo la maldicenza o i conflitti interpersonali potevano qualificare come aberranti, e che invece talvolta erano banalmente il frutto di miseria o di necessità.[162]

Vanno considerati infine i casi che si possono qualificare come vera e propria violenza sessuale. A questo proposito le categorie descrittive che possiamo adoperare nel linguaggio comune sono abbastanza imprecise, perché mal si attagliano al linguaggio giuridico medievale. Innanzitutto il riferimento ricorrente delle fonti al termine *stuprum* può generare confusione perché in quel concetto la giurisprudenza medievale includeva una vasta casistica di reati legati alla congiunzione carnale illecita, sia violenta che consensuale,[163] quindi le fattispecie così qualificate si sovrapponevano spesso a quelle dell'adulterio.

161. Ivi, 20, c. 28r.

162. «[...] nunquam conmisisse adulterium cum dicta domina Francischa et quod Andreas maritus dicte domine dedit sibi dictam Antoniam ut retineret eam pro sua filia ex qua propter paupertatem eam alere non poterat, et sic pro sua filia retinuit et retinet, et quod propter hoc alias fuit inquisitus et condempnatus ante dictam curiam presentis domini episcopi et de predictis fuit absolutus ut patere debet manu ser Iuliani ser Nicolai olim et tunc notarii dicte curie»: AVA, *Atti di Curia*, 12, c. 41v.

163. Lombardi, *Il reato di stupro tra foro ecclesiastico e foro secolare*.

La situazione del chierico era però per sua natura più grave perché a prescindere dal carattere consensuale o meno della relazione, in tali circostanze era ovviamente preclusa la possibilità di un matrimonio, quindi il carattere violento dell'approccio era in un certo senso nelle cose e non poteva essere sanato *ex post*. Un caso standard è quello della sentenza contro il prete Giovanni detto Boccaccio da Coreglia per aver violentato una vergine: il chierico è condannato a 50 lire, anche se una nota a margine datata 1366 ricorda che la pena è stata rimessa da vescovo di Lucca *de gratia speciali*.[164]

Ad aggravare la posizione del chierico potevano quindi intervenire circostanze che provavano il carattere violento dell'intercorso con la donna. Risale al 1382 la condanna di Stefano di Coluccio da Lucca monaco benedettino e rettore di San Tommaso da Castagnori, che al fine di sedurre una Martina, giovinetta schiava di una donna di Lucca, ha fatto uso di sortilegi e evocazioni di spiriti immondi; ha quindi ottenuto di possedere la ragazza che è rimasta incinta e quindi «tradidit eidem Martine certam erbam sumendam per eam ut pateret abortivum».[165] I reati in questo caso erano molti e gravi: l'adulterio, lo stupro, l'uso sacrilego di oggetti liturgici a fini di sortilegio, il tentativo di aborto. Condannato a 100 fiorini e dieci anni di penitenza, il chierico resta contumace ed è quindi scomunicato, andando così a ingrossare le fila del clero girovago e sradicato dalla sua diocesi.

Una variante ancora più grave comporta il coinvolgimento di minori. Anche in questo caso però le fonti del tempo non avevano strumenti per definire con chiarezza un reato di violenza carnale su una persona incapace di manifestare la sua volontà, in particolare un minore, quindi anche i casi che qualificheremmo esplicitamente come pedofilia seguono le stesse tracce dei processi per adulterio.[166] Né del resto l'elemento del reato contro natura andava a modificare sostanzialmente la procedura.

Il minimo che si possa dire dunque è che non esiste una connessione sicura tra la pratica degli atti giudiziari e un quadro dei comportamenti sessuali del clero intesi in prospettiva contemporanea.[167] Non mancano co-

164. ASDL, *Tribunale Ecclesiastico*, *Criminale*, 10, c. 21r.

165. «Fecit sortilegia incantationes et maleficia cum crucibus et candelis accensis quas posuit et affixit cum certis incantationibus et invocationibus spirituum immundorum ad hostia dicte domus ut dicta Martina consentiret voluptati sue»: ivi, 34, cc. LXXXr-LXXXIr (1382).

166. La circostanza è chiaramente messa in luce da Lett, *Genre, enfance et violence sexuelle*.

167. Senza contare che in vari casi non risulta chiaro comprendere se vi sia un reale risvolto sessuale: ad esempio nel 1297 a Fiesole viene sottoposto a giudizio il prete Lam-

munque esempi di reati di straordinaria gravità. Nel marzo 1387 il tribunale vescovile di Lucca avviava una inquisizione contro un prete di Santa Croce, reo confesso di stupro di una bambina di otto anni. Il caso viene ricostruito con particolare dettaglio, e con il racconto dell'approccio che il sacerdote avrebbe tenuto con la bambina sorpresa da sola ad attingere l'acqua. Il reo è condannato a cinque anni di carcere «in compedibus ferreis in carceribus comunis Sancti Miniatis» e il bando perpetuo dalla diocesi.[168] La reclusione fuori dalla giurisdizione del vescovo, nelle carceri del comune di San Miniato, e l'allontanamento dalla sua chiesa erano una condanna esemplare, almeno secondo gli standard canonistici, certo ben lontani dalla ferocia repressiva con cui casi del genere venivano puntiti dalle corti secolari.[169] Si sommava però anche a un provvedimento di riguardo e compassione per la vittima: alla fanciulla viene assegnata metà di una casa in Santa Croce e alcune terre sequestrate al reo, «ut suo tempore possit et valeat maritari», in modo che restando la violenza, l'onore della vittima fosse almeno in parte restituito con un matrimonio. Anche in questo caso la condanna ha però un seguito, perché nell'agosto 1391 il prete viene rilasciato per grazia e condonato di ogni infamia, sebbene non conosciamo se abbia comunque abbandonato la diocesi.

Una circostanza simile ricorre in un paio di casi fiesolani alla fine del secolo. In particolare l'inquisizione contro Francesco di Niccolò pievano di San Leolino a Rignano per violenza carnale su una fanciulla di 13 anni che si era recata a confessarsi, per altre irregolarità sessuali (ma su tutte si annota «negavit») e per aver aggredito con un falcione Ugo di Gherardino Altoviti – a questo proposito il prete sostiene di essersi solo difeso con un bergamasco dall'aggressione armata dello stesso Ugo.[170] Non sappiamo se il reato di violenza fosse in qualche modo connesso a quello dello stupro, ma

berto da Maiano accusato da un tal Berlingo perché avrebbe aggredito «Datam filiam ipsius Berlinghi in Piaggia Montis Ceceris in dicto populo sancti Martini et eam acriter fustibus et corigia percussit et vulneravit cum sanguinis effusione ex multis partibus sue persone et eam spoliatam et nudam dimisit retinendo pannos quos eidem spoliaverat et adhuc apud se ipsos pannos detinet». I testimoni ricostruiscono variamente l'episodio, forse legato ad un furto o ad un diverbio della donna con il chierico, che comunque non si conclude con la condanna: ASDF, XIV.III.A.5, c. 124r.

168. ASDL, *Tribunale ecclesiastico*, *Criminale*, 39, fascicolo non numerato segnato 2 marzo 1387.

169. Molti esempi in Cohn, *Sex and Violence on the Periphery*, che riprende anche in chiave critica le considerazioni di Mazzi, *Cronache di periferia dello stato fiorentino*.

170. ASDF, XIV.III.A.48, carte non numerate.

sembra che l'episodio portasse con sé i risvolti di una ostilità violenta che opponeva il pievano a una figura tutt'altro che anonima: la famiglia fiorentina degli Altoviti figura tra i principali possidenti dell'area della pieve.[171]

Proprio a questo proposito, un caso tra tutti merita forse un'attenzione specifica per il modo in cui connette i vari elementi del reato sessuale nelle carte dei tribunali. Si tratta di un lungo processo a carico di Giusto, rettore della chiesa di Sant'Andrea a Montecarlo in diocesi di Lucca, nel 1353.[172] Questi avrebbe obbligato «per demonum invocationem et artem magicam» monna Nuta moglie di Corsino di Pardone da Montecarlo, peraltro incinta, a recarsi a casa sua; dopodiché l'avrebbe tenuta per più di venti giorni «in ipsa domo in quadam cava et fovea existente in terreno dicte domus ipsamque in ipsa cava detinens victa et os eius cum tovalliolo copertum adeo quod clamare vel loqui non poterat». Durante questo atroce periodo di sequestro la donna era stata più volte violentata, e il prete avrebbe aggiunto alle violenze anche la minaccia di interrompere con la forza la sua gravidanza.[173] La follia criminale dell'uomo si sarebbe infine mostrata anche in una vera e propria macchinazione giudiziaria, perché Giusto avrebbe minacciato di accusare i familiari della donna di tradimento politico ai danni di Pisa (siamo nel controverso periodo di sottomissione pisana del comune lucchese), in modo che una volta rinchiusi in carcere i suoi parenti monna Nuta e il suo carnefice potessero «restare al sicuro».[174] In qualche modo tutto il crimine è scoperto, e il prete soggetto alla giustizia vescovile,

171. Poco prima nel medesimo registro è riportata una *inquisitio* contro Domenico rettore di Santa Maria di Buiano che avrebbe condotto a casa sua, «blanditiis et verbis mellifluis nec non miniis» con una spada sguainata, un ragazzino quattordicenne; portatolo a letto avrebbe tentato di violentare il ragazzo, riuscito però a fuggire. L'inquisito viene citato e presta una fideiussione ma la causa non prosegue.

172. ASDl, *Tribunale Ecclesiastico*, *Criminale*, 5, cc. CXXVr-CXXVIv, da cui anche i passi alle note seguenti. A questo episodio, solo per i risvolti relativi al presunto uso di arti magiche, fa riferimento anche il saggio di Wieben, *The Charms of Women and Priests*, pp. 150-151.

173. «[…] item de eo et super eo quod ipse presbiter Iustus dum dicto tempore dictam Nutam que erat gravida sic ut dictum est teneret dixit eidem Nute pluries ego faciam te perdere fetum quem habes in ventre quia non veniat in luce».

174. L'artificioso rivestimento linguistico del latino del verbale non impedisce che le parole del prete restituiscano sinistramente l'immaginazione allucinata del complotto e del suo fine ultimo di possesso sessuale: «ad hoc ut consenguinei et affines sui nulla de predictis facerent ultionem ego scribam certas litteras per quas apparebit virum et consenguineos tuos quos in illis litteris nominabo debere proditionem facere de castro Montiscarli et ipsas litteras proici faciam in palatio vel prope palatium antianorum Pisis ita quod ad

che viene a conoscenza anche di altri episodi sulle inclinazioni demoniache del personaggio;[175] questi, rimasto in custodia per molti giorni senza alcun tentativo di difesa, viene infine condannato a una pena assai severa, il pagamento di 50 fiorini *ad penam dupli*, la privazione perpetua di ogni beneficio ecclesiastico e tre anni di carcere, trascorsi i quali sarà comunque esiliato a vita dalla diocesi. Certamente alcuni dei contenuti del processo rientrano in un dispositivo di accusa abbastanza convenzionale, ma comunque l'assenza di ogni tentativo di difesa da parte del sacerdote inquisito sembra un fattore di verosimiglianza delle accuse. Questo episodio porta in effetti qualcosa di più della mera criminalità a sfondo sessuale, vale a dire l'impiego dell'infamia "politica": funzionale al fine del possesso della donna è la squalificazione della sua famiglia tramite l'accusa di tradimento del regime pisano su Lucca. Questo elemento per così dire politico non è accessorio alla logica processuale. Come si è visto sopra, l'esistenza di conflitti a monte del reato, cioè di situazioni che in qualche modo preparano il quadro processuale anche per reati di per sé così apparentemente impulsivi come quelli sessuali, è un dato ricorrente. La connessione tra il comportamento dei chierici e il rapporto di fiducia con la comunità faceva sì che le linee di solidarietà o di conflitto proprie della comunità stessa avessero un grande rilievo nel costituire la narrazione del processo. Varrà la pena a questo punto vedere nel dettaglio le caratteristiche dei conflitti che emergono dalle carte processuali, per perfezionare lo sguardo su tutta la prassi del diritto nelle chiese toscane.

6. *Il clero violento*

La violenza è la protagonista delle carte giudiziarie. La sovrabbondante casistica dei reati di tal sorta registrati nei verbali processuali rientra in quella che gli studi hanno ormai da tempo inquadrato come "criminalità da antico regime",[176] qualcosa di diverso da una presenza per così dire fisiologica o marginale. Nelle società premoderne l'aggressione fisica,

manus dictorum de Pisis devenirent propter quod ipsi consanguinei et vir tui incolpabuntur et occidentur, et ex hoc tu et ego poterimus stare tuti».

175. Secondo gli atti processuali l'accusato, qualche tempo prima, dovendo battezzare il bimbo di Coluccio di Bianco da Montecarlo, l'avrebbe fatto con le parole «baptiço te in nomine diaboli».

176. Chiffoleau, *Les justices du Pape*, p. 110; *Disputes and Settlements*.

premeditata o scatenata da reazioni inconsulte a diverbi, risse, liti sulle materie più diverse, è una possibilità assolutamente ordinaria nelle relazioni tra le persone: non è circoscritta a un ambito di marginalità criminale, ma può esplodere in tutti i contesti sociali. La diffusione dell'uso delle armi e l'assenza di strutture istituzionali o culturali di disciplina dei comportamenti faceva sì che lo strumento della violenza fosse una modalità consueta di definizione dei rapporti sociali.[177] Certamente le istituzioni pubbliche non erano indifferenti a un contesto del genere, né mancavano interventi decisi a favore di un rigoroso inquadramento della violenza fisica o verbale – l'intera esperienza dei regimi di popolo aveva rappresentato un grandioso esperimento di disciplina dei comportamenti, per quanto riuscita non senza ambiguità e incertezze.[178] In ogni caso la ricaduta di questa dinamica sulle carte è con ogni evidenza un profluvio di cause nelle quali l'aggressione fisica e verbale compare quotidianamente.

Questo livello non esauriva comunque il ruolo della violenza nelle relazioni sociali. Il conflitto, sia nelle forme più banali delle relazioni interpersonali che in forma più strutturata a livello collettivo, è ormai stato riconosciuto come un dato strutturale delle società premoderne.[179] La dinamica tra persone e gruppi passava anche attraverso atti di confronto violento non come conflagrazione emotiva e incontrollata, ma come forma in qualche modo fisiologica di relazione. La violenza si può intendere come un meccanismo di regolazione usato in certe circostanze che tuttavia ha le sue forme di riequilibrio, spesso proprio all'interno delle strutture giudiziarie. La giustizia formale del processo è piena di violenza anche perché violenza e giustizia sono in qualche modo passaggi complementari di una risoluzione di conflitti che in modi e tempi diversi ha bisogno di entrambi.[180]

L'ambiente ecclesiastico non fa assolutamente eccezione a tal proposito, anzi mette in scena un mondo caratterizzato da un tasso molto alto di aggressività. Allo stesso tempo però la sensibilità per il rispetto di una immagine del degno sacerdote, assai distante dai dati ordinari della vita

177. Questo evidentemente a maggior ragione quando queste relazioni si allargavano alla sfera della vita pubblica: cfr. in proposito Lantschner, *The Logic Of Political Conflict*.

178. Si veda in proposito Poloni, *Disciplinare la società*.

179. *Conflict in medieval Europe*; *A Renaissance of Conflicts*.

180. Tutti temi ampiamente affrontati nei saggi di *Pratiques sociales et politiques judiciaires*. Una prospettiva ulteriore è quella aperta da Smail, *Violence and Predation*, che propone di ricondurre anche l'impiego della violenza entro una funzione regolativa della giustizia che mira principalmente non all'ordine pubblico ma alla salvaguardia del credito.

quotidiana, portava spesso i vicari vescovili a sanzionare i comportamenti più scandalosi. In ogni caso lo sfondo della quotidianità è del tutto coerente con quanto sappiamo delle società secolari. Non solo dalle carte dei tribunali cittadini, del resto, ma anche dalla stessa pratica dei tribunali vescovili con competenze secolari. La possibilità di uno studio in tal senso si apre a dire il vero solo per Lucca, dove una parte degli atti processuali – e almeno un registro intero per gli anni Ottanta del Trecento – sono dedicati alla giurisdizione secolare sulla Jura, in territorio di Sesto e Moriano.[181] A uno sguardo globale il quadro dei reati giudicati dal vescovo sulla sua signoria ripete quella diffusione ubiquitaria della violenza, dalle piccole liti di villaggio ai reati di sangue gravissimi, che sono una sorta di rumore di fondo costante anche nella quotidianità della vita del clero secondo le carte della giurisdizione spirituale. Questo rende tanto più interessante il caso delle violenze dei chierici, perché permette di condurre una riflessione specifica nell'ambito di un tema molto ben dissodato dalla ricerca sulle corti secolari.

Inimicizie volgari e insubordinazioni

In una ipotetica scala delle violenze più comuni il primo gradino è sicuramente rappresentato dai conflitti che dividono il clero al suo interno, specialmente nelle situazioni di convivenza o prossimità, cioè le canoniche e le cappellanìe, dove era facile che la sovrapposizione di ruoli suscitasse invidie o liti tra chierici. Spesso le liti si fermavano al livello dell'aggressione verbale. In uno dei primi registri della sezione penale del tribunale vescovile lucchese compare il procedimento contro Giovanni canonico della chiesa di San Giovanni, su accusa di Puccio di Domenico della medesima parrocchia, che il prete, bestemmiando, avrebbe apostrofato «sosso ladro che m'ai fatto perdare!».[182] Il contesto della lite sembra decisamente quello della taverna, frequente incubatore di reati del clero, nella classica equazione gioco-bestemmia-violenza. Quando poi dalle parole si passava ai fatti, i litigi tra chierici avevano un motivo speciale per attrarre l'attenzione del tribunale, perché il canone XV *Si quis suadente diabolo* del Concilio lateranense II del 1139, recepito nel *Decretum* (17.4.29), aveva previsto la scomunica contro

181. ASDL, *Tribunale ecclesiastico*, *Criminale*, 467: molti altri casi sulla Jura vengono riportati in maniera intermittente negli altri registri della serie.

182. Ivi, 2, c. XVIr. Le parole del chierico si inseriscono nella ricchissima fenomenologia dell'insulto verbale nelle fonti criminali, per la quale nell'ambito dei tribunali secolari cfr. Dean, *Crime and justice*, pp. 113-123.

chiunque avesse usato violenza contro un chierico, affidando la remissione solo all'autorità papale. Di conseguenza il tribunale si trovava nella necessità di acclarare con particolare scrupolo le circostanze del reato, per valutare se la violenza fosse stata reale e di gravità tale da richiedere un intervento del pontefice. Ciò fa ulteriormente moltiplicare i casi trattati dal giudice. Nel 1359 ancora il vicario lucchese procedeva per inquisizione contro Benedetto rettore di San Pietro in Pescaglia, che viene condannato alla pena pecuniaria per aver morso la mano di un prete Bartolomeo.[183] Alla fine del secolo sono ben sei i cappellani e sacerdoti del duomo di Lucca condannati per aver aggredito con due «ventres sive budracii pleni stercore et putredinis» Stefano pievano di Camaiore cappellano della cappella di Santa Croce nel duomo,[184] un oltraggio che sembra più offensivo e infamante che violento,[185] ma in ogni caso segno di una feroce ostilità interna ai sacerdoti della cattedrale. Spostandoci a Pisa all'inizio del secolo, uno dei primi procedimenti penali registrati nelle carte del tribunale è l'*inquisitio* contro messer Jacopo Lanfranchi proposito di Castiglione della Pescaia, per una rissa con messer Guido Façello canonico a schiaffi e coltellate.[186]

Fantasiosa, nonché indubbiamente sacrilega, è l'aggressione messa in atto da alcuni chierici sangimignanesi nel 1365. Salvi di Michele rettore di San Michele e canonico di San Gimignano, Cino di Tommaso e Marco di Michele chierico avrebbero aggredito a più riprese Francesco di ser Ranieri priore della canonica di San Michele di San Gimignano nel coro della pieve di San Gimignano «cum uno missali in mano» e poi «manu in qua habebat anulum in quo erat gemma lapidea», di conseguenza con grande effusione di sangue e cicatrice sul volto.[187] Per la diocesi di Volterra si conserva ancora per il 1365 il processo contro messer Agostino di Dino arcipresbitero, ser Buraccio custode della chiesa maggiore di Volterra, Francesco di Taviano e Taviano di Giusto chierici della cattedrale.[188] Si narra che il detto Agostino

183. ASDL, *Tribunale ecclesiastico*, *Criminale*, 10, c. LXVIIr.

184. Ivi, 42 (1394).

185. L'infamia di gettare sterco contro la persona o le cose di un avversario è un gesto ricorrente: cfr. per casi marsigliesi Smail, *Hatred as a Social Institution*, pp. 101-102.

186. ADPi, *Archivio degli arcivescovi*, *Atti straordinari*, 1, c. 186rv (7 maggio 1311). Nel registro delle cause del vescovo di Fiesole dell'anno 1321 si riporta un'unica lunga causa contro un abate di San Bartolomeo a Fiesole accusato addirittura di aver assassinato uno dei suoi monaci: la causa copre l'intero fascicolo ASDF, XIV.III.A.22.

187. ASDV, *Curia vescovile*, *Tribunale - Processi civili*, 11, cc. 9r-10r.

188. Ivi, 13, cc. 5v-9v. Questo tipo di violenze interne a comunità ricorre anche in ambienti monastici femminili, soggetti alla vigilanza del vescovo. Particolarmente grave fu

avrebbe aggredito il detto Buraccio strappandogli di mano le chiavi della sacrestia e dicendo «Soççо ribaldello che tu se', chi t'à fatto chustode? mostra qua queste chiave!» e poi l'avrebbe di nuovo aggredito e percosso. Nell'indagare l'episodio il vicario mette in luce comportamenti molto poco lusinghieri da parte di tutti i chierici citati, tanto da lasciar intendere che la lite davanti alla sacrestia fosse parte di azioni quantomeno irregolari che i tre avevano intrattenuto. Lo stesso Buraccio, in questo caso la vittima dell'aggressione, sarebbe entrato con gli altri due armato nel bordello, dove i tre compagni di bravate avrebbero conosciuto ciascuno una delle ragazze, e in un'altra occasione avrebbero lanciato pietre contro la porta dell'abitazione del vicario. Liti, fornicazione, porto d'armi, comportamenti irrispettosi dell'autorità episcopale: il vicario non attese ulteriori testimonianze per condannare tutti i sacerdoti comparsi a pene pecuniarie, ritenendoli variamente colpevoli.

Il sesso è come comprensibile uno dei fattori scatenanti delle controversie degenerate in violenza. Risale al periodo 1363-1367 il farsesco caso di Martino di Nicoluccio di Sesto di Moriano rettore dell'ospedale di Rivangaio presso il Serchio, che stando all'*inquisitio* del vicario lucchese[189] armato di spada, coltello e rotella aggredì Barone pievano di Sesto mentre si trovava nudo a letto, apostrofandolo come «assessino uçorieri e homo di mala ragione, tu tieni lo bordello in della chieça». Il responsabile viene condannato alla pena pecuniaria di 72 lire non solo per la violenza ma anche per aver a sua volta commesso adulterio e fornicazione «centum vicibus et ultra in ecclesia S. Ansani dicti Moriani». Ma l'inimicizia con il pievano e le sue frequentazioni imbarazzanti erano a loro volta all'origine della violenza, dietro alla quale non è difficile immaginare una catena di rancori e diffamazioni reciproche.

La violenza tende quindi a rimarcare l'indegnità rispetto ai comportamenti propri di un chierico. Un ultimo esempio volterrano del 1374-1375 vede Battista di ser Giraldo da San Gimignano, che si intende essere un chierico ma viene qualificato come apostata, per aver aggredito con una mazza ferrata messer Giovanni di Biagio da San Gimignano dicendo «muo-

l'episodio registrato in ASDL, *Tribunale ecclesiastico*, *Criminale*, 2, bifoglio non numerato, 28 novembre 1350: *inquisitio* contro due monache di San Quirico in Casale (Capannori) per aver aggredito e ferito gravemente una loro consorella, Colomba. La sentenza è rapidamente trascritta in una carta sciolta: le due monache vengono condannate alla sospensione dal coro, refettorio e dormitorio, a digiunare a pane e acqua «sedentes in terra cum silentio sine tovallia seu mappa» tre giorni alla settimana per tre mesi come debita penitenza.

189. Ivi, 18, c. LXXXXIrv.

ia lo traditore! Et alia multa verba similia obbrobriosa». Il coinvolgimento in una rivalità personale, forse legata anche a questioni di natura politica, era non a caso abbinato all'infamia di essere considerato un falso chierico, un vero apostata. In ogni caso, come ci è capitato spesso di riscontrare, le accuse non sono confermate e il chierico è assolto.[190]

Da questi primi esempi emerge anche un dato ricorrente, quello dell'uso delle armi. Quanto la società medievale pullulasse di armi d'offesa è tema controverso: talvolta gli studiosi hanno disegnato l'immagine una società in cui tutti circolavano con il coltello in mano, mentre altri hanno fatto notare come gran parte dei reati di violenza avvenissero con strumenti banali come zappe o bastoni.[191] Nel caso dei chierici abbiamo visto che gli usi sono abbastanza fantasiosi: si possono usare come corpi contundenti libri, anelli, sacchi di sterco, o la più comune scure. Non si può negare però che strumenti più convenzionali fossero la norma: nella maggior parte dei casi i chierici posseggono e usano una spada o almeno un coltello,[192] talvolta una lancia. Il porto d'armi è un elemento ricorrente delle visite e delle interrogazioni di chierici da parte delle autorità vescovili, il che conferma trattarsi di una pratica comune. I vescovi anzi si assumevano la responsabilità e la facoltà di emettere autorizzazioni e deroghe. Il vescovo di Fiesole, le cui costituzioni sinodali prevedevano un capitolo *De non portandis armis* fin dal XIII secolo,[193] fece redigere un fascicolo cartaceo segnato *Quaternus licterarum armorum* per l'anno 1310-1311,[194] con alcune licenze di portare armi a servi familiari e simili del vescovo; a Lucca per contro il vescovo esercitava questa facoltà sui laici dell'*enclave* signorile di Sesto e Moriano,[195] per cui frequenti sono le multe comminate a laici in

190. ASDV, *Curia vescovile*, *Tribunale - Processi civili*, 17, c. 40r.

191. Dean, *Crime and justice*, pp. 168-181, ritiene che in definitiva vere e proprie armi di offesa fossero comuni solo negli ambienti militari, il che non sembra in linea con i dati riportati qui di seguito.

192. D'altra parte l'uso di portare in tasca almeno un coltellino da pane, che comunque poteva trasformarsi in un'arma mortale se usato sconsideratamente (o dolosamente), era di fatto ammesso anche in tacita deroga alle comuni norme contro il porto d'armi: cfr. un esempio dalle fonti pontificie in Jaritz, *The Bread-Knife*.

193. ASDF, XIV.III.A.7, carta non numerata in data 15 dicembre 1301, dove si citano le costituzioni di frate Angelo vescovo di Fiesole *De non portandis armis*, precedenti la più antica compilazione conservata che è del 1306.

194. ASDF, XIV.III.A.15bis.

195. Veri e propri elenchi di sanzioni pecuniarie per porto d'armi si trovano in ASDL, *Tribunale ecclesiastico*, *Criminale*, 10, c. Vrv, o 15, c. XIIIrv.

possesso di coltelli. Il porto d'armi da parte del clero è oltretutto testimoniato anche dalle autorità secolari, che avevano nella persona del podestà o del capitano la facoltà di effettuare verifiche al riguardo per le strade della città. Già nel 1301 compaiono alcune *representationes* di chierici trovati in possesso di armi dalle guardie del podestà di Firenze;[196] lo stesso accade con le guardie del podestà di Lucca nel 1358 e ancora nel 1374.[197] In casi del genere la giustizia vescovile agiva a seguito di un arresto da parte degli ufficiali secolari, ed è difficile che il caso fosse semplicemente frutto degli scrupoli del vescovo piuttosto che la testimonianza di un uso del tutto comune. E anche da questo punto di vista la logica del conflitto per le persone secolari si riproduceva senza troppe differenze in quella dei chierici.

Fin qui il quadro di una società chiericale evidentemente rissosa e incline a trascendere verso la violenza verbale o fisica. È possibile, come rilevato in alcune ricerche per casi non italiani, che il tasso di violenza così registrato fosse più alto tra i chierici con ordini minori,[198] magari beneficiati di titoli canonicali ma rimasti in quella condizione intermedia tra secolare ed ecclesiastico che abbiamo visto più sopra tra le preoccupazioni dei vescovi: ma per la verità molti episodi di violenza interessano sacerdoti, per cui il motivo scatenante sembra piuttosto la comunità di vita in comune o intorno ai medesimi ambienti, con il suo inevitabile strascico di rivalità e gelosie. Come osservava anche Lapo da Castiglionchio nell'*allegatio* su un caso di violento alterco tra sacerdoti, capita che la convivenza provochi discordia, e facilmente si passa, come dicevano i latini, «de verbis ad verbera».[199] Al massimo si può aggiungere una connotazione ricorrente, che è quella di chierici irregolari o forestieri, sui quali la censura del tribunale così come l'efficacia della maldicenza ha più modo di esercitarsi.

Queste controversie, è bene ricordarlo, sono spesso legate a conflitti molto volgari da taverna o bordello, beghe di sacrestia o inimicizie per-

196. ASDF, XIV.III.A.7, prime carte non numerate del registro, anno 1301.

197. ASDL, *Tribunale ecclesiastico*, *Criminale*, 12, carta non numerata nell'ultimo fascicolo datata 8 dicembre: l'officiale del conservatore del comune di Lucca presenta al vicario alcuni preti sorpresi in possesso di armi vietate; ivi, 31, c. IIIrv: *inquisitio* contro un prete catturato in possesso di armi dalle guardie del podestà.

198. È quello che è stato osservato per i casi di violenza nel tribunale di Carpentras (Hardman, *Conflicts, Confessions and Contracts*, pp. 85-89), e Barcellona (*The register* Notule communium, pp. 10-13).

199. *Allegationes Lapi*, n. LXXVI: caso del prete Giuliano di Arezzo pievano di San Quirico Soprarno (San Quirico in Alfiano presso Castiglion Fibocchi) cappellano della chiesa aretina, che ha colpito con un pugno il canonico aretino Andrea.

sonali alimentate da piccole rivalità, ma non di rado assumono anche un orientamento per così dire gerarchico, nel senso che l'aggressione – di norma verbale in questo caso – è rivolta contro lo stesso vicario o comunque divide il chierico dal suo superiore. Ranieri da Pisa abate di San Pietro a Camaiore viene ad esempio inquisito dal tribunale lucchese per aver rifiutato di obbedire ai mandati, e per aver aggredito il nunzio e anche il cancelliere del vescovo sostenendo di non essergli suddito.[200] Atti di questo tipo, per quanto inconsulti, non sono una sorpresa, considerando che comprensibilmente gli atti del vicario sono molto sensibili a certi segni di insubordinazione e spregio dell'autorità.

Meno banale però è che questi conflitti "verticali" vadano nei due sensi. La parte iniziale del registro del tribunale vescovile di Fiesole del 1301 è interamente occupata da una lunghissima causa di Napoleone pievano di San Pancrazio contro il vecchio vescovo, suo nemico, con il racconto di aggressioni e violenze varie riportate dai numerosi testimoni.[201] Più tardi, in una causa pratese della metà del secolo,[202] il prete Matteo denuncia di esser stato vittima di una aggressione da parte di Andrea vescovo di Pistoia, che nella sua casa di residenza a Prato nel maggio 1352 l'avrebbe preso per i capelli e gettato a terra. Considerando la ricorrente situazione di conflitto tra la chiesa pratese e i vescovi di Pistoia, dai quali la propositura di Santo Stefano era divisa da un secolare conflitto di giurisdizione, è difficile non considerare episodi del genere come sintomi di conflitti non estemporanei ma in qualche modo strutturali ai rapporti interni delle gerarchie ecclesiastiche locali.

Gli episodi di violenze verbali o anche fisiche all'interno del clero non emergono soltanto da processi di natura eminentemente penale. Accenni a situazioni analoghe si ritrovano anche nelle carte giudiziarie su dubbi o controversie per i benefici. Si tratta di una tipologia abbondante ma difficile da seguire perché meno standardizzata delle cause di altra natura: ne esamineremo una serie di esempi più avanti, quando si tratterà di approfondire il tema dei rapporti del sacerdote con la comunità dei fedeli. Non sempre però la comunità è coinvolta: molto spesso, anzi, le cause beneficiali mettono in scena la competizione tra singoli chierici. La ricerca di sedi di prestigio o anche solo di ricche prebende alimentava una conflittualità piccola e grande, che poi troviamo non di rado tra le carte dei

200. ASDL, *Tribunale ecclesiastico*, *Criminale*, 28 (1373).
201. ASDF, XIV.III.A.9.
202. ASFi, *Propositura di S. Stefano di Prato*, 8, cc. 14v-15r (4 dicembre 1354).

tribunali vescovili, magari mascherata nella forma di accuse di indegnità o diffamazioni. Un dato di fatto facile da rilevare per tutta la Toscana del XIV è la netta prevalenza di membri di famiglie cittadine non soltanto nei canonicati o nelle chiese urbane, ma anche nelle pievi rurali. Questi chierici ben inseriti in reti di potere, a livello locale e non solo, erano in grado da una parte di influire direttamente sulle scelte del vescovo, dall'altra di arrivare alle sfere più alte della gerarchia, fino alla Curia avignonese, per ottenere nomine, privilegi e dispense. Quest'ultimo caso diventa la norma alla fine degli anni Venti del secolo, in occasione della riserva generale di tutti i benefici canonicali toscani da parte di Giovanni XXII. Entrambe le circostanze, comunque, sia quella di rettori nominati con riserva pontificia che quella di scelte vescovili legate ad aderenze personali o vere e proprie forme di nepotismo, avevano l'effetto di alterare l'ordinarietà della provvista di benefici, con effetti di contenzioso anche di lunga data.[203] Nel 1358 Lapo da Castiglionchio aveva prestato i suoi servigi alla curia fiorentina per la causa intorno alla chiesa di San Lazzaro in Valdelsa, rivendicata da Filippo Gianfigliazzi,[204] per la quale lo stesso chierico avrebbe avuto una conferma papale nel 1369, in deroga al divieto di cumulo dal momento che il medesimo godeva della prebenda di San Jacopo a Firenze e San Michele e Jacopo a Certaldo.[205] Nel 1360 di nuovo Lapo da Castiglionchio e altri giuristi furono chiamati in causa per dirimere una controversia tra le famiglie Rossi e Acciaiuoli, i cui membri reclamavano la pieve di Sant'Ippolito a Castelfiorentino.[206] L'interesse di simili episodi è che quando emergevano contese del genere, era facile trascendere a interventi violenti, o quantomeno a soluzioni di fatto, in cui una delle parti prendeva possesso della chiesa con la forza, non di rado con l'intervento di familiari usi all'impiego delle armi o dell'intimidazione violenta. Nelle numerose lettere pontificie che affrontano questi episodi ricorre il riferimento all'occupazione armata. Nell'agosto 1329 il papa suggeriva l'intervento del braccio secolare per consentire l'accesso di Talano di Cece Donati come pievano di Santa Ma-

203. Un esempio di questo tipo relativo alla chiesa di Santa Maria Sopra Porta a Firenze negli anni Settanta, per il quale entrarono in gioco molte famiglie del ceto dirigente fiorentino con le relative reti di aderenze e prossimità politiche o curiali, è ampiamente ricostruito da Brucker, *An Unpublished Source on the Avignones Papacy*.

204. La documentazione su questo intricato caso si trova in uno dei manoscritti inediti delle opere di Lapo, in BL, *Arundel* MS 497, cc. 1r-9r, sul quale cfr. Murano, *Lapo da Castiglionchio, il vecchio*.

205. Urbain V (1362-1370), *Lettres communes*, vol. VIII, n. 24761 (14 agosto 1369).

206. BL, *Arundel* MS 497, cc. 88r-90v, 91r-95v, 173r-178v, 243r-245r.

ria a Figline, che alcuni non nominati intendevano ostacolare; nel 1332 il vescovo di Fiesole con l'abate di Santa Trinita è incaricato di far convocare presso la curia i chierici fiorentini Popolaccio dei Cerchi e Bonaccorso Frescobaldi, che hanno occupato a mano armata con altri complici la pieve di San Pietro in Mercato, impedendo l'accesso al legittimo pievano; l'anno dopo compare il caso del chierico Giovanni di Grossolo che avrebbe occupato a mano armata e con l'aiuto di laici la chiesa fiorentina di San Simone sottraendola a Giovanni di Manetto a cui era stata affidata per provvista pontificia.[207] Nel 1336 Benedetto XII scriveva al vescovo di Firenze perché facesse giustizia sul pievanato di San Giusto in Salcio nel Chianti da un triennio occupato da Roba del fu Bindo Ricasoli contro la collazione papale a Ruggero del fu Guido conte di Romena.[208] Molti anni dopo era di nuovo alla curia fiorentina che si rivolgeva Urbano V per risolvere un conflitto aperto per il priorato di San Michele in Foro a Lucca. Il vicario del vescovo Berengario di Lucca Filippo de' Rossi aveva privato della prebenda del priorato Durante di Alberto; Angelo di Vernaccia quindi, canonico della detta chiesa, aveva nominato priore Alessandro di Nuzio sottoponendolo all'approvazione del vescovo, suscitando però l'ostilità dei canonici insieme agli *operarii* della chiesa e a tutti i parrocchiani che quindi chiedevano di annullare la nomina.[209] La tensione tra singoli chierici poteva allargarsi come si vede a conflitto interno alla comunità: e questo non era neppure l'esito più preoccupante. Negli anni di Giovanni XXII il chierico senese Ugo di Bindo Bencivenni aveva reclamato l'intervento papale per ottenere la pieve di Sant'Andrea al Bozzone nei dintorni di Siena, che era stata occupata con la forza da Niccolò Malavolti, evidentemente con la complicità del vescovo Donosdeo suo parente.[210] Il caso si rivelò particolarmente ostico perché venne ereditato da Benedetto XII, che ancora nel 1335-1336 si rivolgeva al comune di Siena e al vescovo di Firenze per sanare la situazione, che era degenerata tanto da sospettare che il vescovo stesso o suoi familiari avessero tentato di uccidere il chierico.[211] Del 1341 è probabilmente

207. Jean XXII, *Lettres communes*, rispettivamente voll. VIII, n. 45996 (12 agosto 1329), XI, n. 58195 (1 settembre 1332), XII, n. 59886 (23 marzo 1333).

208. Benoît XII (1334-1342), *Lettres communes*, vol. I, n. 3885 (18 luglio).

209. Urbain V, *Lettres communes*, vol. VI, n. 20084 (30 agosto 1367).

210. Jean XXII, *Lettres communes*, vol. XI, n. 54980 (18 settembre 1331); sul caso si veda anche Théry, *Faide nobiliaire et justice inquisitoire*, p. 325.

211. Benoît XII, *Lettres communes*, vol. I, nn. 2364 (5 settembre 1335), 3808 (17 febbraio 1336), 3882 (15 luglio).

l'episodio più impressionante. Già all'inizio degli anni Venti il papa aveva revocato l'unione delle due prebende delle pievi di Pomarance e Castelfalfi, ordinata dal vescovo di Volterra Ranuccio Allegretti, nella persona di Benedetto di Ottaviano Belforti: i Belforti, famiglia dominante in città, avevano tentato di cumulare le due pievi sostenendo che i relativi benefici fossero troppo poveri per poter mantenere il clero, una circostanza rivelatasi del tutto falsa e mendace.[212] Nella tradizione di tentativi del genere molti anni dopo, nel 1341, Filippo Belforti chiese l'autorizzazione a succedere al fratello Benedetto come pievano di Pomarance, trovando questa volta l'opposizione del vescovo, che anzi aveva revocato anche la nomina di Filippo a canonico del duomo.[213] In reazione al diniego del vescovo, che privava la sua famiglia di un ricco beneficio e del controllo di una pieve strategica, Ottaviano e i suoi sodali occuparono con le armi la pieve, assassinarono il pievano nominato dall'Allegretti, Jacopo di Manettuccio, e misero a ferro e fuoco addirittura il palazzo episcopale, uccidendo una nipote del vescovo e incarcerando due suoi fratelli.[214]

Le situazioni di conflitto beneficiale davano insomma talvolta luogo a gravi episodi di violenza aperta, e si può certo immaginare che spesso casi di violenza più anonima fossero in realtà connessi a tensioni di questo tipo. Il coinvolgimento di importanti famiglie cittadine e soprattutto delle riserve papali portava con sé anche un elemento ulteriore, cioè la politica. Anche in questo caso gli anni del lungo pontificato di Giovanni XXII sono un momento emblematico, forse non eguagliato nel corso del secolo per intensità dei conflitti, ma comunque indicativo di come questi potevano riflettersi sul tessuto ecclesiastico locale. Tra 1329 e 1330 il papa provvide alla rimozione di una serie di canonici pisani, pistoiesi e lucchesi compromessi con il governo di parte ghibellina legato a Ludovico il Bavaro, sostituendoli con candidati fedeli alla Curia.[215] Situazioni del genere non si

212. Jean XXII, *Lettres communes*, vol. III, n. 13262 (24 aprile 1321).

213. Sull'episodio e il suo contesto cfr. anche *Il vescovo Rainuccio Allegretti*, pp. 44-45.

214. Benoît XII (1334-1342), *Lettres communes*, vol. II, n. 9067 (30 aprile 1341).

215. Jean XXII, *Lettres communes*, in particolare vol. IX, nn. 46938, 47209, 47433, 48666, 50530, 50651 (ottobre 1329-agosto 1330). L'ambiente pisano è particolarmente ricco di situazioni del genere, anche in virtù delle tradizioni di patronato che alcune famiglie del ceto dirigente cittadino vantavano sulle chiese urbane, e che quindi entravano in gioco in occasione dei conflitti su più vasta scala: cfr. Ronzani, *Nobiltà, Chiesa, memoria famigliare e cittadina*.

trovano solo nel contesto della vicenda del regime imperiale nella Toscana ghibellina: nel caso di provvedimenti come quello del gennaio 1329, con cui la pieve pistoiese di Montemagno veniva tolta a Gualfredo Cancellieri e affidata a Francesco Panciatichi,[216] della famiglia rivale nell'annosissima divisione politica della città, è chiaro che le scelte beneficiali risultavano caricate di una forte componente politica. Ovviamente ogni chiesa ebbe le sue vicende specifiche, ma queste iniziative creavano di fatto un clero parallelo, disposto a usare mezzi eccezionali per entrare in possesso del titolo conferitogli. Tra questi mezzi vi era il braccio secolare, come si è visto invocato con una certa disinvoltura dal pontefice non meno che dai singoli vescovi. Ciò era sufficiente perché le ambizioni e i contrasti tra i vari gruppi dei ceti dirigenti cittadini investissero in pieno la pratica della vita delle chiese locali. Tutto questo, in definitiva, faceva sì che talvolta anche solo la presenza del chierico nella sua chiesa fosse un motivo di ostilità, rancori e contrasti, che pur senza deflagrare in scontri sanguinosi, fornivano sicuramente il retroterra di una violenza quotidiana, strisciante, sempre sul punto di esplodere anche per motivi futili.

Chierici criminali

Le carte restituiscono poi molti episodi di vera e propria violenza criminale, atti premeditati e rivolti all'esterno della società clericale, contro i parrocchiani o contro estranei. Nel 1358 il prete Giovanni del fu Puccino da Casore viene condannato dal vicario lucchese per aver accoltellato a morte un parrocchiano: la pena, pronunciata in contumacia, è la privazione del beneficio e in caso di cattura al carcere duro per tutta la vita.[217] In effetti la reclusione perpetua è la condanna più grave che sia possibile incontrare nelle carte vescovili. La vicenda però conosce anche sviluppi successivi perché il reo si presenta spontaneamente alla curia e quindi viene carcerato, ma successivamente la condanna è commutata in un pellegrinaggio a Compostela e presso la Curia papale, dove dovrà chiedere l'assoluzione alla Penitenzieria.[218]

216. Jean XXII, *Lettres communes*, vol. VIII, n. 46428 (15 gennaio 1329).

217. ASDL, *Tribunale ecclesiastico*, *Criminale*, 10, c. XXIIIr.

218. In effetti gli atti processuali sono corredati da un atto formale di assoluzione presentata al vicario Nolfo da Orte il 23 luglio 1370 a nome del cardinale di San Giorgio. Nella lettera della Curia pontificia compaiono per la verità vari episodi di violenza di cui il chierico si era macchiato, tra cui a quanto pare più di un omicidio, dei quali tuttavia aveva fatto am-

Pochi giorni prima della condanna del prete Giovanni era stata emessa dal medesimo tribunale quella contro un prete Ranieri del fu Puccino da Vecchiano Valdiserchio nel contado pisano, in una causa peraltro avviata dalle lettere del podestà di Lucca, in particolare per aver ucciso una sua serva di nome Mante con un colpo di scure in testa, e di averne poi nascosto il corpo: anche in questo caso l'imputato, resosi irreperibile, viene condannato all'esilio e alla privazione di ogni beneficio, e al carcere perpetuo «cum pane doloris et aqua conpuntionis» nelle carceri dell'episcopato in caso di cattura.[219]

Il reato assume infine contorni ancora più gravi se commesso di concerto con altri, quindi in maniera premeditata e magari nell'ambito di solidarietà con ambienti laicali di familiari o sodali. È il caso del processo del 1359 a carico di Giovanni di Arezzo, pievano di Montecastello presso Pontedera, che insieme a altri laici armati ha aggredito e ucciso un uomo del vicino villaggio di Decimo in Valdicecina: la condanna prevede tre anni di privazione del beneficio e 100 fiorini di pena pecuniaria.[220] Indicativo anche l'episodio che vede coinvolti due preti, Pace e Andrea, rettori di chiese suffraganee della pieve di San Pancrazio, accusati da Giovanni Matraioli pittore di Lucca di averlo aggredito con armi. Il vicario chiede un *colloquium* a Ettore da Sarzana giudice, che risponde senza allegazioni che i due devono essere assolti perché le accuse non sono sufficientemente provate, ma puniti per aver prestato aiuto a un terzo laico nell'aggressione contro il medesimo, «secundum formam statutorum comunis Lucani que mihi asseruistis in episcopali curia observari». Sulla qualità delle accuse il giurista ritiene che l'argomento decisivo a svantaggio di Giovanni sia una sua preesistente ostilità contro i due preti: «probat inimicitia que vigebat inter dictos presbiteros et dictum Iohannem».[221]

Torna qui dunque quel tema dell'inimicizia che abbiamo già incontrato sopra. Nell'argomentazione del giurista, come si vede, il concetto è mes-

menda recandosi realmente in pellegrinaggio, dopo almeno una dozzina di anni spesi, a giudizio della Curia, nel debito stato di penitente. Dean, *Crime in Medieval Europe*, pp. 108-112, cita una vicenda molto simile del primo Quattrocento, che vede un chierico accusato dell'omicidio di un parrocchiano, giudicato dalla corte vescovile di Chartres, partito in pellegrinaggio a Roma e poi di nuovo arrestato a Chartres, quindi rilasciato dopo il pagamento di una somma alla vedova perché ormai povero e infermo, presentandola come caso tipico dell'orientamento alla penitenza e della scarsa effettività repressiva della giustizia vescovile.

219. ASDL, *Tribunale ecclesiastico*, *Criminale*, 10, c. XXrv.

220. Ivi, cc. LXVIIv-LXVIIIr.

221. Ivi, 18, LXVIIIIr (1366).

so in gioco non più come eccezione di validità dell'accusa, ma esattamente come dato di fatto che aggrava il reato e rende plausibile il sospetto sul responsabile. Siamo quindi di fronte all'accezione più sostanziale dell'inimicizia. In questa fattispecie *inimicitia* designa una situazione nella quale tra due individui esiste una tensione tale da prefigurare lo scatenarsi di una violenza fisica: una sorta di violenza lasciata in sospeso. La figura più vicina è evidentemente quella della vendetta, ma a differenza di quest'ultima l'*inimicitia* è di norma generata da un conflitto incruento; della vendetta resta però il carattere corposamente riconoscibile, perché colui che *habet inimicitiam mortalem* è consapevolmente riconosciuto come suscettibile di subire o commettere violenze, e in quanto tale gode anche di una sorta di status privilegiato, che gli consente ad esempio, in molte fonti normative contemporanee, di portare armi in deroga ai divieti.[222] Questo scomodo stato ha innanzitutto l'effetto di impedire all'interessato di muoversi liberamente, perché soggetto alla minaccia dei nemici. Alla fine del 1358 ad esempio il vicario del vescovo di Volterra emette un mandato di comparizione per Cristoforo pievano di Radicondoli: il 9 dicembre compare il suo procuratore giustificandone l'assenza con la minaccia che grava su di lui da parte di «certi di Radicondoli», tanto incombente da impedirgli di uscire dal castello.[223] Il vicario chiede un atto «ad probandum de dicta inimicitia», quindi di nuovo accreditata come un elemento decisivo per il processo, e in effetti le carte si interrompono, perché evidentemente la condizione del chierico era riconosciuta come realmente ostativa al proseguimento della causa di persona. Certo immaginare che un sacerdote non potesse uscisse dal castello della sua chiesa per recarsi a Volterra senza esporsi alla minaccia mortale dei nemici getta ombre sinistre sulla rete di relazioni della società clericale del luogo. Ma la circostanza non è isolata. Sempre a Volterra nelle carte dell'interrogatorio di Coppo, rettore della chiesa di San Michele a Gambassi, il chierico si era difeso da una delle tante accuse a suo carico, quella di portare una spada in spregio alle disposizioni canoniche,

222. Bartlett, *"Mortal Enmities"*, p. 200.

223. ASDV, *Curia vescovile, Tribunale - Porcessi civili*, 9, c. 33v: «dictus plebanus iuxta causa fuerit et sit inpeditus propter iuxtum impedimentum, videlicet propter ynimicitias capitales quas habet cum quibusdam de Radicondoli cuius occasione dicto plebano non esset possibile [...] comparere ad predicta sine magno discrimine et peryculo sue persone, et maxime cum dicti sui ynimici sint tante potentie quod si dictus plebanus egrediretur dictum castrum de Radicondoli extra manus ynimicorum de Radicondoli evadere non posset».

confessando il fatto ma motivandolo «quia habet inimicitias»: un'arma è necessaria per chi si sposta sapendo che qualcuno potrebbe ucciderlo.[224]

L'argomento veniva accettato spesso dal giudice, quindi è lecito ritenere che in molti casi trovasse comunque una consonanza con situazioni di fatto. Le inimicizie peraltro non sono necessariamente cruente. Uno dei registri del vescovo di Fiesole del 1316 è una causa matrimoniale delegata sul caso di due sposi pratesi (Giovanni e Piera) il cui legame avrebbe dubbia validità perché contratto dalla ragazza in età non congrua, sotto i 12 anni. Il fatto che la causa si trovi discussa dal vescovo di Fiesole, che non ne avrebbe avuto competenza, è motivato dal fatto che i due «hanno delle inimicizie da quelle parti» e non possono recarsi fisicamente in città.[225] A quanto pare quindi era la stessa curia pistoiese ad aver delegato a quella fiesolana di intervenire evitando un viaggio a Pistoia ritenuto troppo pericoloso.

Ancora più intricato il caso del 1356 di due sacerdoti pratesi, messer Andrea di Cione e prete Ghino, che, quali procuratori del preposto di Prato, interpongono un appello presso il priore e un frate della chiesa di Sant'Anna in diocesi fiorentina ma presso Prato, destinato nientemeno che al legato papale Egidio di Albornoz, contro la sentenza del vescovo di Pistoia (al quale non vogliono presentarsi *timore carcerationis*) pronunciata a loro danno in forma non regolare e illegale, per cui a motivo di certe controversie il vescovo («ex odio propterea concepto contra dictum vicarium et sibi adherentes omnes et singulos [...] non zelo iusticie sed pocius malicie et iniquitatis») li ha fatti arrestare da Giovanni di Sandro suo nipote.[226] Qui l'argomento dell'inimicizia torna ad assumere la funzione ostativa di una accusa (più precisamente, addirittura di una sentenza) ritenuta invalida a motivo di una ostilità del vescovo in persona e dei suoi familiari, rispetto alla quale i sa-

224. Identica motivazione veniva addotta da Bartolomeo rettore di Sant'Andrea nel piviere di Brancoli citata *supra*, p. 152. Armstrong-Partida, *Conflict in the Parish*, presenta il caso di un prete di Girona che nel 1340 chiede e ottiene di essere esentato dalla residenza per «parrochianorum et quorundam consanguineorum et propinquorum predictorum parrochianorum capitales inimicitias» che si suppone il sacerdote ritenesse pericolose per la sua stessa incolumità.

225. ASDF, XIV.III.D.1, fascicolo IV (1316). La causa venne trattata in maniera molto approfondita dal vicario fiesolano, che due anni più tardi (ivi, fascicolo V) decreta l'annullamento del matrimonio perché l'atto sarebbe avvenuto quando la ragazza non aveva ancora compiuto i 12 anni canonici.

226. ADPo, *Atti giudiziari - Atti della curia del preposto*, 1017, cc. 29r-30v.

cerdoti usano la modalità dell'appello per interposta persona, abbastanza comune in cause del genere: i contorni dell'episodio però lasciano intendere l'effettivo intervento di conflitti di natura familiare o politica.

In altre parole la plausibilità dell'argomento dell'*inimicitia* diventava molto corposa quando erano coinvolti conflitti di giurisdizione, tensioni politiche e intrecci tra figure ecclesiastiche e solidarietà di parte con la società laicale.

A proposito di condizionamenti esterni, che uniscono chierici e laici in una comune familiarità con la violenza, un caso singolare è quello avvenuto a Pisa nel febbraio 1362.[227] La causa viene intentata contro Tommaso Aiutamicristo, suppriore del convento domenicano di Santa Caterina, accusato di aver lasciato sottrarre un tal Gerardo Provinciale, colpevole di un ferimento e rifugiatosi tra i frati, quindi sotto la custodia del diritto d'asilo. Alcuni laici si sarebbero infatti presentati armati nel convento, portandolo fuori con la forza e facendolo condannare al taglio della mano e del piede. Dopo l'escussione dei testi il vicario rileva che Tommaso non ha agito in danno della libertà ecclesiastica, quindi lo assolve; tra i testi depone anche ser Giovanni dell'Agnello, che testimonia come anzi il suppriore avesse tentato «cum lacrimis et precibus» presso il vicario imperiale messer Gualtieri[228] di far rilasciare Gerardo una volta prelevato dal convento. In senso proprio qui il reato contestato al religioso non è quello di violenza, ma di violazione del privilegio di asilo del convento come luogo sacro. Al di là del fatto che l'imputato venga assolto e il suo operato ritenuto corretto dal giudice vescovile, quello che sembra significativo è la presenza insistita dei legami di amicizia e prossimità familiare che rompono la separazione tra il convento e la società cittadina. Non solo infatti la violazione dell'asilo era avvenuta su richiesta di parenti di Tommaso («quidam patruus dicti fratris ac germanus et alii nonnulli consanguinei et amici sui»), ma anche in occasione della consegna del rifugiato erano intervenuti «duo homines quorum unus consanguinitate et alter amicitia attinebant eidem».

Questo è un punto che merita attenzione. I chierici, e in misura minore anche i chierici regolari, non hanno nel loro status un fattore di separazione dalla rete di relazioni familiari e dalle dinamiche di amicizia-inimicizia della società laicale: questi legami permeano e attraversano le condizioni delle singole persone. La violenza che stiamo osservando non è quindi vio-

227. ADPi, *Archivio degli arcivescovi*, *Atti straordinari*, 8, cc. 80r-83v.
228. Sul contesto politico cfr. qui a nota 239.

lenza dei chierici, ma è parte di un insieme di uso della forza che permea tutta la società. Allo stesso tempo tanti dei casi visti fin qui hanno per così dire un doppio tempo: si legano spesso a un'offesa, un motivo di *inimicitia*, un comportamento scandaloso della vittima, che spesso è una mera tattica del procuratore, ma non di rado rimanda in maniera più o meno esplicita a conflitti di livello più alto, tali da coinvolgere la società secolare. La deposizione di uno dei pisani più in vista di quegli anni, il Dell'Agnello, così come l'appartenenza del domenicano inquisito a una famiglia di spicco del regime politico cittadino, può essere presa ad esempio di quanto la violenza della società e le tensioni politiche che l'attraversavano investissero le istituzioni religiose e l'operato dei tribunali ecclesiastici. A questo tipo di tensioni vale la pena riservare un'attenzione particolare.

Una violenza "politica"?

Un numero rilevante di episodi di violenza verbale o fisica che vedono coinvolti chierici presentano connessioni più o meno vistose con la sfera della vita pubblica. Evidentemente non è possibile qualificare in senso univoco come "politica" un certo tipo di conflittualità distinta nettamente da quella puramente "sociale". Al contrario, in società come quelle trecentesche la spiccata prossimità (in senso fisico ma anche simbolico) della vita politica con le relazioni personali e familiari faceva sì che le controversie tra individui e gruppi acquisissero facilmente un significato per l'insieme della collettività, sia nelle microdinamiche dei villaggi rurali sia nelle relazioni interne alle città vescovili. È solo in ottica contemporanea che possiamo distinguere piani in realtà del tutto frammisti nell'esperienza quotidiana del XIV secolo. Sta di fatto che nel contesto dei conflitti violenti che coinvolgevano il clero compaiono spesso richiami espliciti al linguaggio della lotta politica, magari espressi come meri strumenti di squalificazione.

A volte si tratta di semplici parole. Il 5 dicembre 1329 Vannozzo di Bencino Dacchi da Montaio nel Valdarno superiore, un chierico ordinato agli ordini minori, è sottoposto alla giustizia del vescovo di Fiesole dopo una inquisizione del podestà di Firenze.[229] Questi infatti, allorché i berrovieri del rettore cittadino erano venuti a Montaio per catturare Giovanni Lachi su richiesta di Lapaccio di Gherardo Aglione procuratore del pievano di Cavriglia, di cui il detto Giovanni era debitore, si sarebbe scontrato

229. ASDF, XIV.III.A.30, c. 36r.

con le guardie gridando «occidantur isti guelfi!». L'episodio è sicuramente di scarso peso penale, anche perché nato da una banalissima controversia civile con il pievano forse degenerata nella concitazione della visita delle guardie: l'interessato viene obbligato a versare una fideiussione per poter proseguire la causa presso il tribunale vescovile, e non sappiamo se abbia poi subito una condanna. Il motivo del procedimento stava però in quell'aggressione verbale che sollevava parole pericolose e pesanti, specialmente nella temperie di quei mesi così cruciali per la guerra del regime fiorentino contro il ghibellinismo di Castruccio Castracani e dell'imperatore Ludovico, tanto più in un'area del contado fiorentino in cui le tradizioni ghibelline erano ancora vive e potevano suscitare l'allarme delle autorità del comune.[230] Qualche anno più tardi, nella Lucca degli anni Quaranta e Cinquanta, l'accusa di aggressioni verbali al grido di «guelfo traitore!» è sollevata varie volte contro chierici cittadini o contadini; peraltro in almeno un caso il giudice ecclesiastico ha cura di ricordare di aver applicato la pena prevista dagli statuti lucchesi.[231] Ovviamente al cambio di regimi politici le offese più sanguinose cambiano di senso: nel 1372, nel pieno del regime della libertà lucchese dopo la fine del dominio pisano, si trovano episodi come quello dei due chierici condannati alla multa di 9 lire (poi condonata) per essersi gridati contro ingiurie varie tra cui «cecus proditor et ghibellinus!».[232]

L'esplosione di simili intemperanze è a quanto pare spesso legata alla presenza di ufficiali pubblici, guardie e berrovieri, nello svolgimento di esecuzioni giudiziarie o di rassegne, che talvolta bastavano a far deflagrare

230. Non solo in questa parte della Toscana, anzi. Nell'ambito della stessa congiuntura storica, nella visita pastorale del 1323-1325 il vescovo di Volterra riscontrò addirittura un caso di parole di aperta polemica politica cittadina pronunciate dal rettore della chiesa di San Pietro di Fatagliano durante l'omelia: cfr. *Il vescovo Rainuccio Allegretti*, p. 83. Anche a Pistoia si riscontra almeno un caso di chierici condannati nel 1326 per contatti politici con Castruccio Castracani «excomunicatus et damnpnatus tamquam fautor hereticorum»: cfr. Fantappiè, *Eresia e inquisizione a Prato*, pp. 61-67.

231. ASDL, *Tribunale ecclesiastico*, *Criminale*, 2, c. XXr e 4, c. LXIrv: «considerata quadam constitutione sinodali [...] in qua constitutione cavetur quod clerici forte facientes et delinquentes puniantur et condempnantur secundum consuetudinem vel statuti lucane civitatis preter mortem vel mutilationem membri». Era pisano invece Giovanni rettore di San Iacopo in Foro, condannato per aver colpito con una spada un tal Paolino da Pisa, gridandogli «traditore marcio!» e «sosso isbandito del comune di Pisa, furo, se tu vieni oltra io ti daroe!»: cfr. ivi, 10, c. LXIIIr (16 ottobre 1359).

232. Ivi, 28 (1372).

la sorda ostilità di membri del clero. Nel 1375 il vescovo di Volterra avvia una inquisizione contro Niccolò pievano della pieve di Casaglia, il quale, incontrate le guardie del capitano di Volterra Giovanni di Luigi de' Mozzi per la consueta ispezione su eventuali armi vietate, avrebbe fatto ricorso a una immagine eloquente per esprimere la propria insofferenza: «fatti fare uno cristero che ancho verrà tempo che noi faremo questo e peggio a voi! et multa alia verba dixit contra dictum famulum in verecundiam totius cleri vulterrani».[233] Citato con l'accusa di aver infamato la sua condizione e offeso l'onore dell'ufficiale, il pievano confessa l'ingiuria ma l'attribuisce a un atto di ira non meditato, e in effetti l'interruzione del processo lascia intendere che il vicario abbia soprasseduto.

Non soprassiede, invece, un vicario lucchese nel 1381, di fronte al caso del prete Michele di Paganello rettore di San Bartolomeo di Ruota (Capannori).[234] Questi viene riconosciuto colpevole di tenere una concubina, di aver portato presso la canonica una bambina di sei anni e di averla violentata, e infine di aver intenzionalmente provocato un tumulto tra gli uomini di Ruota e di Val di Compito facendo suonare a stormo le campane della chiesa, con l'effetto di creare scontri tra gli abitanti di quelle comunità: colpa particolarmente grave, spiega il verbale del processo, perché in quell'area le comunità, trovandosi ai confini di giurisdizioni secolari diverse, sono piene di banditi e quindi di *inimicitie capitales*, facili a conflagrare in maniera incontrollata.[235] La condanna del prete violento è particolarmente pesante in questo caso, una vera eccezione: esposto legato e mitrato sulle scale davanti alla chiesa, viene rinchiuso in carcere per un anno, con la confisca di tutti i suoi beni.

Certamente l'infamia dell'esposizione trova la ragion d'essere nel reato in sé particolarmente odioso, ma il turbamento dell'ordine pubblico tra le comunità ne accentuava la gravità. Qui come in molte altre occasioni la rilevanza simbolica della chiesa parrocchiale, luogo di tradizionale unità della comunità, rendeva particolarmente sensibile il ruolo del rettore come garante degli equilibri interni alla collettività, o alternativamente come grave elemento di perturbazione di quelli. Questo a maggior ragione nel pieno Trecento, quando la costruzione di domini territoriali cittadini creava

233. ASDV, *Curia vescovile*, *Tribunale - Processi civili*, 19, c. 13rv (15 settembre).
234. ASDL, *Tribunale ecclesiastico*, *Criminale*, 34, cc. LXIVr-LXVIr.
235. In effetti già anni prima, nel 1373, il precedente rettore (ivi, 27, c. LVIIr) era stato inquisito per aver ospitato una compagnia di ladroni, malandrini e banditi.

continui (e instabili) punti di frizione tra competenze di autorità secolari e diocesane. Nelle campagne i pievani e i rettori delle chiese parrocchiali sono dunque punti di riferimento strategici dell'ordinato inserimento delle comunità nelle rispettive dominazioni, ma non di rado si trasformano in interpreti delle violente rotture, o magari della sorda insofferenza che cova tra i parrocchiani.

In città tutto questo si manifesta chiaramente in forme più articolate, ma con dinamiche non molto diverse. Lucca è teatro della più complessa delle cause di questo tipo, che ben mette in gioco tutto l'insieme delle varianti possibili. Protagonisti del caso sono tre canonici della chiesa di San Pietro Maggiore a Lucca, Colo del fu Dato e i due fratelli Jacopo e Lazzaro di Castagnaccio. Jacopo in particolare, nel 1356 era stato inquisito per aver ospitato dei banditi, poi nel 1357 aveva subito una condanna «quia conversabatur per tabernas et loca inhonesta bibendo et comedendo et ludendo», e di nuovo nel 1362 per aver violato la scomunica – probabilmente effetto della precedente condanna – unendosi illecitamente agli altri canonici nella celebrazione dell'ufficio.[236] L'anno dopo era stato percosso da un quarto canonico, Regulus da Collodi. Già nel 1361 però Jacopo era stato inquisito per porto d'armi e aggressione con una spada ai danni di due donzelli del vescovo, e dagli atti conseguenti era emersa una precedente rissa a cui aveva partecipato anche il fratello Lazzaro.[237] Anni dopo, nel 1369, il solito canonico sarebbe stato accusato dai parrocchiani della chiesa di San Pietro Somaldi di godere del beneficio senza risiedere, e di essersi macchiato di vari reati di violenza contro i suoi stessi fedeli.[238]

La vicenda che ci interessa coinvolge insomma personaggi dallo stile di vita sostanzialmente laicale, con spiccate attitudini alla violenza e all'insubordinazione, che peraltro operano in un contesto canonicale attraversato da conflitti molto aspri. Nel 1358 Colo del fu Dato formula un'accusa a carico dei due fratelli, responsabili a suo dire di aver architettato una congiura per rovesciare il regime politico di Gualtieri Hochschlitz, vicario imperiale al governo in città.[239] I due canonici vengono arrestati ma le accuse

236. Ivi, 8, cc. XIIr-XIIIr; gli altri episodi sono nel registro 11, citati anche *supra*, p. 150.

237. Ivi, 16, c. XXIIIr.

238. Cfr. *infra*, p. 216

239. Nell'ambito del dominio pisano su Lucca (sul quale si rinvia a Meek, *The Commune of Lucca under Pisan rule*, in particolare pp. 92-100) nel 1355 era caduto il regime dei Bergolini a Pisa e una sollevazione guelfa aveva tentato di liberare Lucca; la repressione

risultano false, e quindi è lo stesso Colo a finire inquisito presso il tribunale del capitano e conservatore di Lucca; questi però, riconoscendolo come persona ecclesiastica – il che considerando le abitudini dei personaggi non doveva essere scontato – lo deferisce al tribunale vescovile.[240] Il vicario ha quindi modo di riportare l'intero *dossier* delle accuse del canonico ai due fratelli Castagnacci, che includono la trascrizione della presunta conversazione tra i due fratelli in una suggestiva versione volgare.

> *[...] ipse Laçarius debuisset dicere dicto presbitero Jacobo:*
> Mirate ben se altri si dee ben disperare che messer Gualtieri è venuto a tiranegiare Pisa con quelli del Nichio [*il partito dei 'raspanti' filoimperiali*] e con altri che reggeno oggi lo stato: e a casa sua non avrà pur del pane? Questi l'anno facto signore di Pisa e di Lucha, e àe auto ardimento di mectere le mani adosso a' migliori cictadini di Pisa e misse messer Paffecta [*Iacopo da Montescudaio, imprigionato a Lucca dal regime imperiale*] in prigione, e credevello fare morire dentro: ma io vi dico tanto che per quello ch'io soe et credo elli n'escierà ansi che siano tre mesi et cacceralло, sì che fusse meglio chede fusse ancora in della Magna; delli autri non dico quello che ne sie, ma credo che fusse meglio per loro che fusseno ancora a tornarne in Pisa, che l'autra volta fue lacte e mele apo che sì questa cacciata che l'anno tradito lui et suoi seguaci, sì ch'elli non aurà ragione d'avere mai di loro misericordia nessuna.
> *Et dictus presbiter Iacobus debuisset interrogare et dicere:*
> dimmi Laçari come sai tu questo.
> *Laçarius debuisset respondere*
> si io non lo sapesse non lo direi.
> *Et dum presbiter Iacobus dixisset*
> da chi lo sai?
> *Laçarius debuisset respondere*
> Questo riservo ora in me. Noi aviamo permesso l'uno a l'autro di non manifestarlo a niuna persona, e siamo più di LI a far questo. Voi non sapete ritenere uno secreto che voi non lo diciate ad alcuni, io non vorrei che li compangni mi tenesseno traditore; voi credete che quando io esco di Lucha io vada alla

pisana dopo il tentativo fu piuttosto blanda, e nel 1357 gli Anziani lucchesi rinnovarono il riconoscimento della signoria sulla città agli Anziani di Pisa. Nel periodo in questione la stessa Pisa era soggetta al vicariato imperiale, su cui Ronzani, *L'imperatore come signore della città*, per cui le parole dei presunti congiurati sono animate dall'ostilità congiunta sia verso il vicario che in generale verso la parte al governo a Pisa in quei mesi; sul periodo di Gualtieri (ma senza riferimenti a fonti giudiziarie né pisane né lucchesi) cfr. anche Pauler, *La signoria dell'imperatore*, pp. 94-111.

240. La causa contro Colo è in ASDL, *Tribunale ecclesiastico, Criminale*, 12, cc. LIr-LIIIv e CXLIIIr-CXLVIr.

pieve sam Pauli chome io dico altrui, e io vado a Pescia e ancho a Pistoia, che v'abbo molti amici et èvi Cino Bonoste et è dell'animo mio in questo fatto; vado a Massa del marchese e di qua et di là ordendo questa tela, sì che io non vado songnando; io non credetti che noi indugiassemo tanto quanto ci viene indugiare ancora ch'elli cominc<i>oe dopo ieri a scropire una gatta, e cacciorno a confine Francescho Grifo e dell'autri, e mmi pare che questi tiranni abbiano spirito di diauli a induvinare, di che io ebbi grande paura che non si scoprisse la novella in tucto, che n'arebbeno anco cacciato a confine più di cinquanta, bene che ciascuno di noi sta collo cappio a gola se si sapesse. Siché non ci diventi Dio traditore a questa volta, che io et li autri aspetiamo ora che ci vegna facto di corto.

Et quod tunc ipse presbiter Iacobus debuisset dicere

Io ti prego che questo facto tu non dichi altrui chome tue ài dicto a me che noi saremo tutti diserti dello avere e della persona: ellino pagano li pisani et cacciano bene, pagherebbeno noi che siamo guelfi, bene che io non mi paro mai ad altare a dire messa che io non preghi Dio che mi dia gratia ch'io veggia vendetta di loro che mi fanno stare colla boccha serrata, che m'anno messo in casa uno pisano e non ci vuole vedere neuno contra il loro stato perché li cognosce, e non ci posso menare nessuno poi ch'ello entròe di quelli che soleano venire mecho, e dice che sono nimici del comune di Pisa e dello stato che oggi reggi, ma se io veggio lo dì di quello che tue dici io lo taglierò tucto a pessi, e non voglio mai né messa né mactino, e serò con più di XXV compagni se romore seràe a vendicarmi delli autri et di lui e fare ragione di dare l'anima al diaule e le carni a' ferri.

Et Laçarius debuisset respondere

Io n'aròe più di sexanta che risponderanno a cento, e sono a Pescia e là dov'io sono, siché io credo che noi non indugeremo molto: o noi saremo signori o noi anderemo a stare altroe, et se noi saremo quello che io credo ellino si muteranno li conservatori in Pisa et in Lucca e non mi farano più mectere in pregione.[241]

Come spesso accade per le testimonianze rese direttamente in volgare, è difficile non essere colpiti dall'espressività delle parole degli imputati. Membri della parte guelfa ostile al regime imperiale ma ancora più al dominio pisano su Lucca, Jacopo e Lazzaro non trattengono l'odio e il desiderio di vendetta contro i pisani e i loro alleati, fino a pregare Iddio di avere occasione per mettere in atto i propositi più cruenti, e a tessere una tela di relazioni nascoste con figure esterne alla città, essenzialmente fiorentini, pronti a dare manforte a un colpo di mano filoguelfo. La valutazione di tutta la vicenda è però complicata dal fatto che il racconto si inserisce nel-

241. Ivi, 10, cc. Xr-XIIv.

la versione di un imputato per falsa accusa, e per di più il procedimento a suo carico si conclude con una condanna: al canonico Colo è inflitta la pena del carcere perpetuo, anche se l'anno successivo un atto di grazia del vescovo commuta la pena nell'esilio da Lucca e nell'obbligo di recarsi in pellegrinaggio a Santiago. La narrazione di Colo è quindi un vero e proprio paradosso: un falso in piena regola, confezionato usando pregiudizi di parte e parole adatte a suscitare il sospetto del giudice? O un racconto plausibile, di fronte al quale il vicario preferisce sanzionare le potenzialità diffamatorie e di conflitto interno al capitolo allontanando l'accusatore per non scoprire i sentimenti violentemente antipisani del clero cittadino?

Questo strano intreccio di accuse verosimili ma (forse) false ricorre anche in un altro episodio, questa volta del 1363, iniziato con l'*inquisitio* di prete Leonardo del fu Pellegrino rettore di San Pietro Somaldi, una delle chiese più antiche e illustri della città, arrestato dal conservatore della città di Lucca perché avrebbe progettato con alcuni soldati di rovesciare il regime cittadino e di consegnare Lucca al governo dei Priori di Firenze.[242] Il complotto sarebbe nato a seguito dell'imposizione di duemila fiorini sul clero lucchese da parte del comune di Pisa. Valutati i fatti e interrogato il prete, tuttavia, il vicario lo assolve perché non colpevole.

Era invece stato riconosciuto colpevole il prete Andrea di Azzolino da Bologna, rettore di Santa Maria a Ripaia piviere di San Gervasio, consegnato dal vicario del capitano e difensore del popolo di Pisa, perché insieme con altri compagni si sarebbe incontrato presso la Certosa di Firenze con Piero e Gherardo Gambacorta, per organizzare una campagna militare fiorentina contro Pisa in Valdera, che si sarebbe potuta concludere con un colpo di mano per impadronirsi della città.[243] La condanna arriva nel 1362, e la pena è l'esclusione dal beneficio, più per tre anni la sospensione *a divinis* e il carcere duro.[244]

Complessivamente è chiaro che la società chiericale della Lucca degli anni "avanti la libertà", sotto il dominio di Pisa e dei suoi vicari imperiali, vive intensamente i conflitti e le aspirazioni a un rovesciamento del regi-

242. «[…] una cum Niccolao Diversi, Maffeo schudario, Maffeo ser Ursi et pluribus aliis civibus lucanis et aliis quorum nomina ad presens tacentur, fecit conspirationem et tractatum et conspirationem et tractatum ad invicem habuerunt de prodendo civitatem Luce et ea danda dominis prioribus civitatis Florentie»: ivi, 17, cc. 119r-121v.

243. Ivi, 16, cc. CXXIIr-CXXIIIr (31 ottobre 1361). La *Cronaca di Pisa* di Ranieri Sardo, pp. 147-149, racconta una vicenda simile ma nel novembre 1359.

244. Ivi, 15, cc. LXIv-LXIIv.

me, anzi alcuni esponenti del clero sono palesemente coinvolti in relazioni esterne per ipotesi di complotto o semplicemente in ostilità violente alimentate dalla lotta politica. Allo stesso tempo però quella ordinaria abitudine al conflitto e all'ostilità reciproca dei chierici, nonché l'ambiguità insita nella fama su cui si costruivano abitualmente i procedimenti giudiziari, fa sì che lo sfondo politico sia adattato a amplificatore della microconflittualità interna al clero. In altre parole proprio perché le tensioni politiche sono molto presenti nella società cittadina, la stessa accusa di infedeltà al regime o di tradimento diventa uno strumento di squalificazione e di diffamazione dell'avversario, magari a partire da controversie molto più volgari e banali. Discernere il peso giocato di volta in volta dalla mistificazione o dalla reale scoperta di tentativi sovversivi è molto difficile, ma in ogni caso l'intreccio di rivalità tra chierici e lotta politica sembra un dato costante.

Anche ad Arezzo, in un periodo altrettanto delicato e drammatico per la città come gli anni Ottanta del secolo, la giustizia vescovile si trova a trattare direttamente questioni di evidente rilievo politico. In particolare tra settembre e ottobre 1382 il vicario condusse un'articolata inchiesta sul tentativo di sovversione del regime cittadino messa in atto qualche tempo prima contro l'occupazione delle truppe di Carlo di Durazzo, e a favore delle mire di Luigi II d'Angiò sulla città,[245] nel contesto dei riflessi toscani delle controversie dinastiche per il Regno di Napoli, che nel giro di pochi anni avrebbero in definitiva comportato la vendita della città alla repubblica fiorentina nel 1384. Ciò che interessa nella nostra prospettiva è che all'inquisizione vicariale risultarono coinvolti nella sommossa armata, che aveva comportato anche la temporanea occupazione militare della cittadella, oltre un centinaio di chierici. A conclusione degli atti vengono sospesi dagli uffici ecclesiastici 29 cappellani della pieve, 17 cappellani del duomo, 16 rettori di chiese cittadine, 3 monaci della badia tra cui l'ex abate, 9 semplici chierici cittadini e 76 preti del contado; molti di loro ebbero nei mesi successivi privilegi di grazie e remissione della condanna, ma in ogni caso la proporzione numerica e la presenza tra i condannati di figure di spicco della chiesa cittadina è un indice impressionante che va al di là dell'episodio specifico. Ciò che pare più emblematico non è tanto l'attitudine alla violenza che abbiamo visto piuttosto abituale, quanto il diffuso coinvolgimento di chierici in questa esplosione di violenza politica. È ragionevole pensare che in situazioni di grande tensione

245. AVA, *Atti di curia*, 7, cc. 1r-6v, 50r-52r, 56r-57r, parzialmente editi in Barbagli, *Il notariato ad Arezzo*, pp. 217-225.

politica le reti di fedeltà e di dipendenze gerarchiche che univano il clero urbano – e in questa occasione anche rurale – potessero diventare un vettore molto efficace per mobilitare un determinato gruppo di pressione; la preoccupazione delle autorità vescovili di tenere sotto controllo simili potenzialità era comprensibile. Come accennato sopra, dinamiche di questo tipo avevano coloritura diversa in città, cioè nel contesto in cui si coagulavano anche vere e proprie aderenze politiche, e nei territori dove entrava più brutalmente in gioco il controllo militare su castelli o terre di confine.[246]

Al di là dell'effettiva rilevanza del comportamento dei chierici rispetto all'ordine pubblico, è evidente dalla premura delle istituzioni ecclesiastiche e civili quanto il problema del clero violento fosse sentito. Nel contesto delle comunità il chierico aveva per il prestigio della funzione il controllo dell'edificio della chiesa, la gestione di certi momenti forti di identità collettiva, la capacità di orientare azioni collettive violente, quasi da capo-popolo: un'immagine giustamente evocata per alcuni episodi di pievani volterrani degli anni Dieci del secolo, sorpresi in veri e propri atteggiamenti di guerriglia armata alla guida di bande di secolari.[247] Non a caso più di una volta nelle inquisizioni del tribunale di Volterra compaiono episodi di *proditio* tentata o riuscita nei castelli del territorio, con chierici come protagonisti. Anche nelle aree montane del territorio fiorentino la presenza di chierici in momenti di reazione violenta al governo cittadino è consistente.[248] E a questi esiti si poteva arrivare anche in virtù di una certa

246. Di nuovo a Lucca, ma nel contesto di fine secolo, si registra l'inquisizione avviata su segnalazione dei Dieci di balìa, la potente magistratura di politica militare della repubblica fiorentina, e del vicario fiorentino di San Miniato, contro Francesco di Mannuccio da San Miniato pievano di Santa Maria Novella a Marti, accusato di aver tentato di ribellare al dominio di Firenze la terra e il castello di Agliati, piccola località oggi nel comune di Palaia. Di fronte alla mancata comparizione dell'imputato il vicario spicca la sentenza di condanna alla confisca di tutti i beni e all'esclusione dal beneficio pievanale: ASDL, *Tribunale ecclesiastico*, *Criminale*, 41, c. XIIIIr (2 maggio 1391); gli atti proseguono fino al termine perentorio fissato dal vicario, e al conseguente bando di contumacia (c. XVIIr). Alle cc. LVIIIIr-LXIr la sentenza in data 26 giugno. Pochi anni dopo ad Arezzo del 1397 è l'*inquisitio* contro Benedetto del fu Francesco priore di Sant'Andrea a Loro nel Valdarno superiore, che avrebbe tenuto presso di sé dei banditi del comune di Firenze con i quali ha commesso delle aggressioni violente. Il chierico, comparso, nega le accuse e in questo caso il procedimento si interrompe: AVA, *Atti di curia*, 12, c. 17r.

247. *Il vescovo Rainuccio Allegretti*, pp. 82-84.

248. Cohn, *Sex and Violence on the Periphery*, pp. 111-113, cita almeno sette casi di chierici che compaiono alla testa di episodi di ribellione delle comunità locali contro il dominio fiorentino.

funzione del parroco come cardine dell'organizzazione comunitaria. Sembra si possa interpretare in tal senso l'*inquisitio* del vicario fiesolano nel maggio 1340 contro prete Benedetto rettore di San Iacopo a Montecarelli, che avrebbe sottratto al podestà di Castelfranco di Sopra il «libro delle decine», cioè degli uomini deputati alla custodia del castello, e avrebbe cancellato i nomi di tre residenti del popolo di San Miniato a Scò «ad hoc ut non cogerentur ad dictam custodiam faciendam».[249] La causa non ha esiti rilevanti e si interrompe dopo i termini: magari si era trattato solo di un banale tentativo di risparmiare a amici o parenti il gravoso servizio di guardia, ma il fatto che un prete potesse disporre di strumenti del genere connessi agli obblighi militari per la comunità era sufficiente ad attrarre la preoccupazione del vicario.

Nel concludere, vale la pena prendere meglio in considerazione il peso di tutte queste circostanze. Come abbiamo più volte rilevato, il clero condivideva in larga parte gli usi di una società che aveva nella violenza fisica una forma relativamente fisiologica di gestione dei conflitti: così come condivideva le condizioni materiali, le attività e non di rado le forme di convivenza familiare dei fedeli. Tuttavia il numero dei casi in cui la violenza del clero è in qualche modo legato a circostanze di natura politica è alto, specie se sommiamo gli episodi apertamente connessi con tentativi di sommossa, perpetrati da o contro figure con responsabilità pubbliche o affiliazioni di parte, insieme alle cause di natura beneficiale innescate dalla competizione di famiglie cittadine in conflitto, e anche alle accuse legate alla sfera sessuale o a irregolarità di qualche tipo a loro volta parte di tentativi di diffamazione, discredito, rivalità beneficiali. In altre parole, si ha l'impressione che la Toscana del Trecento con le sue feroci lotte di parte veda le istituzioni ecclesiastiche investite da una carica di conflittualità talmente forte che lo stesso funzionamento ordinario della vita della Chiesa e dei costumi del clero ne risulta stravolto,[250] fino a rendere abituali forme di vita

249. ASDF, XIV.III.A.36, carta non numerata in data 18 maggio 1340.

250. Utili a questo riguardo le considerazioni di Blanshei, *Homicide in a Culture of Hatred*: la studiosa rifiuta l'idea eliasiana di una violenza "idraulica", irriflessa e indisciplinata nella società medievale, ma anche quella di una violenza performativa, come dato strutturale e fisiologico della gestione dei rapporti sociali, mostrando nell'esempio di Bologna il caso di una giustizia fortemente condizionata dalle contingenze politiche, tanto vorticose da generare un senso di sfiducia verso gli stessi tribunali, di desiderio di rivalsa e di odio che in definitiva toglieva efficacia alle istituzioni giudiziarie.

diverse da quelle del XIII secolo. Non sarebbe probabilmente ragionevole postulare una opposizione rigida tra un Duecento di pacifica vita ecclesiale e un Trecento "patologico", ma che alcuni fattori di destabilizzazione molto forti siano in atto è evidente,[251] e attestarlo aiuta a comprendere la distanza del quadro che abbiamo dato fin qui dal panorama offerto ad esempio dagli studi di Ch.M. de La Roncière sulla Chiesa fiorentina del Duecento.[252]

Un sistema ecclesiale, insomma, attraversato da fratture realmente distruttive delle istituzioni in quanto tali, non più parte della loro fisiologica capacità di regolazione. In questo contesto si colloca il ruolo della giustizia vescovile, che era pur sempre una giustizia debole, per sua natura poco efficace. Il ruolo del tribunale del vescovo non è solo quello di un terminale naturale di una conflittualità diffusa. Quello che i vicari si trovano a fare è far emergere la politicità dei conflitti, portarli alla luce anche quando intricati nella rete delle inimicizie volgari, scoprire le diramazioni sottostanti alla mera materialità della violenza, per condurle nella logica del processo e disinnescarne le potenzialità più distruttive. Si potrebbe anche ipotizzare che la stessa abbondanza e relativa regolarità della tenuta delle carte criminali da parte di molti tribunali vescovili toscani, così originale nel panorama italiano, fosse l'effetto proprio di questo intento di regolazione rivolto principalmente alla sfera della violenza più contigua alle controversie politiche. In ogni caso, la documentazione giudiziaria nelle sue scelte è in una certa misura l'effetto di circostanze storicamente determinate. Ne dovremo tener conto nell'affrontare anche il problema del rapporto tra Chiesa e fedeli nella prossima sezione.

251. Come osserva anche Contamine, *La Chiesa e la violenza*.

252. Il quale comunque ragionava sulla possibilità che gli sconvolgimenti sociali del XIV avessero modificato il quadro di inizio secolo: cfr. in particolare La Roncière, *Dans la campagne florentine au XIV siècle*.

4. Il clero e la comunità parrocchiale nello specchio della giustizia

I peccati del clero, per come emergono dalle carte del tribunale, sono una rappresentazione della prospettiva della curia vescovile nei confronti della sua società ecclesiastica. Allo stesso tempo, come i casi affrontati hanno molte volte messo in luce, la giustizia vescovile finisce per essere spesso luogo di manifestazione di una dialettica tra clero e comunità, nella quale questa seconda è una componente attiva.[1] Possiamo quindi in una certa misura entrare nelle caratteristiche proprie della figura del parroco, che per sua natura condivideva con la società in cui era immerso costumi sociali, attitudini, frequentazioni, spesso anche contesti economici e relazioni familiari.[2]

Quello del clero secolare è un profilo piuttosto difficile da cogliere proprio per il suo porsi "tra il martello della gerarchia e l'incudine dei fedeli", centrale e allo stesso tempo costantemente inadeguato sia rispetto ad un modello di comportamento calato dall'alto, sia rispetto ad esigenze e aspettative per le quali non aveva spesso i mezzi.[3] Un clero, come abbiamo visto, certamente non colto. Non mancano per la verità nella legislazione sinodale toscana segni di interessamento dei vescovi in questo senso. Nelle

1. Il fatto che i parrocchiani interagissero con il tribunale vescovile per segnalare le mancanze del clero, in forma di accusa o semplicemente come denuncia informale, è anche un fattore di natura istituzionale che caratterizza l'ambiente italiano rispetto ad esempio al caso inglese, nel quale la vitalità della parrocchia è altrimenti documentata, ma dove le lamentele dei fedeli prendono la direzione di denunce presso le corti regie piuttosto che presso il tribunale vescovile, evidentemente sentito come più distante ed estraneo alla realtà parrocchiale: cfr. French, *The People of the Parish*, pp. 39-40.

2. Come ben mostrato da quella che resta la più riuscita sintesi per il territorio qui considerato, cioè Cherubini, *Parroco, parrocchie e popolo*.

3. Rigon, *L'identità difficile*; Id., *Il clero curato*.

costituzioni del vescovo di Lucca Berengario del 1351 si specifica anche la necessaria formazione ai rudimenti del latino, per cui, visto che «valde periculosum exsistat animarum curas clericis committere imperitis», si vieta ai non alfabetizzati di assumere cura di chiese.[4] Ma dalla testimonianza parallela tanto delle visite quanto dei casi giudiziari è lecito ritenere che simili iniziative avessero raggiunto risultati molto limitati. Ciò che probabilmente mancava di più al clero secolare, al di là di livelli di formazione in senso stretto, erano strumenti rivolti espressamente alla pastorale. È noto infatti come al di là delle Alpi già a fine Duecento cominciassero a diffondersi prontuari per i parroci come guide al ministero pastorale, quali il famoso *Ignorantia clericorum* di John Peckham, l'*Oculus sacerdotis* o la *Pupilla oculi*, o ancora il *Manipulus curatorum* nelle sue varie versioni anche volgarizzate:[5] testi che al di là dell'ambiente di produzione venivano proposti esplicitamente al clero come letture consigliate dalle costituzioni sinodali,[6] e poi conoscevano rifacimenti di centoni.[7] In Italia questo tipo di letteratura manca quasi del tutto,[8] e anche le opere che fanno riferimento alla pratica della confessione, come a quella della predicazione,[9] sono mo-

4. Dinelli, *Dei sinodi della diocesi di Lucca*, § VII, *Quod ignorantes gramaticam ad aliquam dignitatem non eligatur*; si prevedeva comunque che «presens vero constitutio ad capellanos nullatenus extendatur»; simile il tono delle prescrizioni aretine, che «cum scientia sit potissumum necessaria in prelatis» prevedevano che nessuna pievanìa o prelatura fosse conferita ad un chierico «nisi competenter in gramatica sit instructus»: *Costituzioni sinodali dei vescovi di Arezzo*, n. XI, p. 30.

5. Rapp, *L'Eglise et la vie religieuse en Occident*, pp. 122-126; Swanson, *Religion and Devotion in Europe*, pp. 59-63; Thayer, *Support for preaching*, su un prontuario trecentesco che ebbe un grandissimo successo manoscritto fino alla stampa nel 1486, e fu più volte raccomandato da sinodi in Francia, Borgogna, Catalogna come lettura necessaria ai chierici.

6. Cfr. ad esempio Binz, *Vie religieuse et réforme ecclésiatique*, pp. 389-404.

7. Per uno di questi Copeland Klepper, *Pastoral Literature in Local Context*.

8. Un caso eccezionale per l'Italia, legato anche alla peculiarità del personaggio, è studiato da Morse, *The "Vita mediocris"*. Opicino de Canistris, che era stato chierico e canonico a Pavia prima di esserne esiliato, compone nel suo *De preeminentia spiritualis imperii* una lode alla figura del prete secolare, il cui ruolo è quasi assimilato a quello del vescovo: l'immagine è quella di san Paolo che, al pari di san Pietro modello di vescovo, prefigura il sacerdote, il quale regge le «laicas plebes ut ipsas promeveat paulatim et gradatim usque ad scientiam perfectorum». In pratica immagina una tripartizione in cui da una parte sta i laico, dall'altra il religioso, e in mezzo, come figura *mediocris* ma anche dotata della somma virtù della *discretio*, sta il sacerdote secolare, che quindi in un certo senso è la chiave di volta della vita ecclesiale.

9. Il riferimento essenziale è ancora La Roncière, *Religion paysanne et religion urbaine*, e Id., *Tra preghiera e rivolta*, pp. 89-196; cfr. anche Zafarana, *Cura pastorale, predicazione, aspetti devozionali*.

nopolio degli ambienti mendicanti, o nel migliore dei casi negli ambienti più consapevoli del laicato cittadino.[10]

Detto questo, non si può pensare neppure che il clero italiano fosse fatto di sprovveduti.[11] Da un certo punto di vista proprio la commistione profonda dei preti nella società laicale dava loro una consapevolezza forse disorganica ma reale del loro ambiente. Tra i sacerdoti delle chiese toscane abbiamo trovato a volte ex studenti o studenti ancora privi di titoli, una condizione che doveva comunque mettere a disposizione risorse culturali di un certo rilievo;[12] ma anche quando queste figure ibride si trovavano ad essere procuratori, mercanti, prestatori, medici, piccoli ufficiali del comune, proprio queste loro attitudini entravano in gioco come strumenti di relazione con la comunità. L'identità del clero curato insomma è l'effetto non tanto di un modello calato dall'alto, quanto di una interazione complessa tra la figura del chierico con tutte le sue ambiguità e la società in cui è immerso.

La fonte giudiziaria assume quindi tutto il suo rilievo perché consente allo storico di misurare l'intreccio tra aspettative della comunità e comportamenti del clero.

È una banalità che merita solo di essere enunciata, il fatto che pievi e chiese parrocchiali nelle campagne, chiese urbane con cura d'anime nel quadro cittadino, siano la cornice entro cui si svolge il dialogo tra Chiesa e fedeli.[13] Non esauriscono quella cornice perché evidentemente nel XIV

10. Rusconi, *L'ordine dei peccati*. Sintomatico è che il *Parson's Tale*, l'ultimo dei *Canterbury Tales* di Chaucer, che costituisce più che un racconto una sorta di sintetica *summa* morale del tipo di quelle sviluppate dai maestri mendicanti del Trecento italiano, sia messa in bocca piuttosto ad un parroco di campagna, cosa che in Italia sarebbe sembrata quantomeno poco verosimile. Vale la pena però segnalare, per la sua provenienza toscana, il famoso *Maestruzzo*, volgarizzamento della *Summa de casibus conscientie* di Bartolomeo da San Concordio, realizzato da Giovanni delle Celle intorno al 1380. Il fatto che un'opera del genere, con una base dottrinale decisamente impegnativa, venisse volgarizzata da un eremita vallombrosano molto vicino a varie figure cittadine lascia pensare ad una circolazione di nuovo non tanto chiericale quanto di laicato consapevole. Sul rapporto tra ruolo del clero secolare e ordini mendicanti cfr. ora anche Cusato, *The Radical Renewal of Pastoral Care*.

11. Una considerazione relativamente ottimistica dei livelli di formazione e delle preoccupazioni pastorali del clero del XIV secolo (essenzialmente a partire dal caso di Rieti) è ad esempio quella di Brentano, *Vescovi e collocazione socio-culturale*, che pure si colloca nello stesso volume del saggio dai toni assai diversi di Zafarana, *Cura pastorale, predicazione, aspetti devozionali*.

12. Per la rilevanza degli studenti nelle fila del clero cfr. Rapp, *Rapport introductif*.

13. Sul quadro generale ci si limita a rinviare ai saggi già citati di *Pievi e parrocchie in Italia*, in particolare Cherubini, *Parroco, parrocchie e popolo*, e Ronzani, *Aspetti e pro-*

secolo la capillare presenza degli ordini mendicanti, con il loro complesso di attività pastorali e per così dire di socializzazione religiosa, ha già profondamente connotato la vita cristiana dei fedeli, e certo in Toscana con una intensità anche maggiore che altrove, ma malgrado il sostanziale fallimento del grande disegno di inquadramento ecclesiastico di ogni fedele *proprio sacerdoti* delineato nel Concilio lateranense IV da Innocenzo III, certo anche negli ambienti più intensamente segnati dalla presenza mendicante un riferimento comunitario al sacerdote secolare, non foss'altro per la sola componente meramente rituale-sacramentale, resta un fattore chiave per la vita dei fedeli.

Un esempio varrà a introduzione del problema del rapporto del sacerdote con la comunità. Nel settembre del 1374 venne presentata al vicario dell'arcivescovo di Pisa un'accusa contro il prete Puccio di Gandino di San Iacopo a Zambra (oggi San Torpè, presso Cascina): la denuncia era portata da Andrea del fu Guccio quale console e sindaco dei parrocchiani, quindi si suppone fosse espressione di una iniziativa collettiva, dotata peraltro di una non banale consapevolezza giuridica.[14] La prima accusa è quella di non aver celebrato messa quasi mai negli ultimi tre mesi: anzi a quanto pare il prete «non intendit modo se intromictere ad dicendum suis parrochianis divinum officium», tanto che si è rifiutato di portare il sacramento agli infermi cosicché «presbiter extrinsecus pietate motus ivit ad suprascriptos infirmos et eos audivit ad confessionem quod est nefas et malum intollerabile et peccatum contra constitutiones vestre curie», oltre ad avere impedito a certi chierici del suo piviere di entrare in chiesa per le settime e trigesime dei defunti. Da questa grave mancanza l'accusa passa a pesanti rilievi di natura morale; il prete tiene una «pessima concubina», la cui principale colpa consiste però non tanto nella relazione in sé, quanto nel fatto che costei «docuit linguam suam male loqui dicendo omnem rusticitatem que dici possunt mulieribus suprascripti comunis et hominibus suprascripti comunis, propter quod homines, moti indignatione, quamplures verba furiosa habuerunt cum suprascripto presbitero et cum Bartalomea eius concubina quod est nefas et inhonestum». Necessario corollario dell'indegnità morale è anche il comportamento riprovevole quanto all'uso delle cose: il prete

blemi delle pievi, oltre ai lineamenti interpretativi di Violante, *Clero e parrocchie nell'Italia centrosettentrionale*, e Andenna, *Pievi e parrocchie in Italia centro-settentrionale*. Per i casi locali si citerà di volta in volta la bibliografia più specifica.

14. Tutto l'atto è in ADPi, *Archivio degli arcivescovi*, *Atti straordinari*, 10, cc. 327r-330r (27 settembre 1374 e sgg).

ha sottratto alcuni tovaglioli dell'altare (colpa per la verità decisamente venale in questo caso), porta abitualmente armi e tiene occupata la chiesa con tini e contenitori per cereali al tempo del raccolto, «quod est contra Evangelium dicens 'domus mea domus orationis, vos autem fecistis eam speluncam latronum!'». L'impianto accusatorio della causa, che stando alla condizione delle carte non resse oltre la convocazione dei testimoni a carico del prete, è un vero proprio condensato in negativo delle aspettative della comunità rispetto al suo rettore. Innanzitutto l'assenza materiale e la mancata erogazione dei servizi liturgici fondamentali – l'eucarestia e la confessione – innesca l'ostilità dei fedeli; questa viene confermata dal generale stile di vita del chierico, del quale però si sottolinea soprattutto la turbativa della quiete della parrocchia portata dalle chiacchiere e dalle maldicenze intorno alla sua concubina, che ha suscitato violenti diverbi, e infine la commistione tra il servizio pastorale e l'amministrazione della proprietà, specie nei momenti di raccolto e quindi di pagamento dei censi, suscettibili a loro volta di animare i conflitti locali. Il tutto è costruito come espressione di una voce unica della comunità, e vistosamente rafforzato da una serie di riferimenti molto appropriati, non solo al testo evangelico sui mercanti nel tempio, ma anche all'enormità della situazione di dover confessare i peccati a un sacerdote diverso dal parroco, che valevano come efficace aggancio alla logica di conformità disciplinare che gli accusatori sapevano sarebbe stata adottata dal tribunale vescovile.[15] La valutazione di un caso come questo deve come spesso accade prescindere dall'esito processuale, che comunque fu a quanto pare nullo: sta di fatto che la voce della comunità si mostra ben consapevole di quello che intende chiedere a un sacerdote e di come ottenerlo.

1. *Tra due crisi: insediamento ecclesiastico e comunità*

Parlando dunque di relazione clero-laicato nel territorio toscano sul piano delle cornici istituzionali, il quadro della storia trecentesca deve tener conto di una doppia discontinuità cronologica. Il periodo oggetto del nostro studio è collocato tra due crisi, due momenti di forte tensione e con-

15. Su questo convergere delle iniziative delle comunità e dell'intento di disciplinamento dell'autorità episcopale si vedano le rilevanti analogie con il caso postridentino studiato da Cavarzere, *La giustizia del Vescovo*, specialmente pp. 56-62.

flitto intorno proprio alla rete insediativa delle chiese sul territorio e alla sua efficacia. La prima crisi è quella del tardo Duecento, quindi all'inizio o immediatamente alle spalle del periodo qui considerato. Si tratta cioè del momento culminante di quella grandiosa spinta di una società in piena espansione demografica, che forza i vecchi schemi della rete pievana e le dinamiche insediative dei secoli centrali del medioevo, e quindi scardina gli equilibri tra le pievi, le chiese di castello e i luoghi di culto dei centri maggiormente abitati. In altre parole l'espansione demografica, la nascita di nuovi centri o nuove aree urbane di popolamento, quindi il profondo cambiamento degli equilibri tra spazi abitati, portano con sé una forte pressione sulla distribuzione delle chiese nello spazio, mettendo in scena le esigenze della popolazione di fronte a un quadro istituzionale ecclesiastico vecchio e non adeguato.[16] Non pochi casi di controversie tra pievani o rettori di chiese in questa primissima fase si collocano proprio al cuore di un simile fenomeno di "crisi di crescita" dell'insediamento toscano.

L'altro punto di crisi, che si colloca invece in una fase tardo trecentesca, anche se si manifesta presto dopo la metà del secolo e quindi non è periodizzante rispetto ai termini cronologici che abbiamo scelto, ha tratti meno netti. In questo caso la tensione consiste nello stato di destrutturazione della vita ecclesiastica per effetto congiunto del crollo demografico, che porta al semi-abbandono o al collasso funzionale di un certo numero di centri,[17] della caduta della rendita fondiaria che mette in crisi la sussistenza dei benefici più poveri, dell'instabilità politica, segnata specialmente in certe aree da ripetuti, devastanti passaggi di truppe con il loro corollario di distruzione e depauperamento, e non ultimo della riorganizzazione del governo del territorio nei nascenti stati territoriali, il cui effetto sul tessuto delle distrettuazioni ecclesiastiche è di nuovo quello di una destrutturazione o quanto meno complicazione. Una parte importante delle controversie che possiamo individuare tra clero e comunità locali nel pieno e tardo Trecento sono condizionate proprio da una simile congiuntura. Vale la pena esemplificare un poco questi due momenti per inquadrare anche nel prosieguo del discorso i casi che la documentazione ci offre.

16. Le stesse *Rationes Decimarum* conservate relativamente alla Toscana per gli anni Settanta del Duecento e per i primi del Trecento sono una fotografia lacunosa, che non mette in luce pratiche di aggregazione anche religiosa intorno a centri abitati ancora troppo labili o troppo piccoli per attrarre l'attenzione della fiscalità pontificia: cfr. gli esempi eloquenti di Ronzani, *Come lavorare con le "Rationes Decimarum"?*.

17. Fondamentale per il contesto toscano, con particolare riferimento all'area senese, Ginatempo, *Crisi di un territorio*.

La prima crisi: tra Due e Trecento

Il primo momento di discontinuità si può qualificare come una "crisi di crescita" nel tessuto insediativo delle chiese toscane allo zenith dell'espansione demografica duecentesca. Il fenomeno non era soltanto quantitativo, ma assumeva anche il profilo di un cambio negli equilibri dell'insediamento: se infatti la rete ecclesiastica nelle campagne era incentrata sulle pievi, non di rado in posizioni collinari, la nascita di centri di nuova fondazione a opera dei comuni di Firenze, Lucca, Pisa[18] specialmente nelle aree pianeggianti squilibrava la stessa relazione dei parrocchiani con le rispettive chiese matrici; ma lo stesso fenomeno avveniva anche in assenza di centri di nuova formazione, per effetto dei cambiamenti nelle gerarchie insediative. La diocesi di Fiesole offre al riguardo una serie di casi interessanti, non solo perché ricca di documenti per la parte più antica del nostro periodo, ma anche perché trattandosi di una diocesi essenzialmente rurale, la fattispecie dei rapporti tra la pieve e le chiese dipendenti a volte di recente fondazione è molto forte. In uno dei primi registri noti del tribunale vescovile, quello del 1298-1299, si riscontrano in mezzo a molte cause diverse vari episodi di violenza che hanno chierici come protagonisti o come vittime.[19] In uno di questi compare il pievano di Spaltenna, nell'estrema periferia della diocesi nel Chianti senese, che avrebbe aggredito, non da solo ma con una masnada di suoi scherani armati, il rettore della chiesa di Montegrossoli durante la celebrazione della messa; poco dopo compare un'accusa contro il medesimo rettore di Montegrossoli, reo a quanto pare di aver preso a bastonate il rettore della chiesa di San Donato in Perano.[20] Questo registro contiene anche molte cause, evidentemente non solo per quest'area della diocesi, per accuse di concubinato, spesso non portate avanti dal vicario oltre l'escussione dei testimoni, una circostanza che abbiamo imparato essere fortemente connessa con situazioni di conflitto interno alle comunità. Precede di qualche mese questa successione di scontri fisici tra chierici una causa aperta da una petizione degli abitanti di Gaiole, sempre nel Chianti, che supplicano il vescovo di poter erigere una chiesa nell'abitato in modo da non dover più salire a ricevere i sacramenti nella chiesa di Vertine o

18. Il fenomeno è stato studiato a fondo: per un quadro sistematico di casi e problemi cfr. *Le terre nuove*.

19. ASDF, XIV.III.A.3, 1298-1299.

20. Ivi, cc. 142r sgg e 161r-162r.

in quella di Montegrossoli, sebbene il priore della prima manifesti la sua vibrante opposizione all'iniziativa.[21] Un minimo di contestualizzazione territoriale aiuta a comprendere il quadro. In questa porzione del territorio diocesano il tessuto ecclesiastico è centrato su alcune pievi collinari e varie chiese rurali, normalmente costruite in connessione con la rete degli insediamenti murati di origine signorile, come il castello di Montegrossoli nella via verso il Valdarno superiore, o quello di Vertine. Rispetto a questo quadro l'espansione di insediamenti di fondovalle, come appunto Gaiole, rappresentava la novità, che gli abitanti chiedevano di riprodurre a livello di distribuzione delle chiese, e che al contrario i rettori dei centri fortificati contrastavano, anche con la forza. Ciò comportava una situazione di conflitto di volta in volta interpretato dagli stessi chierici o dalle popolazioni laiche, ma sempre con contenuti di intenzionalità molto spiccata: il caso dell'aggressione presunta del rettore di Montegrossoli ai danni del pievano di Spaltenna è emblematico non solo perché avviene con il coinvolgimento di una clientela armata, ma perché l'azione è condotta in un momento dal fortissimo significato simbolico, perché il contesto rituale amplifica la performatività dell'atto. Paolo Pirillo ha brillantemente valorizzato un episodio di pochi anni prima, nel 1296: in questo caso il conflitto divideva due chiese del piviere di Gaville, nel Valdarno fiorentino, cioè la canonica di San Miniato e la cappella castrale di San Salvatore a Castiglione delle Celle, e coinvolgeva non a caso proprio un elemento rituale, cioè la celebrazione della domenica delle Palme con la relativa processione.[22] La scelta del luogo in cui avrebbe dovuto tenersi la processione diventava un fattore importante per la definizione della comunità locale e soprattutto dei suoi centri di gravitazione spaziale, e quindi portava con sé gli interessi contrastanti del clero rurale, della popolazione e delle famiglie dominanti, tutti variamente interessati a come la distrettuazione ecclesiastica dovesse seguire il tessuto insediativo.[23]

Molto spesso questi conflitti trovano nella giustizia vescovile una sede di risoluzione, ma mettono in gioco soggetti diversi dalla parrocchia in senso stretto. La parrocchia cioè è la veste ecclesiale di comunità già molto formate e consapevoli anche dal punto di vista delle istituzioni secolari.

21. Ivi, cc. 78r-85r.

22. Pirillo, *La Domenica delle Palme, un castello e due chiese*.

23. Un caso simile in ASDF, XIV.III.A.8, cc. 7r-10v: controversia per i diritti di sepoltura nella chiesa di Sant'Andrea contro la pieve di Montefiscalle.

In uno dei prossimi paragrafi vedremo come la comunità di Montemurlo e i suoi consigli allargati e ristretti avessero ingaggiato un duro confronto con il vescovo di Pistoia sulle decime. Nel 1317 giunse invece al vescovo di Fiesole il caso della comunità di Passignano, che aveva introdotto uno statuto, «coniurationem conventionem quin potius conspirationem», che vietava di usare il mulino del monastero.[24] Un caso tipico di controversia di comune rurale contro i detentori (in questo caso religiosi) dei diritti bannali,[25] nella quale la comunità usa uno strumento piuttosto ambizioso, cioè un vero e proprio regolamento scritto piuttosto che un atto materiale di resistenza: e il vescovo è costretto a richiedere un apposito *consilium* per sostenere l'annullamento dello statuto, contro il quale gli uomini di Passignano avevano duramente protestato. Non sempre è del tutto chiara la motivazione di fondo che oppone di volta in volta la comunità al vescovo o all'abate: chiara però l'interazione tra l'identità comunitaria, a quanto pare particolarmente vivace, e gli obblighi di natura ecclesiastica che sono messi in discussione.

Di una simile interazione è di nuovo testimonianza un caso del territorio fiesolano del 1299, questa volta gli uomini di due parrocchie presso Lamole, nella via da Firenze verso il Chianti, in particolare le chiese di San Donato e di Sant'Andrea.[26] Costoro ricorrono al vescovo per lamentare le violenze perpetrate dai *domini* di Monterinaldi, una famiglia signorile del luogo, che dispongono del controllo del castello di Santa Maria Novella in cui si trova anche la pieve; i signori da Monterinaldi, animati da una mortale inimicizia nei confronti degli uomini di Lamole, avrebbero approfittato del patronato di fatto sulla pieve per vessare i fedeli delle due parrocchie, a quella pieve formalmente sottoposti, e di conseguenza i parrocchiani chiedono al vescovo di essere sollevati da ogni obbligo di natura ecclesiastica nei confronti della chiesa di Santa Maria Novella, che in questo caso davvero da ideale madre del piviere si sarebbe trasformata in matrigna. Le testimonianze raccolte dal tribunale vescovile non presentano un quadro così chiaro come la denuncia avrebbe delineato, e in particolare una prospettiva decisamente alternativa è quella portata dalla circostanziata deposizione di Ottaviano, pievano di Santa Maria Novella e quindi parte direttamente

24. ASDF, XIV.III.A.18, cc. CIr-CIIIr.

25. Anche qui si rinvia agli studi di Pirillo, in particolare *L'abate, il Comune e i pesci del fossato*.

26. ASDF, XIV.III.A.6, cc. 139r-144r.

in causa, se non altro per la possibilità non certo gradevole di perdere il controllo di due parrocchie del piviere. Il conflitto e le violenze, ricorda il pievano, sono un dato di fatto, ma si tratta di episodi avvenuti molti anni fa: troppi, peraltro, perché molti degli individui presentatisi a nome delle parrocchie potessero esserne stati testimoni oculari. Nel dettaglio quelle violenze avvennero al tempo in cui «erat guerra generalis in comitatu Florentie et Senarum et ista talis guerra generalis fuit sedata tempore domini cardinalis Latini tunc temporis apostolice sedis legati», cioè prima del 1280, mentre invece a quanto pare il rifiuto di partecipare alle celebrazioni presso la pieve sarebbe più recente, una decina di anni. Dall'intervento del pievano comprendiamo quindi che la petizione dei parrocchiani era il punto d'arrivo di un rapporto conflittuale con la pieve di lungo periodo. D'altra parte, continua Ottaviano, «si guerra erat illo tempore inter ghibellinos et guelfos non preiudicat in aliquo plebi, quod quia delictum alterius non debet in dampnum ecclesie redundare»: se pure è vero che in passato vi furono fatti di sangue a dividere le comunità locali, questi conflitti di parte non devono condizionare il tessuto ecclesiastico, tanto più che si tratta di episodi ormai passati. Il pievano in effetti sottolinea con molta decisione che al tempo presente non c'è nessuna situazione di conflitto in corso, anzi «plebs ita est in tuto et securo loco et est in potentia comunis Florentie et domini pape et episcopi fesulani», e peraltro anche l'esercizio di un diritto di patronato da parte dei da Monterinaldi viene messo apertamente in discussione. Si introduceva qui un argomento che intendeva smontare l'immagine di disordini e sopraffazioni quotidiane prospettata dai parrocchiani, e si accennava con una certa finezza tattica alla piena autorità del vescovo e anche del comune di Firenze sul territorio, che invece nell'accusa era fatto apparire una sorta di far west a poca distanza dalla città, sfuggito scandalosamente dalle mani delle autorità civili ed ecclesiastiche. La posizione del pievano finì di fatto per prevalere, perché a suo favore venne pronunciato un *consilium sapientis*, affidato a Bonaccorso degli Elisei;[27] a dire il vero il sindaco dei parrocchiani di Lamole si rifiutò di accettare l'esito del giudi-

27. L'illustre giurista, noto come membro di spicco della fazione ghibellina (e per questo esiliato, poi rientrato a Firenze nel 1280) e come lontano parente di Dante Alighieri, rese nello stesso 1299 un *consilium* ai conti Guidi: questa consulenza per una causa del vescovo è abbastanza singolare dati gli orientamenti politici del giurista, ma forse tanto più pertinente in quanto la questione dibattuta riguardava proprio la cronologia e i caratteri di un conflitto di fazione che aveva insanguinato le campagne non meno che la città: cfr. per i dati biografici Maffei, *Un trattato di Bonaccorso degli Elisei*.

zio, ma l'interruzione del fascicolo lascia intendere che il suo tentativo di riaprire la causa fosse stato fallimentare.

La parte iniziale di questa storia, dunque, è segnata da un periodo di forte pressione delle comunità sulle strutture della rete ecclesiastica: che vengano contestate le decime, o che si neghi l'autorità di un rettore – magari usando gli argomenti tipici della diffamazione sui costumi morali del clero – l'elemento critico è l'inserimento della comunità in un quadro istituzionale ancora rigido di fronte ai grandi cambiamenti economici ed insediativi in corso.

Una destrutturazione trecentesca?

La seconda discontinuità si colloca indicativamente dopo il grande trauma della peste, senza che questo debba ritenersi necessariamente il fattore unico di cambiamento. Gli studi di storia generale e alcuni – per la verità rari – casi di studio approfonditi sistematicamente hanno delineato una dinamica abbastanza chiara. Il drastico calo demografico conduce non soltanto a un diradarsi della popolazione e quindi a invertire quella tendenza di qualche decennio prima alla creazione di nuovi centri di aggregazione religiosa, ma anche a un calo sensibile delle rendite fondiarie. Di conseguenza molte chiese, specialmente rurali, cominciano a non poter disporre delle risorse necessarie al dignitoso mantenimento del clero curato.[28] Questa dinamica sembra sullo sfondo del diffondersi del cumulo di benefici, cioè dell'attribuzione del beneficio di più chiese allo stesso chierico, in modo che questi potesse contare su rendite cumulativamente sufficienti. L'effetto di ciò era inevitabilmente l'assenteismo, visto che il sacerdote risiedeva soltanto in uno dei benefici attribuitigli – e a volte neppure in quello. Per la verità il cumulo dei benefici era causato talvolta non dalla loro povertà ma in un certo senso dalla loro ricchezza, perché i chierici cittadini, magari provenienti dalle stesse famiglie dei proprietari cittadini che controllavano il territorio, cercavano di assicurarsi il godimento delle prebende più ricche anche grazie a dispense papali, con l'effetto di avere un clero pievano in molti casi non residente. Ed era il medesimo anche l'effetto di chierici a vario titolo impegnati in uffici di curia: abbiamo già incontrato vicari vescovili che portano titoli di pievano, presso chiese cioè nelle quali presumibilmente

28. Rapp, *La paroisse et l'encadrement religieux des fidèles*; *La parrocchia nel Medio Evo*, in particolare il saggio di Chiffoleau, *Les transformations de l'economie*; Id., *La religion flamboyante*; La Roncière, *Condizioni economiche del clero parrocchiale*.

si recavano di rado; a livelli più alti, anche membri della sempre più pletorica e vorace Curia avignonese ricevevano canonicati o prebende delle quali con ogni evidenza non potevano curare gli uffici liturgici e pastorali.[29] Che si trattasse quindi di motivi economici o per così dire organizzativi, l'assenteismo del clero curato sembra un tema ricorrente almeno nella seconda metà del secolo. Mancando il titolare della chiesa, abitualmente veniva nominato un sostituto, un chierico incaricato dei servizi liturgici dietro pagamento di un vero e proprio salario. La diffusione di questo clero mercenario, legato alla chiesa soltanto da un rapporto in ultima istanza privatistico con il "datore di lavoro", il chierico titolato, e soprattutto condannato per la stessa entità del rapporto a una sussistenza assai stentata, è uno dei *topoi* ricorrenti sia nelle fonti che nella storiografia. Un proletariato ecclesiastico, fondamentalmente slegato da ogni relazione organica con la comunità in cui si trova a operare, relegato a una condizione nel migliore dei casi modesta, in definitiva incapace di fornire alle comunità oltre il minimo dei servizi liturgici, e per lo stesso motivo naturalmente incline a espedienti economici di dubbia regolarità, o addirittura incompatibili con la dignità del clero.[30] Un quadro di questo tipo, dunque, costituisce una discontinuità forte anche nella nostra prospettiva del rapporto tra fedeli e chiesa, dal momento che una simile, traumatica destrutturazione di un ordinato sistema di reclutamento e gestione del clero curato conduceva a una fase storica in cui il disagio delle comunità è palpabile, e le controversie e tensioni che emergono dalle carte giudiziarie ben connesse a un preciso retroterra storico.

Per dare una valutazione equilibrata del fenomeno si deve considerare, come ha raccomandato recentemente Michele Pellegrini, che la figura del prete salariato, servente, o comunque sostituto nasceva per così dire già pesantemente gravata da una ipoteca di pregiudizio molto forte. Lo stesso fatto che sia invalsa la definizione di clero mercenario, nel richiamare la figura evangelica del *mercenarius* come controparte negativa del buon pastore che ha cura delle sue pecore e dona la sua vita per loro, condizionava quella specifica situazione "lavorativa" con uno stigma morale molto netto. Di conseguenza quando nelle fonti si lamentano i difetti di questo tipo di gestione della pieve è da mettere in conto una quota cospicua di condizionamento delle convenzioni etico-scritturali.[31] Oltretutto, considerando

29. Guillemain, *Les papes d'Avignon*.

30. Per una discussione del *topos* cfr. ora Pellegrini, *Clero non beneficiato*.

31. Già Binz, *Vie religieuse et réforme ecclésiatique*, pp. 335-337, osservava che nella pratica i difetti e le inadempienze dei chierici "sostituti" fossero nella norma non più gravi

gli esempi che abbiamo visto sopra sui conflitti per la nomina di pievani a Volterra, a Pisa o in altri casi, con figure di chierici armati, pronti a rappresaglie sanguinose o a brutali colpi di mano per accaparrarsi il beneficio, che il servizio pastorale di pievani del genere fosse preferibile a quello di modesti sostituti a pagamento è quantomeno dubbio.

Anche il retroterra economico di questa situazione è abbastanza controverso. Il caso probabilmente meglio studiato, quello delle pievi e parrocchie della Valdelsa fiorentina, mostra in effetti come vi sia anche nelle condizioni materiali del clero una differenza notevole tra i primi decenni del secolo e la seconda metà del Trecento o il primo Quattrocento: in questo secondo periodo la vita canonicale sembra ormai scomparsa non solo dalle chiese minori ma anche dalle pievi, mentre il tenore di vita dei chierici sprofonda a livelli a volte paragonabili a quelli dei loro parrocchiani, anche perché spesso si tratta di chierici stipendiati e non dei titolari ufficiali del beneficio.[32] Le visite pastorali sono una costante lamentela della povertà del clero: nei documenti pistoiesi della metà del secolo come in quelli di Cortona per tutto il Trecento i casi di chierici poveri si moltiplicano, connessi alla testimonianza di strutture materiali delle chiese non all'altezza delle necessità.[33] Gli episodi di chierici dediti a piccole attività commerciali, o sorpresi a commettere furti per beni di infimo valore, che abbiamo segnalato sopra nel capitolo sulla vita del clero, sono compatibili con situazioni di questo tipo. Nel secondo Trecento anche le carte dei tribunali riportano talvolta testimonianze dirette del disagio di chierici in evidente difficoltà.[34]

né più frequenti di quelli dei titolari; per le considerazioni di Pellegrini cfr. il saggio alla nota precedente.

32. *Religiosità e società in Valdelsa*, in particolare il saggio di Muzzi, *Una Pieve toscana nel tardo medioevo* e le *Conclusioni* di Ch. M. De La Roncière.

33. A Cortona si riscontrano episodi ai limiti del verosimile: nel 1361 uno dei canonici della cattedrale di San Vincenzo, quindi non propriamente una chiesa rurale, dichiara di aver impegnato per mancanza di denaro anche lo stampo usato per fabbricare le ostie: Meoni, *Visite pastorali a Cortona nel Trecento*, p. 213.

34. Un caso eloquente in ASDV, *Curia vescovile*, *Tribunale - Processi civili*, 16, c. 10r (1371). Il pievano di Lustignano (Pomarance) lamenta una condizione di difficoltà economica per cui era a rischio il pagamento del fitto sulla stessa casa di abitazione del parroco. Difficoltà strutturali o problemi di liquidità in qualche modo fisiologici? Di certo si tratta di un pievano che deve pagare un fitto per la sua casa d'abitazione. Alla lettera però segue una ricevuta del medesimo pievano per 8 fiorini ricevuti da Piero di Pettinuccio a cui aveva venduto un moggio di grano, ad attestare che la pieve aveva comunque rendite in qualche modo in grado di mantenere la chiesa.

Bisogna dire però che il tema della povertà del clero nelle visite pastorali e nella documentazione giudiziaria è abbastanza trasversale, cioè non ha una connessione diretta e riconoscibile con la congiuntura. Oltretutto se è innegabile che le rendite fondiarie fossero in caduta nella seconda metà del secolo, era invece sicuramente in crescita quella che Jacques Chiffoleau ha chiamato l'economia della morte,[35] cioè le rendite legate a servizi in suffragio dei defunti: specialmente in ambito urbano, il clero poteva contare in maniera non trascurabile su introiti di questo tipo, e mancando un conteggio affidabile sull'apporto delle varie fonti di rendita delle chiese (proprietà fondiarie, decime, servizi liturgici, legati pro anima) non è possibile escludere che il calo di una di queste voci fosse compensato dalle altre.[36] Da questo punto di vista lo spartiacque andrebbe collocato non tanto sul piano ecclesiale tra categorie diverse del clero, quanto al livello socio-economico del divario crescente tra società rurale e società cittadina. L'espansione territoriale delle città sul territorio innescava fenomeni profondi di destrutturazione delle comunità anche nella loro composizione sociale, perché nel corso del secolo quella borghesia di castello[37] che aveva costituito il nerbo di tanti vitali centri minori tende a regredire come gruppo sociale, per effetto dell'inurbamento e l'attrazione degli ambienti cittadini. Di conseguenza anche il reclutamento del clero è sempre più spesso attratto dalla città,[38] ciò che rende effettivamente abituale la situazione di chierici non residenti.

Lo stesso impiego di chierici *servientes* o salariati è difficile da connettere a una specifica situazione economica, anche perché gli strumenti contrattuali usati erano simili a quelli di prebende regolari, quindi difficili da interpretare nei loro risvolti economici stretti. Tra 1350 e 1358 Roberto di Talento di Berto, notaio del vescovo di Fiesole, riporta due nomine di

35. Chiffoleau, *Les transformations de l'économie*, pp. 105-107; Id., *La comptabilité de l'au-delà*.

36. Il fenomeno, incluso l'argomento interessato della povertà delle rendite, era ben noto ai contemporanei ed entrava a far parte della stessa polemica contro il clero: celebre il passo in apertura del *Piers Plowman* di William Langland, in cui tra i personaggi compaiono «preti parrocchiali che si lamentano con il vescovo che dal tempo della Peste le loro chiese son diventate troppo povere per poter vivere, e quindi chiedono il permesso di vivere a Londra per trafficare in messe e per far risuonare le loro voci con il dolce tintinnìo dei denari [...]»: Langland, *Piero l'aratore*.

37. Pinto, *La "borghesia di castello"*.

38. Le conseguenze di questa tendenza sono studiate per il territorio fiorentino da Cohn, *Creating the Florentine State*, pp. 50-53.

chierici proprio di questo tipo.[39] Nella prima il pievano di Santa Felicita a Larciano in Mugello «attendens quod in dicta plebe sufficiens serventium clericorum numerus non existit» nomina chierico della pieve a suo servizio Nastagio di Lando del fu Tano da Cascia con il suo beneficio e prebenda; nella seconda Filippo del fu Arrigo de' Medici pievano di San Piero a Sieve nomina, usando la stessa formula, Giovanni del fu Bindo Bettini canonico della pieve con la prebenda consueta, e contestualmente rettore dell'ospedale di San Piero a Sieve che dipende dalla pieve stessa. In questo caso si tratta di ordinario reclutamento di chierici per un beneficio canonicale, quindi che prevede di necessità la vita comune, come in effetti il formulario intende dichiarare, o di una acquisizione surrettizia di clero mercenario, tra l'altro nel secondo caso da parte di un pievano del ceto dirigente cittadino presumibilmente assenteista, attraverso l'assegnazione di una quota delle rendite della pieve per coprire il servizio liturgico? E in entrambi i casi, trattandosi di una datazione post-peste, è lecito considerare scelte di questo tipo nel quadro di una congiuntura demografica o economica? Tra i rari esempi di contratti per locazione d'opera registrati direttamente nelle fonti giudiziarie, un caso del 1391 presso la curia di Fiesole vede Neri del fu Orlando da Arezzo che «locando personam suam posuit se ad serviendum et standum pro clerico et serventem in officio clericatus cum domino Jacobo plebano plebis de Antilla» fino alla festa di Santa Margherita, in cambio di un salario e mercede di 8 lire di fiorini piccoli più il vitto e l'alloggio.[40] Anche qui, come si vede, un chierico forestiero, anche se a onor del vero il contratto prevede che Neri stia "insieme" al pievano e non al suo posto, circostanza plausibile per il servizio in una pieve popolosa come quella dell'Antella nell'area suburbana di Firenze.

Ciò che si intende suggerire è che la destrutturazione in atto nel corso della seconda metà del secolo abbia solo in una certa misura a che fare con fattori di natura economica, e si leghi soprattutto a incertezze più generali. Due casi tratti dalle carte dei tribunali di Arezzo e Cortona ci portano in questa direzione. Nel gennaio 1388 l'unione delle due chiese di *Biacciano*, Santa Maria *de subter* e San Lorenzo *de supra*, considerando che «prefata

39. ASFi, *Notarile Antecosimiano*, 2540, c. 137v (1 maggio 1351) e 2543, cc. 290v-291r (1 gennaio 1358). Ringrazio Sergio Tognetti della segnalazione del documento.

40. ASDF, XIV.III.A.49, c. 35r: per la verità è incerta la lettura dell'anno, che potrebbe essere anche il successivo. Se la data del documento (agosto) è corretta, si tratterebbe di un pagamento annuale, per il quale la somma di poco più di 8 lire è veramente miserabile.

tua ecclesia propter mortalitatem hominum et guerrarum noxia, scandala que diu viguerunt in partibus est adeo depauperata et fructibus diminuta quod non potest ut decet congrue substentari». La chiesa in questione è probabilmente quella di Baciano, presso Capolona all'inizio del Casentino, ma nello stesso registro si riscontrano altri casi della medesima natura.[41] Qualche anno prima, nel 1374, il vicario del vescovo di Cortona aveva raccolto gli atti di alcune locazioni di dubbia validità disposte da Francesco di messer Pietro da Perugia abate di Farneta, una veneranda abbazia benedettina nel territorio della Val di Chiana; questi, convocato per dar conto del suo operato, si lamenta del fatto che «propter guerras et iniquas sotietates» il beneficio dell'abbazia è decaduto, anche perché «colones (*sic*) sive laboratores nolunt dictum terrenum colere et laborare».[42]

Il contenuto degli atti è evidentemente differente perché si tratta in un caso di un contenzioso, nell'altro di una decisione presa dal vescovo nelle sue facoltà ordinarie. Lo sfondo su cui si collocano però è molto simile, e vede una situazione di impoverimento della quale le radici si riconoscono nei disordini materiali o nella diffusione della violenza, specialmente ad opera delle compagnie mercenarie. Andando a verificare nelle visite pastorali, anche qui la lamentela per le distruzioni belliche è ricorrente, declinata soprattutto a proposito dello stato materiale delle chiese.[43]

Sempre a proposito di fattori di natura non economica, il secondo Trecento è anche un periodo di cambiamenti profondi nella geografia politica della Toscana. L'espansione fiorentina, in particolare, fin dalle conquiste nel Valdarno superiore e nella Valdinievole negli anni Trenta, andava a costituire un dominio esteso su varie diocesi diverse: non più solo quella di Firenze e Fiesole ma anche porzioni importanti di quelle di Arezzo, Pistoia, Lucca. Quando i territori diocesani si trovavano attraversati da un inedito confine politico, la loro capacità di intervento era quantomeno ostacolata,

41. AVA, *Atti di Curia*, 10, c. 92r. Per ulteriori interventi di questo tipo cc. 108v e 125r-126r. Si deve ammettere che non mancano motivazioni anche esplicitamente legate alla Peste: a Volterra l'unione fra le chiese di Cortennano e Pietrafitta fu decretata da Lorenzo vicario del vescovo Filippo il 18 febbraio 1354, visto che «adeo sint, causante proxime preterita mortalitatis peste, facte in redditibus tenues et exiles»: *Il vescovo Rainuccio Allegretti*, p. 157, n. 56.

42. AVC, *Visite pastorali*, 9001, carta non numerata in data 27 dicembre 1374.

43. Tra i moltissimi casi, l'illustre Pieve di Fosciana nella Garfagnana lucchese nel 1396 è detta «riunata et destructa [...] propter guerras et incursus gentium armatarum»: cfr. Angelini, *Una pieve toscana nel Medioevo*, pp. 84-85.

e oltretutto i legami tra le chiese e le pievi potevano scardinarsi.[44] È quando accadde ad esempio alla chiesa di Cigoli presso San Miniato al Tedesco, i cui conflitti con la pieve di Fabbrica furono dovuti proprio al legame con il dominio secolare fiorentino.[45] Ma episodi anche meno rilevanti sono comunque il segnale di una situazione dl genere. Quando il vescovo di Lucca si trovò a visitare la chiesa di Montevettolini in Valdinievole nel 1354, il rettore ammise di non poter più suonare le campane perché «sunt in turre custodes pro comuni florentino»,[46] cioè il campanile è stato trasformato in punto di guardia per gli armati fiorentini a difesa del confine. Si ricorderà in questo senso la serie impressionante di episodi della giurisdizione criminale sul clero che avevano sullo sfondo controversie politiche, tentativi di rovesciare il regime, tradimenti veri o presunti a cavaliere dei confini tra le città: e il fatto che i chierici si trovassero in una giurisdizione spirituale di una città diversa da quella della giurisdizione secolare chiaramente favoriva queste sovrapposizioni. Insomma, le circostanze politiche e militari del Trecento toscano sono un fattore di disordine del tessuto ecclesiastico tale da giustificare in sé una trasformazione epocale dei rapporti tra Chiesa e popolazione: non un quadro fisiologico, dunque, ma circostanze in cambiamento profondo. Il che peraltro, data la natura dei fattori politici che intervengono in circostanze sempre delimitate, permette di mantenere all'interno del quadro anche molti casi di continuità o di strutture sostanzialmente equilibrate, in territori più fortunati a tal riguardo.

Come si rifletteva tutto questo nella quotidiana esperienza dei parrocchiani? A conclusione del nostro periodo, molto al di là dei limiti cronologici trecenteschi ma comunque come tendenza generale, un singolare documento conservato nella carte del notaio vescovile fiorentino mette in scena nel vivace volgare quattrocentesco il caso di una pieve data esplicitamente in affitto.[47] Si tratta di una scritta volgare del 1442, con cui il pievano di San Lazzaro in Valdelsa presso Certaldo, messer Giovanni di messer Antonio Acciaiuoli, «loca a ufficiare» la detta pieve a due chierici, don

44. Anche prima che intervenissero veri e propri provvedimenti centrali di modifica della geografia ecclesiastica del territorio come quelli conosciuti dalla Toscana "fiorentina" a partire dal XV secolo, su cui il classico studio di Chittolini, *Progetti di riordino ecclesiastico*.

45. Morelli, *Per una storia delle istituzioni parrocchiali*.

46. Coturri, *Chiese e clero della Valdinievole*, p. 64.

47. ASFi, *Notarile Antecosimiano*, 7945 (imbreviature di Francesco di Francesco di Giannino notaio del vescovo, 1418-1443), c. 430r.

Giovanni e frate Salvestro, per 5 anni, prevedendo un dettagliato capitolato di obblighi reciproci e impegni economici, in particolare:

> uficiare et fare sonare l'ore debbite alla detta pieve per modo che sodisfaccia al divino ufficio e al detto luogo per modo che il detto messer Giovanni piovano di detta pieve faccia il debito suo inverso Idio et sodisfaccia a' parrochiani suoi.
> Item debbano fare le feste usate di fare alla pieve et a Certaldo a lloro ispesa orrevoli in chiesa et fuori di chiesa come per lo tempo passato o melglio.
> Item debbano tenere le dette chiese fornite a lloro ispesa di cera per modo ne siano commendati.

La presenza di un chierico "a pagamento" che svolgesse la liturgia era un surrogato accettabile anche quanto ai doveri del pievano,[48] che anzi riporta nel capitolato quelle che intende come sincere preoccupazioni per il bene della chiesa, tali da incontrare la soddisfazione dei parrocchiani. L'Acciaiuoli, che fa registrare il contratto dal notaio vescovile, quindi letteralmente sotto gli occhi dell'ordinario della diocesi, non ha motivo di ritenere che una condotta del genere possa avere ricadute negative sulla vita della parrocchia. E da quanto possiamo vedere dalle aspettative dei laici, aveva probabilmente ragione. In ogni caso quello che abbiamo visto in un atto privato come questo lo possiamo mettere a confronto con un documento, raro ma non per questo privo di rappresentatività, come le costituzioni e ordinamenti della pieve di San Pietro a Ripoli trascritti dal notaio del vescovo di Firenze alla fine degli anni Sessanta del Trecento.[49] La pieve, collocata nell'immediato suburbio cittadino, aveva a quel tempo un pievano, il sacerdote Francesco, e quattro canonici, tutti titolari anche di benefici in città: Andrea priore di San Romolo a Firenze, Francesco rettore di San Lorenzo a Vicchio, Rodolfo rettore di San Michele Visdomini e Antonio rettore di Sant'Andrea a Rovezzano. Chierici non residenti, con ogni evidenza, che tuttavia non rinunciano a condividere una serie di norme di buon governo della pieve, tra l'altro ispirate all'esempio delle maggiori chiese cittadi-

48. Si può accostare a questo episodio il documento edito da Aubrun, *La paroisse en France*, pp. 240-245: si tratta di un atto del 1455 con un vero e proprio capitolato di accordo tra un prete borgognone e i suoi parrocchiani, in cui il primo si impegna a celebrare le messe (personalmente o tramite il suo vicario) e adempiere a tutti i vari impegni rituali-liturgici che vengono dettagliatamente elencati, mentre i parrocchiani si impegnano al pagamento di varie tariffe e offerte per i servizi nei momenti consueti della liturgia.

49. ASFi, *Notarile Antecosimiano*, 12141 (imbreviature di ser Lorenzo di Tano da Lutiano, 1368-1371), cc. 37 sgg.

ne, come San Lorenzo, Santa Maria Maggiore o Santo Stefano al Ponte.[50] Quanto viene ribadito in primo luogo è l'obbligo dell'ordinazione sacerdotale del pievano, e in seconda battuta dei canonici: un requisito apparentemente scontato ma che in realtà non era tale, tanto che anzi gli ordinamenti stessi presentano la reale possibilità che i parrocchiani, rimasti privi di chi amministrasse il culto divino, si rivolgessero ad altre chiese.[51] A corollario di questo i capitoli ribadiscono il divieto di assumere canonicati per tutti gli apostati o fuggitivi le comunità religiose, fonti come abbiamo visto più volte di irregolarità più o meno gravi. Solo in seconda battuta viene affrontato il tema della residenza, non tanto con divieti o imposizioni quanto con una pragmatica quantificazione delle rendite: ai canonici che facciano vita comune con il pievano si riservano sei fiorini l'anno, che si riducono a quattro nel caso di chierici non residenti. In effetti non si tratta di somme ragguardevoli, visto che anche nel caso dei residenti la rendita era inferiore al salario annuo di un modesto lavoratore dipendente,[52] da integrare ovviamente con gli introiti di altri benefici goduti contemporaneamente. E comunque gli ordinamenti prevedono anche che le prebende canonicali, già troppo gravose per le possibilità della chiesa, fossero ridotte da quattro a tre alla morte di uno degli attuali titolari. Tutto questo è formulato con un articolato passaggio di provvedimenti che arrivano alla figura del vicario, ma che iniziano con una promulgazione il 12 maggio 1369 nel coro della chiesa, alla presenza anche di alcuni laici in rappresentanza della comunità parrocchiale. Il fatto che documenti di questo tipo venissero redatti mostra come fossero a disposizioni strumenti normativi per rendere le pratiche di circolazione del clero compatibili con un livello di dignitoso rispetto della disciplina ecclesiastica. Allo stesso tempo si tratta di una testimonianza di

50. «[…] inherentes etiam laudabili consuetudini ordinate et statute aliarum collegiatarum ecclesiarum civitatis Florentie maxime Sancti Laurentii, Sancte Marie Maioris et Sancti Stephani ad pontem principalium ecclesiarum post catedralem ecclesiam florentinam»: ivi, c. 42r.

51. «[…] aliqui alii ex eis non sunt in sacris ordinibus constituti, nec idonei ad prestandum in divinis et aliis ipsi plebi et parrocchianis ipsius tam in spiritualibus quam temporalibus debita et opportuna suffragia, propter que cultus divinus est in ipsa ecclesia diminutus et alias ipsa plebs et parrocchiani ipsius receperunt et recipiant in spiritualibus et temporalibus detrimentum, et verisimiliter ac probabiliter in futuro magis evenire et substinere paratur, adtempto maxime quod plebanus in dicta plebe principaliter adsumatur pro cura et ad curam animarum et quod plebanus ipse de iure tenetur ad sacerdotalem ordinem quem cura animarum requirit se facere promoveri aut plebanatus onorem dimictere»: ivi, cc. 43r-44v.

52. Per una comparazione Le Roncière, *Prix et salaires*, pp. 255-377.

come l'intervento di riforma si manifestasse con un aggiustamento pragmatico più che con cambiamenti di fondo, per i quali si sarebbe dovuto intervenire piuttosto sulla selezione stessa della società ecclesiastica.

2. *Un problema trasversale: il reclutamento*

Il punto essenziale era proprio il problema di come il pievano avesse scelto i suoi sostituti, quindi torniamo alla questione centrale del reclutamento del clero. Il disagio manifestato a chiare lettere dalle fonti trecentesche sembra riguardare spesso la qualità del servizio dei chierici, e anche l'assiduità della loro presenza: numerose sono le cause avviate da esplicite richieste dei parrocchiani a questo proposito. Ciò che colpisce in queste circostanze è che spesso i chierici così coinvolti sono forestieri, cioè provengono da diocesi diverse e in certi casi da terre lontane: in altre parole il cuore del problema della residenza e dell'affidabilità del clero sembra spesso riconducibile al dato strutturale di un personale di provenienza ignota o sospetta. La presenza di chierici forestieri è un fenomeno non nuovo per studi ecclesiastici trecenteschi: Antonio Rigon l'ha rilevato come significativo in area veneta, dove però ha probabilmente a che vedere con il bacino dell'università padovana, che letteralmente produce una schiera di chierici spesso agli ordini minori in cerca di piccole prebende.[53] È probabile che anche in Toscana ci siano situazioni del genere, ma di norma i casi che si trovano attestati nelle carte giudiziarie fanno più pensare a chierici sradicati per ragioni diverse. Riporto qui soltanto una piccola selezione.

Il 23 marzo 1369[54] i parrocchiani di San Pietro Somaldi, un'antica chiesa all'interno della cerchia urbana di Lucca, denunciano che la loro chiesa «est penitus desolata, potissime cum ipsa ecclesia consueverit quatuor rectoribus regi et gubernari et modo a certo tempore citra reducta est ad duos». La riduzione numerica sembrerebbe un effetto dello spopolamento, ma ad essa si aggiunge il comportamento dei due rettori, di cui uno è Jacopo di Castagnaccio, nostra conoscenza, chierico cittadino molto aduso alla violenza e spesso sottoposto a giudizio, che infatti risulta percepire i redditi senza risiedere, per quanto il suo ruolo di canonico non dovesse

53. Rigon, *Organizzazione ecclesiastica e cura d'anime* (ma per il pieno Quattrocento), e Id., *Clero e città*, pp. 148-150.

54. ASDL, *Tribunale ecclesiastico*, *Criminale*, 23, cc. XVIr-XVIIv.

rendere gravosa la residenza, mentre l'altro è dom Bernardo, qualificato come «apostata»: questi, già canonico di Santa Maria in Fregionaia, successivamente «multo tempore vagavit et tanquam stipendiarius», poi prese l'abito dei Servi di Maria, e di nuovo «tanquam vagabundus» finì monaco benedettino «in quodam monasterio de Venetiis», infine è stato promosso nella detta chiesa che però regge «non sicut pastor sed sicut lupus», seminando zizzania tra i parrocchiani, tenendo presso di sé una concubina e trascurando gli uffici, tanto che i fedeli devono recarsi altrove per la messa. Il secondo accusato compare davanti al vicario confermando di essere effettivamente passato dai chierici regolari di Fregionaia ai Serviti di Santa Maria di Venezia fino ai benedettini di Barbana nella diocesi di Grado: quindi un esempio perfetto di chierico girovago, tra l'altro passato da esperienze monastiche diverse per luoghi e regole. Negli anni seguenti denunce come queste si accumulano tra le carte del tribunale lucchese.[55]

Il caso di chierici provenienti da molto lontano non è isolato. Nel 1381 il vicario di Fiesole giudicava un caso esposto da quattro sindaci dell'*universitas parrochianorum* della pieve di San Bavello, a proposito di «Curradus theotonicus qui se dicitur plebanum dicte plebis S. Babilli iam sunt sex anni elapsi se absentavit totaliter a dicta plebe et nunquam in dicta plebe resedit neque in spiritualibus seu temporalibus deserviit sed fructus et bona eiusdem plebis subripuit et subtraxit», tanto che «multi de parrochianis dicte plebis tam mares quam femine absque ecclesiasticis sacramentis et divinis offitiis et exercitiis et parvuli absque sacro baptismate decesserunt»; citato, il pievano compare effettivamente in giudizio, e dopo alcune schermaglie formali il vicario Vincenzo da Santa Maria in Campo, sentito anche il *consilium* del *decretorum doctor* Tommaso de' Marchi, sentenzia la sua rimozione dal beneficio della pieve.[56]

Il fenomeno è sottolineato in maniera talmente netta da essere presente anche nella consapevolezza dei contemporanei. In una denuncia di nuovo al vescovo di Lucca del 1357 Moccio Turini, un fedele della chiesa di San

55. Ad esempio ivi, 30, c. XLVIrv (unico caso di procedimento con sentenza di questo registro): denuncia dei parrocchiani di San Giovanni presso Massa Pisana contro il loro rettore Iacopo di Giovanni da Pisa monaco dell'abbazia di Cantignano (Capannori), che in violazione degli impegni risiede a Pisa, e per questo viene rimosso dal beneficio per sentenza del vicario; più avanti nel registro 34, c. LXIv, simile denuncia contro Lazzaro di Pietro da Andora diocesi di Albenga, che ha abbandonato per tre mesi la sua chiesa di Santa Maria di Marti suscitando lo scandalo dei parrocchiani.

56. ASDF, XIV.III.A.45, cc. 18v-28v.

Leonardo a Cerreto Guidi, ricorda che il vescovo stesso aveva ordinato al pievano Buonaccorso Giovanni da Firenze di tenere un cappellano a servizio nella pieve, ma questi non l'ha fatto e da mesi battesimi, confessioni e sepolture sono senza sacerdote; in questo caso però l'episodio si chiude con un procedimento per diffamazione contro la parrocchia.[57] Solidarietà di parrocchia ostile a un chierico forestiero? Cattiva amministrazione del vescovo? Timore di guastare i rapporti col clero, disillusione sulle capacità di intervento? Che quello del reclutamento del clero fosse un problema reale pare convinzione diffusa anche presso le curie vescovili.[58] In una carta non datata degli anni 1385-1387[59] il vicario lucchese discuteva la situazione messa in luce dall'ennesima lamentela del comune del popolo di Vetriano nella vicaria di Coreglia, in cui i parrocchiani informavano che il loro cappellano prete Giovanni da Arezzo «è homo di mala chondisione inn ongni che si può [...]» chiedendo che «piacia a voi che noi abiamo retore che noi posiamo stare in pacie chome uçati eravamo». Alla denuncia dei parrocchiani è allegato un appunto che sembrerebbe una nota del vescovo, comunque una considerazione assai ponderata: «li ho ascoltati pazientemente, e lo stesso fate voi e fate giustizia: questo e altri casi simili avvengono perché anche forestieri assumono benefici senza autorizzazione e perché i curati si spostano come vagabondi fuori dalla diocesi. Io per parte mia sarei per assecondare la comunità, ma comunque fatene giustizia».[60] Annotata la citazione, prende avvio la causa per via inquisitoria, nel corso della quale emerge che il rettore non solo era indegno e dissoluto, ma risultava anche omicida e per questo fuggito dalla sua diocesi.

A giudicare da questi esempi, la presenza di chierici forestieri si lega spesso a vicende personali tutt'altro che commendevoli, ed è in una certa misura l'effetto della stessa giustizia vescovile, che adoperava come sanzione l'espulsione dalla diocesi e quindi alimentava il circuito del clero sradicato. Vero è che come spesso succede per la giustizia criminale, i soggetti non appartenenti alla comunità non potevano contare su una rete

57. Geltner, *Patrolling Normative Borders*, pp. 178-179.

58. La legislazione canonica vi fa spesso riferimento: Condorelli, *Clerici peregrini*.

59. ASDL, *Tribunale ecclesiastico*, *Criminale*, 38, cc. LXXXXIIIr-LXXXXIVr e carta sciolta tra le due.

60. «[...] audivi istos patienter et vos ipsos audite et fiat eis iustitia; hoc enim et similia accidunt quia et forenses recipiunt beneficia sine dispensatione et quia curati vadunt extra dyocesim vagabundi. Ego enim pro parte mea faverem comuni, tamen faciatis iustitiam», *ibidem*.

di affinità e rapporti sociali per costruire la propria fama, e quindi erano più soggetti a diffamazioni e attacchi pretestuosi.[61] Non per nulla talvolta l'azione della giustizia vescovile giunge a restaurare la fama del chierico ingiustamente raggiunto dalle accuse dei parrocchiani. Questo comporta che probabilmente la presenza dei forestieri sia sovrastimata dalle fonti giudiziarie. Ma non sempre questa presenza ha un carattere negativo, tale cioè da supporre un costante pregiudizio di partenza.

Mettendo comunque in considerazione tutto questo, è difficile non prendere sul serio le parole del vescovo stesso di Lucca, che configurano una falla evidente nei meccanismi di reclutamento del clero, legata a una mobilità geografica dei chierici sia in entrata che in uscita. L'effetto di una situazione del genere, sia nella sua dimensione fattuale che nell'efficacia di stereotipi, doveva condurre a cambiamenti profondi del rapporto tra i fedeli e la propria chiesa anche nella vita quotidiana.

3. *La parrocchia, la chiesa, il clero*

Ci troviamo dunque al cuore del problema delle relazioni dei fedeli con la chiesa e il clero curato. Che tipo di percezione avevano i semplici laici della propria appartenenza alla comunità parrocchiale? Come consideravano il proprio rapporto con la chiesa della comunità, e con la gerarchia, che aveva l'ultimo terminale nel parroco, ma congiungeva comunque la sfera locale con l'ambiente episcopale e in prospettiva con tutta la Chiesa? Abbiamo incontrato molte volte il caso di singoli fedeli, o più spesso di rappresentanti delle comunità, che si lamentano presso il vescovo di condizioni non consone del clero. Vale la pena affrontare più ampiamente il problema per provare a coglierne i caratteri essenziali.

Nel marzo 1305 giunse al tribunale dell'arcivescovo di Pisa una petizione presentata da Vinaccio procuratore dei parrocchiani e degli uomini del comune di Asciano pisano (oggi nel comune di San Giuliano Terme) contro il pievano Vanne, colpevole a loro dire di una mancanza abbastanza

61. Chierici forestieri o di status incerto, per questo anche meno difesi dall'autorità vescovile, si trovano anche in altre circostanze criminali: in ASDL, *Tribunale ecclesiastico, Criminale*, 62, c. VIv (1380-1381) si fa cenno a due chierici iberici, Michael Petri de Aycon «presbiter pampilonensis» e Michele Gratie de Burgia *sive* Michele de Borgia Garsia detenuti nel carcere del comune pare per omicidio e declinazione del foro.

singolare.[62] Il pievano infatti avrebbe dovuto «dare hominibus dicti comunis unum pastum convenientem pro honore dicti comunis prout homines dicti comunis sunt soliti habere <et> recipere a plebanis dicte plebis de Asciano pro honore dicti comunis post confirmationem et institutionem corporalem dicte plebis». A quanto pare una tradizione locale impegnava i nuovi chierici a condividere con il godimento di un beneficio che era percepito in una certa misura come cosa del comune: in una misura quantificabile, perché i comparenti chiedono che il pievano sia multato di 12 lire, cioè il ragionevole ammontare del costo dell'occasione conviviale. Quello del pasto rituale è un uso non raro nell'Europa tardomedievale, anche se normalmente si tratta di occasioni legate alla commemorazione dei defunti:[63] a quanto si intende però la funzione di quello atteso dai parrocchiani era simile, quasi di condivisione dell'unità tra pieve e comunità. Il processo venne effettivamente portato avanti dalla curia, con la comparsa del procuratore del pievano che viene interrogato innanzitutto sulla regolarità del possesso della chiesa, preoccupazione immediata per l'arcivescovo al fine di fugare eventuali dubbi di legittimità o possibili contestazioni per inadempienze più serie; fornite rassicurazioni in tal senso, sulla consuetudine del pranzo il procuratore nega del tutto l'esistenza di un simile obbligo. La strategia processuale era ben pensata perché ragionevolmente la curia sarebbe stata poco incline a dar seguito a consuetudini locali magari anche esistenti nella prassi ma destituite di fondamenti normativi riconosciuti. In effetti la causa si interrompe con la citazione del procuratore dei parrocchiani, a quanto pare non presentatosi per argomentare ulteriormente l'accusa.

Il caso è significativo perché introduce forme inaspettate di partecipazione del chierico all'identità comunitaria, e anche perché sottolinea come le istanze dei fedeli nei confronti del clero, per poter assumere una forma riconoscibile in sede giudiziale, attenessero normalmente a questioni che mettevano in gioco non una mancanza puntuale, un reato vero e presunto, quanto piuttosto un atteggiamento generale rispetto alla comunità, che infatti molto spesso si muove collettivamente.

Oltre all'adempimento di alcuni obblighi rituali fondamentali, come la presenza fisica nella chiesa, la somministrazione dei sacramenti e la ce-

62. ADPi, *Archivio degli arcivescovi*, *Atti straordinari*, 1, cc. 14r-15r.

63. Ad esempio Dubois, *Repas funéraires*. Cita invece casi di convivialità estesa ai parrocchiani in occasione di ordinazioni di chierici in Loubès, *Le clergé rural gascon*, pp. 58-59.

lebrazione dei riti fondamentali, uno dei meccanismi che univano i parrocchiani alla gerarchia aveva natura pratica: si tratta delle decime. Uso consolidato in tutta la Cristianità dall'età carolingia, le decime rappresentarono per secoli uno degli introiti principali delle chiese locali, sebbene la loro quantificazione e quindi la valutazione del loro effettivo rilievo per la vita del clero sia oggetto di molte discussioni.[64] Come forse inevitabile per imposizioni di natura fondamentalmente fiscale, esisteva la possibilità di dubbi e contestazioni. Una di queste copre numerose pagine di uno dei più antichi *dossier* della giustizia vescovile a Pistoia, per alcuni mesi a partire dal luglio 1299.[65] La causa è aperta nel registro da una severa lettera del vescovo pistoiese, diretta al consiglio e comune di Montemurlo, in cui rimprovera il comune che «iurare fecistis super sancta Dei evangelia simgulariter homines terre vestre ne decimas prediales debitas nobis et plebi vestre de Montemurlo solverent». Gli uomini di Montemurlo, prosegue il vescovo, hanno anche introdotto degli *ordinamenta* contro il pagamento delle decime, che si intima di cancellare entro il termine perentorio di quattro giorni. A questo documento di apertura della causa seguono una serie di atti allegati, che ridisposti cronologicamente permettono di seguire lo svolgimento della vicenda, iniziata in effetti oltre un mese prima. L'8 giugno si era infatti riunito il parlamento della comunità, convocato dal podestà Spina *de Ucellinis* de Florentia *ante domum curie*, per discutere del fatto che «homines de Montemurlo et eius districtu gravantur et gravari se sentiunt a domino episcopo Pistorii et clericis plebis de Montemurlo occasione decimarum in petendo eis decimas et in faciendo etiam excomunicari homines et personas de Montemurlo». Si è dunque aperto un contenzioso con il vescovo e con i chierici della pieve per il pagamento delle decime, che ha già comportato la scomunica degli uomini della comunità. Il parlamento

64. Sulle quali si rinvia a Castagnetti, *Le decime e i laici*, anche per il tema della ricorrente acquisizione della giurisdizione in materia da parte dei tribunali cittadini in età comunale.

65. ASFi, *Tribunale vescovile di Pistoia*, 2, cc. 198r-202v. Il fatto che l'episodio sia avvenuto proprio nella diocesi di Pistoia non è probabilmente un caso, perché il comune pistoiese qualche anno prima, in una celebre provvisione del 1282, aveva abolito unilateralmente l'obbligo di versamento delle decime per le chiese cittadine: cfr. Vannucchi, *Chiesa e religiosità*, pp. 352-353, e Herlihy, *Pistoia nel Medioevo e nel Rinascimento*, p. 269. Il castello però nella data dei fatti di cui si dà conto qui era soggetto al comune di Firenze, anche se in diocesi pistoiese. Per il quadro e i problemi delle circoscrizioni ecclesiastiche della diocesi cfr. Ronzani, *L'inquadramento pastorale della diocesi di Pistoia*.

incarica quindi una commissione *ad hoc* di venticinque buoni uomini per agire in maniera concreta nella controversia. Il 21 giugno i venticinque insieme con il consiglio generale elaborano gli ordinamenti contro il versamento della decima al vescovo (approvati in forma definitiva la settimana seguente), e allo stesso tempo incaricano due sindaci di recarsi a Pistoia per chiedere di ritirare la scomunica in cambio del ritiro dell'ordinamento e quindi la restituzione delle decime. La comunità agisce come si vede in un quadro istituzionale molto articolato, fatto di assemblee plenarie e consigli allargati che si alternano a commissioni ristrette e nomine di sindaci: oltretutto tutti i documenti risultano tratti dal «liber sive quaternus officialium consiliorum et reformationum et aliarum diversarum scripturarum», quindi una sorta di registro-verbale degli atti consiliari. Ma soprattutto quel che colpisce è la costruzione politica dell'iniziativa: in sostanza gli uomini di Montemurlo si dotano di uno strumento normativo, l'ordinamento contro le decime, pensato essenzialmente come una iniziativa tattica, da barattare con il ritiro della scomunica da parte del vescovo. Quest'ultimo evidentemente non era disponibile alla negoziazione in termini così interessati, e volle impostare il confronto come un processo piuttosto che come accordo politico. Convocati a Pistoia per comparire a giudizio, il 28 luglio sembra che i sindaci della comunità abbiano presentato uno strumento di cassazione degli ordinamenti incriminati. L'esito però fu in definitiva di concordia, dal momento che il 29 ottobre, certo a distanza considerevole dall'atto di sottomissione di Montemurlo, arriva anche la sospensiva dell'interdetto, con cui gli atti del processo si interrompono.

Nelle carte dei tribunali vescovili toscani le controversie sulle decime non sono frequenti. Compaiono certo fisiologiche situazioni di scontro tra comunità o tra chiese e chiese per la pertinenza all'una o all'altra di specifici introiti, ma i casi come quello appena visto non sono la norma. Lo stesso svolgersi della causa di Montemurlo è significativo nel senso che la sospensione del pagamento delle decime non emerge da una indistinta collettività della parrocchia, come segno di disaffezione o di contestazione sul piano religioso-ecclesiale, ma è un atto politico delle istituzioni della comunità, elaborato intenzionalmente come mezzo di pressione sul vescovo: quale sia la circostanza precedente da cui proviene la scomunica non è noto, e in effetti questo indebolisce la possibilità di comprendere la causa, ma certo nel segmento che conosciamo di politica si tratta più che di vita parrocchiale. Uno sguardo del genere è decisamente coerente con quanto molti anni fa Giles Constable osservava sui conflitti sulle decime: ben lungi dall'essere una costante che avrebbe minato il senso di appartenenza delle comunità cristiane alla gerarchia, la contestazione delle decime è una circostanza che emerge in situazioni puntuali, legate a momenti di tensione, destinata però nella maggior parte dei casi a rientrare in una ordinarietà abbastanza pacifica.[66] Nel caso delle comunità toscane poi si dovrà tener conto anche di un peso abbastanza limitato della decima nel mantenimento delle magre finanze delle chiese. È sempre meno dai diritti di decima e sempre più dal patrimonio fondiario, o dall'economia della devozione (le messe, le sepolture) che le chiese locali traggono sostentamento,[67] quindi in definitiva la negazione della decima ha più un valore simbolico di insubordinazione – come in effetti pare anche nel nostro caso – che non un effetto sostanziale. L'episodio che abbiamo riportato qui in apertura vale piuttosto come esempio di come l'intera comunità potesse agire collettivamente nella sua veste "civile" di comune. Si tratta di un fattore significativo perché sempre più spesso, nel consolidamento delle strutture territoriali dei contadi cittadini, il "popolo" veniva usato come criterio di inquadramento, e quindi queste dinamiche identitarie di origine ecclesiastica erano valorizzate anche dall'amministrazione secolare.[68]

In effetti la collettività in quanto tale della parrocchia emerge qualche volta negli atti giudiziari, e anzi la sua funzione svolge in alcuni casi un ruolo di primo piano. È il caso delle elezioni dei rettori della chiesa, in quelle circostanze nelle quali il popolo della parrocchia, da solo o con il concorso di patroni laici, deteneva per consuetudine lo *ius presentandi* nello scegliere il rettore da sottoporre alla conferma del vescovo:[69] un certo numero di episodi di questo tipo si è conservato tra i registri giudiziari o nelle imbreviature dei notai del tribunale vescovile. Come comprensibile, i casi meglio noti sono quelli che hanno dato luogo a contestazioni e controversie, da cui dipende la redazione di ampi *dossier* giudiziari. Il primo

66. Constable, *Resistance to Tithes in the Middle Ages*.

67. Chiffoleau, *Les transformations de l'économie*; La Roncière, *Condizioni economiche del clero parrocchiale*.

68. Per una serie di casi cfr. Zorzi, *L'organizzazione del territorio in area fiorentina*; Cohn, *Creating the Florentine state*, pp. 48-50; Bratchel, *Medieval Lucca*.

69. A Fiesole ad esempio capita di incontrare elezioni con il consenso dei conti Guidi, patroni di molte delle chiese dell'area, come in ASDF, XIV.III.A.1, c. IIIIv (24 maggio 1272): dal momento che i parrocchiani della chiesa di San Lorenzo *Startia* piviere di Vado in Casentino vorrebbero come rettore un tal Pacino del fu Baldese da San Paolo «et placet illustri viro domino comiti Simoni» concede ai parrocchiani e al conte la nomina del medesimo e invia un sacerdote a introdurlo come rettore.

ci porta di nuovo nella montagna pistoiese e di nuovo nel 1299.[70] La scelta del rettore della chiesa di San Filippo e Jacopo a Castellina Malazzini (oggi minuscola frazione del comune di Serravalle Pistoiese), di patronato del popolo, aveva dato luogo a una contesa tra due candidati, Jacopo detto Lapo di Cacciaconte del fu Jacopo, e Ranuccio di Arrigo, che giunge al tribunale vescovile nella forma della causa civile. Nei capitoli presentati dal procuratore di Ranuccio si argomenta che in primo luogo Lapo non sarebbe *constitutus in sacris*, quindi in difetto di ordinazione, e secondariamente che dei quarantuno parrocchiani annotati come sostenitori di costui una buona parte non sarebbero in realtà membri della comunità ma piuttosto di altre parrocchie. A questa posizione la parte di Lapo risponde presentando Ranuccio come simoniaco perché «dedit et solvit domino Nuovo domini Guilielmi x florenos auri pro vocibus parrochianorum dicte ecclesie acquirendis et dandis ipsi Ranuccio in electione»: il candidato avrebbe impiegato l'influenza di un boss locale per comprare (letteralmente) il voto dei parrocchiani, oltre a macchiarsi di altri comportamenti indegni del sacerdozio, un corollario consueto per la diffamazione in giudizio. Per alcuni giorni si accavallano le *positiones* delle parti, che dispongono il consueto armamentario di testimonianze specie sulla cattiva fama dell'avversario, in termini di nascita legittima, costituzione *in sacris*, condotta morale. Per dirimere la questione il vicario nomina un giurista cittadino, messer Cremonese di Nieri de' Cremonesi da Pistoia, come sapiente *ad consulendum*, il quale però si limita ad ammettere gli *articuli testium ab utraque parte*. A quanto pare la controversia non pareva solubile in punta di diritto, ma solo su dati di fatto, cioè sul conteggio dei voti dell'elezione. Operazione estremamente complicata. Una prima convocazione di testimoni del novembre 1299 vede citate sessantuno persone, tra cui varie donne, cui si aggiungono varie altre decine di testi nelle settimane seguenti. L'*impasse* sembra totale perché non è possibile stabilire con certezza l'elenco effettivo degli aventi diritto di voto. A circa un anno dall'avvio della causa, nell'agosto 1300, il procuratore di Lapo contesta le testimonianze della parte avversa negando la validità dei testimoni, alcuni perché infamati (per le ragioni più varie: lenoni, usurai, falsari, giocatori, bestemmiatori, nemici capitali di una parte...) molti altri perché in realtà non risiederebbero nella parrocchia, cioè per la stessa ragione usata l'anno precedente dall'altro candidato; addirittu-

70. ASFi, *Tribunale vescovile di Pistoia*, 2, cc. 121-162; cfr. anche Pinto, *Clero e chiese rurali*, pp. 121-124.

ra Arrigo di Buoncristiano e Ringraziata sua moglie, che in effetti compaiono nella lista dei testimoni della parte, sarebbero nient'altro che i genitori di Ranuccio, il quale aveva visto bene di inserire parenti e congiunti tra i propri sostenitori. Il cortocircuito, motivato anche dall'incapacità degli uffici vescovili di attuare una vera verifica in loco, finisce per trasformare il tribunale in una sede di mera ricezione dei documenti delle parti, alcuni dei quali continuano a arrivare ancora in data 29 aprile 1301, l'ultima citata prima che il *dossier*, prevedibilmente, si chiuda senza alcuna decisione.

Se a Montemurlo avevamo visto una collettività strutturata nelle sue istituzioni rappresentative e capace di esprimere un'azione politica, per quanto discutibile negli esiti, qui la comunità parrocchiale mostra tutta la sua impalpabilità: esiste una sorta di teatro collettivo in cui si incontrano le ambizioni contrapposte, e che si mostra anche molto attivo in sede giudiziaria, ma quel quadro resta privo di una solidità, di una formalizzazione tale da dirimere le controversie quando si tratti di stabilire l'appartenenza.[71] L'aspetto interessante è comunque che i modi di gestione del conflitto non sono necessariamente tipici di un ambiente rurale e remoto. Possiamo affiancare a quanto appena visto un episodio avvenuto invece nel cuore della metropoli toscana, nella parrocchia di San Remigio a Firenze.[72] San Remigio è una antica chiesa posta nel quartiere di Santa Croce, a pochi metri dalle case della famiglia Peruzzi, nota per le sue imprese commerciali e bancarie: e in effetti la famiglia ha molto a che fare con la vicenda.[73]

71. Di collazione dubbia di una chiesa rurale con l'intervento del patronato del popolo tratta anche Lapo da Castiglionchio nella sua *allegatio* LXXVIII, sul caso della chiesa di San Lorenzo a Vicchio piviere di San Pietro a Ripoli, che rimasta senza rettore ha visto l'elezione di prete Matteo attraverso la convocazione dei parrocchiani che hanno individuato cinque candidati poi vagliati dai patroni e dal pievano; il problema è poi emerso quando la *pars maior* dei parrocchiani ha presentato al vescovo un secondo candidato, un tal monaco dell'ordine dei crociferi, e il vescovo l'ha confermato. A conferma di quanto si diceva sopra anche l'argomentazione del giurista si concentra sul problema delle competenze del pievano e del vescovo, non sui meccanismi dell'elezione popolare.

72. Le chiese cittadine sono interessate da elezioni del rettore specialmente nel caso di fondazioni recenti, nelle quali i parrocchiani stessi hanno avuto parte nell'erezione della chiesa: per il caso di Pisa cfr. Ronzani, *Un aspetto della "Chiesa di città"*.

73. Il coinvolgimento di famiglie cittadine nelle vicende del clero del territorio è ovviamente ricorrente. A Fiesole (ASDF, XIV.III.A.36, c. 54r) si conserva l'inquisizione contro il pievano di Romena per una nomina simoniaca del monaco di San Giovanni in Cerreta diocesi di Faenza a rettore di San Jacopo e Cristoforo a Mandrioli diocesi di Fiesole, perché «a dicto domino Guidone pecuniam postulavit seu postulari fecit occasione confirmationis [...] quod cum dictus dominus Guido facere recusaret, dictus plebanus dictas litteras quas

Gli atti del tribunale del vescovo di Firenze per il 1362 concernono l'approvazione vescovile dell'elezione del rettore scelto dal popolo, Niccolò del fu Felice già rettore di San Martino a Vitiana, presentata da Donato Alberti rettore della chiesa di San Donato a Calenzano, commissario e procuratore dei parrocchiani.[74] A seguito di questo atto apparentemente pacifico emerge che il chierico Andrea Peruzzi, insieme a ottantadue parrocchiani elencati col loro nome, si oppongono per un grave vizio di forma della cerimonia di elezione, che sarebbe avvenuta «non per nuntium vel per litteras citatorias nec etiam per preconem, ut de iure fieri debet seu aliqua debita vel solita forma congregationis universitatum congregandarum [138v] quae representant universitatem servata». Oltretutto la scelta di Niccolò sarebbe caduta «de persona inhabili et indigna ad dictam ecclesiam obtinendam», perché soggetta a scomunica secondo il canone *siquis suadente* del *Decretum*,[75] dal momento che costui nel 1358 nella piazza di San Donnino di Empoli avrebbe aggredito il rettore della chiesa medesima colpendolo ripetutamente a sangue con un bastone, e di seguito in spregio della scomunica avrebbe irregolarmente celebrato in varie chiese. Aperta quindi la causa, compare Niccolò, il quale per parte sua argomenta che il detto Andrea e i suoi sostenitori non sarebbero parrocchiani del popolo di San Remigio, ma anzi costui avrebbe occupato la chiesa chiudendone la porta con lunghi chiodi per impedirne l'accesso a chicchessia. L'accusa al Peruzzi di non essere parrocchiano perché domiciliato altrove sembra in effetti avere una certa plausibilità, perché questi, prima che la causa si interrompa lasciandoci di nuovo privi di soluzione finale, si preoccupa soprattutto di convincere il giudice del proprio legittimo titolo a fungere da procuratore degli oppositori di Niccolò: egli «ha assunto questo incarico per pietà e gratis, a vantaggio delle persone coinvolte, tra le quali vi sono molti poveri e miseri, e comunque tanto i poveri che i ricchi che ha deciso di rappresentare sono uniti da intimo amore fraterno».[76]

iam confecerat delaniavit et vastavit»; il tutto sarebbe accaduto in casa del pievano in Santa Felicita a Firenze. Dopodiché il detto Guido si sarebbe risolto a pagare il pievano, «in fundaco Acciaiolorum quod est intra domos illorum de Cavalcantibus de Florentia». La causa si ferma alle testimonianze a c. 57v.

74. Tutta la causa è in ASFi, *Notarile Antecosimiano*, 8045 (Imbreviature di ser Francesco del fu ser Ottaviano da Lutiano), cc. 130r-144v. Ringrazio Sergio Tognetti per la segnalazione del documento.

75. Per il riferimento normativo si richiama quanto detto *supra*, pp. 172-173.

76. «[...] hii pro quibus intervenerit sunt consortes eiusdem litis tum quia causam pietatis agit et gratis impendit offitium dictus dominus Andreas et personis inter quas sunt

Come si vede ai due poli per così dire sociologici opposti – una piccolissima comunità montana e una parrocchia urbana legata a una grande famiglia – le dinamiche attivate dalla nomina del rettore sono abbastanza simili, fatti salvi alcuni fattori come la presenza di una argomentazione tecnicamente più raffinata nel caso del Peruzzi. Innanzitutto la collettività parrocchiale emerge come una realtà conflittuale, si potrebbe dire fisiologicamente conflittuale. Gli studi hanno in effetti condotto da tempo ad abbandonare un'idea della comunità parrocchiale come una sorta di punto zero del comunitarismo medievale, un ambiente di solidarietà e di condivisione:[77] la stessa scelta del rettore, con quanto ci possiamo immaginare comporti nel successivo svolgersi del suo mandato, fa emergere tensioni molto profonde. Allo stesso tempo si intende il peso delle formalità istituzionali: la regolarità dei votanti, i rituali della convocazione, la legittimità del procuratore contano in maniera decisiva nella strategia della disputa, almeno quanto gli atti di forza. Infine, ciò che forse più unisce i due casi è il tema dell'appartenenza alla comunità, che è contestato ma allo stesso senso percepito come decisivo: essere escluso dalla comunità è l'elemento squalificante per eccellenza, ma non è un elemento definibile in maniera lineare e quindi ha bisogno di un'argomentazione.

Il tema dell'appartenenza alla comunità non è soltanto un argomento per le controversie sulla nomina del rettore. Sono numerose le testimonianze, e molte ne abbiamo incontrate nella parte sui peccati del clero, di come i parrocchiani fossero inclini a guardare con sospetto rettori sconosciuti, arrivati da luoghi e da esperienze inconsuete, e percepiti come corpi estranei. Da questo punto di vista le regole della comunità e quelle del vescovo finiscono per incontrarsi, perché entrambe tendono a sentire con disagio (anche se non necessariamente a ragione) la presenza di chierici forestieri: gli uni per una logica di estraneità alla comunità, gli altri per l'insoddisfazione per un mancato controllo dei meccanismi di reclutamento. A tal proposito anche tutta la sfera dei conflitti violenti che abbiamo visto sopra dovrebbe essere collocata sullo scontro di queste incertezze

multi pauperes et egeni, et omnes tam divites quam pauperes quorum procurator existit sunt sibi intima et fraterna caritate coniuncti»: ASFi, *Notarile Antecosimiano*, 8045 (Imbreviature di ser Francesco del fu ser Ottaviano da Lutiano), cc. 130r-144v.

77. Tanto che le stesse celebrazioni liturgiche sono state intese in un saggio celebre come un fattore in un certo senso di sublimazione rituale dei conflitti violenti che attraversavano la comunità: cfr. Bossy, *The Mass as a Social Institution*. Più in generale si vedano i saggi in *Disputes and Settlements*, e più di recente French, *The People of the Parish*, p. 21.

del reclutamento, o delle controversie che potevano nascere all'inizio del rapporto del chierico con la parrocchia, condizionando per vie a noi soltanto intuibili il comportamento dei parrocchiani nei suoi confronti anche in sede giudiziale.

4. *Le pietre della chiesa*

Il sospetto verso chierici troppo estranei alla comunità trova modo di esprimersi soprattutto in ordine al mantenimento della chiesa nel suo aspetto materiale. Abbiamo già accennato al problema dell'interpretazione della povertà delle chiese nel XIV secolo: in certe letture viene enfatizzato questo contesto di immiserimento e dispersione della proprietà, mentre in altre si è argomentata la tenuta della pieve rurale così come della chiesa cittadina in termini di condizione materiale.[78] Le fonti giudiziarie possono non essere l'osservatorio migliore per un fenomeno del genere – comunque in molti casi sono l'unico esistente – ma quantomeno si può registrare che il problema è molto sentito sia dalla componente episcopale che da quella laicale. Dal punto di vista episcopale, oltre alla testimonianza delle visite pastorali che attribuiscono fin da subito un peso decisivo alle questioni patrimoniali, anche la giustizia è molto attenta. Nel 1312 il vescovo di Fiesole, a conclusione di una lunga causa contro il priore della canonica di Pavelli presso l'attuale Figline Valdarno, scriveva al podestà di Firenze per intervenire con il suo braccio secolare, affinché i laici che controllavano la canonica a nome di quel priore fossero respinti, i beni e i frutti della chiesa non venissero consumati e gli amministratori della canonica potessero governarla liberamente.[79] In questo caso il presule non esitava a ricorrere alle autorità secolari, ma c'erano anche mezzi più ordinari impiegati dai vescovi per tutelare i beni della chiesa. Negli atti della metà del Trecento dell'archivio vescovile di Pisa si trovano spesso inventari di beni di chiese rurali o dell'area periurbana, prodotti con ogni probabilità al momento dell'assunzione del beneficio da parte del pievano come documento di ga-

78. Si rinvia qui a quanto detto *supra*, pp. 209-210.

79. ASDF, XIV.III.A.15bis, c. CLXXXXIIIIrv: «ut pro resistendo ipsis laycis in eadem canonica existentibus et moram trahentibus pro ipso priore et ne de ipsius canonice fructibus tesaurus et bonis fiat depopulatio per eundem priorem et ut possint administratores iamdicti libere in eadem administrare canonicam placeat vobis vestrum secularem bracchium impendere...» (Santa Maria in Campo, 1312).

ranzia per la chiesa e per i fedeli.[80] Una pratica che segnala l'attenzione da parte del vescovo[81] ma che consente anche di raccogliere cenni di una condizione materiale più che dignitosa, non priva talvolta di agiatezza: in un caso si parla di una scacchiera intagliata, in molti altri di libri, anche di un certo pregio. I libri fanno parte del paesaggio materiale comune delle chiese del tempo, anche delle più piccole; nel 1306 a Pisa viene discussa la causa intentata da Landuccio del fu messer Guido da Vellecchia contro il chierico Niccolò da Pistoia *doctor in gramatica* che vive in Pisa, cappella di San Felice, perché questi non avrebbe restituito al richiedente alcuni libri prestatigli, cioè «librum animalium Aristotilis qui continet libros decem et novem partiales libros in uno volumine; item scripta fratris Thome de Aquino super libros de anima et posteriorum analiticorum Aristotilis; item Summam unam gramatice cum pluribus aliis libris valentibus octo florenos aureos».[82] Il nostro aveva ovviamente un legame professionale con la cultura, ma meno scontato poteva essere il caso della causa per un prezioso breviale stimato 15 fiorini che il rettore della cappella di San Cosma e Damiano avrebbe impegnato a un prestatore nel novembre 1367 all'insaputa del proprietario rettore della cappella di San Nicola (compare anche il prestatore, che sostiene il breviale essere suo).[83] Un episodio molto più vecchio è testimoniato nel tribunale fiesolano nel 1299.[84] In questo caso Jacopino di Peruzzo e Vita di Martino sindaci della comunità di San Nicola a Forle, un piccolo villaggio nel piviere di Cascia, accusano Dino rettore della chiesa di averne dilapidato i beni, di vivere con una donna che avrebbe più volte messo incinta, e di aver venduto o impegnato vari libri cioè un antifonario, un salterio, un innario e un omeliario; non molto, ma comunque una dotazione rispettabile per una chiesetta rurale. Ad un livello più alto, quello delle pievi, la frequenza di rettori cittadini per quanto assenteisti contribuiva a rendere comune una dotazione di libri legata anche ai riflessi della cultura del pievano.

80. Alcuni esempi: ADPi, *Archivio degli arcivescovi*, *Atti straordinari*, 6, cc. 118r-120r; 7, cc. 312r-313r; 9, prime carte non numerate del registro, 33r e 88r; 10, cc. 20v-21r e foglio sciolto dopo c. 72.

81. Non solo del vescovo a dire il vero: in ASDF, XIV.III.A.49, cc. 33v-34r, il nuovo rettore di San Andrea a Vieglia nella diocesi di Fiesole riceve dalla famiglia fiorentina Agolanti, patrona della chiesa, i suoi beni tra cui libri e suppellettili elencati.

82. ADPi, *Archivio degli arcivescovi*, *Atti straordinari*, 1, cc. 153r-154v (maggio 1306).

83. Ivi, 10, cc. 107v-109v.

84. ASDF, XIV.III.A.6, cc. 124r-128v.

Certamente tutto questo non cancella il quadro di povertà materiale che abbiamo sottolineato altrove. Segnala però come la struttura delle chiese fosse comunque potenzialmente sana, tale da meritare un'attenzione specifica. E soprattutto – questo è il secondo risvolto interessante della questione – testimonia di quanto dal punto di vista delle comunità dei fedeli il mantenimento della chiesa nelle sue dotazioni materiali fosse un fattore decisivo, sia nelle situazioni deteriori, quando si tratta di stigmatizzare i comportamenti di rettori dilapidatori, sia nella gestione ordinaria. Guardando anzi al di fuori dell'Italia, il mantenimento delle strutture della chiesa è un fattore decisivo della vitalità della parrocchia come comunità. Nelle parrocchie francesi o inglesi la navata della chiesa è espressamente affidata alla cura e all'amministrazione del popolo – mentre ai chierici spetta la sezione presbiterale dell'edificio – e questo attiva una vera e propria organizzazione interna della comunità, con ufficiali incaricati e nei casi più fortunati anche la tenuta di conti di amministrazione, che sono una testimonianza preziosa di quanto la cura del luogo del culto concretizzasse la natura stessa del sentimento religioso dei fedeli, anche se o proprio perché incapaci di attingere a una comprensione più profonda dei riti o dei contenuti di fede.[85] L'Italia è meno ricca in questo senso,[86] ma comunque le nostre fonti ci forniscono dati non disprezzabili. Del resto la chiesa nella sua dimensione materiale era il nucleo centrale delle devozioni parrocchiali: le elemosine per la fabbrica o i lasciti per la committenza di dipinti da esporre negli altari, o anche solo per le sepolture all'interno della chiesa, sono già una testimonianza eloquente di come i fedeli si identificassero come comunità nelle pietre stesse della chiesa, anzi a questo proposito si è osservato per vari contesti come la chiesa della comunità restasse nella maggior parte dei casi la destinataria principale delle offerte dei fedeli,[87]

85. Aggiornata bibliografia in French, *The People of the Parish*.

86. Vi sono comunque i casi delle costruzioni delle cattedrali, che mettono in evidenza a livello macroscopico una appropriazione dello spazio sacro da parte della collettività anche attraverso l'impegno materiale ed economico: per uno sguardo generale *Opera: carattere e ruolo delle fabbriche cittadine*, e le riflessioni di Boucheron, *À qui appartient la cathédrale?*.

87. Dameron, *Florence and its Church*, pp. 175-177, ha osservato che a Firenze nel periodo 1255-1330 (quindi, è bene ricordare, in una fase abbastanza alta rispetto al nostro fuoco cronologico) di 503 testamenti redatti per abitanti della diocesi 217 contenevano legati a mendicanti e 216 a chiese secolari, che evidentemente avevano ancora un prestigio e considerazione presso i fedeli, come si intende anche dalle sepolture elette dai parrocchiani nella propria chiesa. Allo stesso tempo Osheim, *The Country Parish at Late Medieval*

anche in tempi di devozione a conventi e santuari extra-parrocchiali. In molte delle comunità parrocchiali esiste poi la figura dell'*operarius*, incaricato di gestire la fabbrica della chiesa e il suo mantenimento. A Lucca nel 1354 una denuncia dei vicini e parrocchiani della chiesa di Santa Maria Annunziata mette in luce il sistema della gestione in uso. Di solito, ricordano gli attori della causa, gli *operarii* della chiesa tengono paramenti e arredi sacri della chiesa presso una cassetta affidata a Santo priore di San Pietro di Vico e rettore della chiesa; costui ha detto di esser stato derubato di un calice d'argento e 4 fiorini d'oro, ma i parrocchiani lo accusano di portare in chiesa «gentes male conditionis tam masculini quam feminini sexus, et facere malas expensas et ludere et inhonestam vitam facere et ducere» e quindi ritengono sia stato invece responsabile del furto, e chiedono di obbligarlo a restituire il maltolto.[88] Pochi anni prima, nel 1350, erano stati di nuovo gli operai della chiesa di San Bartolomeo a Torcigliano ad accusare il prete Biagio rettore della chiesa di aver sottratto un calice, libri e vari beni della chiesa.[89] Sempre a metà del secolo ser Roberto di Talento di Berto, notaio spesso al servizio del vescovo di Fiesole, redigeva più volte gli atti dell'elezione degli operai di Santa Maria Primerana, la chiesa del popolo nella piazza della cattedrale,[90] figure che meritavano l'attenzione della curia vescovile per la loro opera di vigilanza e custodia materiale della chiesa. Non dobbiamo sottovalutare il significato anche simbolico di questo tipo di incarichi per la comunità. Mantenere i beni e la fabbrica della chiesa era un fattore decisivo di coesione della comunità, intorno alla quale questa poteva anche muoversi collettivamente. Ne è eloquente testimonianza una causa lucchese del 1391, nella quale peraltro si trovano apparentemente sullo stesso piano il rettore della chiesa San Pietro a Vico fuori città e alcuni parrocchiani, tra cui l'*operarius*. A seguito dell'interdetto fulminato dal vescovo sul rettore, che quindi non avrebbe potuto più entrare in chiesa per celebrare, l'operario della chiesa Michele di Niccolò Gualterotti avrebbe aggredito verbalmente il messo, che stava affiggendo le lettere del vescovo alla porta della chiesa:

Lucca legge gli interventi dei fedeli del territorio lucchese a tutela dei beni e degli edifici della propria chiesa come un segno del perdurante attaccamento del laicato alla struttura ecclesiastica parrocchiale. Nello stesso senso in termini più generali già Cherubini, *Parroco, parrocchie e popolo*, pp. 228-230 e 238-245.

88. ASDL, *Tribunale ecclesiastico*, *Criminale*, 6, LXXXIIr.

89. Ivi, 2, c. XXr.

90. ASFi, *Notarile Antecosimiano*, 2540, c. 25r.

> or ben voglo vedere come tu sarai ardito di mettere queste lettere alla porta della chiesa nostra di san Piero, e io ti dico che io vi metterò qualunche parte io vorroe al dispectto del vescovo e del vicario e non temo del vescovo né di vicario né di sua excomunicatione et a dispetto di quanti preti e frati sono vi mettirò ch'io vorroe che io non oe affare niente col vescovo e semmi scomunicherà elli mi ricomunicherae o voglia elli o no.[91]

Che questa affermazione fosse il portato di quella sorda insofferenza dei chierici verso la curia vescovile o piuttosto una voce genuina della comunità dei laici, comunque l'aggressiva rivendicazione dell'attaccamento alla «chiesa nostra» era un elemento identitario che poteva sostenere anche gesti di aperta sfida alle autorità.

Non si tratta di un *operarius* ma di un economo, incaricato comunque della gestione delle risorse materiali della chiesa, in un caso pisano del 1371: i parrocchiani della chiesa di Sant'Ambrogio riuniti in numero di 11 come *maior et sanior pars hominum dicte parrocchie* eleggono il sindaco e procuratore, e l'economo della chiesa, che è il prete rettore della chiesa di San Sebastiano alle Fabbriche Maggiori.[92]

Di tutti gli edifici, il campanile è una delle componenti materiali e simboliche più rilevanti della chiesa, e a tal proposito sono di nuovo le comunità dei fedeli a farsi carico delle necessità. Il 4 luglio 1318 i parrocchiani della chiesa di San Donato di Prato chiedono al preposto di intimare a Santurello Serguilielmi di partecipare alla «expensa necessaria et utilis pro recuperatione campanilis dicte ecclesie et imposita et distributa de iure inter dictos parrochianos»: la petizione specifica che la casa di abitazione del detto si trova incontestabilmente nella parrocchia interessata, quindi non ci possono essere dubbi sulla sua legale partecipazione alla comunità.[93] Pochi mesi più tardi era il preposto a nominare alcuni laici come operai «circa reparationem et fabricam ecclesie S. Marie in Castello» con incarico *ad impositam faciendam* a tal fine.[94]

91. ASDL, *Tribunale ecclesiastico*, *Criminale*, 41, c. XXIIIIr.

92. ADPi, *Archivio degli arcivescovi*, *Atti straordinari*, 10, c. 104bis (sciolta), poi trascritta alle cc. 124v-125v. La chiesa citata si trovava nel sito dell'attuale Palazzo dei cavalieri, per far spazio al quale venne demolita nel Cinquecento.

93. ASFi, *Propositura di S. Stefano di Prato*, 3, cc. 4r, 5v-6r, 7v. Poco più avanti nelle medesime circostanze (cc. 14r-15r) Neri del fu Nello sostiene di non essere tenuto al pagamento di certi frutti e rendite come parrocchiano di San Donato, perché tali frutti non sono dovuti: si appella quindi alla decisione del vescovo di Pistoia.

94. Ivi, c. 54v.

Potremmo chiudere proprio con questo riferimento il nostro breve percorso, iniziato dal problema dell'appartenenza alla comunità, perché qui incontriamo forse la chiave per comprenderne il senso. Si tratta di un'appartenenza che non è soltanto rituale o simbolica, o legata al riconoscimento efficace ma ambiguo della fama, bensì connessa anche a meccanismi organizzativi ed economici. Contribuire alla costruzione della chiesa è in questo senso fattore inequivocabile di inclusione nella comunità. Non a caso anche le amministrazioni cittadine avrebbero fatto ricorso alle strutture parrocchiali di inquadramento, prima ancora che come circoscrizioni fiscali, come nuclei di distribuzione degli incarichi materiali di mantenimento delle strade e dei ponti,[95] a tradurre quindi a fini secolari quella tradizione radicata nelle parrocchie di cura dell'aspetto materiale della comunità.

95. Plesner, *Una rivoluzione stradale del Dugento*.

5. I laici e la giustizia vescovile

1. *Il credito e l'usura*

Nelle pagine dei capitoli precedenti abbiamo utilizzato in gran parte gli atti della giustizia vescovile rivolti alle cause penali del clero. Come anticipato a suo luogo, questa è soltanto una parte della documentazione, dal momento che la sezione quantitativamente più ampia dei registri vescovili non pertiene alla giurisdizione criminale sul clero, ma a quella che potremmo definire genericamente giustizia civile. La definizione è abbastanza imprecisa, perché civile inteso in senso moderno non coincide con il termine usato dalle fonti medievali. Stante il fatto che abitualmente i registri del tribunale si definiscono *libri curie*, e contengono atti anche non propriamente giurisdizionali, spesso i fascicoli usano il termine di *libri civilium* per indicare non tanto una tipologia sostanziale – in effetti capita di trovare atti di giurisdizione criminale anche in fascicoli del genere – quanto piuttosto i libri destinati a raccogliere giorno dopo giorno i singoli passaggi delle procedure in corso, distinti dai *libri causarum* nei quali i procedimenti erano divisi per *dossier*. Al di là di questa distinzione formale, sta di fatto che moltissime carte dei tribunali, la maggior parte di quelle conservate per varie sedi vescovili trecentesche, sono dedicate a materie non penali. Una tra queste è la categoria in cui si può includere tutto ciò che ha a che fare con la gestione del patrimonio delle chiese. Di norma le transazioni patrimoniali erano intese come materia eminentemente notarile e quindi venivano registrate nelle imbreviature dei notai della curia: non a caso a Fiesole e a Pistoia ancor oggi all'interno delle serie del tribunale si trovano vere e proprie imbreviature, con tutto il carattere miscellaneo proprio di questo tipo di tipologia documentaria.[1] Capitava così abitualmente che verso una gestione notarile fosse per così dire attratta tutta l'abbondante documentazione sul risvolto contenzioso della gestione patrimoniale della chiesa vescovile o delle chiese a essa soggette: controversie per crediti, locazioni o concessioni non onorate, conflitti per la rivendicazione di proprietà e diritti tra chiese o tra chiese e proprietari secolari, anche quando non fosse esplicitamente in gioco il problema della provvista dei benefici con tutto quanto ad esso si legava, che abbiamo visto a suo luogo.

Rimane invece più strettamente legata ai registri del tribunale una sfera di questioni in senso stretto civile, ma che hanno una rilevanza specialissima per il diritto della Chiesa, cioè l'ambito che concerne l'eredità, e i testamenti e il credito: materie che coinvolgono in pieno i comportamenti dei laici. A dire il vero che questi tre termini (eredità, testamenti, credito) costituiscano una unità non è del tutto intuitivo. Senza dubbio le questioni di eredità stanno al cuore della giurisdizione civile di tutte le curie, *in primis* quelle secolari, e che la trasmissione ereditaria passasse dalla forma del testamento è chiaro. I testamenti però avevano una rilevanza speciale per la Chiesa innanzitutto per la presenza costante di legati a luoghi pii e enti ecclesiastici, la cui esecuzione doveva esser fatta valere, e secondariamente perché la validità stessa dell'eredità era messa in questione dall'esistenza di crediti di natura usuraria che potevano inficiare l'atto. Vedremo tra un momento nel dettaglio: in termini generali il principio da cui tutto procede è quello per cui la regolarità dei profitti secondo le norme del diritto canonico è un prerequisito indispensabile perché questi profitti possano essere trasmessi in forma ereditaria. Il tema della liceità del credito è quindi una via dalla quale il diritto della Chiesa, e in particolare la giurisdizione dei vescovi, entra nella pratica ubiquitaria della trasmissione delle eredità.

L'usura è una vera e propria ossessione della cultura ecclesiastica tardomedievale. Negli ultimi decenni la storiografia ha enormemente ampliato e approfondito le proprie prospettive e metodi di ricerca su quello che in prima battuta era sembrato il sintomo di una incompatibilità di principio tra la cultura ecclesiastica e il mondo del credito.[2] Al di là comunque di una innegabile retorica del ripudio del denaro e in particolare dei profitti

1. Cfr. *supra*, pp. 91-92.

2. Sia dal punto di vista della riflessione teologica sui concetti economici, sia da quello dell'immagine dell'attività creditizia dei laici agli occhi della Chiesa: per un orientamento di massima sui due poli della questione cfr. almeno Langholm, *Economics In The Medieval Schools*, e Todeschini, *I mercanti e il tempio*.

feneratizi, e anche al di là di una pletora di normative canonistiche sovrabbondanti e non sempre coerenti, il dato fondamentale è che la gerarchia ecclesiastica dei secoli finali del medioevo, dal suo vertice scendendo ai diversi livelli, rivendica la facoltà di giudicare sulla liceità di tutti i comportamenti legati al credito. Questo non comporta un atteggiamento rigido di chiusura, ma certamente una decisa ipoteca sull'ammissibilità etica dei comportamenti del mercante, e quindi anche sulla qualifica sociale di quei comportamenti. L'accezione ampia del termine credito o di ciò che si definiva nelle fonti latine *fides* è specchio di questa considerazione eminentemente sociale: la Chiesa è arbitro del discrimine tra i comportamenti che meritano considerazione e fiducia, e quelli invece che comportano una squalificazione religiosa, etica e sociale.[3]

Calandoci concretamente nel vivo della prassi giudiziaria, questo comporta che i tribunali vescovili trattassero quotidianamente temi relativi al credito. Nella situazione più immediata e esplicita, questo comportava l'intervento di fronte a pratiche di esercizio dell'usura in senso stretto.

Gli atti del proposto di Santo Stefano di Prato sono a tal proposito molto ricchi fin dall'inizio del secolo. Centro di vivacissime attività economiche e anche di fiorente pratica del credito a interesse,[4] la terra sul Bisenzio era sicuramente luogo ricco di esperienze di questo tipo, e d'altro canto la giurisdizione del preposto sembra costantemente dedita a questo tipo di cause. Nel 1319 compare ad esempio la *petitio* di un pratese che denuncia di aver ricevuto 20 fiorini di prestito da Vanni di Braccio: un prestito, dichiara l'attore, che si configura come usurario perché il prestatore «sibi fecit instrumentum de XXIIII florenorum auri prout moris est facere usurariis», cioè provvide a rogare un atto notarile in cui la somma dovuta era di 24 fiorini invece che di 20. Pochi anni dopo, nel 1323, si apre una causa contro messer Berricordato di messer Bracialdino, che è defunto lasciando i suoi beni in eredità testamentaria. Dalla verifica del tribunale risulta che questi aveva prestato molte somme a usura a ser Lapo del fu ser Angelo, con lo stesso sistema di registrare un prestito di 60 fiorini con una carta di soli 54.[5] In una situazione simile si era trovato già nel 1312 un ente ecclesiastico della diocesi di Fiesole, la pieve di Gaville, che tramite il

3. Un utile punto di riferimento per una bibliografia molto vasta è *Credito e usura fra teologia, diritto e amministrazione*.

4. Per un quadro generale cfr. Cherubini, *Ascesa e declino di Prato*.

5. ASFi, *Propositura di S. Stefano di Prato*, 4, c. 14r, e ASPo, *Atti giudiziari*, *Atti della curia del preposto*, 1012, cc. 8r-11r.

canonico Accurso denunciava ser Paolo di Cambio da Firenze, col quale la chiesa aveva stipulato uno strumento di mutuo per 80 fiorini, che in realtà nascondeva un prestito di soli 50 fiorini.[6]

La pratica è chiara e tecnicamente molto efficace: per mascherare prestiti a interessi molto alti, ben oltre gli standard ritenuti accettabili dalla dottrina canonistica del tempo, e allo stesso tempo usufruire di tutte le cautele e gli strumenti di garanzia del credito della giustizia civile, bastava redigere presso un notaio compiacente – o semplicemente ignaro – un atto di mutuo gratuito in cui la somma registrata era superiore a quella effettivamente prestata. La differenza tra le due somme costituiva o quantomeno conteneva l'interesse sul prestito, che come si vede anche dai casi indicati poteva avere proporzioni diverse a seconda delle circostanze.

Una variante altrettanto comune era quella di coprire il prestito con una vendita fittizia di proprietà fondiarie o beni immobili, con impegno di restituzione a tempo: in questo modo la componente surrettizia di interesse era il godimento dei frutti o delle rendite del bene da parte dell'acquirente-prestatore. All'inizio degli anni Ottanta a Fiesole una parte del libro della cause civili è tutta occupata da una lunga causa per credito usurario, di un tale di Incisa che moltissimi anni prima, nel 1342, aveva prestato 50 fiorini ottenendo in cambio come pegno mascherato la donazione di una terza parte di un podere.[7] Il carattere del tutto ordinario di queste circostanze si riflette anche nell'ordinarietà della procedura, per cui ad esempio a Fiesole già i registri degli anni Venti riportano vari *dossier* denominati *Quaternus cause usurarie...*,[8] quasi a segnalazione di una tipologia standard della giustizia del vescovo.

Tutto il procedimento però non era affidato semplicemente all'iniziativa dei singoli, cioè dei debitori. Si deve considerare che il corollario principale della dottrina canonica sul divieto dell'usura è già nel pensiero dei teologi del XIII secolo la restituzione delle somme estorte, secondo il modello evangelico del racconto di Zaccheo. La restituzione avviene nor-

6. ASDF, 18, cc. VIIIv-XI(bis)r.

7. ASDF, XIV.III.A.45, ma già negli anni Quaranta nel registro 34, cc. 345r sgg. A Prato nel 1318 (ASFi, *Propositura di S. Stefano di Prato*, 4, cc. 37v-38r) un altro caso di vendita fittizia denunciata come prestito usurario.

8. A partire almeno da ASDF, XIV.III.A.27, *passim*. Addirittura a Pisa si riscontra all'inizio del secolo la produzione di un estratto «in actis curie cabelle in libro artificum cabelle pisane civitatis» dove un tale «videtur inter usurarios qui solvunt cabellam pro usuris [...]»: ADPi, *Archivio degli arcivescovi*, *Atti straordinari*, 1, c. 125r.

malmente *in articulo mortis*, cioè in sede di testamento, laddove l'usuraio facendo i conti con la propria coscienza dispone la restituzione dei *male ablata*.[9] Nella normativa sinodale fiorentina e fiesolana del primo Trecento vennero inserite clausole molto puntuali, per cui ai testatori era espressamente richiesta una cauzione per l'impiego di beni ereditati in compensazione delle somme da restituire ai debitori ingiustamente angariati.[10] Dal momento che secondo la dottrina penitenziale l'usura non poteva essere assolta dal confessore senza uno specifico impegno alla restituzione del maltolto, neppure la sepoltura degli usurai manifesti era autorizzata prima che avvenisse una dettagliata confessione dei crediti illeciti, e in effetti si trovano talvolta sanzioni pecuniarie a chierici che hanno provveduto alla sepoltura senza cautelarsi in tal senso.[11]

Ciò che il tribunale vescovile faceva era in effetti verificare l'esistenza di crediti illeciti nelle attività di testatori, e in tal caso gestire direttamente la restituzione. Espressione di un ruolo del genere è molto chiaramente già il bando che il preposto pratese ordinò nel 1318 di affiggere a tutte le porte della terra:

> publice moneatis omnes et singulos notarios qui olim quomodocumque et qualitercumque scripserunt, confecerunt et publicaverunt aliqua instrumenta usurariorum et per que debeamus et possumus ad restitutionem usurarum male ablatorum certorum et incertorum procedere, quatenus hinc ad XV dies perhemptorios nobis in forma publica dare debeant et assignare, cum intendamus ad restitutionem predictarum usurarum et male ablatorum certorum et incertorum procedere [...].[12]

9. Ceccarelli, *L'usura nella trattatistica teologica*, ma in chiave esclusivamente teorica; cfr. anche Prodi, *Il sacramento della penitenza e la* restitutio. Un caso esemplare di studio delle dinamiche tra dottrina della restituzione, ruolo delle istituzioni ecclesiastiche locali e attitudini del ceto mercantile è quello di Pellegrini, *Attorno all'"economia della salvezza"*. Sul problema dei *male ablata* tra dottrina e pratica notarile si vedano ora i saggi in *"Male ablata". La restitution des biens mal acquis.*

10. Trexler, *Synodal Law*. La cauzione è espressamente citata, in una cornice farsesca, nella novella CXXVIII di Franco Sacchetti, su cui si veda *infra*, p. 248.

11. ASDL, *Tribunale ecclesiastico*, *Criminale*, 39: vari casi di chierici multati per aver sepolto usurai manifesti; AVA, *Atti di curia*, 11, cc. 74r-75v: *inquisitio* del vicario del vescovo di Arezzo contro il rettore di San Pietro di Treggiaia per aver dato i sacramenti a Niccolo di Bartolozzo Adimari da Firenze pubblico usurario che esercitò l'usura a Terranuova. Segue la condanna alla pena pecuniaria di 25 fiorini (gennaio 1392).

12. ASFI, *Propositura di S. Stefano di Prato*, 3, c. 3rv.

L'imposizione era ovviamente rivolta ai notai che avessero rogato per usurai, o che trovassero tra le loro carte atti suscettibili di essere giudicati come mutui usurari: si trattava dei destinatari più naturali, ma dal momento che i professionisti della scrittura non erano presumibilmente molto inclini a manifestare eventuali situazioni dubbie passate dai loro scrittoi, era più efficace appellarsi ai singoli debitori. Dobbiamo quindi immaginare che nelle comunità parrocchiali giungessero periodicamente – molto spesso, considerando la diffusione della pratica del testamento a tutti i livelli della società – bandi affissi in una forma volgare, come quello emesso dal vescovo di Lucca il 15 marzo 1380:

> Messer lo veschovo de Lucha fa amonire qualunque persona dovesse avere veruna cosa de usure da Luporino Landini da Lucha el quale è morto o da sua heredità debia per tutto el mese d'aprile proximo che viene comparire denanci dal decto messer lo vescovo cum le sue petitioni et fare le sue prove in perciò che serà facto a ciascuno piena iustitia, sapendo che passa<n>do el decto termine niuno serà udito poi et li heredi del decto Luporino seronno asiolti dal decto messer lo vescovo.[13]

In questo modo quindi iniziava la raccolta delle petizioni, non per una iniziativa estemporanea dei richiedenti ma tramite un bando del vescovo, al quale poi facevano eventualmente seguito i relativi processi. L'obiettivo della giustizia vescovile era quindi quello di fungere da vaglio necessario per l'esecuzione di tutti i testamenti rogati nel territorio diocesano, per i quali gli esecutori avrebbero dovuto attendere l'autorizzazione della curia prima di procedere a versare le somme dei legati.

Quanto questo auspicio sia stato realizzato lo si può cogliere dal fatto che nelle carte dei tribunali vescovili non si conservano solo i fascicoli delle cause vere e proprie, ma anche quaderni di *absolutiones testamentorum*, cioè serie di rapide note o decreti che attestano la validità del testamento dopo il periodo di verifica, e quindi l'autorizzazione a eseguirne i legati. Questi registri sono una delle parti più ricche della sezione civile dell'archivio vescovile lucchese, e coprono il periodo 1339-1399 con diciannove libri,[14] evidentemente uno per vari anni: il registro si struttura in una lunga serie di annotazioni che indicano il testante, gli estremi fondamentali dei legati di natura religiosa (per enti o genericamente per i poveri, eventualmente

13. ASDL, *Tribunale ecclesiastico*, *Criminale*, 33, carta non numerata in data 15 marzo 1380.

14. ASDL, *Tribunale ecclesiastico*, *Civile*, 1-19.

per ammenda dei crediti usurari o guadagni illeciti), i nomi dei fideiussori. Si aggiungono poi ulteriori note marginali su esecuzioni o atti vari.

A Pistoia a quanto si può rilevare dal registro del 1337 la pratica era meno articolata sul piano documentario, perché nel registro venivano riportati sia i bandi che le eventuali cause svolte a partire da quelli, quindi unificando nella medesima sede i due momenti della pratica.[15] A Fiesole le annotazioni di *absolutiones* vengono di nuovo collocate in una registrazione a parte, molto meno organica di quella lucchese ma altrettanto riconoscibile nei tratti documentari.[16] In particolare nel 1350 venne redatto un fascicolo con le «promissiones et satisdationes facte domino Nerio preposito flor. vicario domini episcopi per infrascriptos homines et personas eo quod ipsi et eorum antecessores prestiterunt ad usuram et emerunt ad novellum et alia fenerandi facta».[17] Si tratta di un lungo elenco con il nome e di norma la fideiussione su una somma standard di 50 fiorini: nella maggior parte dei casi a margine è l'appunto *absoluta*. Non necessariamente si tratta di persone sospette di usura: sembra piuttosto una pratica applicata a tutte le eredità e sbrigata come adempimento burocratico, e infatti segue una ulteriore sezione con i decreti di assoluzione dell'eredità per cui il vicario dichiara la stessa libera da eventuali richieste su *male ablata* e crediti usurari.

Dalla forma della documentazione appare dunque come i vescovi toscani abbiano gestito in piena ordinarietà e con una certa efficacia questo loro ruolo di custodi della regolarità del credito e di tutte le attività connesse da parte del laicato. Si può parlare di regolarità anche a proposito del caso del registro cortonese, che pur essendo un *unicum* per una diocesi altrimenti abbastanza sfortunata, è comunque il più antico superstite della tipologia delle *absolutiones*. Ebbene, nel primo semestre del 1326 i casi trattati furono almeno una ventina, e di essi la maggior parte vennero sbrigati nel giro di poche settimane:[18] una giustizia dunque che da questo punto di vista funzio-

15. ADPt, Serie C, 3, fascicolo II.

16. XIV.III.G.5, prima vacchetta della busta, alle cc. 37v-56r è una sezione espressamente dedicata alle *absolutiones* di eredità usurarie per gli anni 1362-1373; XIV.III.D.1.VI è un altro registro di *absolutiones* per la convalida di eredità potenzialmente usurarie, 1382.

17. ASDF, XIV.III.A.37, cc. Lr sgg.

18. Il conteggio da BCC, ms. 412, cc. 1-45. L'ordinarietà della pratica è confermata anche dal formulario del tutto standard usato nelle cause, sempre con la premessa «Illud precipuum assidua meditatione pensamus qualiter defunctorum dilate ultime voluntates, presertim in hiis que ad pias causas et pro restitutione male ablatorum, incertorum et aliorum ac etiam usurarum relicta noscuntur, executioni debite demandentur [...]» (qui a c. 33v).

nava in maniera decisamente spedita, inserendosi nelle pratiche di gestione delle eredità senza introdurvi lungaggini e impedimenti eccessivi.

Del resto questo meccanismo metteva in gioco l'immagine stessa dell'autorità vescovile. Le restituzioni di crediti usurari infatti non sempre potevano essere destinate agli effettivi debitori, e non sempre era possibile ricostruire gli aventi diritto anche di fronte alla certezza di lucri illeciti da usura: in tal caso anche la dottrina prevedeva una restituzione generica a vantaggio dei poveri. In questa circostanza era la stessa mensa vescovile a percepire la restituzione a nome dei poveri, sostanzialmente il vescovo nella sua funzione di *pater pauperum*: il che a sua volta rinviava a una tradizione molto antica del presule come interprete della collettività dei fedeli,[19] e quindi dava al vescovo una dignità e una autorevolezza ancora più ambita sul piano simbolico che nelle sue ricadute pratiche. Quanto a queste ultime, comunque, in molte delle sedi vescovili toscane gli atti lasciano intendere l'esistenza di un procuratore dei poveri, di fatto un notaio vescovile che fungeva da patrocinatore delle cause contro i prestatori usurari nelle quali non si potessero trovare destinatari in carne ed ossa della restituzione, e il cui lavoro metteva capo a un recupero delle somme a diretto vantaggio della mensa vescovile, quindi (auspicabilmente…) dei poveri della Chiesa. La pratica del procuratore dei poveri è ben studiata per la curia pisana,[20] ma se ne trovano chiare tracce anche a Lucca,[21] mentre altrove la funzione è affidata più genericamente al vescovo.[22]

Tutto quanto visto fin qui, che già di per sé condizionava sensibilmente la vita dei fedeli nel loro rapporto se non con la chiesa locale, di certo con la curia vescovile, vale come schema di massima della pratica. Concretamente, però, tutto il sistema doveva affrontare molte difficoltà di gestione. In primo luogo e molto banalmente, era assai difficile verificare

19. Sul nesso poveri-popolo cristiano già in epoca tardoantica si veda Brown, *Per la cruna di un ago*, pp. 95-98 e 707-723.

20. Duval, *L'argent des pauvres*.

21. Oltre al caso già citato sopra si veda di nuovo ASDL, *Tribunale ecclesiastico, Criminale*, 31, carte non numerate in data 29 marzo 1375: lunga causa sempre per usura condotta dal procuratore dei poveri, questa volta con lunghe testimonianze anche sugli interessi percepiti (15, 20 e più per centinaio).

22. Ad esempio fuori dall'archivio vescovile e leggermente fuori anche dal nostro ambito cronologico ASFi, *Notarile Antecosimiano*, 7451 (imbreviature di Filippo di Jacopo da Lutiano), c. 53rv (18 maggio 1418): visto il processo contro Giusto di Piero da Castelfiorentino usuraio, visto il pagamento che questi ha fatto in favore del vescovo per i poveri di Dio per la somma di 70 fiorini, si libera l'imputato da ogni procedimento a suo carico.

con precisione l'entità delle cifre estorte dagli usurai. Qualche volta le circostanze aiutavano la pubblicità della vicenda, come nel caso di una usuraia volterrana assassinata in casa nei primi giorni del 1377, per la quale il vicario intimava il sequestro e la custodia di tutti i beni, in attesa di poter procedere alla distribuzione agli aventi diritto.[23] Abitualmente però si trattava di passare dalla conoscenza e dall'esame dei documenti.

Nei casi più semplici ci si poteva affidare alle dichiarazioni dei richiedenti suffragate da testimonianze credibili, quindi al netto di semplici tentativi di diffamazione che intervenivano abbastanza spesso qui come nelle cause criminali. È quanto avviene in una causa presso il vicario di Fiesole, con gli atti della causa sull'eredità di ser Vardo di Guido da Montevarchi: dopo il bando del vicario per chiedere di eventuali debitori usurari, si specifica una vera e propria lista di abitanti della comunità con le relative (piccole) somme estorte dall'usuraio.[24] Le cause per usura sono comprensibilmente ricche soprattutto di testimonianze. Data la natura dell'atto però, che non comportava soltanto la verifica delle attività del *de cuius*, ma anche la consistenza specifica dei suoi crediti, era inevitabile entrare nel merito delle carte. Nelle cause usurarie più complesse vengono così richiesti o effettivamente prodotti i libri contabili dell'usuraio,[25] dai quali le somme effettivamente estorte avrebbero dovuto emergere in maniera più limpida che non negli atti notarili, che fungevano di norma da facciata legale di attività feneratizie. Per lo stesso motivo però, a meno che l'autorità vescovile fosse in grado di mettere direttamente mano sui libri – il che accade molto di rado – passava dalla buona volontà degli eredi, che da una parte avevano interesse a liqui-

23. ASDV, *Curia vescovile, Tribunale - Processi civili*, 20, c. 44v: bando di sequestro dell'eredità di un tale perché assegnata alla restituzione delle usure (18 gennaio 1377) «supradictus dominus Stephanus vicarius ut supra sedens precepit et mandavit Riccio Terii et Francisco Taviani de Vulterris balitoribus contrate platee presentibus et volentibus ac confitentibus quatenus omnes et singulas res massaritias arnensia et bona existentia in domo domine Gine uxoris ser Martelli usurarie et nuper interfecte in eadem domo posita Vulterris in contrata platee teneant custodia<n>t atque salvent et nemini de<n>t restituant vel assignent absque ipsius domini vicarii licentia et mandatu». Caso simile fu probabilmente quello registrato in ADPi, *Archivio degli arcivescovi*, *Atti straordinari*, 10, cc. 398r-399r: il procuratore dei poveri Atto di Stefano rettore di San Salvatore del Ponte interviene per il pagamento di un debito di un usuraio manifesto di nome Boccaccio, di cui non si sono conservati i libri: vengono consegnati a parziale rimborso i pegni trovati all'interno della bottega dell'usuraio (24 marzo 1375).

24. ASDF, AIV.III.A.28, cc. XLIIIr-XLVIIv (1325).

25. ASFi, *Prepositura di S. Stefano di Prato*, 4, c. 5r (1319): il preposto convoca gli eredi di un tale che compaiano *cum libris rationum* per procedere alle restituzioni.

dare la pratica per poter procedere a eseguire i legati, dall'altra cercavano di occultare le testimonianze sfavorevoli.[26] Le possibilità coercitive della curia erano come consueto molto limitate, e ad esempio a Lucca nei primi anni Ottanta il vicario episcopale ordina a un commissario di far consegnare i libri contabili del defunto onde procedere alle restituzioni, prospettando anche la possibilità di chiedere l'intervento degli ufficiali del comune: «invocato etiam ad hec si opus fuerit auxilio brachii secularis».[27]

In una delle cause del vescovo di Fiesole degli anni Quaranta[28] vengono prodotti cinque libri di conto del presunto usuraio Geri di Cecco da Pratovecchio, che però si sospetta che siano solo una parte della contabilità incriminata. Tra le sentenze penali del vicario lucchese del 1373 è invece registrata la condanna contro il guardiano e i frati di San Francesco di Pescia, i quali hanno sottratto il corpo di mastro Jacobo «fiçicus laycus de Uçano usurarius manifestus», morto senza alcuna cauzione sulla restituzione dei crediti usurari e quindi non ammesso alla sepoltura, e l'hanno portato presso di loro contro la volontà della chiesa di Uzzano «ducti avaritie cecitate, respicientes potius ad quasdam oblationes et promissiones pecuniarum eis promissas factas per heredes dicti defuncti».[29] Da quello che si intende dalla sentenza qui aveva funzionato non tanto l'obbligo della pubblicazione del testamento quanto quella rete di fedeltà locali della comunità, che aveva consentito di svelare le mire dei frati. La condanna è molto pesante: la scomunica per il convento e il pagamento di 1000 fiorini di ammenda, metà alla curia e metà alla Camera apostolica. A parte il risvolto penale, l'eredità dell'usuraio entrava ora nelle mani del vescovo. E doveva essere una eredità molto cospicua: qualche anno più tardi, 1376, comparvero presso la curia Pazzino di Francesco Strozzi e soci, per reclamare la restituzione di oltre 250 fiorini come metà delle somme che Jacopo del fu Pietro da Uzzano avrebbe estorto loro.[30] Di questo medico-usurario, a quanto pare in contatto con una compagnia bancaria di prima grandezza nella Firenze del tempo, il vicario vescovile istruì la causa, trovandosi però

26. Senza contare che nel caso di restituzioni da parte di mercanti partecipi di società collettive si poneva anche il problema della titolarità dei crediti e delle rispettive quote del defunto e dei suoi soci ancora in vita, come nei casi citati da Pellegrini, *Attorno all'"economia della salvezza"*, pp. 433-446.

27. ASDL, *Tribunale ecclesiastico*, *Civile*, 15, c. XIrv.

28. ASDF, XIV.III.A.34, c. 417r.

29. ASDL, *Tribunale ecclesiastico*, *Criminale*, 28, cc. 57r-58r, 6 agosto 1373.

30. ASDL, *Tribunale ecclesiastico*, *Civile*, 60, cc. XXXIIr- XXXIIIv.

di fronte a ulteriori problemi procedurali. Nel novembre 1374, a seguito della citazione del vicario, uno degli eredi di Jacopo di nome Pietro giunse effettivamente in tribunale per consegnare due registri contabili del padre. Uno dei due registri, però, costituito di due quaderni, suscitò il sospetto dei notai della curia, perché dai segni di legatura rimasti sulla coperta si intendeva esser stato originariamente composto da almeno sei quaderni, quattro dei quali dovevano esser stati rimossi dai convenuti prima della consegna, evidentemente per occultare crediti che si intendeva non far emergere.[31] Non era prudente manomettere un libro avendo a che fare con persone di studio, che ai libri erano familiari anche nel loro aspetto materiale. A questo punto quindi il procuratore dei poveri, messer Francesco rettore di San Giuliano di Gubbio, istruì un'accusa contro l'erede (questo è il motivo per cui la causa è riportata nei registri penali) e chiese un rimborso di 1000 fiorini, a conferma dell'entità cospicua dell'eredità. Il processo penale non diede a quanto pare esito, forse anche per effetto di una eccezione di competenza dell'accusato, che cercava di dichiararsi non soggetto alla giurisdizione del vescovo. In queste condizioni cercare di recuperare la notizia delle somme estorte dall'usuraio era decisamente un'impresa.

L'esito, o se si preferisce il non esito della vicenda del medico di Uzzano mette in campo tutto l'insieme di difficoltà pratiche e anche procedurali che si ponevano alle effettive verifiche dei crediti usurari. Tra queste rientravano anche questioni di competenza e conflitti di giurisdizione. In questo campo specifico, molto più che in quello matrimoniale e di certo che in quello del comportamento dei chierici, i motivi di concorrenza con le curie secolari erano sostanziali: non tanto per ragioni di principio, quanto piuttosto perché l'ambiguità del profilo giuridico del credito, che è insieme effetto di una libera obbligazione tra privati ma anche materia eticamente sensibile, giustificava teoricamente l'accesso a entrambe le giurisdizioni, e quindi stimolava l'uso di strategie del conflitto basate sulla scelta interessata di una delle due.[32]

31. ASDL, *Tribunale ecclesiastico*, *Criminale*, 31, carta non numerata in data 15 novembre 1374: uno dei registri «erat duorum quaternorum et per ligaturas incisas et foraturas apparebat sive videbatur fuisse sex quaternorum eiusdem quantitatis qua sunt dicti duo quaterni vel maioris, ita quod subtracti videbantur dicti quatuor quaterni».

32. Si danno quindi anche casi di cause iniziate presso il giudice secolare e poi passate a quello ecclesiastico su richiesta di una delle parti. Si veda il caso di ASDL, *Tribunale ecclesiastico*, *Civile*, 60, cc. IIIr-Vv: un cittadino lucchese citato presso il tribunale del podestà per la restituzione di un credito si appella al vescovo sostenendo che il suo debito

Questa possibile sovrapposizione di competenze era riconosciuta dalla stessa curia vescovile, che non esita a ammettere eccezioni o posizioni anche risolutive della causa che fanno riferimento a statuti comunali. A Prato questo vale in particolare per l'esecuzione dei titoli di credito basati sul cosiddetto precetto di guarentigia, cioè la clausola che rendeva una obbligazione immediatamente eseguibile dal tribunale: particolarmente frequenti i casi di questo tipo nel tribunale pratese del preposto, che abbiamo visto molto incline a declinare l'attività della giustizia verso le cause sul credito.[33]

Il problema emergeva quando nel processo il dubbio sulla giurisdizione giungeva a paralizzare l'esame della causa. In una causa delegata al vescovo di Fiesole nel 1344,[34] concernente di nuovo un dubbio di usura, i procuratori contestano continuamente la competenza e la regolarità degli atti citando anche gli statuti del comune di Firenze sugli atti notarili e complicando enormemente il procedimento. Oltre a interrogare una serie di testimoni il vicario commissiona anche un *consilium* a messer Francesco da Barberino, noto nel mondo del diritto oltre che in quello della letteratura. Ma l'interruzione della causa lascia pensare che l'intervento del tribunale vescovile non sia stato risolutivo. Qualche anno più tardi a Lucca si svolge la causa per un credito di un Mangiadori di San Miniato,[35] avviata dal podestà fiorentino ma poi avocata dal vicario vescovile di Lucca in quanto il credito sarebbe usurario; si allega però anche un *consilium* secondo cui essendo in questione il carattere usurario o meno del credito la competenza sarebbe rimasta al giudice secolare.[36]

era in realtà usurario e quindi riservato al tribunale ecclesiastico. Il vicario scrive quindi al podestà di sospendere la causa; il presunto usurario però recusa il giudice vescovile, che lo scomunica e rinnova la citazione.

33. Un esempio tra tanti ASFi, *Propositura di S. Stefano di Prato*, 3, c. 31: allegazione degli statuti del comune sul precetto di guarentigia all'interno di una lunga causa su certe quietanze di crediti usurari, in cui uno dei contendenti allega che il documento originario «est instrumentum guarentitie in quo etiam preceptum guarentitie continetur, quod instrumentum virtute statuti terre Prati de guerentitia loquentis fortificatur et roboratur: nam ser Mannaia et Meus et filii sunt pratenses et subiciuntur legibus terre Prati et ex dicto statuto habetur quod instrumentis guarentitie et precepti guarentitie nulla exceptio vel protestatio opponi potest [...]». Nel successivo registro 4, c. 3rv, si cita di nuovo l'esecuzione di crediti «secundum formam statuti terre Prati de guarentigia loquentem».

34. ASDF, XIV.III.A.34, cc. 134r sgg.

35. ASDL, *Tribunale ecclesiastico*, *Civile*, 73, cc. XCIr-Cr (1389).

36. «[...] iudex laycus est iudex competens probat statutum Lucani comunis quod etiam viget ex confederatione in curia episcopali in capitulo XXVIIII ibi dum dicit si que-

Come si vede molto spesso in casi di dubbio interviene una interpretazione del giurista,[37] che si inserisce in una questione non facile da discernere: la giurisdizione sull'usura è sicuramente propria della corte spirituale, ma la domanda se si tratti o meno di un prestito usurario, cioè le circostanze di fatto, possono invece essere risolte in quella secolare: dal momento però che questa verifica preliminare era tutt'altro che limpida, i dubbi fiorivano.[38]

Dal punto di vista del vicario, tuttavia, non sembra che vi sia una posizione di principio particolarmente rigida, né che queste controversie diano luogo a scontri ideologici. Come mostra il caso appena citato, esistevano comunque riferimenti normativi concordati tra la curia secolare e quella del comune che in linea di massima consentiva al contenzioso di seguire vie se non scontate di caso in caso, almeno controllabili. I conflitti sono in un certo senso più all'interno della compagine ecclesiastica, come abbiamo visto sopra per i frati di Pescia, e in generale nella reazione dei fedeli alle pretese del tribunale.

A Lucca nel 1380 si svolse una lunghissima causa contro Franco del fu Andruccio da Sesto della Pieve a Moriano e i suoi eredi, accusato di essere un usuraio.[39] Nello svolgersi della causa il procuratore presenta un'ufficiale recusazione del giudice ecclesiastico, in cui accusa quest'ultimo di aver costruito la causa come usuraria «ut [...] facilius ipsa bona ad vos et lucanum episcopatum licet indebite et iniuste sub velamento pauperum Yhu Xpi possitis facere devenire, cum re vera ipse Francus nunquam fuerit usurarius». Ciò non impedisce che il 17 marzo il vicario pronunci la sentenza di condanna *post mortem* dell'usurario, trascritta integralmente. In questo

stio solummodo sit in facto [...]»: ivi, c. LXXXXVIIv. Dagli atti seguenti il vicario dichiara comunque la propria competenza sulla causa.

37. Due esempi pratesi: ASFi, *Propositura di S. Stefano di Prato*, 5, c. 4r (1323): il vicario commette a messer Bonaccorso di Landino la facoltà di giudicare se si debba procedere su una certa richiesta di credito usurario e su una questione di tutela; il *consilium*, molto breve e senza allegazioni, è riportato a c. 4v; ADPo, *Archivio giudiziario*, *Atti della curia del preposto*, 1014, c. 13v (4 settembre 1344): *consilium* presentato da messer Terius o Gerius su richiesta del giudice su una causa usurario: è piuttosto breve e privo di allegazioni.

38. Ulteriore esempio in ASDL, *Tribunale ecclesiastico*, *Civile*, 83 (1398-1399): in una causa usuraria cita un capitolo «in quarto libro voluminis statutorum lucanorum sub rubrica posita *De pena illius qui aliquem trasserit in iure nisi coram suo iudice competente*», che inizia «Et nulla persona possit vel debeat». Il tutto nel contesto di una eccezione di competenza per le consuete cause usurarie.

39. ASDL, *Tribunale ecclesiastico*, *Criminale*, 33, cc. 8v sgg.

caso non si può parlare di conflitto di giurisdizione perché il vescovo agiva anche come titolare della giurisdizione secolare sulla Jura: ciononostante il procuratore avanza un argomento molto aggressivo, nell'accusare il vescovo di usare in maniera proditoria il meccanismo della restituzione, accaparrandosi ricche eredità con la scusa pretestuosa della restituzione ai poveri. La sensazione di un uso strumentale di cause di questo tipo doveva essere una ipoteca pesante sulla credibilità e il prestigio dell'ambiente di curia: si pensi a quanto grave era stato lo scandalo per le manovre molto torbide dell'inquisitore nella Firenze degli anni Quaranta.[40] A giudicare anche dalle osservazioni degli scrittori trecenteschi, la pregiudiziale tendenza della curia vescovile a attrarre sotto la propria giurisdizione le eredità più ricche era un dato ormai costante: ne è testimone anche Franco Sacchetti, che nella novella CXXVIII mette in scena il vescovo di Firenze Antonio Orsi intento a sequestrare i beni di un membro della famiglia Pazzi, peraltro suo collaboratore, che era morto in odore di usura.[41]

In ogni caso si può dire che l'abitudine a questo tipo di controversie rendesse il tribunale vescovile, e le professionalità che vi lavoravano, particolarmente competenti nell'ambito delle questioni di crediti e di contenzioso attinente.[42] Una competenza decisamente ricercata anche al di fuori delle questioni spirituali. Nel 1323 il vescovo di Fiesole ebbe a gestire due questioni molto spinose di questo tipo: una riguardava le accuse contro i guardiani della chiesa fiorentina per cattiva gestione dei beni della mensa nel periodo di vacanza dell'episcopato; l'altra, molto meno strettamente ecclesiastica, concerneva alcuni crediti della compagnia Bardi e includeva tra i documenti anche una lettera ufficiale del re di Francia.[43] Gli uffici della curia vescovile fiorentina poi, particolarmente ricchi di documentazione notarile, compaiono spesso impegnati a redigere atti civili per terzi, in par-

40. Parmeggiani, *Eresia e inquisizione a Firenze*.

41. Le *Trecento novelle*, § CXXVIII. Il vescovo citava espressamente la cauzione prevista dalle costituzioni sinodali (cfr. *supra*, nota 239): «io seguo gli ordini del vescovado, li quali ho giurato di seguire. S'egli ha fatto cauzione, ben sta: quanto che no, fate di sodare e appresentare e' libri, e io mi porterò il più benignamente che potrò». La chiusa di Sacchetti è come consueto molto moralistica, perché fatta salva l'onorabilità del presule in questione l'episodio viene preso ad esempio di come «e' cherici [...] per lo denaio ad ogni cosa si mettono, non curando ch'ella sia onesta o disonesta». Che tutto il meccanismo della cauzione fosse uno strumento interessato per convogliare verso le casse del vescovo le risorse dei privati accusati di usura era insomma dato per scontato.

42. È la chiave di lettura fondamentale dello studio di Pia, *La giustizia del vescovo*.

43. ASDF, XIV.III.A.25 e 26.

ticolare arbitrati. Un caso precoce è quello del vescovo Angelo Acciaiuoli, che tra gennaio e febbraio del 1351 fungeva da arbitro in una questione tra Tommaso del fu Neri di Albertino da Certaldo, scrittore e abbreviatore apostolico, e suo fratello Niccolò, a suo nome e per conto dei figli ed eredi del fu Berto di Neri di Albertino da Certaldo.[44] Il vescovo più attivo in tal senso è però Onofrio Visdomini alla fine del secolo, che compare molte volte come arbitro non solo tra chierici ma anche tra uomini d'affari. Le due categorie non erano neppure troppo lontane. Dal compromesso disposto nel 1389 da Giovanni, rettore della chiesa di Santa Maria a Fibbiana presso Montelupo, e da Giovanni del fu Cecco Mellini, per la risoluzione arbitrale di alcune controversie tra di loro, autorizzato dal vicario del vescovo «pro tribunali sedentem ad eius solitum banchum iuris», prendono il via alcuni atti diversi, anche rogati in tribunali secolari, dai quali emerge come i due litiganti «multa et quamplura habuisse invicem facere et trafficare et multas mercantias et res hinc inde et invicem dedisse recepisse et fecisse et multa etiam rationes et computa medio tempore inter eos [...] super predictis fecisse et computasse».[45]

Il 15 dicembre 1391 lo stesso vescovo Visdomini compare come «arbiter et arbitrator, comunis amicus et amicabilis compositor» tra Sala del fu Filippo Marsili (a nome suo e del fratello Niccolò) e Ghita figlia di Ridolfo da Petroio vedova del detto Filippo: in tale veste il vescovo stesso nel palazzo episcopale dispone la restituzione della dote (100 fiorini) e ingiunge a detta Ghita di restituire il «librum olim Philippi in quo ipse Philippus scribebat negotia sua ut facilius liquere possit de negotiis dicti Phylippi», quindi agisce con una spiccata attenzione alle modalità tecniche della registrazione della memoria da parte dei mercanti, mediata appunto da appositi libri contabili, che come abbiamo visto faceva parte dell'esperienza quotidiana della curia. Qualche anno dopo (31 ottobre 1395) è di nuovo il palazzo episcopale la sede in cui viene pronunciato un lodo del vescovo Onofrio tra due privati: monna Bartolomea vedova di Bartolomeo Falchi e Niccolò di Cambino linaiolo, quest'ultimo debitore della donna per un mutuo di 210 fiorini.

44. ASFi, *Notarile antecosimiano*, 8053 (imbreviature di Francesco del fu Palmieri da Certaldo), cc. 17rv e 18v-19r. Ringrazio Sergio Tognetti per la segnalazione di questo documento.

45. Questo e i casi fiorentini che seguono sono analizzati in Tanzini, *Gli arbitrati del vescovo*.

Come si arrivasse all'arbitrato lo si può forse vedere meglio da un episodio pisano.[46] Il caso nasce come controversia per una vendita di un banco con loggia presso il ponte vecchio (oggi noto come Ponte di Mezzo), effettuata da Ranieri del fu messer Giovanni di Gallo al cognato Francesco del fu Nicola di Bonconte arciprete della cattedrale pisana: dal momento che il pagamento non è avvenuto come previsto la vendita deve essere annullata. In realtà il chierico argomenta l'inapplicabilità di norme secolari a un ecclesiastico, citando tra l'altro un *consilium* di Bartolo da Sassoferrato sul fatto che «clerici non ligantur statutis laicorum», quindi in esecuzione di una provvisione del popolo pisano *De compromissis* i due nominano un arbitro: il tutto presso il tribunale nel palazzo vescovile. Il percorso qui è abbastanza lineare, perché partendo da un possibile dubbio di competenza del giudice per lo status ecclesiastico di uno degli attori la causa rimane presso il tribunale, ma nella forma di arbitrato privato consolidato e munito dell'autorevolezza della sede episcopale.

Tutta questa familiarità del tribunale vescovile come luogo di risoluzione di controversie tra laici fece sì che nel corso del XV secolo i tribunali vescovili di Firenze e Fiesole fossero non di rado la cornice eletta da molti operatori laici che sceglievano la curia come sede di garanzia o di eventuale risoluzione delle loro controversie per contratti di credito: in parte per la rapidità e i costi limitati del servizio, in parte perché le sanzioni – scomunica o pagamento di quote alla Camera apostolica – erano un meccanismo comunque utile per dare forza al contratto.[47] Si tratta di uno sviluppo di grande interesse che meriterebbe di essere approfondito anche al di fuori del contesto fiorentino. Per la verità anche a Pistoia nel 1339 sembra di ravvisare una dinamica simile: due laici pratesi, che hanno acquistato da due prestatori milanesi il credito di 241 fiorini nei confronti di altri due pratesi, che hanno cessato di pagare, chiedono al vicario di intervenire affinché i debitori debbano «cogi et compelli per censuram ecclesiasticam et aliis remediis opportunis»: dal che inizia una serie di petizioni e eccezioni, verifiche e produzioni di documenti in proposito.[48] Sembra di poter dire quindi che gli strumenti processuali a disposizione del tribunale

46. ADPi, *Archivio degli arcivescovi*, *Atti straordinari*, 11, cc. 110r-111v (1-31 maggio 1386).

47. È il tema dello studio di Brucker, *Ecclesiastical Courts in Fifteenth-Century Florence and Fiesole*.

48. ADPt, C.3, fascicolo III, cc. 15v-16r (13 maggio). Sul contesto cfr. Francesconi, *Qualche considerazione sull'attività creditizia a Pistoia*, pp. 186-190.

spirituale fossero interessanti anche nell'ottica degli attori laici in cause del genere.[49] Di fronte a documenti che testimoniano quest'uso, specialmente se conservati non nell'archivio vescovile come a Pistoia ma in sedi notarili come a Firenze, è bene ricordare che simili pratiche erano pur sempre la ricaduta, testimoniata nelle fonti notarili, di una più ordinaria giustizia vescovile attiva nell'ambito del credito soprattutto per le cause di usura di esecuzione di testamenti.[50] La gestione di contratti tra laici è in un certo senso il corollario, l'effetto secondario della giurisdizione sui testamenti: questo nesso è diventato quasi invisibile – in particolare nel caso di Firenze – laddove siano scomparsi i registri dei tribunali e sopravvissuta solo la massa della documentazione notarile complementare, ma ciò non toglie che il complesso della giurisdizione vescovile avesse anche agli occhi dei contemporanei una grande organicità.

In conclusione, le questioni testamentarie erano un fattore decisivo per la vita quotidiana del tribunale, un impegno gravoso, una funzione caricata di forti significati di prestigio per il vescovo, ma anche densa di difficoltà e aporie: per la labilità degli strumenti esecutivi che la curia poteva mettere in atto, e per il risvolto di immagine che comportava. Non è possibile stabilire il netto di questa situazione, se cioè il vescovo ottenesse un vantaggio maggiore dal suo capillare intervento in un ambito chiave della vita sociale, o ne subisse gli effetti negativi per tutte le conseguenze e strascichi di una materia così delicata, che danneggiavano l'immagine di autorevolezza del tribunale. Certamente la funzione del tribunale vescovile come tutela del credito, per quanto significativa, aveva una sfera di competenza in definitiva ristretta: è significativo che non troviamo traccia nelle carte episcopali delle grandi controversie sui fallimenti, attratte più dalla giurisdizione dei legati pontifici o dell'inquisizione; e del resto anche nel XV secolo la chiave delle controversie di questo tipo, almeno per i grandi mercanti, passa molto più dalla giustizia pontificia. Si può dire che in quest'ambito come altrove la figura del vescovo

49. Per una prospettiva sull'età moderna, che suggerisce un ruolo cruciale della sanzione spirituale come fattore di protezione del credito, cfr. Lange, *Excommunication for Debt in Late Medieval France*.

50. Ha enfatizzato l'importanza della giustizia vescovile in tutte le operazioni legate al credito e alla tutela dei contratti anche Della Misericordia, *Giudicare con il consenso*: il quale tuttavia fa giustamente notare che buona parte di tutto ciò si colloca sul limitare, o francamente al di fuori della funzione propriamente giurisdizionale, e quindi si configura prima di tutto come la ricaduta indiretta di una credibilità e autorevolezza dei servizi legali forniti dall'ambiente episcopale.

medievale paga la sua posizione intermedia: non soltanto spirituale né esclusivamente temporale; radicata sul territorio ma condizionata dai rapporti con Roma, quella del vescovo resta una realtà mediana, destinata a essere sempre scavalcata da qualche altra sede anche all'interno della Chiesa, ora il mondo conventuale, ora la sede pontificia, ora i tribunali inquisitoriali.

2. *Il matrimonio e il mondo femminile*

Le donne sono presenti molto spesso nella pratica della giustizia vescovile, come abbiamo già riscontrato in molte occasioni; nondimeno, si tratta di una presenza difficile da valutare nel suo complesso. La documentazione giudiziaria è profondamente connotata dal suo essere scrittura di uomini: in un doppio senso si potrebbe dire, perché esclusivamente maschile è il mondo della cultura giuridica e delle convenzioni del processo, e a maggior ragione lo è una giustizia di uomini di Chiesa. Il diritto canonico prevedeva oltretutto precise restrizioni alla stessa presenza del sesso femminile nei tribunali: qualora non fossero direttamente coinvolte nella causa, in linea di massima le donne non avrebbero dovuto presentarsi in tribunale per testimoniare, e in caso di necessità si sarebbe dovuto raccogliere la testimonianza per tramite di un notaio incaricato di recarsi a domicilio.[51] La disposizione non era sempre rispettata, ma comunque conferma l'estraneità di fondo dell'universo femminile dal contesto della giustizia ecclesiastica. Lo stesso immaginario del tribunale, per quanto si può ricostruire dagli atti scritti, resta nel binario della mentalità tutta maschile.[52] Una parte della documentazione giudiziaria, tuttavia, consente di entrare con qualche speranza in più nei circuiti della vita femminile, e questa è evidentemente

51. È quanto previsto in *Liber Sextus* 2.1.2 (*Mulieres*).

52. Si veda ad esempio ADPt, *Atti giudiziari - Atti della curia del preposto*, 1015, fascicolo segnato 1337 o 1345: contiene un'unica lunga serie di testimoni per una causa debitoria. A c. 22v, di mano diversa dallo scrivente dopo alcune carte bianche, si conserva un appunto: «[...] di Monte Marcho salute priegoti per amore di me e di ser Tomaso facci che noi abiamo una bella fanculla (*sic*) ne·letto una notte alle tua spese. [*segue di altra mano*:] Ser Marcho da Secciano Andrea salute. Prieghovi che voi facciate voi e ser Tommaso ch'io n'abbia una due notti alle vosstre ispese: io avrei creduto che nvoi mallaveste detto a mme sança aver mol<t>o issecreto: vo' mel potavate dire a mme per voi sennae, che volete ch'io sia roffiano di due? ma jo non fu maj roffiano dj neuno ne u mi vollio inchominciare a vuoi, ma ffate per voi e per me e ffaretimi grande appiacere. Fatta dì xiii di diciembre». Uno scambio tutto privato di scherzi tra notai a margine della quotidianità del tribunale.

tutta la sfera dei rapporti matrimoniali. Non che certo nel matrimonio o nelle situazioni dubbie su di esso le donne agissero realmente come soggetti a pieno titolo, dal momento che molto spesso dietro la loro azione si percepisce la presenza ingombrante di padri e familiari: ma comunque l'insieme delle cause matrimoniali offre un quadro di grande interesse.

Il tema del matrimonio ha riscosso negli ultimi decenni una spiccata attenzione dalla storiografia. In maniera particolare per l'ambiente toscano e specialmente fiorentino, beneficiato da una ingente massa di documentazione pubblica e privata, la vita familiare è stata indagata da diverse prospettive, e le implicazioni giuridiche dei legami matrimoniali sono diventate un osservatorio fondamentale per comprendere la società bassomedievale. La prospettiva legale del problema si è anzi rivelata una opportunità doppiamente significativa, perché proprio nel suo carattere di istituzione sociale e di legame pubblicamente riconosciuto il matrimonio svolgeva nella società del tempo il ruolo di coagulo delle relazioni tra le famiglie e i gruppi consortili, specchio delle ambizioni e delle appartenenze, luogo di incontro e frizione tra interessi contrastanti: si pensi in particolare al problema della vedovanza e delle eredità dei mariti defunti, che poneva le donne vedove in una situazione legalmente – oltre che sentimentalmente – assai delicata tra la continuità nella trasmissione agnatizia del matrimonio e le possibilità di nuovi legami familiari. Per questo insieme di tematiche sono state messe a frutto le fonti normative, il grande patrimonio dell'interpretazione dei giuristi, gli atti della pratica giudiziaria o notarile, e non ultimo la memorialistica privata.[53] Componente essenziale di tutto questo ambito di studi sono ovviamente le fonti canonistiche, che si prestano anche per il loro carattere a un quadro di sintesi.[54] Per quanto concerne le potenzialità della documentazione vescovile il panorama italiano è per la verità meno ricco di quanto accade a nord delle Alpi. In particolare la storiografia inglese – in misura minore quella francese – ha potuto valorizzare le grandi serie dei tribunali vescovili, nei casi di York, Canterbury e altri, come punto di osservazione per comprendere l'approccio delle corti ecclesiastiche ai problemi del matrimonio.[55] Nei casi più fortunati si è potuto condurre uno studio quanti-

53. Nell'insieme della bibliografia si segnalano, per il particolare riferimento all'ambito toscano, almeno Kuehn, *Law, Family, and Women*; *Famiglie e poteri in Italia tra Medioevo ed età moderna*; Chabot, *La dette des familles*.

54. Fondamentale Brundage, *Law, Sex and Christian Society*.

55. Emblematico lo sforzo di sintesi e comparazione condotto da Donahue, *Law, marriage and society*: per una revisione critica cfr. Mazo Karras, *The Regulation of Sexuality*.

tativo sistematico sul tipo di cause, le questioni più frequentemente discusse, le tendenze interpretative, con l'effetto di saldare il grande patrimonio della cultura normativa e interpretativa canonistica, dove il matrimonio è ovviamente un tema dominante, con il versante pratico svolto nei tribunali. Per l'Italia ciò è avvenuto per un periodo dal XV secolo in poi, ma con esiti assai importanti:[56] è emersa in particolare la valorizzazione del tribunale ecclesiastico non come portatore di un modello calato dall'alto, ma come «un'istanza di chiarificazione, di mediazione e di pacificazione che trae la sua autorevolezza dal consenso che la circonda in tutti i ceti, compresi quelli più umili. Non è un'istituzione verticistica: opera in osmosi con la comunità».[57] Tutto ciò principalmente per un periodo successivo a quello di nostra competenza, per cui rari sono gli studi su documentazione giudiziaria del XIV secolo, con la significativa eccezione del caso lucchese.[58]

In realtà le possibilità documentarie sono consistenti. Oltre alle fonti conservate a Lucca, a Fiesole le cause matrimoniali compaiono con una frequenza significativa già dalla fine del Duecento, con il notevole vantaggio di essere articolate in *dossier*, quindi facilmente ricostruibili nella loro storia processuale; a casi matrimoniali si riferisce una parte consistente della documentazione pistoiese di fine Duecento e inizio Trecento, e lo stesso vale in una certa misura anche per Pisa. Né mancano nel corso di tutto il secolo occasionali, ma significative occorrenze di cause matrimoniali discusse presso i tribunali vescovili di Volterra, Arezzo eccetera. Certamente sulla validità statistica di questi casi è opportuno fare qualche considerazione, per evitare da una parte il rischio di ricostruzioni impressionistiche basate su casi unici, o al contrario di conteggi quantitativi destituiti di ogni rappresentatività.

In primo luogo, i tribunali ecclesiastici non hanno affatto il monopolio delle cause riguardanti in senso lato la vita familiare. Fuori dall'Italia, e di nuovo nel fortunato caso inglese ma anche altrove, era comune che le corti vescovili o comunque ecclesiastiche avessero riconosciuta una competenza specifica sui reati della sfera sessuale, in particolare l'adulterio, la condotta sessuale riprovevole, la prostituzione e l'infamia legata ad accuse di

56. Soprattutto per merito della serie di volumi su *I processi matrimoniali degli archivi ecclesiastici italiani* a cura di D. Quaglioni e S. Seidel Menchi: qui in particolare *I tribunali del matrimonio*. Si vedano anche i saggi raccolti in *Marriage in Italy*.

57. Seidel Menchi, *I tribunali del matrimonio*.

58. Al quale Meek ha dedicato molti saggi nell'ambito della serie di volumi sopra indicata, in particolare *Il matrimonio e le nozze*.

questo tipo. Questo non accade in Italia, dove è abituale che violenze familiari, adulterio, sodomia o cause del genere vengano portate presso le corti secolari dei podestà cittadini.[59] La storiografia ha anzi da tempo segnalato come i poteri cittadini tardomedievali abbiano conosciuto nei secoli finali del medioevo una spiccata torsione moralizzante, introducendo normative e specifiche e intensificando le proprie attività in ambiti che coinvolgono la vita sessuale: ben note sono le iniziative fiorentine o veneziane su prostituzione e omosessualità, ma anche in altri ambienti cittadini la proporzione di reati di natura "familiare" o sessuale sembra in crescita nel tardo medioevo,[60] di certo per il rilievo che certe materie assumevano nella città sia per il loro valore simbolico, sia per come i comportamenti familiari si traducevano nella dinamica dei rapporti sociali. Di conseguenza, ciò che troviamo nella documentazione dei tribunali ecclesiastici toscani è solo una parte delle cause relative al matrimonio, quella che più direttamente coinvolge il sacramento. Come sarà facile immaginare, la distinzione era chiara in linea di principio ma non altrettanto nella concretezza delle circostanze, quindi consentiva una strategia processuale degli attori. In una causa lucchese del 1357 ad esempio il marito, volendo ottenere una sentenza per riportare a casa la moglie che ne era fuggita, si rivolge al vicario vescovile dichiarando espressamente di voler rinunciare a ricorrere alla giustizia secolare, evidentemente nella convinzione di poter ottenere più facilmente l'esito sperato.[61]

Nel contesto di questa compresenza di sedi giudiziarie diverse, in linea di massima si può dire che paradossalmente i vescovi hanno un approccio meno moralizzante dei giudici secolari, dal momento che nel loro lavoro non entrano tanto i comportamenti in quanto tali, bensì le situazioni che possono condurre a una rottura del vincolo matrimoniale. Ciò che

59. Kelly, *Law and Nonmarital Sex*, che segnala anche il caso del vescovo Antonino da Firenze a metà Quattrocento, la cui determinazione nel perseguire i comportamenti difformi sul piano sessuale è più un'eccezione che la regola, e comunque si colloca in una fase cronologicamente successiva alla nostra.

60. Per la verità le ricerche sistematiche su Firenze e Venezia, che hanno molto enfatizzato questo aspetto, non sono del tutto suffragate dall'esempio di centri minori: tuttavia una lettura equilibrata in tal senso riconosce una netta crescita dell'attenzione per la conformità "morale" dei comportamenti specialmente in ambito sessuale quantomeno nel XV secolo: cfr. Dean, *Crime and society*, pp. 135-155.

61. Convinzione mal risposta perché il vicario, acclarate le violenze del marito che avevano motivato la fuga della donna, decreta la separazione: il caso è esposto in Wieben, *"As Men Do with Their Wives"*, p. 6.

conta per il giudice ecclesiastico è infatti la validità del vincolo, che può essere messa in dubbio sia nel suo nascere, per l'occorrenza di situazioni di invalidità, sia in una certa misura anche nel suo essere, quando motivi molto gravi giustificano la separazione. Le due modalità avevano logiche ed esiti molto diversi, inquadrati nel nostro periodo da una giurisprudenza assai ben definita. Attingendo alla normativa canonica, il matrimonio poteva essere annullato per la mancata osservanza dell'età minima, che era quattordici o dodici anni per la promessa *de presenti* rispettivamente del ragazzo e della ragazza, o per condizioni ostative come la costrizione, o l'impotenza e la conseguente impossibilità di perfezionare l'unione con la consumazione. Il riconoscimento di una di queste circostanze consentiva al vescovo di dichiarare la nullità del matrimonio. Meno semplice era il caso della separazione: data l'indissolubilità sacramentale del matrimonio, il giudice poteva disporre la separazione dei coniugi, in sostanza concedendo una dispensa quantomeno temporanea dall'obbligo di coabitazione («a mensa et thoro» era l'immagine usata per indicare questa separazione della mensa e del talamo) qualora la condotta di uno dei due comportasse un pericolo imminente: era il caso di violenze, di adulterio o concubinato, malattie contagiose, comportamenti contrari alla fede cristiana. L'esito di un giudizio di separazione non dissolveva il matrimonio, quindi ai due ex coniugi era comunque preclusa la possibilità di contrarre nuove nozze.[62]

Venendo quindi alla testimonianza delle fonti giudiziarie, gli studi sulla giustizia e il matrimonio nel Quattrocento hanno sottolineato con chiarezza il principale elemento delle pratiche matrimoniali pre-tridentine, ben evidente anche nella nostra documentazione toscana, vale a dire la facilità estrema con cui nei secoli fino al XVI veniva contratto il vincolo matrimoniale. A questo proposito dobbiamo fare in parte astrazione dalle consuetudini delle *élites*, ovviamente sovrastimate dalla documentazione normativa e memorialistica: negli ambienti più alti della società convenzioni di prestigio e interesse costruivano una politica molto meditata dei rapporti familiari, in cui tutti i passi erano accuratamente studiati, almeno nelle condizioni ordinarie. Ma a prescindere da questa sovrastruttura sociale, la dimensione sacramentale del vincolo era facilmente accessibile secondo le norme del diritto canonico. Una precisa dichiarazione di libera volontà di unirsi in matrimonio di fronte a testimoni, anche senza l'intervento di alcu-

62. Marchetto, *Il divorzio imperfetto*; sui risvolti di questa normativa nella prassi giudiziaria dal XV secolo *Coniugi nemici. La separazione in Italia*.

na formalità, e seguita dalla sua consumazione sessuale, era ritenuta dalla dottrina sufficiente per attivare il valore sacramentale dell'unione. Il che, come si comprende, dava facilmente luogo a situazioni di unioni note solo ai contraenti, o sconfessate da uno dei due immediatamente dopo.[63] Il tribunale si trovava così di fronte a circostanze molto tipiche: la più frequente è forse quella della fanciulla che chiede al giudice di veder riconosciuta l'unione matrimoniale con un uomo che dopo averla sedotta in buona o cattiva fede ha contratto matrimonio con un'altra donna.[64]

La facilità con cui venivano contratti i matrimoni è stata più volte sottolineata negli studi di Christine Meek sulla documentazione lucchese: anche alla fine del secolo sono ricorrenti i casi di nozze perfettamente valide dal punto di vista canonico, che tuttavia vengono messe in discussione nell'atto della causa.[65] Già molto prima, tuttavia, i casi del tribunale fiesolano offrono racconti emblematici. Il primo ci riporta nel 1296, nella comunità rurale di Sant'Agata in Arfoli nel Valdarno superiore.[66] Il tribunale vescovile fiesolano riceve il libello di denuncia di un tal Manente a nome della figlia, Picchina, che sostiene di aver contratto matrimonio con un tal Borghese di Dato dello stesso popolo, il quale però nega l'esistenza del legame, tanto che l'uomo si è già sposato con un'altra donna. L'accusa cerca quindi di mostrare come i rapporti tra Picchina e Borghese avessero configurato un reale sposalizio. Vengono interrogati vari testimoni, tra cui una Ciullina di Meglioruccio di Sant'Agata, che racconta come qualche tempo prima, trovandosi in casa di Manente, avesse visto i due ingaggiare un gioco amoroso, al culmine del quale si sarebbero promessi amore sponsale: Borghese avrebbe anche messo un anello al dito della giovane. Dopodiché, continua la testimone, il loro gioco amoroso si sarebbe fatto più esplicito, e Ciullina avrebbe lasciato soli i due, presumibilmente in procinto di consumare l'unione.[67]

63. *Matrimoni in dubbio*, in particolare il saggio di Meek, *Un'unione incerta*, dagli atti del tribunale vescovile su un matrimonio di dubbia validità per età della sposa.

64. Si veda ad esempio il saggio di Orlando, *Il matrimonio delle beffe*, per vicende che ricordano per molti versi quella fiesolana esposta qui di seguito.

65. Meek, *Women, the Church and the Law*; Ead., *Il matrimonio e le nozze*.

66. ASDF, XIV.III.A.5, cc. 73r-76v.

67. «dum ipsa testis vigilaret in domo Manentis... vidit Picchinam et Borghesem ludentes ad invicem et statim in ipso ludo vidit et audivit ipsa testis dictum Borghesem conrentem a dicta Picchina et ei dicentem quod volebat ipse Borghese eam in uxore si ipsa Picchina vellet ipsum Borghesem in maritum et ipsa Picchina statim respondit quod volebat [...] et immediate post dicta verba vidit ipsa testis Borghesem accipientem de bursa dicte Picchine quendam anulum argenteum non deauratum et vidit quod dictus B statim misit dictum anulum

Anche se la causa non procede oltre le testimonianze, il caso è abbastanza tipico di quelle pratiche estremamente labili dalle quali poteva discendere un vincolo matrimoniale. Chiaramente per il giudice era particolarmente difficile discernere casi del genere, perché le circostanze di fatto che avrebbero costituito il matrimonio restavano affidate alla credibilità di testimoni *de visu*, e non erano definibili altrimenti. Non per nulla il giudice fiesolano, come quelli di Volterra o di Pistoia nel corso degli anni, si trovano in varie occasioni a giudicare di reati di vera e propria bigamia, sia maschile che femminile:[68] non si tratta tanto della rivelazione di una pratica consapevole, né dello specifico interesse del giudice per una eventuale devianza nei rapporti matrimoniali, quanto piuttosto – e più banalmente – dell'esito del cortocircuito tra la norma canonica e le pratiche sociali: discernere tra un matrimonio valido e una semplice unione sessuale poi dimenticata con gli anni era molto difficile.

Proprio perché le situazioni erano molto incerte e per contro la normativa canonica molto rigida sulla indissolubilità sacramentale del matrimonio, i procuratori che di fatto conducevano le cause avevano necessità di usare con circospezione i pochi argomenti ritenuti validi, e per questo i processi, pure con tutta la varietà delle circostanze pratiche, svolgono in definitiva le varianti di un canovaccio abbastanza ripetitivo. In altre parole i binari sui quali il processo matrimoniale si trovava collocato erano molto ben definiti in partenza, più di quanto non accadesse per le cause di altra natura. Questo avviene nonostante che la maggior parte delle cause matrimoniali vengano avviate dalla parte femminile, per ottenere lo scioglimento del vincolo o la possibilità di lasciare il tetto coniugale, e che quindi a giocare il ruolo

in digitum anularium manus dextere [...] inmediate post dictam anuli dationem Borghese et Picchina predicti ceperunt ad invicem ludere fortiter et dicta testis dimittens eos solos ludentes recessit et credit ipsa testis quod statim post dictum suum recessum Borghese et Picchina predicti se ad invicem carnaliter conmiscerunt».

68. Nel registro fiesolano sopra citato alle cc. 52r sgg. è la «causa Totti et domine Mathelde», su una donna del villaggio di San Bavello presunta bigama; a c. 105r il caso romanzesco dell'uomo assente per anni da Firenze, che tornato a casa trova la moglie risposata in quanto creduta vedova. Un caso molto precoce di sospetta bigamia in ASFi, *Tribunale vescovile di Pistoia*, 4, cc. 161r-169v; un caso si riscontra a Pisa (ADPi, *Archivio degli arcivescovi*, *Atti straordinari*, 1, cc. 145r-151r), mentre a Volterra (ASDV, *Curia vescovile*, *Tribunale - Processi civili*, 11, cc. 18r-33r) è una inquisizione del 1365 contro Michele di Dino detto Mordacchia da Catignano, accusato di aver abbandonato la moglie e di aver sposato un'altra donna: segue una lunga serie di informazioni e dettagliate testimonianze, che però non danno luogo a una sentenza.

più attivo nella logica del processo sia la parte più debole e meno tutelata. Le strategie valorizzavano i due argomenti fondamentali trattati sopra: si poteva sostenere la nullità del matrimonio per condizioni ostative per così dire in partenza, e allora era necessario dimostrare un difetto di età o di condizioni fisiche, oppure si puntava sulle circostanze legate alla pratica coniugale, che avrebbero potuto condurre a una separazione. Nei registri giudiziari le due strategie emergono in proporzioni variabili. A Pistoia ad esempio, nel registro tardoduecentesco citato sopra, nel giro di poche settimane viene discussa una causa per un presunto adulterio e un'altra sulla validità di un matrimonio: nel primo caso le testimonianze si concentrano sulla condotta dei presunti sposi, le pratiche della loro convivenza secondo i vicini eccetera, mentre nella seconda si concentra l'argomentazione sull'età della sposa e forse sull'impotenza dello sposo, non è chiaro se per malattia o per difetto di età.[69] I precoci casi pistoiesi della fine del Duecento sono emblematici proprio della difficoltà di definire le circostanze di fatto. Nella causa per adulterio intentata da Magino di Diede da Tizzana contro la moglie Marsobilia il marito riesce a mettere in fila numerose testimonianze *de visu* e di fama su ripetuti episodi di adulterio della donna, ma il procuratore di quest'ultima Guidaloste di Riccobaldo intende provare che in realtà era il marito ad aver commesso adulterio, mentre la moglie nel periodo in cui avrebbe peccato in realtà era tenuta chiusa in casa, anzi emerge anche la *fama* di una figlia avuta dall'uomo con una concubina. In ogni caso vengono avanzate tutte osservazioni sulla condotta dei due, la loro convivenza e i loro comportamenti reciproci, ma non su eventuali atti dello sposalizio: il processo è così in definitiva non una valutazione sulle condizioni di validità del sacramento, che restano oscure per l'incertezza degli atti,[70] ma un vero e proprio conflitto di fama tra i testimoni. Poco più avanti nel medesimo registro si svolge il caso ancora più singolare,[71] nel processo contro una donna di Casale, che avrebbe sposato prima un tal Scolaio e poi un tal Cerracchio, provocando la morte di dolore del primo marito, già infermo; dalle testimonianze si cerca di capire quale dei due matrimoni

69. ASFi, *Tribunale vescovile di Pistoia*, 4, cc. 181r-184r, 201r-224r.

70. In un'altra causa in ASFi, *Tribunale vescovile di Pistoia*, 4, cc. 178v-179r (1292), viene bensì citata la cerimonia con *verba de presenti*, svoltasi peraltro nella cappella di San Vitale, ma dei quattro testimoni presentati nessuno è in grado di confermare la reciproca promessa pronunciata in chiesa, segno eloquente della labilità e dell'incertezza del momento rituale teoricamente all'origine del vincolo sacramentale.

71. Ivi, cc. 161r-169v (1291).

fosse valido, ma la questione è complicata dal fatto che la donna si era fatta chiamare alternativamente Colore o Jacopa in momenti diversi della sua vita, forse giocando sull'ambiguità del nome per favorire un nuovo matrimonio. Le situazioni di indeterminatezza sulla stessa identità sociale della persona[72] infittivano la nebbia che avvolgeva spesso le relazioni coniugali.

Ad uno sguardo complessivo in definitiva è l'argomento dell'età a costituire la circostanza più spesso invocata,[73] perché se acclarata l'effetto di annullamento era immediato: ma il problema era evidentemente raccogliere testimonianze credibili e abbastanza precise.

Un'altra via per lo scioglimento del matrimonio, ben testimoniata nella normativa e dalla prassi dei tribunali, passava dall'argomento dell'impotenza. Se il marito non possiede *potentia coheundi*, e quindi la consumazione è impossibile, il matrimonio si può considerare non valido anche se celebrato con tutte le formalità.[74] La possibilità di attingere a questo dato di fatto era usata abbastanza spesso nelle corti ecclesiastiche, che in effetti trattano abitualmente cause di questo tipo, nelle quali si poneva il problema di verificare effettivamente l'incapacità del marito, di norma attraverso una visita fisica delle condizioni dell'uomo e dell'eventuale verginità della moglie. Nell'aprile 1317 il vescovo di Fiesole riceve la denuncia di Buona figlia di Tuccio di Sant'Angelo a Cetica che chiede l'annullamento del matrimonio con Chiaro di Buono di detto luogo, celebrato ben tre anni prima, con l'argomento che il marito sarebbe «frigide nature [...] non habet potentiam coheundi».[75] Dopo una serie di testimonianze segue la sentenza di annullamento del matrimonio. Verifiche di questo tipo portavano con sé il coinvolgimento di altre persone, e quindi attivavano il ricorso alla *fama*, in questo caso in gioco nel suo significato più pieno di riconoscimento sociale, specialmente per la condizione del marito messo in dubbio nelle sue capacità. Proprio questo tipo di situazione richiedeva a volte competenze specifiche. Tra gennaio e marzo 1387 si svolse una causa di annullamento di matrimonio per impotenza del marito presso il vicario dell'arcivescovo

72. Evidentemente siamo in una situazione pre-tridentina nella quale la stessa identità della persona (specie se donna) non può contare su una cornice documentaria certa, e questo nell'ambito ecclesiastico non meno che in quello civile: cfr. a questo proposito le suggestive osservazioni di Hubert, *Qui est qui?*.

73. Relativamente alle spose ma anche ai mariti, che a volte si argomenta esser stati troppo giovani al momento del contratto, per altri esempi cfr. Wieben, *Unwilling Grooms in Fourteenth-century Lucca*.

74. Madero, *La loi de la chair*.

75. ASDF, XIV.III.A.28, cc. CXXIIIr-CXXIXv.

di Pisa. Mentre in altri casi coevi, anche dello stesso tribunale, il giudice aveva disposto una raccolta di testimonianze, attivando quindi il circuito delle conoscenze personali della coppia, qui viene istruita una doppia commissione: otto donne della comunità conducono un'accurata visita per attestare la verginità della ragazza,[76] e allo stesso tempo ben quattro medici professionisti (i *magistri* Michele del fu Bandino da Ceuli, Ugolino del fu Giovanni da Montecatini e Lando di Pietro da Colle, tutti *doctores* in medicina, e Venturino del fu Enrico, *medicus* da Milano) visitano il marito.[77] Il modo in cui viene esaminato il caso è interessante perché segnala come anche una materia tradizionalmente affidata alla fama della comunità fosse almeno in parte vagliata attraverso un intervento professionale, di esperti qualificati non dalla comunità ma dal giudice.[78] La qualità della testimonianza era ancora l'elemento chiave, tanto che il responso dei medici è pronunciato «visu tactu et interrogatione a fidedignis»: ma è una fama "qualificata", certificata dallo status professionale dei consulenti.[79]

I casi di costrizione o di irregolarità del matrimonio per difetti nel momento della promessa sono rari nelle fonti giudiziarie toscane, proprio perché trattandosi di contratti attivati in maniera assai aleatoria era difficile trovare motivi di invalidità in un rituale che in definitiva si riduceva alla pronuncia di una formula. Significativa al riguardo la testimonianza di un *consilium* di Lapo da Castiglionchio, nato con ogni probabilità da una richiesta del vicario vescovile di Siena. Il caso vede una fanciulla, Ludovica, che alla presenza dei consanguinei viene presentata ad un giovane, Matteo di Agnolo. Al momento in cui questi davanti al notaio pronuncia la formula e prende l'anello per infilarlo al dito della ragazza, questa ritrae la mano dicendo «voglio sapere chi sei!». I parenti, imbarazzati, spiegano alla sposa riluttante che il "fidanzato" è un giovane di buona famiglia ("novesca", cioè delle famiglie al governo nel periodo del regime popolare dei Nove) che i suoi parenti vogliono che sia suo marito. Alla spiegazione la giova-

76. L'intervento di alcune *matronae* per visitare la ragazza in casi del genere, per la verità in numero di sette e non di otto, era previsto dalle stesse compilazioni del diritto canonico: cfr. Ascheri, *"Consilium sapientis", perizia medica e "res iudicata"*.

77. ADPi, *Archivio degli arcivescovi*, *Atti straordinari*, 11, cc. 348v-355r. La causa non giunge alla sentenza di annullamento, ma le testimonianze di natura diversa sembrano condurre in tal senso. Un esempio di esame di testimoni più tradizionale è invece ivi, 1, cc. 54-56.

78. Per un caso contemporaneo proprio a questo proposito Bronach, *Impotence and Virginity*.

79. Su questo orientamento "professionale" della fama, riconoscibile da criteri della giustizia colta e non affidato alle mere pratiche sociali, cfr. Kuehn, *Fama as a legal status*.

ne accetta di proseguire la cerimonia: «se mi dite che i miei parenti sono contenti lo sono anch'io, vorrei solo che fosse qui anche mia madre».[80] Lo sposalizio si conclude senza ulteriori intoppi ma evidentemente il giudice vescovile mantiene un certo dubbio, oppure emerge in seguito una contestazione, da cui la richiesta di *consilium*. Lapo, pur ammettendo l'incertezza («hec questio navigat alto mari et turbido») conclude in definitiva che si possa ritenere il comportamento della ragazza come sufficiente manifestazione di consenso, e che quindi il matrimonio, per quanto nato in modalità poco regolari, sia da ritenersi valido. Dalla situazione singolare di questo sposalizio e dal modo in cui la giustizia lo valuta appare chiaro che la regolarità del matrimonio potesse per così dire tollerare anche situazioni estremamente ambigue o di aperta costrizione, e quindi in definitiva nella pratica processuale l'argomento del consenso fosse un'arma debole per mettere in discussione l'unione.

La seconda delle strategie cui si faceva cenno era quella che avrebbe potuto mettere capo non all'annullamento del matrimonio ma ad una separazione, o al riconoscimento da parte del giudice spirituale di una situazione in cui il vincolo nuziale, sebbene ancora in vita come sacramento, era sospeso nel suo risvolto di convivenza. In questo caso occorreva attestare che il coniuge si fosse macchiato di reati talmente gravi da compromettere la possibilità della convivenza. Da qui prendono origine le cause per adulterio, che compaiono in numero non particolarmente alto nella prassi dei tribunali vescovili toscani. Di nuovo, l'assenza di un orientamento moralizzante è macroscopica, ma conta anche la circostanza per cui i comportamenti illeciti del marito o della moglie possono realmente ottenere la

80. *Allegationes Lapi*, n. LVII: «[...] cepit anulum quendam aureum et volens mittere in digitum ipsius puelle ipsa puella manum traxit ad se et dixit "Ego volo scire quis tu es", et nunc dixit dictus Matheus "io solo Matheo d'Agnolo Parmelito de Syena vostro servidore". Et unus ex predictis consanguineis dixit "filia mi, iste non est de Stagio immo est quidam iuvenis civis senensis de bona progenie qui vocatur Matheus Angeli Palmeritti de progenie novem et volunt tui consanguinei quod ipse sit tuus legittimus maritus". Quare dicta Ludovica audiens predicta respondit "postquam vos dicitis quod consanguinei contentantur ego sum contenta et vellem quod mater mea esset hic". Predictus consanguineus respondit nos misimus pro ea et erit statim. Et tunc dictus Metheus (*sic*) cepit dictum anulum et eum immisit in digitum annularem ipsius Ludovice notario dicendo "sis rogatus quod ego in gadio Ludovicam hic presentem tamquam legittimam meam uxorem et vos alii sitis testes". Modo queritur nunquid matrimonium legitimum sit contractum per verba de presenti inter dictum Matheum <et> Ludovicam predictam».

separazione solo in forme molto gravi, o se aggravate da motivi eccezionali. In linea di massima la violenza domestica avrebbe potuto rappresentare uno di questi motivi: tuttavia l'abitudine da parte dei mariti di usare violenza sulle mogli era estremamente diffusa, tanto da essere considerata un elemento naturale dei rapporti tra uomo e donna tra le mura domestiche.[81] Di conseguenza l'argomento era tutto sommato poco efficace nelle cause, specie per separazione, e infatti episodi del genere si trovano piuttosto presso i tribunali secolari: qualora la moglie fosse accusata di abbandono del marito, di adulterio o addirittura di omicidio i giudici secolari scoprivano talvolta le situazioni di violenza sistematica subite dalle donne.[82] Ma era meno facile che l'argomento fosse così forte da mettere in gioco la rottura del vincolo matrimoniale nella sede ecclesiastica. Per ottenere un risultato del genere le mogli dovevano attivare risorse argomentative eccezionali: in un caso studiato da Christine Meek la donna volle mostrare al giudice che il marito aveva abbandonato la religione cristiana;[83] di nuovo a Lucca nel 1359 una sentenza di separazione *a mensa et thoro* giunse dopo che la moglie, fuggita da casa per evitare le violenze del marito, riuscì a dipingere quest'ultimo come uomo depravato e indegno, uso a frequentare concubine e determinato a imporre alla moglie rapporti carnali contro natura, che agli occhi del diritto canonico avevano una gravità maggiore che non l'uso delle percosse.[84] Precomprensioni di natura culturale e rigidità della normativa facevano così dell'intervento del giudice ecclesiastico uno strumento assai fragile, che poteva molto spesso arrivare solo a delimitare gli illeciti più gravi. Nel gennaio 1316 il vicario fiesolano tentava di riconciliare i coniugi dopo la fuga della moglie: l'invito rivolto al marito era di «eam non verberare nec offendere malo modo nec ultra quam ius sibi permictat».[85] Un caso simile si sarebbe presentato nel novembre 1334, quando al tribunale vescovile ricorse Giovanna del fu Donato di San Nic-

81. Emblematico l'approccio della dottrina: Minnucci, *"An mulier verberari possit"*; per un caso giudiziario lucchese Wieben, *"As Men Do with Their Wives"*. Sul fenomeno si vedano ora i saggi raccolti in *La violenza alle donne.*

82. Anche in questo caso gli episodi finivano spesso presso i tribunali secolari, competenti per la violenza in sé, e solo secondariamente in quelli spirituali laddove questa diventasse un motivo per chiedere la separazione: Dean, *Domestic Violence in Late-Medieval Bologna*.

83. Meek, *"Simone ha aderito alla fede di Maometto"*.

84. È il caso citato sopra in Wieben, *"As Men Do with Their Wives"*.

85. ASDF, XIV.III.A.18, cc. LXXVIr-LXXVIIr.

colò al Trebbio, moglie di Bernardo detto Vaiano residente nel villaggio di Paterno, nel Chianti senese.[86] Alla donna era già stato intimato di tornare a vivere con il marito per ordine del rettore della sua parrocchia Santa Maria in Colle, quindi l'intervento del vescovo era richiesto in seconda istanza. La donna portava argomentazioni molto forti nel sostenere di non essere tenuta a seguire il marito, «maxime cum idem Bernardus sit vagabundus et male utatur substantia sua et velit eam ducere vagando per orbem more meretricio et velit quod ipsa prestet corpus suum libidini et pro pecunia volentibus eam carnaliter cognoscere et quod si predicta non faceret pluries minatus fuit eam occidere». Se la validità dei racconti processuali rientra comunque in uno standard da non sovrapporre automaticamente alla realtà, di certo le carte aprono uno squarcio impietoso su condizioni sociali di violenza e degrado. L'intervento del vescovo è insieme paterno nella forma e totalmente inefficace nella sostanza: alla donna impone di tornare a vivere col marito, e a questi rivolge la sua raccomandazione affinché «inventa et habita domo propria vel conducta, recipiat dictam suam uxorem et in mensa lecto et aliis maritali affectione tractet eandem, nec eam verberibus afficiat ultra quam sibi permictatur a iure». Subire violenze solo nella misura stabilita dal diritto era quanto molte donne potevano attendersi di meglio nella quotidianità matrimoniale.

Con il tema della violenza tocchiamo con mano la presenza nelle carte giudiziarie di dispositivi molto radicati nella cultura maschile, in particolare il timore che la donna possa smontare la struttura sociale fondata sul matrimonio: la sfera di ciò che è specificamente femminile deve essere sempre soggetta a controllo e tutela, perché suscettibile di indebolire o minare le strutture dei rapporti sociali.[87] Sta forse dietro a questo timore l'emergere in varie circostanze dell'immagine della donna ammaliatrice, capace di usare le arti occulte per impedire o rompere il rapporto matrimoniale.[88]

Nei primi mesi del 1299 il vicario del vescovo fiesolano raccolse testimonianze contro la vedova Fresca da Fiesole, convivente (*amasia*) di Rinaldo di Giunta da Fiesole, che risultava diffamata nella sua parrocchia

86. ASDF, XIV.III.A.33, c. 85r (10 novembre 1334).

87. Una considerazione del genere vale del resto per buona parte dell'abbondante produzione didattica o memorialistica del Trecento toscano: senza entrare nell'amplissima bibliografia specifica si possono citare le osservazioni sintetiche di Pinto, *Matrimonio e sessualità coniugale*.

88. A situazioni di questo tipo sembrano riconducibili molti degli esempi portati (purtroppo senza riferimenti documentari) da Cardini, *Magia e stregoneria nella Toscana del Trecento*.

in quanto secondo alcuni «amaliavit arte malefica dominam Margheritam filiam dicti Becti uxorem Lapi Renaldi predicti ita et taliter quod ipse Lapus predictam dominam Margheritam eius uxorem carnaliter congnoscere non potuit», e «ipsa non potest pati cum dicto Lapo viro suo».[89] Un qualche sortilegio sarebbe stato lanciato dalla donna contro la coppia, con l'effetto di impedire l'unione carnale tra i due.[90] A questa sinistra fama di fattucchiera la donna avrebbe aggiunto una condotta riprovevole, perché «lenocinium exercuit plurius vicibus». Il caso è molto simile a quello presentato al vescovo di Lucca molti anni dopo, nel 1359, su una Bartolomea da Vaccoli accusata di essere una «malefica et incantatrix», e di aver usato le sue arti per separare due sposi e di sedurre il marito.[91] I casi hanno in comune anche la risposta del vicario, che a Lucca impone alla donna di abbandonare la comunità ma non dà seguito alle accuse di stregoneria, e a Fiesole lascia del tutto cadere le imputazioni. Il giudice ecclesiastico, nella tradizione della cultura canonistica bassomedievale, si mostra poco disposto a seguire la logica delle fantasie stregonesche delle comunità.[92] Quanto però il timore della stabilità dei matrimoni alimentasse in tutti i sensi una inclinazione al complotto magico lo ritroviamo in un altro caso nella Pisa del primo Trecento.

Nel 1312 il vicario dell'arcivescovo di Pisa avvia una inquisizione contro Duccia moglie di Pinuccio, poiché «misit vel mittere conata est aliqua maleficia inter aliquas personas et maxime inter virum et uxorem»; la donna nega di aver compiuto malefici di sorta, ma racconta con candore e anche con grande dettaglio, precisato dalla testimonianza del marito, di aver usato vari incantamenti e formule magiche, non per fini malvagi, bensì per portare pace e amore nei rapporti matrimoniali dei propri "clienti".[93]

89. ASDF, XIV.III.A.6, cc. 21r-27v.

90. Sul tema cfr. anche Rider, *Magic And Impotence*.

91. Wieben, *The Charms of Women and Priests*, pp. 144-145.

92. Si è già osservato *supra*, pp. 27-28, come a quest'altezza cronologica fossero più spesso i tribunali secolari a dar seguito ad accuse del genere.

93. ADPi, *Archivio degli arcivescovi*, *Atti straordinari*, 1, cc. 223rv: «dixit tamen quod iam fecit aliquas facturas pro nutriendo pacem et amorem inter virum et uxorem; interrogata de quo fecit dictas facturas respondit de lacte matris et filie et de erba trium apostulorum et erba pervincha et vallerano et dicebat in nomine pacis et amoris et dabat ad bibendum viro et uxori vel ad comedendum in salsamento; et dicit quod semel fecit se plumbari cum cera stemperata in aqua frigida pro eo quod ipsa erat maleficiata et dicit quod in dicta plumbatione videntur ymagines personarum et lingue et mala et bona. [...] Item postea dixit quod Pinuccius supradictus vir suus fecit quoddam breve ad petitionem Tesse

Considerando il quadro che abbiamo visto sopra gli intenti di pacificazione della vita familiare con simili metodi ci appaiono abbastanza comprensibili: si potrebbe anche immaginare, nella circolazione di una cultura della pacificazione nelle città del tempo, che vi fosse una sorta di antidoto "privato" all'universo delle ostilità familiari della società maschile. A dire il vero però non sempre gli intenti delle pratiche incantatorie sembrano così concilianti: tra le testimonianze raccolte nel prosieguo del processo compare il nome di un'altra donna, una certa Tessa, che a quanto pare, pur di avvicinare un tal Primerano e di gettare zizzania tra costui e una rivale in amore, monna Nera (in modo che i due «si odiassero come cane e gatto»), si era dichiarata disposta a vendere l'anima al diavolo.[94] Accenni di questo tipo a pratiche ai limiti dell'ortodossia non sono frequenti, e comunque di norma sembrano ricondotti a pratiche folcloriche abbastanza innocue anche agli occhi del giudice, e non danno mai luogo a meccanismi di persecuzione come quelli che sarebbero comparsi nel secolo successivo, anche in Toscana. In altre parole non è il timore per le deviazioni superstiziose che anima l'intervento del vescovo, quanto piuttosto l'intento di salvaguardia dell'equilibrio della comunità di cui i rapporti matrimoniali sono una componente.[95]

Si tratta comunque di episodi che aprono uno spiraglio in un universo di abitudini femminili che sta sotto e al di là delle convenzioni matrimoniali. Capita in effetti talvolta che le carte confluite nei registri del tribunale consentano di vedere oltre la formalità strettamente giuridica dei ruoli della donna. Al di là di ogni convenzione è ad esempio la lettera che si è conservata come foglio sciolto tra le carte del registro delle cause civili di Lucca del 1370. Senza alcuna connessione apparente con gli atti contigui, e privo del resto di sottoscrizioni di sorta, il foglietto riporta una sorprendente dichiarazione:

ut Primeranus diligeret eam et etiam scripsit ei in quadam costa asini quedam verba ut possit eius gratiam captare et promisit ei quod si non valetur dicta malia ipse Pinuccius faceret aliam maliam ut Primeranus et domina Nera ad invicem se odirent. Et dixit etiam quod fecerunt aliam maliam ut Bate et domina Nera diligerent se ad invicem».

94. «[...] quod Primeranus et domina Nera se odirent ad invicem sicut canis et catus: et dicta Tessa dixit quod si hoc fieri posset ipsa daret animam diabolo et hoc debebat facere cum quodam ovo». L'associazione tra eresia e pratiche demoniache emerge relativamente tardi nelle fonti pontificie, consolidandosi solo nella seconda metà del XIV secolo: Paravicini Bagliani, *Il papato e il demonio*.

95. L'ossessione per la superstizione diventa un tema significativo nell'azione repressiva della Chiesa solo da fine Trecento: cfr. Bailey, *A Late-Medieval Crisis of Superstition?*.

Io vorrei esere morta lo die e l'ora che di voi mi fu mai parlato, peròe che'l quore io v'oe donato soança veruna chosa disonesta: è vero quado io v'òe veduto v'òe guardato quanto io òe potuto è vero che io v'amo e voliovi bene, in chosa che fuse di voso onore e di mio per veruna chosa disoneta no è, e senpre ipero in Dio e'n de la dolcie Madere che v'aumili lo vero quore che voi siate mio ispoço; e sapete bene che non è né pechato n vergogia d'avere onore, e pregovi di queto segreto vi mi tigiate che vi nol manifestiate a nuno: chome voi l'avete veduta sì la traciate.
Si ause dito chosa chee fuse di spiacenza si mi perdonate.
Dio sia senpre vosa guardia.[96]

Il testo è scritto in quella che i paleografi chiamerebbero una scrittura elementare di base, tracciata cioè da una mano incerta che usa poche legature, non conosce i segni abbreviativi e salta spesso le lettere. A chi si rivolga la donna, a chi quindi manifesti in un modo così candidamente partecipato il proprio amore non è dato sapere. Di certo la scrittura era così singolare, anche nella forma del tutto incompatibile con le formalità del processo, che venne allegata piuttosto che trascritta: a meno che non si tratti di una testimonianza personale non del processo ma del notaio che redigeva le carte, finita da una vicenda privata al verbale del lavoro. In ogni caso le righe stentate della scrittura della donna sembrano sfuggire dalla standardizzazione del linguaggio del tribunale, come una traccia di un universo di relazioni femminili che abitualmente non hanno modo di esprimersi nello scritto.

Un'altra scena suggestiva si apre nell'ambito della vita religiosa femminile proprio all'inizio del periodo che consideriamo, grazie ad un passaggio di un registro del tribunale fiesolano. Nell'estate del 1296 il rettore della chiesa di Vicorati nelle campagne del Mugello presso Dicomano, di nome Panzo, venne inquisito dal vescovo di Fiesole con l'accusa di aver violato l'interdetto, fulminato dallo stesso vescovo in circostanze non note sulla chiesa della parrocchia.[97] Il sacerdote confessa di aver effettivamente commesso un'infrazione alla sanzione spirituale, ma si giustifica collocando l'episodio in una circostanza particolare. Il prete ricorda infatti di aver consentito a una monna Mundina, moglie di ser Salimbene, di entrare nella chiesa parrocchiale «post partum, ut moris est», cioè per il tradizionale rito dell'*insantatio*, antichissima tradizione riservata alle donne riammesse

96. ASDL, *Tribunale ecclesiastico*, *Civile*, 51, foglio sciolto tra le cc. LI e LII.
97. ASDF, XIV.III.A.4, c. XLr (3 luglio 1296).

nel luogo sacro dopo l'evento del parto.[98] Questa visita in chiesa, ricorda il prete, è stata priva di ogni carattere di celebrazione: la donna è entrata da sola senza che il sacerdote la accompagnasse né tantomeno recitasse l'ufficio, e del resto ciò è avvenuto di sera, senza neppure accendere un lume in chiesa. Una concessione che il rettore ammette di aver fatto su richiesta, («devota instantia» dice il testo) di molti della sua parrocchia, e in particolare del conte Salvatico dei conti Guidi, signore della zona: e del resto Mondina non era una donna qualunque perché suo marito Salimbene era il visconte, cioè l'ufficiale incaricato di esercitare la giustizia per conto dei signori. Il reato ammesso dal prete, insomma, per il quale del resto non è registrata nessuna sanzione, era legato alle pressioni e alle dinamiche della società locale con i suoi piccoli momenti di potere. Ma immaginare i passi incerti della donna nel buio della chiesa dove ritornava nella piena appartenenza rituale alla comunità è forse un piccolo segno della presenza umbratile e sfuggente di ciò che significa dalla prospettiva femminile la sfera del sacro nella parrocchia.

Un ultimo contesto in cui il mondo femminile entra in relazione con la giustizia ecclesiastica è quella delle religiose. L'autorità vescovile infatti esercitava una giurisdizione di controllo sulle comunità di monache, e per questo documenti in proposito compaiono non di rado tra le carte del vicario. In questo caso abbiamo a che fare con una collettività tutta femminile, che da un certo punto di vista sfugge ai condizionamenti e alle rigide precomprensioni del mondo maschile, e del resto è stato più volte osservato che specialmente per le donne del ceto dirigente cittadino la scelta religiosa poteva rappresentare uno stile di vita più autonomo rispetto a quello familiare, considerando anche l'applicazione piuttosto flessibile delle regole claustrali nei conventi femminili fino all'età tridentina. Questo paradosso della vita religiosa è testimoniato dunque dalle carte dei vicari, per cui se le donne sposate compaiono solo in connessione con la validità del matrimonio o i suoi conflitti, le monache sono presenze più attive. Ecco ad esempio che il notaio del vescovo di Firenze registra nel 1372 gli atti dell'elezione della badessa di Santa Caterina in Cafaggio e poco più avanti di quella di Santa Maria in San Gallo, due comunità religiose dell'area urbana:[99] la regi-

98. Sulla pratica Rieder, *On the Purification of Women*, e per il caso italiano Pancino, *Puerpera pura parens*.

99. ASFi, *Notarile Antecosimiano*, 11385 (imbreviature di ser Lando Fortini da Cicogna), cc. 86r e 104r.

strazione riporta anche il conteggio dei voti, con una testimonianza insolita di una circostanza tipicamente maschile, quella delle decisioni collettive a maggioranza, che invece qui era ordinariamente svolta dalle religiose.[100] Non sarebbe pertinente al nostro contesto geografico ma è suggestivo il caso registrato proprio in quegli anni dalle visite pastorali del vescovo di Modena. Qui il visitatore attestava in maniera molto vivace le controversie e i quotidiani diverbi tra le monache di Santa Caterina e il loro priore, fino alla richiesta delle prime di potersi gestire in autonomia senza subire le angherie del sacerdote.[101] I relativi spazi di autonomia decisionale della comunità femminile potevano effettivamente essere una circostanza che faceva emergere una soggettività poco testimoniata in ambito secolare.

Allo stesso tempo si trattava anche di una situazione di possibili conflitti. Un primo esempio al riguardo è offerto da un piccolo caso tratto dai registri del tribunale vescovile di Fiesole. Siamo nel 1336: suor Agata di Ugolino monaca della vetusta abbazia di Rosano si rivolge al vescovo per denunciare l'elezione a badessa di suor Elisabetta, avvenuta attraverso gravi irregolarità dal momento che suor Elisabetta avrebbe pagato Agnesa *antiqua monaca*, evidentemente una consorella di grande autorità, la somma di 20 fiorini per essere eletta simoniacamente. Alla denuncia, di cui non conosciamo con esattezza l'esito perché il processo si arresta all'escussione dei testimoni, suor Agata aggiunge una serie di dettagli sulla riprovevole condotta di vita dell'accusata, che sarebbe «publica et notoria meretrix et etiam infamis et <culpabilis> de fornicatione adulterio sive strupo necnon et lenocinio quamplurium monialium ipsius monasterii», nonché responsabile di uno scandaloso adulterio con Ranieri de' Bardi, da cui avrebbe avuto anche un figlio di nome Monachino.[102] Dallo svolgimento della vicenda è chiaro che il punto essenziale riguarda il governo della comunità quindi la scelta della badessa, ma il sesso si presta molto bene a fare da elemento centrale della costruzione dell'infamia, perché ha un indubbio effetto squalificante sul buon nome e

100. Altri casi in *Notarile Antecosimiano*, 2543, c. 287: sindacato delle monache di San Giovanni Battista o Santa Maria del Fiore, deliberato con le solite forme consiliari e l'elenco delle presenti; a c. 321r altro atto delle monache di Santa Maddalena al Cestello (1357-1358). Per un caso pisano ADPi, *Archivio degli arcivescovi*, *Atti straordinari*, 10, c. 44r: le monache della badia di San Matteo in Soarta congregate insieme eleggono il cappellano della loro chiesa.

101. Ricci, *Di un frammento di atti di visite pastorali*, pp. 65-73: l'episodio non è datato ma è successivo al 1364.

102. ASDF, XIV.III.A, 34, cc. 2r-9r.

la rispettabilità dell'interessata. Per questa via era abbastanza naturale che l'azione penale del vescovo su certe situazioni facesse emergere dispositivi simili a quelli che abbiamo visto operare nella società maschile dei chierici: la competizione per le cariche e i conflitti intorno a elezioni, incarichi e ruoli di governo della comunità si traducono nella comparsa di episodi scabrosi o semplicemente alimenta i tentativi di diffamazione.

3. *La fede dei laici*

L'attività dei tribunali vescovili non si trovava molto spesso a trattare questioni sulla vita religiosa del laicato. Concentrandosi sugli *excessus* dei chierici, o sulla soluzione di controversie matrimoniali, le pratiche cristiane dei fedeli vengono toccate in maniera solo indiretta, salvo il caso dei sospetti sull'esercizio dell'usura che abbiamo visto sopra. D'altra parte anche nella sua attenzione alla vita del clero l'autorità vescovile si mostra abitualmente più attenta ai comportamenti dei sacerdoti che alla qualità della loro azione pastorale: come ha osservato Richard Trexler anche nelle costituzioni sinodali (pure in sedi molto attente al riguardo come quella fiorentina e fiesolana) a essere sotto controllo è più il chierico del parroco, cioè più la figura del sacerdote nelle sue attribuzioni e stili di vita, che non il ministero del clero curato in sé, che anzi tende a soddisfare uno schema di obblighi tramite il regolare adempimento delle necessità liturgiche minime.[103] Questo comporta, come si può immaginare, una sensibilità non molto accentuata per il livello di vita religiosa che il parroco poteva attendersi dai suoi fedeli. È probabilmente questo il motivo principale per cui, almeno in Italia, le forme di consapevolezza e pratica religiosa più sviluppate si svolgono piuttosto in seno a esperienze di marca mendicante[104] che non nella parrocchia in quanto tale, anche perché quelle esperienze (di natura penitenziale, caritativa o genericamente devozionale) hanno in Toscana, campagne comprese, una diffusione molto precoce e intensa.[105] Non è co-

103. Trexler, *Synodal Law*.

104. Cfr. *supra*, pp. 198-199.

105. Vi è anzi in certi casi un atteggiamento di sospetto dell'autorità vescovile verso forme di associazionismo religioso laicale, qualora non chiaramente riconducibile al controllo episcopale: è il caso delle vicende dei disciplinati di Pomarance, che giunse in sede giudiziaria a Volterra negli anni Settanta (ASDV, *Curia vescovile*, *Tribunale - Processi civili*, 17, cc. 46v-47r) perché il vescovo riteneva che il sodalizio fosse stato creato senza la

munque impossibile trovare nella documentazione qualche cenno di vitalità della pastorale vescovile in questo senso. Tra le costituzioni sinodali senesi, ad esempio, si conserva una disposizione datata al tempo del vescovo Rinaldo Malavolti (1282-1310) intitolata *Quod sacerdotes frequenter moneant parrochianos de peccatis et que sint peccata mortalia*. Oltre a ricordare l'obbligo della confessione annuale e dell'eucarestia a Natale, Pasqua e Pentecoste, derivati dal celebre canone *Omnis utriusque sexus* del Lateranense IV,[106] il vescovo specificava una sorta di rapido prontuario dei peccati mortali, che fungeva da schema di penitenziale per il clero curato:

> peccata mortalia que sunt heresis, error in fide Christi, superbia, invidia, ira, accidia, avaritia, gula, luxuria, vanagloria, ypocresis, odium, periurium, falsum testimonium, furtum, homicidium, adulterium, fornicatio, incestus consanguineorum, strupum virginum et omnis effusio libidinis preter coniugale usum, usura, symonia, rapina, veneficia, vendere falsum pondus, falsam mensuram, falsum iuditium, falsum consilium, falsa advocatio, decimarum retentio, sacrilegium, iniectio manuum in clericum vel in religiosum et ordinis, inobedientia mandatorum. Doceant insuper confiteri desiderium et voluntatem quam habent [...].[107]

Evidentemente non c'è nulla di originale in questo catalogo di peccati, in una tipologia che si sarebbe letteralmente moltiplicata nel corso del secolo.[108] Quello che lo rende interessante è piuttosto il suo rivolgersi generico ai sacerdoti come schema di massima di confessione, tanto rilevante in quanto, come abbiamo visto sopra, preoccupazioni del genere non sono così frequenti nelle fonti sul clero secolare, al di là della pedissequa ripetizione delle norme canoniche. La cura pastorale senese forniva quantomeno un accenno a questo tipo di stringato prontuario teoricamente rivolto a tutti i parroci. I vescovi poi non avevano grandi mezzi per verificare l'osservanza di certe disposizioni: anche nelle visite pastorali gli interrogativi posti ai testimoni vertono su questioni molto generiche. A Cortona la pratica della visita è come noto straordinariamente ben documentata fin da primo

sua approvazione, mentre i suoi membri giurano che «suprascripta societas non est noviter erecta, sed fuit iam sunt plures et plures anni usque ante mortalitatem magnam que fuit in MCCCXLVIII».

106. Che ricorre anche altrove in forma generica, ad esempio nella rubrica CXXVIII *De populo circa penitentiam amonendo* delle costituzioni del vescovo aretino Ubertini del 1344: cfr. *Costituzioni sinodali dei vescovi di Arezzo*, pp. 71-72.

107. Ricchioni, *Le costituzioni del vescovado senese*, p. 165.

108. Casagrande, *La moltiplicazione dei peccati*.

Trecento, e in effetti anche nella prassi del tribunale questa attenzione per il controllo della vita dei parrocchiani ha lasciato qualche segno. Risale al 1375 un frammento di atti giudiziari di Cello da Cortona, vicario del vescovo Benedetto, nel quale è inserito un documento apparentemente a metà strada tra la raccolta di testimonianze per un processo e lo schema di una visita pastorale; non si tratta di uno schema astratto perché esplicito è il riferimento alla parrocchia di Ursaria (probabilmente nell'attuale località Ossaia). L'appunto del vicario recita

> Memoria de monitione fienda in ecclesia de Ursaria. Et primo de maliardis et incantatoribus demonum et malorum spirituum. Secundum de certis hominibus popularibus et parochianis dicte Ecclesie qui non visitant dictam ecclesiam diebus paschalibus dominicis et festivis prout tenentur et debent de iure canonico. Tertio de multis qui non confitentur eorum peccata semel in anno sed stant et steterunt animo indurato per plures et plures annos. Quarto quod certi homines de Ursaria debent solvere certam quantitatem florenorum pro callice et non solverunt nec curant solvere, sententiam ecomunicationis domini episcopi incurrentes. Quinto quod pro relictis factis dicte ecclesie pro dicto calice non solventes [...] incurrunt sententiam excommunicationis predictam. Sexto de hominibus tenentibus uxores alienas relictis propriis uxoribus [...].[109]

Il documento si interrompe per il taglio della carta ma nel verso sono appuntati alcuni nomi di parrocchiani con accanto la nota «super...probat», il che lascia intendere che si tratti di una raccolta di testimonianze per un provvedimento. A differenza dei tanti casi che abbiamo incontrato nella prima parte, qui non è il sacerdote a essere inquisito ma a quanto pare i peccati del laicato, che rientrano in tipologie ricorrenti di inadempienza. Accanto alle pratiche magico-folcloriche non lecite vengono sottolineati il mancato rispetto del precetto festivo e dell'accesso ai sacramenti principali; il riferimento alle *uxores alienae* va inteso forse più che come semplice adulterio, come accenno a pratiche di convivenza familiare non codificate in relazioni matrimoniali chiare secondo il diritto canonico, evidentemente non facili da verificare specie in ambito rurale. Spicca poi il richiamo a pagamenti per i beni della chiesa, a quanto pare l'acquisto di un calice, per il quale la comunità non ha contribuito come dovuto. Torna qui come abbiamo visto sopra l'importanza, in questo caso in negativo, della cura dell'arredo materiale, nel quale si coagula nel bene e nel male la qualità della vita religiosa della comunità parrocchiale.

109. AVC, *Visite pastorali*, 9001, primo registro segnato 1375.

D'altra parte nel nostro periodo la Toscana è un territorio in larga parte pacificato sul piano della dottrina, nel quale le esperienze ereticali sono praticamente invisibili.[110] È veramente raro trovare nelle carte dei vicari riferimenti a esperienze ereticali. Questo si spiega evidentemente con ragioni di natura istituzionale, nel senso che i reati di fede comportavano l'intervento di un tribunale differente, quello dell'inquisitore, quindi non sarebbe comunque lecito supporre un particolare coinvolgimento della giustizia del vescovo in quest'ambito. Tuttavia gli studi anche recenti hanno mostrato che in linea di massima le strutture vescovili collaboravano e partecipavano alla pratica della giustizia inquisitoriale, anche con la comparsa di vicari e l'impiego di personale tecnico vescovile,[111] quindi una certa presenza anche documentaria di questo impegno avrebbe potuto emergere. Al contrario le testimonianze sono estremamente povere: anche nel caso forse più celebre del pieno Trecento, la condanna di fra Michele da Calci a Firenze nel 1389, la documentazione giudiziaria superstite è quella del processo civile presso il capitano, mentre il primo processo presso il vicario del vescovo ci è noto solo attraverso la trasfigurazione "evangelica" che ne fece l'anonimo autore della *Storia di fra Michele Minorita*.[112] Nella Toscana del XIV secolo quella dei fraticelli era una esperienza religiosa di rilievo non trascurabile, oggetto delle attenzioni repressive della gerarchia, ma la documentazione giudiziaria degli archivi episcopali non ne rileva traccia, almeno non nel XIV secolo.[113]

A proposito di repressione antiereticale, di nuovo tra le carte del tribunale vescovile di Fiesole vi è un appello presentato probabilmente nel 1344 da un tal Francesco di Dino da Cortine *civis et habitator florentinus*, sottoposto a processo dall'inquisitore della provincia di Toscana, il francescano Andrea di Cecco Tolomei da Siena. A detta dell'inquisito il provvedimento

110. È il quadro messo in luce per l'area fiorentina da La Roncière, *Aspects de la religiosité populaire en Toscane*, ma per considerazioni più generali nello stesso senso Merlo, *Inquadramento ecclesiastico e vita religiosa*, pp. 403-406, e anche Chiffoleau, *Les justices du Pape*, pp. 197-207.

111. Moore, *Inquisition and its Organisation in Italy*, pp. 233-239.

112. Che comunque fa riferimenti assai precisi alla procedura, in particolare alla redazione di un verbale e di uno schema di confessione sottoposto – senza esito – all'*inquisito*, che si apriva con il consueto formulario «Frate Michele, uomo di mala condizione e fama...»: cfr. Anonimo fiorentino, *Storia di fra' Michele Minorita*, pp. 49-50.

113. Alcune sentenze (di assoluzione con penitenza) contro i fraticelli lucchesi vennero pronunciate dal vescovo Nicolao Guinigi nel 1411-1412: cfr. Baluze, *Miscellanea*, I, pp. 481-485.

a suo carico era stato avviato in maniera fraudolenta per istigazione di Luca, pievano della chiesa di Vignano presso Siena, e di Matteo, entrambi fratelli dell'inquisitore, nei confronti dei quali Francesco vantava un credito di 24 moggi di grano per 120 fiorini.[114] L'episodio ricorda la celebre novella XI di Franco Sacchetti, che mette in scena una crudele burla organizzata da Guccio Tolomei e dal suo amico inquisitore – forse lo stesso Andrea di Cecco? – ai danni dello sprovveduto Alberto da Siena, che cade in un tragicomico malinteso sul *da nobis hodie* del Padre Nostro, diventato donna Bisodia.[115] Di nuovo troviamo dunque conflitti di natura personale o patrimoniale che al massimo sono suscettibili di vestirsi di caratteri religiosi, e possono usare la giurisdizione inquisitoriale. D'altra parte uno scivolamento del genere, tra controversie di bassa quotidianità e il lessico della dissidenza religiosa, vicino se non tale da attivare la giustizia inquisitoriale, era molto facilitato dall'uso del tema dell'eresia nella politica pontificia, specialmente dagli anni di Giovanni XXII. Capitano così casi come quello di Matteo del fu Tebalduccio di messer Gottifredo da Prato, pievano di Montemurlo, che accede alla giustizia della prepositura di Santo Stefano per ottenere la restituzione di alcuni prestiti ricevuti dal padre, ora defunto, a interessi che ritiene essere usurari. In tutta risposta i suoi creditori accusano lo stesso Matteo non solo di essere un cattivo pievano, dilapidatore dei beni della chiesa, ma anche scomunicato perché seguace di Ludovico il Bavaro e di Castruccio Castracani.[116] Il coinvolgimento della Chiesa romana nelle lotte politiche portava con sé una porzione di contrasti di questo tipo: nel 1303 il vescovo di Fiesole aveva inquisito e scomunicato un pievano che aveva parlato male di Bonifacio VIII, delle sue guerre e della crociata contro i Colonna.[117] Del resto i registri della giustizia vescovile fanno da collettore anche per documenti delle relazioni tra i vescovi e l'autorità pontificia, specialmente per contribuzioni straordinarie: a Pisa nel 1349 e più tardi a Lucca nel 1360 i notai registrano insieme ai documenti processuali le lettere del legato apostolico per i contributi alla crociata e alle campagne militari dell'Albornoz in Italia.[118] Dal momento che queste

114. ASDF, XIV.III.A, 34, cc. 114r-117r.

115. *Le Trecento novelle*, n. XI.

116. ADPo, *Atti giudiziari*, *Atti della curia del preposto*, 1013, cc. 59r-63v (17 dicembre 1337).

117. ASDF, XIV.III.A.10, cc. 15r-17v.

118. ADPi, *Archivio degli arcivescovi*, *Atti straordinari*, 8, cc. 26v-29r, e ASDL, *Tribunale ecclesiastico*, *Criminale*, 15 c. XLIr.

iniziative finivano per coinvolgere i singoli fedeli, la loro messa in atto era parte della conformità richiesta dalla disciplina episcopale.[119]

Qualche tempo prima, di nuovo a Prato l'intromissione del tema dell'eresia aveva avuto una versione ancora più estrema, effettivamente ai limiti del ridicolo, nella controversia comparsa a più riprese sulla fabbricazione delle candele, materia che si riteneva coinvolgere in una certa misura la giurisdizione ecclesiastica. All'inizio degli anni Venti viene registrato un precetto a Cennino Beccamorti, perché questi si astenesse dal fabbricare torchi e candele per i morti contro le norme degli statuti dell'arte degli speziali di Prato, e se vorrà fabbricarne «eos facias solidos et bonos absque fraude», perché il contrario «manifeste sapit hereticam pravitatem».[120] Non era una dichiarazione del tutto esagerata, quantomeno nel senso che il preposto riteneva di disporre di una competenza specifica in materia. Negli stessi anni, e forse in riferimento alla medesima controversia, un biglietto sciolto nei registri del tribunale riporta la comparsa dei sindaci dell'*universitas* degli speziali, che contestano la sentenza di scomunica pronunciata contro alcuni di loro per la confezione di candelotti, allegando che «spetiarii et dicta universitas sint layci et non suppositi domino preposito».[121]

Era dunque abbastanza facile che l'accusa di eresia comparisse nelle controversie giudiziarie, almeno come strumento di azione legale, anche perché la legislazione pontificia aveva talmente esteso la sfera dell'impiego del termine da farla debordare anche in materie molto lontane. In sostanza il concetto di eresia, come molte altre parole chiave che abbiamo incontrato, come *fama*, *inimicitia*, o anche scomunica, nelle nostre fonti diventa essenzialmente un elemento della procedura, e in quanto tale viene messo in gioco all'interno del processo. L'efficacia non era evidentemente scontata. Ne è testimone un caso di controversia civile che si svolge nel 1366 tra monna Lucca di Tancredo di Franco da San Giusto e Giovanni di Baroncino per una questione di eredità: un caso che come accade talvolta si

119. Lo stesso vale per provvedimenti di condanna dal particolare significato per la politica del papato, per quanto manchino in questo senso esempi da archivi toscani (gli *instrumenta publicationis* della condanna del vescovo Guido Tarlati citati in Licciardello, *Un vescovo contro il papato*, pp. 141-150, sono dall'Archivio Vaticano); le lettere sulle scomuniche dei nemici di Giovanni XXII furono talvolta "pubblicate" presso il clero locale tramite la lettura da parte dei vescovi: Parent, *Dans les abysses de l'infidélité*, pp. 581-584.

120. ASFi, *Propositura di S. Stefano di Prato*, 3, cc. 61v-62r.

121. ADPo, *Atti giudiziari*, *Atti della curia del preposto*, 1012, c. 16r. A c. 17r tuttavia il vicario rinnova la proibizione di fare candele da meno di 8 serque a libra.

svolge a cavaliere tra tribunali secolari e ecclesiastici.[122] Il coinvolgimento di quest'ultimo è legato stavolta non allo status dei litiganti, entrambi laici, ma al fatto che la donna avrebbe mentito nel dichiarare la sua età al podestà, presso cui è iniziata la causa: l'avversario quindi impiega questa accusa di spergiuro per far avocare tutta la questione al tribunale ecclesiastico. Presso il quale infine Giovanni di Baroncino tenta di privare la donna della sua facoltà di avvalersi di un procuratore in giudizio,

> cum ipsa domina Lucha sit infamis maxima infamia ratione periurii et periuriorum et in qua dicta Lucha incidit pluribus vicibus [...]. Secundo opponitur quod dicta domina Lucha est hereticha et sic a fide nostri Salvatoris divisa et seperata ratione periurii et periuriorum predictorum in quibus ipsa domina Lucha cecidit [...] cum ergo hereticus et heretica ut iura volunt non possunt aliquod celebrare contractum, et precipue eos qui respiciunt eorum commodum et favorem, et per consequens nec mandatum nec procuram facere constituere vel creare, igitur ser Petrus predictus non est procurator dicte domine Luche ratione defectus constituentis.

Il cortocircuito tra spergiuro e eresia era effettivamente presente nelle fonti canonistiche: già Innocenzo IV nella *Ad extirpanda* del 1252 usava questa connessione per privare di ogni dignità pubblica gli ufficiali che avessero violato le sanzioni papali: «ut periurius et infamis et tamquam hereticorum fautor de fide suspectus officio et honore sui regiminis spolietur».[123]

Pietro di Guiduccio da Volterra, che funge da procuratore della donna, e che abbiamo già incontrato come professionista abitualmente in servizio presso il tribunale volterrano, contesta recisamente l'argomento della parte avversa, perché viziato dalla volontà di impadronirsi dei beni della donna usando surrettiziamente l'argomento dell'eresia,

> cum non sit vera dicta secunda exceptio in iure nec in facto, set ipse opponens et consilium prebens sunt seperati ab omni bono, cum intendant sub pretestu contentionis et subterfugii occupare bona et iura dicte domine Luche et hereditatem sui patris.

Il vicario decide di accogliere l'argomento di Pietro, e quindi di rifiutare le tesi ostili alla donna: il fatto che il verbale del processo non abbia altri atti allegati lascia pensare che tutto sia tornato al tribunale secolare da cui la vicenda era iniziata, uscendo quindi dalla pericolosa, e in questo caso assai pretestuosa parentesi ereticale.

122. ASDV, *Curia vescovile, Tribunale - Processi civili*, 10, cc. 183r-191r.
123. *Bullarium privilegiorum*, p. 324 (§ 1).

Se dunque il lessico ereticale entra nel gioco del processo, la sua efficacia è tutta da dimostrare, anzi in definitiva la funzione dei vari passaggi processuali è proprio quella di verificare e sciogliere l'effettiva capacità risolutiva dei concetti usati nelle singole circostanze.

Uno degli ambiti della vita del laicato che assume una connotazione più seriamente ereticale è tuttavia quello dell'usura. Come abbiamo visto sopra quello della vigilanza sul credito era un tema spinoso e di grande interesse, ma vale la pena osservare qui che vi sono alcuni risvolti della pratica dell'usura che vengono gestiti anche dalla giustizia vescovile come pertinenti all'ortodossia. In un lavoro di alcuni anni fa Massimo Giansante ha messo in luce una serie di esempi interessanti della connessione tra usura e eresia nella pratica inquisitoriale del Due-Trecento bolognese.[124] Se la definizione esatta del confine tra credito e usura e il rilievo religioso di simili pratiche restò a lungo oggetto di discussione, la decretale *Ex gravi* del Concilio di Vienne del 1311 rappresenta un punto d'arrivo fondamentale, in quanto dichiarava che la difesa esplicita della liceità dell'usura fosse un reato da sottoporre alla procedura inquisitoriale.[125] La pratica bolognese vede così emergere casi emblematici come quello di Uguccione Tettalasini, personaggio di parte ghibellina più volte presente negli uffici pubblici, denunciato all'inquisitore nel 1299 come *usurarius publicus*, che avrebbe manifestato opinioni di insofferenza e incredulità verso l'eucarestia, le sacre scritture, le reliquie, le elemosine per i poveri, in nome di un esplicito materialismo. Effettivamente anche nei tribunali toscani emerge una situazione di questo tipo, indicativamente dopo la normativa conciliare. Nel febbraio 1325 gli atti di un notaio del contado fiorentino restituiscono una scritta privata in volgare, nella quale Nuto del fu Marmoraio dichiara di essere inquisito da frate Michele, inquisitore dell'eretica pravità, per il peccato di usura. L'inquisito sostiene di aver sentito dire che «prestare a l'usura non era pecchato», e quindi di aver diffuso a sua volta questa credenza. L'atto viene registrato come testimonianza di pentimento, per cui Nuto chiede umilmente perdono e misericordia.[126] Come il povero Nuto avesse maturato le sue convinzioni non è chiaro, ma certo torna qui di nuovo il parallelo con la celebre novella di Sacchetti sul frate che predicò il

124. Giansante, *Eretici e usurai*.
125. Ivi, pp. 203-204.
126. ASFi, *Notarile Antecosimiano*, 362 (imbreviature di Bartolo di Lapo di Amizo dalla pieve di Acone), c. 92r (13 febbraio 1324): ringrazio Sergio Tognetti per la segnalazione di questo documento.

prestare non essere peccato, raccomandando solo alla fine del quaresimale di non chiedere nulla indietro ai debitori.[127] Più decise erano invece le convinzioni di Ugolino di Baldone da Castel San Giovanni, inquisito dal vescovo di Fiesole nel 1338. Questi, trovandosi a assistere alla predica nella chiesa di San Lorenzo del frate questuario di un ospedale davanti a una grande moltitudine, sarebbe salito su un banco e rivolgendosi alla folla si sarebbe stupito di sentir dire che l'usura è un peccato mortale, perché «dicho e credo che 'l prestare a usura è delli alimenti del mondo, e che per lo prestare a usura se ne conduce la gente e condosene tucta l'umana generatione e per l'osura si reggie la chiesa di Dio e che 'l prestare a usura non mi pare e non tengo sia peccato».[128] Questo tipo di affermazioni di principio, non a caso finite davanti al giudice ordinario o inquisitoriale, hanno quasi sempre la caratteristica di riferirsi a "spiriti forti", cioè a persone che compaiono nelle fonti con una spiccata tendenza alla polemica contro il conformismo religioso; proprio degli spiriti forti nella loro figura processuale è l'intento provocatorio contro il complesso dei comportamenti leciti, più che contro un singolo atto. È il caso, in effetti molto singolare, di Bonricco da Prato, già noto prestatore a usura divenuto frate degli Ospedalieri del Tau di Altopascio, che nelle sue numerose vicende giudiziarie per reati molto vari incappa anche in un processo inquisitoriale.[129] Il reato di Bonricco è in prima battuta quello di aver sostenuto pubblicamente la liceità dell'usura:

> [...] dixit et affirmavit in terra Prati quod exercere usuras non est peccatum, et quando reprehendebatur de hoc, dicebat et pertinaciter defendebat quod mutuare ad usuras non est peccatum ex eo quod mutuando subvenitur pauperibus.

Allo stesso tempo però Bonricco manifesta senza timore il proprio anticonformismo anche in una altra sfera, quella sessuale: non solo confessa di aver praticato la sodomia con molti giovani e fanciulli, ma anche di ritenere simili pratiche del tutto lecite:

> Et dixit et confessus fuit [...] quod conmictere vitium sodomiticum contra naturam non est peccatum, immo est ars nobilium personarum.[130]

127. *Le Trecento Novelle*, § XXXII.

128. ASDF, XIV.III.A.36, c. 35r. L'episodio è segnalato anche da La Roncière, *La chiesa e il denaro*.

129. Fantappiè, *Eresia e inquisizione a Prato*, pp. 48-61 e 249-255, da cui sono tratti i brani qui citati.

130. L'associazione delle pratiche sodomitiche alla categoria delle *nobiles personae* non è peregrina: la letteratura cavalleresca aveva non pochi richiami a forme di sessualità

C'è dunque, come nel caso del prestatore bolognese, un accumulo di atteggiamenti negativi, che giungono quasi sempre a mettere in dubbio prima i divieti di natura etica (usura, povertà, sessualità "secondo natura") e poi la stessa necessità dell'ordine sacerdotale, che infatti Bonricco sosteneva tutto destinato alla perdizione. Questo dispositivo ricorre anche nel caso di Ugolino da San Giovanni, il quale nella sua perorazione contro le regole ecclesiastiche aggiungeva un attacco diretto agli stessi sacramenti. Nel processo infatti emerge che questi in una diversa occasione, trovandosi in piazza nel momento in cui suonavano le campane per l'ostensione, ai suoi compagni che si avviavano a entrare in chiesa per assistere almeno a questo momento della celebrazione domenicale avrebbe detto «de' come siete savi, che volete andare a vedere le fanfaluche!».[131] Probabilmente questo risvolto dell'anticonformismo di Ugolino fu ritenuto anche più grave dal giudice, perché il processo si conclude senza sanzioni penali ma con una penitenza assai impegnativa: l'obbligo di assistere ogni domenica alla messa fino alla benedizione (e non solo per l'ostensione…), l'impegno a recarsi in pellegrinaggio a Roma e ad Assisi e un rigoroso regime penitenziale, con l'obbligo di confessarsi ogni mese e di digiunare una volta a settimana almeno per un anno.

Da quel che si vede i casi qui presentati hanno molto in comune, forse troppo per non essere in qualche modo l'effetto di un *cliché*. La liceità dell'usura come dato professato pubblicamente, e in forme che anche nel linguaggio sembrano affini, l'associazione a altre irregolarità di ambito etico-sacramentale, e la messa in dubbio dell'autorità sacerdotale. Probabilmente la legislazione canonica del primo Trecento aveva delineato una sorta di modello negativo nel quale varie figure *border line*, effettivamente responsabili di provocazioni o deviazioni consapevoli, erano suscettibili di rientrare, ma che restava comunque un modello, cioè quello dell'individuo che mina la credibilità degli schemi di comportamento chiericali, prendendo avvio dalla sfera privata (il credito e il sesso) per arrivare ai temi più delicati del sacramento eucaristico.

Che questa potenziale messa in dubbio del sacramento suscitasse le preoccupazioni della giustizia ecclesiastica è comprensibile, anche considerando il procedere impetuoso, quasi ossessivo della devozione eucaristi-

poco ortodossa ed è possibile che il nostro avesse riecheggiato temi del genere: cfr. Montesano, *Eretici, erotici o strategici?*.

131. ASDF, XIV.III.A.36, c. 35r.

ca nelle pratiche religiose del tardo medioevo, che facevano del sacramento il faro della salvezza per tutti i cristiani e quindi anche il fulcro della vita religiosa del laicato.[132] Quanto questa preoccupazione incontrasse minacce reali è difficile dire, ma di certo i tribunali vescovili toscani non vanno molto oltre casi individuali come quelli sopra indicati. Episodi singoli di violazioni anche gravi non mancano: a parte i casi che abbiamo già visto sopra dell'uso di paramenti sacri o di formule liturgiche come malìe a fini essenzialmente sessuali, capita di incontrare chierici che mostrano disprezzo per il Sacramento o le immagini sacre. Ma tutto sommato si tratta di reati di incuria e trascuratezza, più che di intenzionale rifiuto.

La giustizia ecclesiastica è comunque attenta a verificare che le pratiche devozionali non debordino in forme fuori controllo. Un biglietto conservato negli atti del tribunale vescovile di Arezzo intorno al 1397 riporta alcuni appunti su una causa (di cui non è reperita però la documentazione ufficiale) «in facto plebani de Capannole», cioè sul procedimento avviato contro il pievano di San Quirico a Capannole, nelle campagne della Valdambra aretina.[133] In particolare il biglietto riporta la deposizione di un ser Landino, che sotto giuramento

> dixit quod quando fuit factum illius Muccii de Buc[ino] qui dixit de vidisse Virginem Mariam ipse existens prope dictam plebem de Capannole cum quodam suo apanentem audiens cennum campane pro elevando corpus Xpi intravit ecclesiam una cum dicto eius aptinente ad videndum corpus Xpi et elevato dicto corpore Xpi exivit [...] et quando populares exiverunt de ecclesia completa missa audivit dici a dictis popularibus hec verba videlicet: "plebanus nos monuit quod deberemus ire ad burrum ad osculandum manus dicti Muccii et ad recipiendum indulgentiam ab eo qui vere vidit virginem Mariam".

A quanto pare cioè era avvenuto nei dintorni della pieve un fatto straordinario, per cui un tal Muccio avrebbe sostenuto di aver visto la Madonna, e il pievano avrebbe espressamente incoraggiato una devozione speciale verso costui, tra l'altro promettendo indulgenze – senza beninteso alcuna autorizzazione dalla gerarchia.

La testimonianza continua, mettendo in luce non solo una comunità molto coinvolta nell'episodio, ma anche un sacerdote convinto di poter dare una interpretazione all'evento:

132. Vauchez, *Le vie della salvezza*; Resl, *Material Support*, e Rubin, *Sacramental Life*.
133. AVA, *Atti di curia*, 12, biglietto sciolto attaccato a c. 32.

et ipse testis semper dicebat non potest esse verum, et ipsi homines reprehendebant eum dicentes quod erat ereticus et subsequenter quando erat ad cenam cum uno suo apertinente et facto plurimo colloquio circa hanc materiam et ipso teste semper dicente "non potest esse verum" respondebant illi "plebanus dixit in publico quod virgo Maria potest intrare in uno cane una pecora [et in quo]cumque animali" et cetera.

La vicenda è testimoniata solo dal biglietto, ma dalla forma del testo e dal tono della testimonianza è certo che si tratti del frammento di un vero e proprio processo, intentato presso la curia ai danni del pievano, al quale si attribuivano (sono eloquenti i riferimenti alla perplessità del testimone) iniziative non autorizzate e soprattutto opinioni teologicamente molto bislacche sull'interpretazione della supposta apparizione.

Anche in questo caso non si può considerare un singolo esempio come una tendenza generale. Si può al massimo considerare che il conformismo di una pratica religiosa appiattita su adempimenti rituali minimi (lo stesso testimone ricorda di essere entrato in chiesa solo al cenno dell'elevazione, come gli amici di Ugolino da San Giovanni) lasciava comunque un margine significativo di aspirazioni etico-religiose insoddisfatte: margine nel quale potevano inserirsi una qualche forma di miscredenza, o di scetticismo nei confronti dell'efficacia dei sacramenti, così come la ricerca di devozioni "irregolari" o estemporanee come quella che sembra emergere a Capannole.

Di nuovo a proposito dell'efficacia delle pratiche ecclesiali la fine del Trecento porta con sé un'ultima fattispecie di comportamenti "devianti", sanzionati dalla giustizia vescovile. Si tratta dell'eco delle controversie ecclesiali negli anni dello Scisma. Abbiamo già accennato in varie occasioni al fatto che le singole azioni politiche del papato potessero entrare nella pratica processuale, come testimonianza diffamatoria contro veri o presunti nemici della Chiesa: oppositori di Bonifacio VIII nella sua guerra ai Colonna, ghibellini alleati di Ludovico il Bavaro e così via. Qualcosa di più sostanzioso emerge negli anni dello Scisma. A Firenze tra i pochissimi atti conservati nell'archivio vescovile dalla prassi del tribunale del vescovo si conserva l'incartamento dell'inquisitore contro Giovanni Guidotti precettore dell'ordine di Sant'Antonio di Vienne, accusato di essere eretico e scismatico perché seguace di Clemente VII. Il fascicolo riporta molte testimonianze, segno di un'attenzione spiccata verso questo tipo di minaccia, tanto più grave in quanto portata dall'interno della Chiesa.[134] Negli stessi

134. Lo si è citato *supra* tra le cause delegate, p. 108.

anni una preoccupazione simile compare anche a Lucca. Nel marzo 1379 è registrata una *inquisitio* contro un canonico colpevole di aver accolto e detto messa per gli ambasciatori del re di Francia venuti a seminare lo scisma contro Urbano VI e per l'Antipapa: tra gli atti si riporta anche una lettera del cardinale di Santa Cecilia, a testimonianza del rilievo anche politico che l'episodio aveva suscitato.[135] Qualche anno più tardi, il 31 agosto 1381, il vicario lucchese condanna alla pena pecuniaria di 60 fiorini Stefano pievano di Camaiore, per una lunga serie di reati: patti illeciti e simoniaci con vari cappellani, violenze, tentativi di violenza carnale contro una donna onesta, sodomia, incuria della chiesa e dei sacramenti, messe binate, vendita di olio sacro: una successione consistente ma abbastanza consueta di reati e irregolarità. Meno consueta un'accusa ulteriore, per cui il pievano avrebbe detto a più persone «dominum Urbanum papam VI non esse verum et legiptimum papa sed potius intrusum et per violentiam et impressionem populi romani fuisse electum in papam».[136] A parte la condanna, che nel 1382 venne condonata per grazia dal vescovo, è significativo qui che l'imputato non si limitasse a manifestare l'ostilità a papa Urbano, ma ripetesse anche un argomento non banale, cioè la nomina del papa per effetto della violenza del popolo romano, che in effetti è uno dei temi della più avveduta polemica dei sostenitori di Clemente VII all'indomani del conclave. Un'affermazione, quindi, con qualche base argomentativa non banale. La consapevolezza che l'autorità del papa non sia indiscutibile, anzi possa essere fatta oggetto di opinioni e scelte personali, è presente nella Toscana del tempo. Pensando a un ambiente urbano e di un certo livello intellettuale si potrebbe pensare alla Firenze degli anni dell'interdetto, e al circuito degli amici di Luigi Marsili, che nel suo epistolario invitava abbastanza apertamente a sfidare la scomunica papale e che rifiutò di sostenere apertamente Urbano VI. Nei legami di una figura del genere figurava Giovanni delle Celle, che a sua volta teneva una rete di relazioni con laici religiosamente consapevoli, anche molto vicini agli ambienti dei fraticelli:[137] una catena di relazioni quindi che potevano effettivamente mettere in comunicazione le resistenze alla scelta di Urbano VI e le contestazioni più radicali dell'autorità pontificia.

135. ASDL, *Tribunale ecclesiastico*, *Criminale*, 32, cc. CXXXIIIr-CXXXIIIIr.

136. ASDL, *Tribunale ecclesiastico*, *Criminale*, 34, cc. LXr-LXIr (31 agosto 1381).

137. Su questa rete di relazioni e l'interesse dei personaggi coinvolti rinvio solo alle edizioni e l'introduzione di Giovanni dalle Celle, Luigi Marsili, *Lettere*.

Si potrebbe chiudere questo breve percorso con una considerazione sintetica. Non ci sono segnali nella giustizia vescovile toscana del Trecento di una presenza pervasiva della dissidenza religiosa, al contrario. Ciò che però ricorre in molti dei non numerosi casi in proposito era una certa comunicazione tra la pratica popolare della fede e i temi della cultura "alta": le idee di Bonricco sulla nobiltà dell'amore omosessuale, la sufficienza di Ugolino da San Giovanni verso i sacramenti, forse anche la convinzione sincera del notaio ascoltatore di prediche sull'usura; e ancora come abbiamo visto la critica dell'elezione di Urbano VI, o anche i tentativi maldestri di spiegazione delle apparizioni mariane. In fondo si potrebbero inserire in questa galleria anche alcuni dei casi citati nel capitolo precedente sui riferimenti di certe pratiche magico-rituali alla lettura di veri e propri testi di alchimia. Siamo di fronte cioè a una società che è capace di filtrare temi di cultura nell'esperienza quotidiana, tramite la lettura in molti casi.[138] E questo, senza creare una situazione di eterodossia, accentua quantomeno quella esigenza di soddisfazione spirituale, che probabilmente la Chiesa parrocchiale forniva solo in maniera molto lacunosa, e della quale però la giustizia del vescovo riusciva a percepire l'emergere.

138. Per esempi molto diversi ma che suggeriscono spunti in tal senso cfr. Balestracci, *Cilastro che sapeva leggere*, e *Il tesoro di un povero*.

Conclusione

Nel concludere il nostro percorso con una considerazione che unisca gli aspetti della giurisdizione penale sul clero e le materie più direttamente connesse con la vita dei laici, il primo tratto comune che possiamo ravvisare è l'ordinarietà delle cause. Il consolidamento delle strutture istituzionali della giustizia vescovile, insieme alla solida base normativa e ai riferimenti formulari della procedura dei tribunale, sono una cornice entro cui le vicende della vita delle chiese toscane sono inquadrate in modalità standard di gestione, che si manifestano in contesti diversi ma con tipologie sempre simili. È una circostanza che può apparire straniante ad una prima lettura, perché anche le situazioni più inusuali, i reati più gravi o le più aspre situazioni di conflitto sembrano rientrare nei binari di una gestione ordinaria. Nulla sembra davvero stupire il giudice, nulla turbare più di tanto la logica del tribunale, che non è condizionato neppure dal moralismo tanto presente nella contemporanea letteratura delle prediche o dei confessionali: una sorta di pragmatismo della fede, tipico di un clero secolare incapace di scandalizzarsi, regge tutto l'approccio del giudice vescovile alla varietà delle circostanze che gli si presentano.

Ed era una varietà non da poco. L'impressione immediata davanti alla fenomenologia dei reati è quella di una debordante carnalità, di una vita delle chiese in cui il sangue della violenza e la carne degli appetiti più brutali si coniugano allo status ecclesiastico con una semplicità e una noncuranza difficile da concepire per una mentalità contemporanea. Malgrado tutte le riletture recenti degli studi di storia delle emozioni,[1] che hanno messo in discussione le suggestioni di Johan Huizinga o le teorie di Norbert Elias sulla *Zivilisie-*

1. Per la messa a punto storiografica Rosenwein, *Emotional Communities in the Early Middle Ages*, e tra i contributi più recenti Boquet, Nagy, *Medioevo sensibile*.

rung, è difficile sfuggire all'impressione di trovarci di fronte ad una società letteralmente non disciplinata, nella quale i ruoli sociali (quello del chierico in primo luogo) non sono abbinati a schemi di comportamento chiaramente fissati. Che si tratti delle intemperanze sessuali del clero, dei particolari più scabrosi della vita coniugale o delle mire di arricchimento della curia con la raccolta delle offerte per i poveri, tutto è messo brutalmente sul banco del giudice, con una franchezza che davvero richiede allo studioso uno sforzo supplementare di distanza e freddezza per resistere alla tentazione di farsi semplicemente voce di una società che sembra raccontarsi senza veli.

Una simile distanza, l'abbiamo visto, è sicuramente indispensabile. Il processo è un teatro in cui si giocano strategie complesse, attori ambigui e situazioni mai del tutto trasparenti, che spesso rimandano ad altro e si risolvono per vie diverse da quelle della scrittura. I procuratori e i sindaci delle comunità sanno trovare i riferimenti più efficaci per dare corpo alle proprie posizioni. In altre parole, se per molto di ciò che vorremmo conoscere le carte della giustizia dicono troppo poco, da certi punti di vista dicono troppo, raccontano sé stesse in maniera fin troppo consapevole. Per usare il tema più ricorrente, l'immagine del chierico e della giustizia vescovile nei *cliché* della letteratura del tempo trova certo innumerevoli riscontri in queste carte, ma paradossalmente la ricorrenza di quei riscontri finisce per essere ingannevole. I richiami di quel tipo sono troppi perché, nella modalità di conduzione delle controversie che abbiamo riscontrato, non si debba pensare ad una circolarità non solo tra il tribunale e la letteratura, ma anche tra la letteratura e il tribunale, nel senso che gli stessi stereotipi sul clero, alimentati anche dall'interno della Chiesa, vengono messi in gioco nella battaglia delle accuse, delle diffamazioni e dei conflitti interni alla comunità.

L'effetto è che la società che passa dal tribunale sembra sfuggirne in tutte le direzioni: nonostante il colossale impegno concettuale, istituzionale, documentario, che ha prodotto nella Toscana del XIV secolo forse uno dei più grandi giacimenti in Europa di prassi della giustizia spirituale del tempo, la mancanza di strumenti coercitivi ma anche le ambiguità e le apparenze ingannevoli del discorso nel tribunale lasciano i problemi in qualche modo sempre aperti. Per il giudice, e a maggior ragione per lo storico.

Il conflitto è l'altro grande protagonista delle nostre carte. Uno sfondo di rivalità violente, di competizione per le cariche e per l'accesso alle risorse della Chiesa, o anche solo una galassia di piccole querele tra vicini, è ciò che alimenta l'impiego di accuse e infamie. Anche da questo punto di vista il tribunale lavora nell'ordinarietà: digerisce, per così dire, tutte le accuse elaborandole nella procedura. È un dato ormai acquisito che il conflitto rappresenti una componente fisiologica dei rapporti sociali delle società di antico regime, rispetto alla quale le strutture giudiziarie fungono non da strumenti repressivi, ma da impalcature perché la logica del conflitto si esprima. Una comunità conflittuale è la parrocchia del Trecento, conflittuale in senso strutturale, che ha cioè nella controversia tra le parti una situazione abituale,[2] lontana da ogni idealizzazione comunitaristica della parrocchia come cellula fondamentale della Cristianità. La nostra, dunque, è una giustizia che media, che regola, che ritualizza e fa emergere i conflitti: un quadro del genere è condiviso negli studi di storia della giustizia e in molti lavori recenti di storia delle istituzioni giudiziarie ecclesiastiche.

I conflitti però non sono tutti uguali, e non hanno tutti lo stesso effetto nella società. Nello specifico della Toscana del XIV secolo abbiamo riscontrato due situazioni di particolare tensione, cioè il problema del reclutamento del clero e quello della violenza politica. Quello dei chierici forestieri, di provenienza e storia personale dubbia, che si trovano a gestire benefici nelle diocesi toscane, è una presenza molto ricorrente nelle carte. Anche qui c'è un livello di polemica convenzionale, o di ripetizione di cliché alla fin fine funzionali alla logica del sistema – in definitiva alimentato dalla Chiesa stessa *in capite*… – ma c'è allo stesso tempo uno scollamento reale nella pratica religiosa del laicato, che perdeva la fiducia nel ruolo salvifico delle operazioni rituali del clero proprio nella fase in cui quelle operazioni erano più esplicitamente definite, anche sul piano dottrinale, come la via della salvezza.

Da questo punto di vista rientra un tema più volte toccato in queste pagine, onnipresente nel carte dei tribunali, cioè quello della proprietà. La salvaguardia del patrimonio delle chiese, specialmente considerando l'assenza di un efficace controllo sul reclutamento del clero diocesano, è un punto cruciale della mentalità del tribunale. Si direbbe anzi che la vecchia equivalenza tra difesa-recupero delle proprietà e iniziative di riforma delle chiese, che datava già all'XI secolo, non abbia perso nulla della sua centralità,[3] solo che adesso trova nuovi soggetti e portatori, anche nella società laicale: se il prete indegno è per definizione colui che dilapida i beni della sua chiesa, la custodia della proprietà consente alla chiesa locale di vivere del suo, di mantenere un clero proprio e quindi di non essere esposta al malgoverno di soggetti esterni.

2. Considerazioni storiografiche e casi esemplari in Sharpe, *"Such Disagreement betwyx Neighbours"*.
3. Violante, *I vescovi dell'Italia centro-settentrionale*, p. 194.

L'altro aspetto per così dire non fisiologico del conflitto è la lotta politica. O più precisamente, l'amplificazione delle tensioni interne alle chiese ad opera delle rivalità e degli scontri indotti dalle dinamiche politiche della società secolare, rispetto ai quali il clero è particolarmente permeabile. Abbiamo visto che gli effetti di ciò arrivano a condizionare direttamente una parte importante delle cause, fossero essere propriamente di violenza, di concorrenza per i benefici, di diffamazione e finanche di irregolarità sessuali. La giustizia del vescovo non è olimpicamente esterna a questo sanguinoso impasto di lotte di parte. Eppure di fronte a una simile patologia, capace di fare a pezzi la stessa struttura istituzionale della Chiesa sul territorio, la formalizzazione entro lo schema del processo era comunque un fattore di equilibrio, una istanza di normalizzazione, un momento di cui i nodi più conflittuali venivano quantomeno messi in luce e rielaborati in vista di una composizione.

Vale la pena osservare, di nuovo, che in questo intervento normalizzante non sono molto forti i segni di un carattere eminentemente religioso: il criterio di gestione del tribunale è improntato ad un equilibrio e una conduzione del processo dal quale non traspare un grande coinvolgimento di ideali di natura strettamente spirituale. È in un certo senso una giustizia senza salvezza, nella quale cioè la soluzione è sempre un prudente accomodamento, non una "conversione". Il carattere confessionale di questi tribunali è in definitiva abbastanza labile: ciò che conta è far funzionare l'*ordo*, far valere le regole del diritto canonico, più che "cristianizzare" i rapporti sociali. Paradossalmente anche le istituzioni della Chiesa secolare, così come le abbiamo conosciute qui, erano al di qua di una "confessionalizzazione" che si sarebbe compiuta più tardi, non prima della stagione dei vescovi del pieno Quattrocento, e poi comunque in età tridentina.

Se questa giustizia senza salvezza può lasciare insoddisfatta la mentalità moderna, essa ci richiama però il carattere forse più emblematico di quel periodo, cioè la fiducia nel diritto come soluzione. La salvezza che ci attenderemmo dall'ispirazione religiosa è piuttosto la salvezza del diritto, cioè di una sfera di norme che reggono la società cristiana. Sono i meccanismi del diritto che difendono la proprietà della Chiesa nel suo valore di riforma, o che consentono al conflitto di non distruggere la comunità. È nella concretezza del diritto che *fama*, *inimicitia*, tutela della fiducia, riconoscimento delle unioni familiari assumono funzioni di collante della comunità, così come i meccanismi di esclusione quali la scomunica. Visto in questa prospettiva il lavoro dei tribunali episcopali, con tutta la sua carnalità e con la banalità delle controversie più volgari, lontana dalle vette della cultura e lontanissima dai modelli della santità, era forse più di qualunque altro contesto il cuore di quella che fu la Cristianità tardomedievale.

Per descrivere un mondo di questo tipo non si può che pensare a ciò che John Bossy chiamava la "Cristianità tradizionale". Un assetto nel quale la dimensione comunitaria dell'esperienza "sociale" dei rituali riempiva gran parte della sfera del religioso, decisamente a monte della svolta che avrebbe portato al cuore della vita cristiana il confronto con i testi, la ricerca interiore, la cura spirituale in senso moderno. Nel nostro periodo il peso della giustizia vescovile, strumento insieme sacramentale e di governo, è il riflesso di una vita religiosa innanzitutto preoccupata di una sempre periclitante concordia nella comunità. E qui sta anche il fattore probabilmente più dinamico del nostro quadro. La presenza crescente del tema della violenza, del conflitto tra membri del clero o tra livelli diversi della gerarchia, molto spesso espressione e amplificazione di un conflitto più generale che attraversa la società, mette a nudo le debolezze di una struttura giudiziaria priva di quei mezzi coercitivi che invece con lentezza e molte contraddizioni le autorità civili andavano costruendo. In questo senso il dilagare del conflitto, quando arrivato ad un livello troppo pervasivo per effetto degli sconvolgimenti politici e sociali dell'Italia del Trecento, non minava soltanto il funzionamento concreto della giustizia: finiva anzi per svuotare quella che per secoli era stata la ragion d'essere stessa nell'apparato ecclesiastico agli occhi dei fedeli, cioè la capacità di tenere insieme le comunità in virtù di funzioni simboliche. Si intravede così una delle ragioni di un cambiamento di lungo periodo, che si sarebbe operato lentamente a partire dal XV secolo, per cui se da una parte la regolazione della vita sociale era attratta verso la giurisdizione dei poteri secolari, più efficaci e sempre più "confessionali", nell'ambito della Chiesa la dimensione del diritto e della giurisdizione, per quanto importante, perdeva il ruolo che l'aveva vista al centro della vita cristiana, a vantaggio di altre espressioni del religioso a carattere più propriamente etico-spirituale.[4]

In definitiva quindi il grande patrimonio delle carte dei tribunali ecclesiastici del XIV secolo ha ancora qualcosa da dire sui grandi cambiamenti che investirono la Cristianità tra medioevo ed età moderna.

4. Come osserva lucidamente Prodi, *Una storia della giustizia*, pp. 288-297.

Bibliografia

Abbreviazioni

AAF	Archivio arcivescovile di Firenze
AAS	Archivio arcivescovile di Siena
ADPi	Archivio diocesano di Pisa
ADPo	Archivio diocesano di Prato
ADPt	Archivio diocesano di Pistoia
ASDF	Archivio storico diocesano di Fiesole
ASDL	Archivio storico diocesano di Lucca
ASDV	Archivio storico diocesano di Volterra
AVA	Archivio vescovile di Arezzo
AVC	Archivio vescovile di Cortona
ASFi	Archivio di stato di Firenze
BCC	Biblioteca comunale e dell'Accademia Etrusca di Cortona
BL	British Library
BNCF	Biblioteca nazionale centrale di Firenze

Fonti edite

Allegationes Lapi [Allegationes eximii domini Lapi de Castello utrusque iuris doctoris famosissimi], Venetiis, per Paganinum de Paganinis, 1498

Anonimo fiorentino, *Storia di fra' Michele Minorita*, a cura di E. Trevi, Roma, Salerno, 1991

Audientia litterarum contradictarum. Untersuchungen über die päpstlichen Justizbriefe und die päpstliche Delegationsgerichtsbarkeit vom 13. bis zum Beginn des 16. Jahrhunderts, a cura di P. Herde, 2 voll., Tübingen, Max Niemeyer Verlag, 1970

Baluze E., *Miscellanea novo ordine digesta et non paucis ineditis monumentis opportunisque animadversionibus aucta. Opera ac studio Joannis Dominici Mansi Lucensis*, Lucæ, apud Vincentium Junctinium - sumptibus Joannis Riccomini, 1761-1764

Benoît XII (1334-1342), *Lettres communes, analysées d'après les registres dits d'Avignon et du Vatican par J.-M. Vidal*, Paris, A. Fontemoing - Fontemoing & C.ie, 1903-1911

Bullarium privilegiorum ac diplomatum romanorum pontificum amplissima collectio, III, cur. C. Coquelines, Romae, H. Mainardi, 1740

Capitoli del comune di Firenze, vol. II, a cura di G. Gherardi, Firenze, Cellini, 1893

Chaucer G., *I Racconti di Canterbury*, a cura di A. Brilli, Milano, BUR, 1978

Il codice di Lottieri Della Tosa, a cura di G. Lucchesi, Faenza, Banca popolare di Faenza - Società Torricelliana di scienze e lettere, 1979

Conciliorum oecumenicorum generaliumque decreta. Editio critica, cur. G. Alberigo et A. Melloni, II/1. *The general concils of latin Christendom from Constantinople IV to Pavia-Siena (869-1424)*, Turnhout, Brepols, 2013

Costituzioni sinodali dei vescovi di Arezzo Boso degli Ubertini (1344) e Cosimo de Pazzi (1504), a cura di C. Volpi, Arezzo, Diocesi di Arezzo-Cortona-Sansepolcro, 2017

Corpus iuris canonici, a cura di E. Friedberg, Lipsia, Tauchnitz, 1879-1881

Cronaca di Pisa di Ranieri Sardo, a cura di O. Banti, Roma, ISIME, 1963

Dinelli P., *Dei sinodi della diocesi di Lucca. Dissertazioni*, in *Memorie e documenti per servire all'istoria del ducato di Lucca*, VII, Lucca, Bertini, 1834, pp. 67-131

Dolezalek G., *Das imbreviaturbuch der erzbischöflischen gerichtsnotars Hubaldus aus Pisa*, Mai bis august 1230, Köln-Wien, Böhlau, 1969

Eubel K., *Hierarchia catholica Medii Aevi*, 1. *Ab anno 1198 usque ad annum 1431 perducta*, Monasterii, Libraria Regensbergiana, 1898

Fantappiè R., *Eresia e inquisizione a Prato (secolo XII-XIV)*, Prato, Società pratese di storia patria, 2017

Il formulario vicentino-padovano di lettere vescovili (sec. XIV), a cura di G. Mantovani, Padova, Antenore, 1988

Giovanni dalle Celle, Luigi Marsili, *Lettere*, a cura di F. Giambonini, Firenze, Olschki, 1991

Jean XXII, *Lettres communes, analysées d'après les registres dits d'Avignon et du Vatican par G. Mollat*, Paris, A. Fontemoing - Fontemoing & C.ie - Boccard, 1904-1946

Langland William, *Piero l'aratore*, a cura di P. Boitani e S. D'Agata D'Ottavi, Milano, San Paolo, 1994

Lepsius S., *Die Statuten des Appellations- und Syndikatsrichters in Lucca aus dem Jahr 1372 (mit Edition)*, in « Quellen und Forschungen aus italienischen Archiven und Bibliotheken», 95 (2015), pp. 135-182

Manselli R., *La sinodo lucchese di Enrico del Carretto*, in *Miscellanea Gilles Gerard Meersemann*, Padova, Antenore, 1970, vol. I, pp. 197-246

Meoni N., *Visite pastorali a Cortona nel Trecento*, in «Archivio storico italiano», CXXIX (1971), pp. 181-256

Nouveau recueil complet des fabliaux, a cura di W. Noomen, t. VI, Assen-Maastricht, Val Gorcum, 1991

Il Novellino, a cura di G. Manganelli, Milano, Bur, 2002

Ricchioni V., *Le costituzioni del vescovado senese del 1336*, in «Studi Senesi», XXX (1914), pp. 100-167

La rubrica degli atti di Albertolo Griffi notaio e cancelliere episcopale di Pavia (1372-1420), a cura di R. Crotti e P. Majocchi, Milano, Unicopli, 2005

Sacchetti F., *Le Trecento Novelle*, a cura di M. Zaccarello, Firenze, Edizioni del Galluzzo, 2014

Sacrorum Conciliorum nova et amplissima collectio, cur. J.D. Mansi, Florentiae-Venetiis, 1758-1798

Selected Cases from the Ecclesiastical Courts of the Province of Canterbury, c. 1200-1301, a cura di N. Adams e Ch. Donahue, London, Selden Society, 1981

Les sermons et la visite pastorale de Federico Visconti archevêque de Pise (1253-1277), a cura di N. Bériou, Roma, École française de Rome, 2001

Speculum clarissimi viri Gullielmi Durandi una cum Io. Andreae ac Baldi doctorum in utroque iure longe praestantissimorum theorematibus quam diligentissime excussae, Basileae, per Frobenium, 1563

Statuti della Repubblica fiorentina editi a cura di Romolo Caggese. Nuova edizione, a cura di G. Pinto, F. Salvestrini e A. Zorzi, Firenze, Olschki, 1999

Statuto del comune di Lucca dell'anno MCCCVIII, Lucca, Giusti, 1867 (*Memorie e documenti per servire alla storia di Lucca*, t. III, pt. III)

Statutum curie appellationum Lucensis civitatis, a cura di A. Romiti, in «Actum Luce. Rivista di studi lucchesi», 23 (1994), pp. 125-151

Tilatti A., *"Legatus de latere domini pape". Il cardinale Latino e le costituzioni del 1279*, in *Scritti in onore di Girolamo Arnaldi offerti dalla Scuola nazionale di studi medioevali*, a cura di A. Degrandi *et al.*, Roma, ISIME, 2001, pp. 513-543

Trexler R., *Synodal Law in Florence and Fiesole, 1306-1518*, Città del Vaticano, BAV, 1971

Urbain V, *Lettres communes, analysées d'aprés les registres dits d'Avignon et du Vatican*, a cura di M. Hayez, con la collaborazione di A.-M. Hayez, Rome, Ecole française de Rome, 1954-1989

Il vescovo Rainuccio Allegretti e la sua visita pastorale (1325-1328). Chiesa, istituzioni e società nella diocesi di Volterra agli inizi del XIV secolo, studio e trascrizione di A. Furiesi, S. Mori, J. Paganelli e S.M. Collavini, a cura di J. Paganelli, Volterra, Diocesi di Volterra, 2019

Visite Pastorali dal 1257 al 1516, a cura di S. Pieri e C. Volpi, Arezzo, Diocesi di Arezzo-Cortona-Sansepolcro, 2006, pp. 11-48

Zdekauer L., *Statuti criminali del foro ecclesiastico di Siena (sec. XIII-XIV)*, in «Bullettino senese di storia patria», VII (1900), pp. 231-264

Studi

Gli Albergotti. Famiglia, memoria, storia, a cura di P. Benigni, L. Carbone e C. Saviotti, Firenze, Edifir, 2006

Als die Welt in die Akten kam. Prozessschriftgut im europäischen Mittelalter, a cura di S. Lepsius und Th Wetzstein, Frankfurt a. M., Klostermann, 2008, pp. 275-345.

Andenna G., *Alcune osservazioni sulla pieve lombarda tra XIII e XV secolo*, in *Pievi e parrocchie in Italia nel Basso Medioevo*, pp. 677-704

Andenna G., *Pievi e parrocchie in Italia centro-settentrionale*, in *Pensiero e sperimentazioni istituzionali nella "Societas Christiana" (1046-1250)*, Atti della XVI Settimana internazionale di studio (26-31 agosto 2004), a cura di G. Andenna, Milano, Vita e Pensiero, 2007, pp. 371-405

Angelini L., *Una pieve toscana nel Medioevo*, Lucca, Pacini Fazzi, 1979

Anheim É., Menant F., *Mobilité sociale et instruction: clercs et laics du milieu du XIIIe au milieu du XIVe siècle*, in *La mobilità sociale nel Medioevo*, a cura di S. Carocci, Roma, Viella, 2010, pp. 341-379

Ansani M., *La provvista dei benefici (1450-1466). Strumenti e limiti dell'intervento ducale*, in *Gli Sforza, la Chiesa lombarda, la corte di Roma. Strutture e pratiche beneficiarie nel ducato di Milano (1450-1535)*, a cura di G. Chittolini, Napoli, Gisem-Liguori, 1989, pp. 1-113

Anticlericalism in Late Medieval and Early Modern Europe, a cura di P.A. Dykema e H.A. Oberman, Leiden-Boston, Brill, 1993

Gli archivi storici ecclesiastici delle Diocesi di Pistoia e Pescia, a cura di R.L. Aiazzi, L. Cecchi e N. Pardini, Pisa, Pacini, 2000

L'archivio della cancelleria arcivescovile di Firenze. Inventario delle visite pastorali, a cura di G. Aranci, Firenze, Pagnini, 1998

L'Archivio vescovile di Fiesole, a cura di. G. Raspini, Siena, La Galluzza, 1962

Armstrong-Partida M., *Conflict in the Parish: Antagonistic Relations between Clerics and Parishioners*, in *A Companion to Pastoral Care*, pp. 173-212

Arnade P., Prevenier W., *Honor, Vengeance, and Social Trouble. Pardon Letters in the Burgundian Low Countries*, Ithaca-London, Cornell University Press, 2015

Ascheri M., *I "consilia" conservati negli Archivi: una priorità?*, in Id., *Diritto medievale e moderno. Problemi del processo, della cultura e delle fonti giuridiche*, Rimini, Maggioli, 1991, pp. 224-233

Ascheri M., *"Consilium sapientis", perizia medica e "res iudicata": diritto dei "dottori" e istituzioni comunali*, in *Proceedings of the VI Congress of Medieval Canon Law* (Berkeley, 28 luglio-2 agosto 1980), Città del Vaticano, Biblioteca Apostolica Vaticana, 1985, pp. 533-579

Ascheri M., *Il "dottore" e lo statuto: una difesa interessata*, in «Rivista di storia del diritto italiano», LXIX (1996), pp. 95-113

Ascheri M., *Fonti per la storia della giustizia ecclesiastica medievale a Siena*, in *Medieval Church Law and the Origin of the Western Legal Tradition. A Tribute to Kenneth Pennington*, a cura di W.P. Müller e M.E. Sommar, Washington DC, The Catholic University of America Press, 2006, pp. 275-288

Aubrun M., *La paroisse en France des origines au XVe siècle*, Paris, Picard, 1986

Autographa I.1, Giuristi, giudici e notai, a cura di G. Murano con la collaborazione di G. Morelli, Bologna, CLUEB, 2012

Autographa. I.2. Giuristi, giudici e notai (secc. XII-XV), a cura di G. Murano, intr. di Andrea Padovani, Imola, Editrice La Mandragora, 2016

Bailey M.D., *A Late-Medieval Crisis of Superstition*?, in «Speculum», 84 (2009), pp. 633-661

Balestracci D., *Cilastro che sapeva leggere: alfabetizzazione e istruzione nelle campagne toscane alla fine del Medioevo, XIV-XVI secolo*, Pisa, Pacini, 2004

Barbagli A., *Il notariato ad Arezzo tra Medioevo ed età moderna*, Milano, Giuffrè, 2011

Barlucchi A., *Note sulla signoria aretina del vescovo Guido Tarlati (1321-1327)*, in *Le signorie cittadine in Toscana: esperienze di potere e forme di governo personale (secoli XIII-XV)*, a cura di A. Zorzi, Roma, Viella, 2013, pp. 169-183

Barrow J., *The Clergy in the Medieval World: Secular Clerics, thier Family and Careers in North-Western Europe, c. 800-c. 1200*, Cambridge, CUP, 2015

Bartlett R., *"Mortal Enmities": The Legal Aspect of Hostility in the Middle Ages*, in *Feud, Violence and Practice. Essays in Medieval Studies in Honor of*

Stephen D. White, a cura di B.S. Tuten e T.L. Billado, Aldershot, Ashgate, 2010, pp. 197-212

Belloni C., *Dove mancano registri vescovili ma esistono fondi notarili: Milano tra Tre e Quattrocento*, in *I registri vescovili dell'Italia settentrionale*, pp. 43-84

Belloni C., *Notai, causidici e studi notarili nella Milano del Quattrocento. Baldassarre Cara, notaio, cancelliere e causidico della curia arcivescovile di Milano*, in «Nuova Rivista Storica», LXXXIV (2000), pp. 621-646

Benvenuti A., *Pastori di popolo. Storie e leggende di vescovi e di città nell'Italia medievale*, Firenze, Arnaud, 1988

Berengo M., *L'Europa delle città. Il volto della società urbana in Europa tra Medioevo ed Età moderna*, Torino, Einaudi, 1999

Biget J.L., *L'Inquisition du Languedoc, entre évêques et Mendiants (1229-1329)*, in *Les justices d'Église dans le Midi*, pp. 121-163

Billanovich M.C., *Il messale del vescovo Ildebrandino Conti*, in *Vescovi medievali*, pp 267-302

Biller P., *Popular Religion in the Central and Later Middle Ages*, in *Companion to historiography*, a cura di M. Bentley, New York-London, Routledge, 1997, pp. 221-246

Binz L., *Vie religieuse et réforme ecclésiatique dans la diocèse de Genève pendant le Grand Schisme et la crise conciliaire (1378-1450)*, Genève, Alex. Julien, 1973

Bizzocchi R., *Chiesa e potere nella Toscana del Quattrocento*, Bologna, il Mulino, 1987

Black A., *Council and Commune. The Conciliar Movement and the Fifteenth-Century Heritage*, London, Burns & Oates, 1979

Blanshei S.R., *Homicide in a Culture of Hatred. Bologna 1351-1420*, in *Murder in Renaissance Italy*, pp. 106-122

Blasini, Berengario, in *DBI*, X, pp. 785-786

Bongi S., *Inventario del R. Archivio di Stato di Lucca*, Lucca, Giusti, 1872-1888

Bonucci B., *Malavolti, Azzolino*; *Malavolti, Donosdeo*; *Malavolti, Rinaldo*, in *DBI*, LXVIII, pp. 117-126

Boquet D., Nagy P., *Medioevo sensibile. Una storia delle emozioni (secoli III-XV)*, Roma, Carocci, 2018

Borghero F., *Il capitolo della cattedrale di Firenze prima della Peste Nera (dalle imbreviature di ser Bonaccorso di Gerino del Cacciato, 1340-1346)*, in «Archivio storico italiano», CLXXVIII, 2020, pp. 25-84

Bornstein D., *Parish Priest in Late Medieval Cortona: The Urban and Rural Clergy*, in *Preti nel Medioevo*, pp. 165-193

Bossy J., *L'Occidente cristiano 1400-1700*, Torino, Einaudi, 1990 (ed. orig. Oxford 1985)

Bossy J., *The Mass as a Social Institution 1200-1700*, in «Past & Present», 100 (1983), pp. 29-61

Boucheron P., *À qui appartient la cathédrale? La fabrique et la cité dans l'Italie médiévale*, dans *Religion et société urbaine au Moyen Âge. Études offertes à Jean-Louis Biget par ses anciens élèves*, a cura di P. Boucheron e J. Chiffoleau, prefazione di P. Toubert, Paris, Publication de la Sorbonne, 2000, pp. 95-117

Boyd C.E., *Tithes and Parishes in Medieval Italy. The Historical Roots of a Modern Problem*, Ithaca 1952

Bratchell M.E., *Medieval Lucca and the Evolution of the Renaissance State*, Oxford, Oxford University Press, 2008.

Brentano R., *A New World in a Small Place. Church and Religion in the Diocese of Rieti, 1188-1378*, Berkeley, University of California Press, 1994

Brentano R., *Bishops, Saints and Historians. Studies in the Ecclesiastical History of Medieval Britain and Italy*, a cura di L. North, Aldershot, Ashgate, 2008

Brentano R., *The bishop's book of Città di Castello*, in *Bishops, Saints and Historians*, pp. 249-254

Brentano R., *Due chiese: Italia e Inghilterra nel XIII secolo*, Bologna, il Mulino, 1972

Brentano R., *Two Churches. England and Italy in the Thirteenth Century*, Princeton, PUP, 1968

Brentano R., *Three Thirteenth-century Italian Cases in Ecclesiastical Courts*, in *Proceedings of the Second International Congress of Medieval Canon Law* (Boston, 1963), a cura di S. Kuttner e J.J. Ryan, Città del Vaticano, Congregazione per i seminari e le università, 1965, pp. 311-319

Brentano R., *Vescovi e collocazione socio-culturale del clero parrocchiale*, in *Pievi e parrocchie in Italia nel Basso Medioevo*, pp. 235-256

Brentano R., *Vescovi e vicari generali nel basso medioevo*, in *Vescovi e diocesi in Italia*, pp. 547-567

Bronach K., *Impotence and Virginity in the Late Medieval Ecclesiastical Court of York*, University of York, 2008

Brown A., *Church and Society in England, 1000-1500*, Basingstoke, Palgrave Macmillan, 2003

Brown P., *Per la cruna di un ago: la ricchezza, la caduta di Roma e lo sviluppo del cristianesimo, 350-550 d. C.*, Torino, Einaudi, 2014

Brown W.C., Góreski P., *Where Conflict Leads: On the Present and Future of Medieval Conflict Studies in the United States*, in *Conflict in Medieval Europe*, pp. 265- 285

Brucker G.A., *Ecclesiastical Courts in Fifteenth-century Florence and Fiesole*, in «Mediaeval Studies», 53 (1991), pp. 229-257

Brucker G.A., *Giovanni e Lusanna: amore e matrimonio nella Firenze del Rinascimento*, Bologna, il Mulino, 1988 (ed. orig. 1986)

Brucker G.A., *The Society of Renaissance Florence. A documentary essay*, Toronto, University of Toronto Press, 1998

Brucker G.A., *An Unpublished Source on the Avignones Papacy: The Letters of Francesco Bruni*, in «Traditio», 19 (1963), pp. 351-370

Brundage J.A., *The Calumny Oath and Ethical Ideals of Canonical Advocates*, in *Proceedings of the IX International Congress of Medieval Canon Law* (Munich, 1996), a cura di P. Landau e J. Mueller, Città del Vaticano, BAV, 1992, pp. 793-805

Brundage J.A., *Law, Sex and Christian Society in Medieval Europe*, Chicago-London, University of Chicago Press, 1987

Brundage J.A., *Medieval Canon Law*, London-New York, Longman, 1995

Brundage J.A., *The Practice of Canon Law*, in *The History of Courts and Procedure*, pp. 51-73

Brundage J.A., *The Profession and Practice of Medieval Canon Law*, Aldershot, Ashgate, 2004

Budischin H.G., *Der gelehrte Zivilprozess in der Praxis geistlicher Gerichte des 13 und 14 Jahrunderts im deutschem Raum*, Bonn, L. Röhrscheid, 1974

Bulman J.K., *The Court Book of Mende and the Secular Lordship of the Bishop. Recollecting the Past in Thirteenth Century Gévaudan*, Toronto, Toronto University Press, 2008

Burger M., *Bishops, Clercs and Diocesan Government in Thirteenth century England. Reward and punishment*, Cambridge, CUP, 2012

Caduff C., *Magnati e popolani nel contado fiorentino: dinamiche sociali e rapporti di potere nel Trecento*, in «Rivista di storia dell'agricoltura», XXXIII/2 (1993), pp. 15-63

Cagnin G., *"Dio ne salve, viva carne e veracio sangue, o digno corpo de Christo...". Fedeli e parroci in preghiera nelle campagne trevigiane nel secolo XIV*, in *Religione nelle campagne*, pp. 97-138

Cagnin G., *"Scriba et notarius domini episcopi et sue curie". Appunti sui notari della curia vescovile (Treviso, secolo XIV)*, in *Chiese e notai*, pp. 149-179

The Cambridge History of Christianity. Volume 4. Christianity in Western Europe c. 1100-c.1500, a cura di M. Rubin e W. Simons, Cambridge, CUP, 2009

Cammarosano P., *Italia medievale: struttura e geografia delle fonti scritte*, Roma, NIS, 1991

Canobbio E., *Visite pastorali nel medioevo italiano: temi di indagine ed elaborazione dei dati*, in *Fonti ecclesiastiche per la storia sociale e religiosa d'Europa: XV-XVIII secolo*, a cura di C. Nubola e A. Turchini, Bologna, il Mulino, 1999, pp. 53-91

Cardini F., *Magia e stregoneria nella Toscana del Trecento*, in «Quaderni Medievali», 5/1 (1978), pp. 121-155

Carocci S., *Parroci, canonici e fedeli a Tivoli nel tardo Medioevo*, in *La parrocchia nel Medio Evo*, pp. 151-168

Carratori L., *Inventario dell'archivio arcivescovile di Pisa. Vol. I (secoli VIII-XV)*, Pisa, Pacini, 1986

Carratori Scolari L., *Il governo delle diocesi nel Medioevo e la produzione documentaria: l'esempio di Pisa*, in *La Chiesa e le sue istituzioni negli archivi ecclesiastici della Toscana*, Pistoia, CRT, 1999, pp. 17-26

Casagrande C., *La moltiplicazione dei peccati. I cataloghi dei peccati nella letteratura pastorale dei secoli XIII-XV*, in *La Peste Nera: dati di una realtà ed elementi di una interpretazione*, Atti del convegno (Todi, ottobre 1993), Spoleto, CISAM, 1994, pp. 253-284

Castagnetti A., *Le decime e i laici*, in *Storia d'Italia, Annali 9. La Chiesa e il potere politico dal Medioevo all'età contemporanea*, a cura di G. Chittolini e G. Miccoli, Torino, Einaudi, 1986, pp. 507-530

Cavanna A., *Storia del diritto moderno in Europa. Le fonti e il pensiero giuridico*, vol. I, Milano, Giuffrè, 1982.

Cavarzere M., *La giustizia del Vescovo. I tribunali ecclesiastici della Liguria orientale (secc. XVI-XVIII)*, Pisa, Pisa University Press, 2012

Ceccarelli G., *L'usura nella trattatistica teologica sulle restituzioni dei "Male ablata" (XIII-XIV secolo)*, in *Credito e usura fra teologia, diritto e amministrazione. Linguaggi a confronto (sec. XII-XVI)*, a cura di D. Quaglioni, G. Todeschini e G.M. Varanini, Roma, École française de Rome, 2005, pp. 3-23

Chabot I., *La dette des familles: femmes, lignage et patrimoine à Florence aux XIVe et XVe siècles*, Roma, École française de Rome, 2011

Chambers D.S., Dean T., *Clean Hands and Rough Justice. An Investigating Magistrate in Renaissance Italy*, Ann Arbor, University of Michigan Press, 1997

Cherubini G., *Ascesa e declino di Prato tra l'XI e il XV secolo*, in Id., *Città comunali di Toscana*, Bologna, CLUEB, 2003, pp. 187-250

Cherubini G., *Parroco, parrocchie e popolo nelle campagne dell'Italia centro-settentrionale alla fine del Medioevo*, in *Pievi e parrocchie in Italia nel Basso Medioevo*, pp. 351-413, poi in Id., *L'Italia rurale del basso medioevo*, Roma-Bari, Laterza, 1996, pp. 215-245.

La Chiesa «dal basso». Organizzazioni, interazioni e pratiche nel contesto parrocchiale alpino alla fine del medioevo, a cura di S. Boscani Leoni e P. Ostinelli, Milano, Franco Angeli, 2012

Chiese e notai (secoli XII-XV), in «Quaderni di Storia religiosa», 11 (2004)

Chiffoleau J., *La Chiesa, il segreto e l'obbedienza. La costruzione del soggetto politico nel medioevo*, Bologna, il Mulino, 2010

Chiffoleau J., *La comptabilité de l'au-delà: les hommes, la mort et la religion dans la région d'Avignon à la fin du Moyen Âge (vers 1320-vers 1480)*, Paris, Albin Michel, 2011

Chiffoleau J., *La religion flamboyante*, 1320-1520, Paris, Points, 2011[2]
Chiffoleau J., *Les justices du Pape. Délinquance et criminalité dans la région d'Avignon au quatorzième siècle*, Paris, Publications de la Sorbonne, 1984
Chiffoleau J., *Les transformations de l'économie paroissiale en Provence (XIII-XV siècles)*, in *La parrocchia nel Medio Evo*, pp. 61-117
Chironi G., *La mitra e il calamo. Il sistema documentario della Chiesa senese in età pretridentina (secoli XIV-XVI)*, Siena, Accademia Senese degli Intronati, 2005
Chironi G., *Tra notariato e cancelleria. Funzione e diffusione dei "libri curie" in area centro-settentrionale: prime indagini*, in *La documentazione degli organi giudiziari nell'Italia tardo-medievale e moderna*, Atti del convegno (Siena, 15-17 settembre 2008), a cura di A. Giorgi, S. Moscadelli e C. Zarrilli, 2 voll., Roma, Ministero per i Beni e le attività culturali - Direzione generale per gli Archivi, 2012, vol. II, pp. 933-948
Chittolini G., *"Episcopalis curiae notarius". Cenni sui notai di curie vescovili nell'Italia centro-settentrionale alla fine del Medioevo*, in *Società, istituzioni, spiritualità. Studi in onore di Cinzio Violante*, Spoleto, CISAM, 1994, pp. 221-232
Chittolini G., *Note sui benefici rurali nell'Italia padana alla fine del Medioevo*, in *Pievi e parrocchie in Italia nel Basso Medioevo*, pp. 415-468
Chittolini G., *Progetti di riordino ecclesiastico della Toscana agli inizi del Quattrocento*, in *Forme e tecniche di potere nella città (secoli XIV-XVIII)*, numero monografico di «Annali della facoltà di Scienze politiche dell'Università di Perugia», 16 (1979-1980), pp. 275-296
Chittolini G., *Stati regionali e istituzioni ecclesiastiche nell'Italia centrosettentrionale del Quattrocento*, in *Storia d'Italia, Annali 9. La Chiesa e il potere politico dal Medioevo all'età contemporanea*, a cura di G. Chittolini e G. Miccoli, Torino, Einaudi, 1986, pp. 147-193
The Church in the Medieval Town, a cura di T.F. Slater e G. Rosser, Aldershot, Ashgate, 1998
Churchmen and Urban Government in Late Medieval Italy, c. 1200-c. 1450. Cases and Contexts, a cura di F. Andrews e M.A. Pincelli, Cambridge, CUP, 2013
Ciccaglioni G., *Tra unificazione e pluralismo: alcune osservazioni sull'esperienza pastorale e di dominio politico di Guido Tarlati, vescovo e signore di Arezzo (1312-1327)*, in «Cristianesimo nella storia», 29 (2008), pp. 345-375
Clarke P., *The Medieval Clergy and Violence: An Historiographical Introduction*, in *Violence and the Medieval Clergy*, pp. 3-16
Le clerc au Moyen Âge, Aix, CUERMA, 1995
Le clerc séculier au Moyen Âge, Atti del XXII congresso della SHMES (Amiens, 1991), Paris, Publications de la Sorbonne, 1993
Le clergé rural dans l'Europe médiévale et moderne, a cura di P. Bonassie, Toulouse, Presses Universitaire du Mirail, 1995
Cohn S.K. jr., *Creating the Florentine State. Peasant and Rebellion, 1348-1434*, Cambridge, CUP, 1999

Cohn S.K. jr, *Criminality and the State in Renaissance Florence, 1344-1466*, in «Journal of Social History», 14 (1981), pp. 211-233

Cohn S.K. jr, *Sex and Violence on the Periphery. The Territorial State in early Renaissance Florence*, in Id., *Women in the Streets*, pp. 98-136

Cohn S. jr, *Women in the Streets, Women in the Courts, in Early Renaissance Florence*, in Id., *Women in the Streets*, pp. 16-38

Cohn S.K. jr, *Women in the Streets. Essays on Sex and Power in Ranaissance Italy*, Baltimore-London, The Johns Hopkins University Press, 1996

Coleman E., *Bishop and Comune in Twelfth-century Cremona: The Interface of Secular and Ecclesiastical Power*, in *Churchmen and Urban Government*, pp. 25-41

A Companion to Pastoral Care in the Late Middle Ages (1200-1500), a cura di R.J. Stansbury, Lieden-London, Brill, 2010

A Companion to Priesthood and Holy Orders in the Middle Ages, a cura di G. Peters e C.Colt Anderson, Leiden-Boston, Brill, 2016

Condorelli O., *Clerici peregrini. Aspetti giuridici della mobilità clericale nei secoli XII-XIV*, Roma, Il cigno, 2000

Conflict in Medieval Europe. Changing Perspective on Society and Culture, a cura di W.C. Brown e P. Góreski, Aldershot, Ashgate, 2003

Coniugi nemici. La separazione in Italia dal XII al XVIII secolo, a cura di S. Seidel Menchi e D. Quaglioni, Bologna, il Mulino, 2000

Consilia in späten Mittelalter. Zum historischen Aussagewert einer Quellengattung, a cura di I. Baumgärtner, Sigmaringen, Jan Thorbecke, 1995

Constable G., *Resistance to Tithes in the Middle Ages*, in «Journal of ecclesiastical history», XIII (1962), pp. 172-185, poi in Id., *Religious Life and Thought (XI-XII)*, Aldershot, Ashgate, 1979

Contamine Ph., *La Chiesa e la violenza*, in *Storia del Cristianesimo. Religione-Politica-Cultura*, VI. *Tempo di prove*, pp. 460-468

Controllare il territorio. Norme, corpi e conflitti tra medioevo e prima guerra mondiale, a cura di L. Antonielli e S. Levati, Soveria Mannelli, Rubbettino, 2013

Copeland Klepper D., *Pastoral Literature in Local Context: Albert of Diessen's Mirror of Priests on Christian-Jewish Coexistence*, in «Speculum», 92 (2017), pp. 692-723

Corsi D., *Processi per stregoneria: luoghi e soggetti*, in *Vita religiosa e identità politiche*, pp. 423-447

Corsi-D., Duni M., *"Non lasciar vivere la malefica". Le streghe nei trattati e nei processi (secoli XIV-XVII)*, Firenze, FUP, 2008

Cossar R., *Clerical Households in Late Medieval Italy*, Cambridge, Harvard University Press, 2017

Costa P., *Iurisdictio. Semantica del potere politico nella repubblica medievale (1100-1433). Ristampa*, Milano, Giuffrè, 2002 (ed. orig. 1969)

Coturri E., *Chiese e clero della Valdinievole da una visita pastorale del 1354*, in «Bullettino storico pistoiese», LXXX (1978), pp. 41-68

Coulet N., *Les visites pastorales*, Turnhout, Brepols, 1977 (Typologie des sources du Moyen Age occidental, 23)

Coulet N., *Les visites pastorales. Mise à jour*, Turnhout, Brepols, 1985

Credito e usura fra teologia, diritto e amministrazione. Linguaggi a confronto (sec. XII-XVI), a cura di D. Quaglioni, G. Todeschini e G.M. Varanini, Roma École française de Rome, 2005

Crime, Society and the Law in Renaissance Italy, a cura di T. Dean e K.J.P. Lowe, Cambridge, CUP, 1994

Criminalità e giustizia in Germania e in Italia. Pratiche giudiziarie e linguaggi giuridici tra tardo medioevo ed età moderna, a cura di M. Bellabarba, G. Schwerhoff e A. Zorzi, Bologna, il Mulino, 2001

Cusato M.F. OFM, *The Radical Renewal of Pastoral Care in The Italian Communes, 1150-1250: Prelates, Secular Clergy, and the Mendicant Orders*, in *A Companion to Priesthood*, pp. 306-345

D'Addario A., *Il problema "de vita et moribus clericorum" nella diocesi di Firenze. Legislazine canonica e civile, e iniziative spontanee, fra XIV e XVI secolo*, in *Chiesa e società dal secolo IV ai nostri giorni. Studi in onore del P. Ilarino da Milano*, Roma, Herder, 1979, vol. II, pp. 383-414

Dameron G.W., *Episcopal Power and Florentine Society 1000-1320*, Cambridge, Harvard University Press, 1991

Dameron G.W., *Florence and its Church in the Age of Dante*, Philadelphia, University of Pennsylvania Press, 2005

Davidson M., *Theology, nature and the Law: Sexual Sin and Sexual Crime in Italy From the Fourteenth to the Seventeenth Century*, in *Crime, Society and the Law in Renaissance Italy*, pp. 74-98

De Sandre Gasparini G., *Vescovi e vicari nelle visite pastorali del Tre-Quattrocento veneto*, in *Vescovi e diocesi in Italia*, pp. 569-600

De Vitt F., *Chiese, famiglie e villaggi carnici nel Tre-Quattrocento. Note dai testamenti*, in *Religione nelle campagne*, pp. 205-233

Dean T., *Crime and Justice in Late Medieval Italy*, Cambridge, CUP, 2007

Dean T., *Crime in Medieval Europe 1200-1550*, London, Pearson, 2001

Dean T., *Domestic Violence in Late-Medieval Bologna*, in «Renaissance studies», 18 (2004), pp. 527-543

Dean T., *Eight Varieties of Homicide. Bologna in the 1340s and 1440s*, in *Murder in Renaissance Italy*, pp. 83-105

Dean T., *Fathers and Daughters: Marriage Laws and Marriage Disputes in Bologna and Italy, 1200-1500*, in *Marriage in Italy, 1300-1650*, pp. 85-106

Del Col A., *Alcune osservazioni sui processi inquisitoriali come fonti storiche*, in «Metodi e ricerche», XIII/2 (1994), pp. 85-105

Del Fuoco M.G., *"Ad tempus sacerdos et ad tempus iudex vice Christi". La diocesi di Chieti e i diritti episcopali nella prima metà del XIV secolo*, in *"Arbor ramosa". Studi per Antonio Rigon da allievi amici colleghi*, a cura di L. Bertazzo, D. Gallo, R. Michetti e A. Tilatti, Padova, Centro studi antoniani, 2011, pp. 541-556

Della Misericordia M., *Giudicare con il consenso. Giustizia vescovile, pratiche sociali e potere politico nella diocesi di Como nel tardo medioevo*, in «Archivio Storico Ticinese», XXXVIII (2001), pp. 179-218

Deutscher Th.B., *Punishment and Penance. The two Phases in the History of the Bishop's Tribunal in Novara*, Toronto, University of Toronto Press, 2013

Il difficile mestiere di vescovo (secoli X-XIV), Sommacampagna, Cierre, 2000 («Quaderni di storia religiosa», VII)

Di Paolo, *La ordinaria amministrazione della Chiesa locale*: Capitula *di inchiesta su persone, beni e contabilità*, in *Écritures grises. Les instruments de travail des administration (XIIe-XVIIe siècle)*, a cura di A. Fossier, J. Petitjean et C. Revest, Paris, École des chartes - École française de Rome, 2019, pp. 249-264

Disputes and Settlements. Law and Human Relations in the West, a cura di J. Bossy, Cambridges, CUP, 1983

Dolezalek G., *Une nouvelle source pour l'etude de la pratique judiciaire au XIII siècle: les livres d'imbreviatures des notaires de la cour*, in *Confluence des droits savants et des pratiques juridiques*, Atti del convegno (Montpellier, 12-14 dicembre 1977), Milano, Giuffrè, 1979, pp. 223-241

Dominus episcopus. Medieval Bishops between Diocese and Court, a cura di A.J. Lappin e E. Balzano, Stokholm, KVHAA, 2018

Donahue Ch. Jr, *Procedure in the Courts of the* Jus Commune, in *The History of Courts and Procedure*, pp. 74-124

Donahue Ch. Jr, *"Delictum est vobis quod iudicia habebitis inter vos" (I Cor. 6:7): defamation cases in Ely Diocese, 1374-1382*, in *From Learning to Love. Schools, Law and Pastoral Care in the Middle Ages. Essays in Honour of Joseph W. Goering*, a cura di T. Sharp, Toronto, Pontifical Institute of Mediaeval Studies, 2017, pp. 471-491

Donahue Ch. Jr, *Law, Marriage and Society in the Later Middle Ages. Argument about Marriage in Five Courts*, Cambridge, CUP, 2007

Donahue Ch. Jr, *Law, Marriage and Society in the Later Middle Ages: A Look at the English and «Franco-Belgian» Regions*, in *Proceedings of the XIII International Congress of Medieval Canon Law* (Esztergom 2008), a cura di P. Erdö e A. Szuromi, Città del Vaticano, BAV, 2010, pp. 17-39

Donahue Ch. jr, *The Ecclesiastical Courts: Introduction*, in *The History of courts and procedure*, pp. 247-299

Donahue Ch. Jr, McDougall S., *France and Adjoining Areas*, in *The History of Courts and Procedure*, pp. 300-343

Dubois P., *Repas funéraires, èconomie familiale et solidaritè paroissale*, in *La parrocchia nel Medio Evo*, pp. 279-303
Duval S., *L'argent des pauvres. L'institution de l'executor testamentorum et procurator pauperum à Pise entre 1350 et 1424*, in «Mélanges de l'École française de Rome - Moyen Âge», 125/1 (2013)

Elmy N.M., *Mormile, Francesco*, in *DBI*, versione on-line
Emotions in the Heart of the City (14th-16th century), Turnhout, Brepols, 2005
L'encadrement religieux des fidèles au Moyen-Âge et jusqu'au Concile de Trente. La paroisse - le clergé - la pastorale - la dévotion, Paris, CTHS, 1985
L'espace du diocèse. Genèse d'un territoire dans l'Occident médiéval (Ve-XIIIe siècle), a cura di F. Mazel, Rennes, Presses Universitaires de Rennes, 2008

Faggiotto M., *Aspetti della religiosità contadina nella diocesi di Padova alla metà del Quattrocento: scongiuri e pratiche magiche*, in *Religione nelle campagne*, pp. 235-278
Fama e publica vox nel Medioevo, a cura di I. Lori Sanfilippo e A. Rigon, Roma, ISIME, 2011
Fama. The Politics of Talk and Reputation in Medieval Europe, a cura di T. Fenster e D.L. Smail, Ithaca-London, Cornell Universiy Press, 2003
Famiglie e poteri in Italia tra Medioevo ed età moderna, a cura di A. Bellavitis e I. Chabot, Roma, École française de Rome, 2009
Fantappié C., *Introduzione storica al diritto canonico*, Bologna, il Mulino, 1999
Farnhill K., *Guilds and the Parish Community in Late Medieval East Anglia, c. 1470-1550*, York, York Medieval Press, 2001
Ferrali S., *La serie dei vicari generali della diocesi di Pistoia dal secolo XIII al secolo XVIII* (1974), in Id., *Chiesa e clero pistoiese nel Medioevo*, a cura di G. Francesconi e R. Nelli, Pistoia, Società pistoiese di storia patria, 2005, pp. 201-226
Fiecconi A., Taurino E., *Pievi e parrocchie nelle Marche del XIII e XIV secolo*, in *Pievi e parrocchie in Italia nel Basso Medioevo*, pp. 837-864
Figliulo-Rosswurm J., *Rural People and Public Justice in Fourteenth-century Tuscany*, in «Renaissance Quarterly», 72/2 (2019), pp. 417-456
Fiori A., *Il giuramento di innocenza nel processo canonico medievale: storia e disciplina della "purgatio canonica"*, Frankfurt a.M., Klostermann, 2013
Fissore G.G., Iacobus Sarrachus notarius et scopolanus Astensis ecclesie: *i chierici notai nella documentazione capitolare e vescovile ad Asti fra XIII e XIV secolo*, in *Studi in memoria di Giorgio Costamagna*, a cura di D. Puncuh, Genova, Società ligure di storia patria, 2003 («Atti della società ligure di storia patria», CXVII), pp. 365-414
Fossier A., *Les registres judiciaires de l'évêque de Pistoia (1287-1301). Esquisses d'une enquête sur les procédures ecclésiastiques dans l'Italie du Due et du Trecento*, in *La justice dans les cités épiscopales*, pp. 57-68

Fournier P., *Les officialités au Moyen Âge. Étude sur l'organisation, la compétence et la procédure des tribunaux ecclésiastiques ordinaires en France de 1180 à 1328*, Paris, Pilon, 1880

Fournier P., *L'origine du vicaire general et des autres membres de la curie diocesaine*, Paris, Seminaire des Missions Etrangeres, 1940

Franceschini A., *Giurisdizione episcopale e comunità rurali altopolesine. Bergantino, Melara, Bariano tra Gonzaga, vescovi ed Estensi (1393-1458)*, Bologna, Pàtron, 1999

Francesconi G., *Qualche considerazione sull'attività creditizia a Pistoia in età comunale*, in *L'attività creditizia nella Toscana comunale*, Atti del convegno (Pistoia, 26-27 settembre 1998), a cura di A. Duccini e G. Francesconi, Pistoia, Società pistoiese di storia patria, 2000, pp. 151-190

Franchette Ch., *Moeurs des clercs et situation materielle des eglises du Forez en 1379*, in *Papauté, monachisme et théories politiques*, vol. II, pp. 485-502

Franco B.R., *Episcopal Power and the Late Medieval State*, in «Viator», 45/2 (2014), pp. 255-269

French K.L., *Localized Faith. Parochial and Domestic Spaces*, in *Oxford Handbook of Medieval Christianity*, pp. 166-182

French K.L., *The People of the Parish. Community Life in a Late Medieval English Diocese*, Philadelphia, University of Pennsylvania Press, 2001

Frioli D., *La "costruzione" di un registro vescovile: Nicolò da Brno, vescovo di Trento (1338-1347) e il Codex Wangianus maior*, in *Vescovi medievali*, pp. 207-266

Gardoni G., *Frammenti di vita religiosa nella campagna mantovana alla fine del medioevo*, in *Religione nelle campagne*, pp. 279-335

Gardoni G., *Notai di curia del Trecento. Appunti sul campione mantovano*, in «Atti e Memorie della Accademia nazionale virgiliana di scienze lettere e arti», n.s., 74 (2006), pp. 51-107

Gardoni G., *Notai e scritture vescovili a Mantova fra XII e XIV secolo. Una ricerca in corso*, in *Chiese e notai*, pp. 51-85

Gardoni G., *I registri della chiesa vescovile di Mantova nel secolo XIII*, in *I registri vescovili dell'Italia settentrionale*, pp. 141-187

Geltner G., *I registri criminali dell'Archivio arcivescovile di Lucca: prospettive di ricerca per la storia sociale del Medioevo*, in *Il patrimonio documentario della Chiesa di Lucca*, pp. 331-340.

Geltner G., *Patrolling Normative Borders after the Black Death: The Bishop of Lucca's Criminal Court*, in *Center and Periphery. Studies on Power in the Medieval World in Honor of William Chester Jordan*, a cura di K.L. Jansen, G. Geltner e A.E.Lester, Leidon-Boston, Brill, 2013, pp. 169-180

Giansante M., *Eretici e usurai. L'usura come eresia nella normativa e nella prassi inquisitoriale dei secoli XIII-XIV. Il caso di Bologna*, in «Rivista di Storia e letteratura religiosa», XXIII (1987), pp. 193-221

Ginatempo M., *Crisi di un territorio: il popolamento della Toscana senese alla fine del Medioevo*, Firenze, Olschki, 1988

Ginzburg C., *Il formaggio e i vermi*, nuova ed. con postfazione dell'autore Milano, Adelphi, 2019 (ed. orig. Torino, Einaudi, 1976)

Giorgi A., Moscadelli S., *Conservazione e tradizione di atti giudiziari d'Antico regime: ipotesi per un confronto*, in *La documentazione degli organi giudiziari nell'Italia tardo-medievale e moderna*, Atti del convegno di studi (Siena, Archivio di Stato, 15-17 settembre 2008), a cura di A. Giorgi, S. Moscadelli e C. Zarrilli, 2 voll., Roma, Ministero per i beni e le attività culturali, 2012, I, pp. 37-122

Giuli M., *La Repubblica e la Jura. Un feudo vescovile nello Stato di Lucca: giurisdizione, religione, diplomazia*, in *Feudalesimi nella Toscana moderna*, a cura di S. Calonaci e A. Savelli, numero monografico di «Ricerche Storiche», XLIV, 2/3 (2014), pp. 323-337

Graus F., *The Church and its Critics in Time of Crisis*, in *Anticlericalism in Late Medieval and Early Modern Europe*, pp. 65-81

Grendi E., *"Premessa" a "Fonti criminali e storia sociale"*, in «Quaderni Storici», 66 (1987), pp. 695-700

Grossi P., *L'ordine giuridico medievale*, Bologna, il Mulino, 1995

Guida degli archivi diocesani d'Italia, a cura di V. Monachino, E. Boaga, L. Osbat e S. Palese, 3 voll., Roma, Ministero per i beni culturali e ambientali, Ufficio centrale per i beni archivistici, 1990-1998

Guillemain B., *Les papes d'Avignon et la "cura animarum" en Italie*, in *Pievi e parrocchie in Italia nel Basso Medioevo*, pp. 197-214

Hamilton S., *Bishops, Education, and Discipline*, in *Oxford Handbook of Medieval Christianity*, pp. 531-549

Hardman E.L., *Conflicts, Confessions and Contracts. Diocesan Justice in Late Fifteenth Century Carpentras*, Leiden-Boston, Brill, 2017

Harvey M., *Church Discipline in Late Medieval Durham City: The Prior as Archdeacon*, in *North-east England in the Later Middle Ages*, a cura di Ch.D. Liddy e R. Britnell, Woodbridge, Boydell, 2005, pp. 119-126

Helmolz R.H., *Discipline of the Clergy: Medieval and Modern*, in «Ecclesiastical law journal», 30/1 (2002), pp. 189-198

Helmholz R.H., *Judges and Trials in the English Ecclesiastical Courts*, in *Judicial Tribunals in England and Europe, 1200-1700. The Trial in History, volume I*, a cura di M. Mulholland e B. Pullan, Manchester-New York, Manchester University Press, 2003, pp. 102-116

Helmholz R.H., *Local Ecclesiastical Courts in England*, in *The History of Courts and Procedure*, pp. 344-391

Helmholz R.H., *The Spirit of Classical Canon Law*, Athens-London, The University of Georgia Press, 1996

Herlihy D., *Pistoia nel Medioevo e nel Rinascimento, 1200-1430*, Firenze, Olschki, 1972 (ed. orig. New Haven, 1967)
Histoire du droit et des institutions de l'église en Occident, a cura di G. Le Bras e J. Gaudemet, t. VIII, vol. II. J. Gaudemet, *Le gouvernement de l'église à l'époque classique*. II partie, *Le gouvernement local*, Paris, Cujes, 1979
The History of Courts and Procedure in Medieval Canon Law, a cura di W. Hartmann e K. Pennington, Washington DC, The Catholic University of America Press, 2016
Hope A., *Bishops' Deputies and Episcopal Power in Medieval Law, c. 1150 to c. 1350*, in *Episcopal Power and Local Society in Medieval Europe, 900-1400*, a cura di P. Coss, Ch. Dennis, M. Julian-Jones e A. Silvestri, Turnhout, Brepols, 2017, pp. 195-217
Hubert E., *Qui est qui? L'individu inconnu dans la cité médiévale*, in «Archivio storico italiano», CLXXV (2017), pp. 483-515

Ilkins Stern L., *Public Fame: A Useful Canon Law Borrowing*, in *Proceedings of the XI International Congress of Medieval Canon Law* (Catania, 2000), a cura di M. Bellomo e O. Condorelli, Città del Vaticano, BAV, 2006, pp. 661-672
Inventario dell'archivio della Curia diocesana di Prato, a cura di L. Bandini e R. Fantappiè, Roma, Ministero per i beni e le attività culturali - Ufficio centrale per i beni archivistici, 1999

Jaritz G., *The Bread-Knife*, in *Violence and the Medieval Clergy*, pp. 55-65
La justice dans les cités épiscopales du Moyen Âge à la fin de l'Ancien Régime, a cura di B. Fourniel, Toulouse, Presses Universitaires de Toulouse I, 2014
Les justices d'Église dans le Midi (XI-XV siècle), Toulouse, Privat, 2007 («Cahiers de Fanjeaux», 42)

Kelly H.A., *Law and Nonmarital Sex in the Middle Ages*, in *Conflict in Medieval Europe*, pp. 175-193
Kelly H.A., *Law and Religion in Chaucer's England*, Aldershot, Ashgate, 2010
Kéry L., *Canon Law and Criminal Law: The Results of a New Study*, in *Proceedings of the XII International Congress of Medieval Canon Law* (Washington, 2004), a cura di U.-R. Blumenthal, K. Pennington e A.A. Larson, Città del Vaticano, BAV, 2008, pp. 407-421
Kuehn Th., *Fama as a Legal Status in Renaissance Florence*, in *Fama. The Politics of Talk*, pp. 27-46
Kuehn Th., *Law, Family, and Women: Toward a Legal Anthropology of Renaissance Italy*, Chicago, Chicago University Press, 1991
Kuehn Th., *Reading Microhistory: The Example of Giovanni and Lusanna*, in «Journal of Modern History», 61 (1989), pp. 512-534
Kümin B., *The English Parish in a European Perspective*, in *The Parish in English Life, 1400-1600*, a cura di Katherine L. French, Gary G. Gibbs e B. Kümin, Manchester-New York, Manchester University Press, 1997, pp. 15-32

La Roncière Ch. M. de, *Aspects de la religiosité populaire en Toscane: le contado florentin des années 1300*, in Id., *Religion paysanne et religion urbaine en Toscane*, già in *La Toscana nel secolo XIV: caratteri di una civiltà regionale*, a cura di S. Gensini, Pisa, Pacini, 1988, pp. 337-384

La Roncière Ch. M. de, *Conclusione*, in *Religiosità e società in Valdelsa*, pp. 159-168

La Roncière Ch. M. de, *Condizioni economiche del clero parrocchiale, rurale e urbano, nell'europa meridionale, XII-XV secoli (osservazioni da lavori recenti)*, in *Gli spazi economici della Chiesa nell'Occidente mediterraneo (secoli XII-metà XIV)*, Atti del XVI convegno (Pistoia, maggio 1997), Pistoia, Centro italiano di studi di storia e d'arte, 1999, pp. 329-361

La Roncière Ch. M. de, *Dans la campagne florentine au XIV siècle: les communautés chretiennes et leurs curés*, in Id., *Religion paysanne et religion urbaine en Toscane*, già in *Storia vissuta del popolo cristiano*, a cura di J. Delumeau, Torino, SEI, 1985, pp. 367-401

La Roncière Ch. M. de, *La chiesa e il denaro*, in *Storia del Cristianesimo. Religione-Politica-Cultura*, VI. *Tempo di prove*, pp. 451-460

La Roncière, Ch. M. de, *Prix et salaires à Florence au XIVe siècle, 1280-1380*, Rome, Ecole française de Rome, 1982

La Roncière Ch. M. de, *Religion paysanne et religion urbaine en Toscane (c. 1250-1450)*, Ashgate, Variorum, 1994

La Roncière Ch. M. de, *Tra preghiera e rivolta: le folle toscane nel XIV secolo*, Roma, Jouvence, 1983, pp. 89-196

Landi A., *Tra collegialità e curialismo: linee di sviluppo della canonistica medievale*, Firenze, D'Anna, 1997

Lange T., *Excommunication for Debt in Late Medieval France. The Business of Salvation*, Cambridge, CUP, 2016

Langholm O., *Economics in the Medieval Schools. Wealth, Exchange, Value, Money and Usury According to the Paris Theological Tradition 1200-1350*, Leiden-NewYork-Koln, Brill, 1992

Lansing C., *The Florentine Magnates: Lineage and Faction in a Medieval Commune*, Princeton, Princeton University Press, 1991

Lantschner P., *The Logic of Political Conflict in Medieval cities. Italy and Southern Low Countries, 1370-1440*, Oxford, Oxford University Press, 2015

Laurendeau D., *Le village et l'inquisiteur. Faire parler et savoir taire au tribunal d'Inquisition de Pamiers (1320-1325)*, in «Histoire & Sociétés Rurales», 34/2 (2010), pp. 13-52

Lazzarini I., Menant F., *Les potestats*, in *I comuni di Jean-Claude Maire Vigueur. Percorsi storiografici*, a cura di M.T. Caciorgna, S. Carocci e A. Zorzi, Roma, Viella, 2014, pp. 177-200

Le Blévec D., *La justice des èvêques de Maguelone (1364-1369)*, in *Les justices d'Église dans le Midi*, pp. 269-283

Le Bras G., *La chiesa del diritto: introduzione allo studio delle istituzioni ecclesiastiche*, Bologna, il Mulino, 1974
Le Bras G., *L'èglise et le village*, Paris, Flammarion, 1976
Le Bras G., *Institutions ecclésiastiques de la Chretienté médiévale. Préliminaires*, in *Histoire de l'Eglise depuis les origines jusqu'à nos jours*, a cura di A. Fliche e V. Martin, vol. XII, Paris, Bloud et Gay, 1964
van Leeuwen J., *Emotions on Trial. Attitudes towards the Sensitivity of Victims and Judges in Medieval Flanders*, in *Emotions in the Heart of the City*, pp. 157-175
Le Roi Ladurie E., *Montaillou. Storia di un villaggio occitanico durante l'Inquisizione*, Milano, Il Saggiatore, 2019 (ed. orig. Paris, 1975)
Legal Consulting in the Civil Law Tradition, a cura di M. Ascheri, I. Baumgärtner e J. Kirshner, Berkeley, Robbins, 1999
Lemesle B., *Le gouvernement des évêques. La charge pastorale au milieau du Moyen Âge*, Rennes, Presses universitaires de Rennes, 2015
Lett D., *Genre, enfance et violence sexuelle dans les archives judiciaires de Bologne au XVe siècle*, in «Clio. Femmes, Genre, Histoire» [versione on-line], 42 (2015), pp. 202-215
Lewin A.W., *Negotiating Survival. Florence and the Great Schism 1378-1417*, London, Associated University Presses, 2003
Licciardello P., *Un vescovo contro il papato: conflitto fra Guido Tarlati e Giovanni XXII (1312-1339)*, Arezzo, Società storica aretina, 2015
Liotta F., *La continenza dei chierici nel pensiero canonistico classico. Da Graziano a Gregorio IX*, Milano, Giuffrè, 1971
Lombardi D., *Il reato di stupro tra foro ecclesiastico e foro secolare*, in *Trasgressioni*, pp. 351-382
Loubès G., *Le clergé rural gascon à la fin du Moyen Âge (XIV-XVI siècles)*, in *Le clergé rural dans l'Europe médiévale*, pp. 41-59
Lower Ecclesiastical Jurisdiction in Late-Medieval England. The Courts of the Dean and Chapter of Lincoln, 1336-1349, and the Deanery of Wisbech, 1458-1484, a cura di L.R. Poos, Oxford, Oxford University Press, 2001
Luongo A., *I notai della curia vescovile di Gubbio nel Trecento. Prime considerazioni*, in «Bullettino della Deputazione di Storia Patria per l'Umbria», CX (2013), pp. 37-57

Maccarrone M., *"Cura animarum" e "parochialis sacerdos" nelle costituzioni del IV concilio lateranense (1215). Applicazioni in Italia nel sec. XIII*, in *Pievi e parrocchie in Italia nel Basso Medioevo*, pp. 81-195
Madero M., *La loi de la chair: le droit au corps du conjoint dans l'oeuvre des canonistes (XIIe-XVe siècle)*, Paris, Publications de la Sorbonne, 2015
Maffei D., *Un trattato di Bonaccorso degli Elisei e i più antichi statuti dello Studio di Bologna nel manoscritto 22 della Robbins Collection*, in «Bulletin of Medieval Canon Law», n. s., 5 (1975), pp. 73-101

Magni G.G., *Il nepotismo episcopale nell'Italia dei comuni (fine XIII-XIV secolo)*, in *La mobilità sociale nel Medioevo italiano*, 3. *Il mondo ecclesiastico*, a cura di S. Carocci e A. De Vincentiis, Roma, Viella, 2017, pp. 177-202

Maire Vigueur J.C., *Révolution documentaire et révolution scripturaire: le cas de l'Italie médiévale*, in «Bibliothèque de l'École des Chartes», 153/1 (1995), pp. 177-185

Majocchi P., *I notai del vescovo di Pavia nei secoli XIV e XV*, in *Chiese e notai*, pp. 181-218

"Male ablata". La restitution des biens mal acquis, XIIe-XVe siècle, a cura di J.L. Gaulin et G. Todeschini, Roma, École française de Rome, 2019

Mancino M., Romeo G., *Clero criminale. L'onore della Chiesa e i delitti degli ecclesiastici nell'Italia della Controriforma*, Roma-Bari, Laterza, 2013

Mangione T., *"In Christi fidelium scandalum". Indagine sui rapporti tra monache e laici nel XV secolo: il caso di San Martino di Abbiategrasso*, in *Medioevo vissuto. Studi per Rinaldo Comba tra Piemonte e Lombardia*, Roma, Viella, 2016, pp. 149-200

Marchetto P., *Il divorzio imperfetto. I giuristi medievali e la seprazione dei coniugi*, Bologna, il Mulino, 2008

Marriage in Italy, 1300-1650, a cura di T. Dean e K. J.P. Lowe, Cambridge, CUP, 1998

Martines L., *Lawyers and Statecraft in Renaissance Florence*, Princeton University Press, Princeton 1968

Marzi D., *La Cancelleria della Repubblica fiorentina*, Rocca San Casciano, Cappelli, 1910 (rist. Firenze, Le Lettere, 1987)

Matrimoni in dubbio. Unioni controverse e nozze clandestine in Italia dal XIV al XVIII secolo, a cura di S. Seidel Menchi e D. Quaglioni, Bologna, il Mulino, 2001 (I processi matrimoniali degli archivi ecclesiastici italiani, II)

Mazel F., *L'évêque et le territoire. L'invention médiévale de l'espace (V-XIII siècle)*, Paris, Seuil, 2016

Mazo Karras R., *The Regulation of Sexuality in the Late Middle Ages: England and France*, in «Speculum», 86 (2011), pp. 1010-1039

Mazzi M.S., *Cronache di periferia dello stato fiorentino: reati contro la morale nel primo Quattrocento*, in Ead., *Toscana bella. Paesaggi, gente, amori nel Medioevo*, Torino, Paravia, 1999, pp. 203-235

Mazzoni V., *La carne e il sangue. Documenti sulla liturgia eucaristica e sul basso clero secolare in Toscana alla fine del Medioevo (1370-1437)*, in *Uomini, paesaggi, storie. Studi di storia medievale per Giovanni Cherubini*, a cura di D. Balestracci *et al.*, Siena, Salvietti & Barabuffi, 2012, pp. 935-950

McHardy A.K., *Church Courts and Criminous Clerks in the Later Middle Ages*, in *Medieval Ecclesiastical Studies in Honour of Dorothy M. Owen*, a cura di M.J. Franklin e Ch. Harper-Bill, Woodbridge, Boydell, 1995, pp. 165-183

Meek Ch., *The Commune of Lucca under Pisan Rule, 1342-1369*, Cambridge Mass., The Mediaeval Academy of America, 1980
Meek Ch., *Del Carretto, Enrico*, in *DBI*, XXXVI, pp. 404-408
Meek Ch., *I documenti del Tribunale ecclesiastico di Lucca nei secoli XIV e XV come fonte storica*, in *Il patrimonio documentario della Chiesa di Lucca*, pp. 313-330
Meek Ch., *Lucca 1369-1400. Politics and Society in an Early Renaissance City-State*, Oxford, Oxford University Press, 1978
Meek Ch., *Il matrimonio e le nozze: sposarsi a Lucca nel tardo Medioevo*, in *I tribunali del matrimonio*, pp. 359-371
Meek Ch., *"Simone ha aderito alla fede di Maometto". La "fornicazione spirituale" come causa di separazione (Lucca 1424)*, in *Coniugi nemici. La separazione in Italia*, pp. 121-139
Meek Ch., *Un'unione incerta: la vicenda di Neria, figlia dell'organista, e di Baldassino, merciaio pistoiese (Lucca, 1396-1397)*, in *Matrimoni in dubbio*, pp. 107-121
Meek Ch., *Women, the Church and the Law: Matrimonial Litigation in Lucca under Bishop Nicolao Guinigi (1394-1435)*, in *Chattel, Servant or Citizen. Women's Status in Church, State and Society*, a cura di M. O'Dowd e S. Wichert, Belfast, Institute of Irish Studies, 1995, pp. 82-90
La memoria delle chiese. Cancellerie vescovili e culture notarili nell'Italia centro-settentrionale (secoli X-XIII), a cura di P. Cancian, Torino, Scriptorium, 1995
Mengozzi N., *Il Feudo del Vescovado di Siena*, Siena, Lazzeri, 1911
Menzinger S., *Giuristi e politica nei comuni di popolo. Siena, Perugia e Bologna, tre governi a confronto*, Roma, Viella, 2006
Merli S., *"Qui seminat spiritualia debet recipere temporalia". L'episcopato di Città di Castello nella prima metà del Duecento*, in «Mélanges de l'École française de Rome - Moyen Âge», 109/2 (1997), pp. 269-301
Merlo G.C., *Chiese e uomini di Chiesa nell'Italia occidentale dei secoli XIII-XV*, Vercelli-Cuneo, Società storica vercellese-Società per gli studi storici, archeologici ed artistici della provincia di Cuneo, 2009
Merlo G.C., *Inquadramento ecclesiastico e vita religiosa delle popolazioni rurali nel secolo XIV. Problemi e direzioni di ricerca*, in *Medioevo rurale. Sulle tracce della civiltà contadina*, a cura di V. Fumagalli e G. Rossetti, Bologna, il Mulino, 1980, pp. 399-415
Migliorino F., *Fama e infamia. Problemi della società medievale nel pensiero giuridico dei secoli XII e XIII*, Catania, Giannotta, 1985
Miller M., *The Bishop's Palace. Architecture and Authority in Medieval Italy*, Ithaca-London, Cornell University Press, 2000
Miller M., *Urban Space, Sacred Topography and Ritual Meanings in Florence: The Route of the Bishop's Entry, c. 1200-1600*, in *The Bishop Reformed.*

Studies of Episcopal Power and Culture in the Central Middle Ages, a cura di J.O. Ott e A. Trumbore Jones, Aldershot, Ashgate, 2007, pp. 237-249
Miller M., *Why the Bishop of Florence had to Get Married*, in «Speculum», 81 (2006), pp. 1055-1091
Minnucci G., *"An mulier verberari possit". Una "quaestio disputata" di argomento matrimoniale*, in *Coniugi nemici. La separazione in Italia*, pp. 491-498
Montesano M., *Eretici, erotici o strategici? Alcuni esempi medievali di* cross-dressing, in *Eretico ed erotico nel Medioevo*, a cura di Ch. Grasso e M. Miglio, Roma, ISIME, 2019, pp. 173-187
Moore J., *Inquisition and its Organisation in Italy, 1250-1350*, York, York Medieval Press-Boydell Press, 2019
Morelli P., *Per una storia delle istituzioni parrocchiali nel basso Medioevo: la propositura di S. Maria e S. Michele di Cigoli e la pieve di S. Giovanni di Fabbrica*, in *Pievi e parrocchie in Italia nel Basso Medioevo*, pp. 775-792
Morris C., *A Consistory Court in the Middle Ages*, in «Journal of Ecclesiastical History», XIV (1962), pp. 150-159
Morris C., *From Synod to Consistory: The Bishops' Courts in England, 1150-1250*, in «Journal of Ecclesiastical History», XXII (1971), pp. 115-123
Morse V.M., *The* Vita mediocris*: The secular Priesthood in the Thought of Opicino de Canistris*, in *Preti nel Medioevo*, pp. 257-282
Murano, *Lapo da Castiglionchio, il vecchio († 1381)*, in *Autographa I.1*, p. 82
Murder in Renaissance Italy, a cura di T. Dean e K.J.P. Lowe, Cambridge, CUP, 2017
Muzzi O., *Una pieve toscana nel tardo medioevo: Sant'Appiano in Valdelsa*, in *Religiosità e società in Valdelsa*, pp. 75-99

Naessens M., *Sexuality in Court: Emotional Perpetrators and Victims Versus a Rational System?*, in *Emotions in the Heart of the City*, pp. 119-156
Nardi P., *Istituzioni ecclesiastiche e governo della chiesa locale: la diocesi di Siena tra Due e Trecento*, in *Beata civitas. Pubblica pietà e devozioni private nella Siena del '300*, a cura di A. Benvenuti e P. Piatti, Firenze, Sismel, 2016, pp. 11-41
Negro F., *I signori vescovi: note sul senso di una categoria*, in *Signorie cittadine nell'Italia comunale*, a cura di J.C. Maire Vigueur, Roma, Viella, 2013. pp. 263-301
Negro F., *Vescovi signori e monarchia papale nel Trecento*, in *Signorie italiane e modelli monarchici (secoli XIII-XIV)*, a cura di P. Grillo, Roma, Viella, 2013, pp. 181-204
Nicolini U., *Pievi e parrocchie in Umbria nei secoli XIII-XV*, in *Pievi e parrocchie in Italia nel Basso Medioevo*, pp. 865-892
I notai della Curia arcivescovile di Milano (secoli XIV-XV), a cura di C. Belloni e M. Lunari, coordinamento di G. Chittolini, Roma, Ministero per i beni e le attività culturali - Direzione generale per gli archivi, 2004

Oestmann P., *Geistliche und weltliche Gerichte im Alten Reich. Zuständigkeitsstreitigkeiten und Instanzenzüge*, Wien, Böhlau, 2012

Olivieri A., *I registri vescovili nel Piemonte medievale (secoli XIII-XIV). Tipologia e confronto*, in *I registri vescovili dell'Italia settentrionale*, pp. 1-42

Opera: carattere e ruolo delle fabbriche cittadine fino all'inizio dell'età moderna, Atti della Tavola rotonda (Villa I Tatti, Firenze, 3 aprile 1991), a cura di M. Haines e L. Riccetti, Firenze, Olschki, 1996

Orlando E., *Il matrimonio delle beffe. Unioni finte, simulate, per gioco. Padova e Venezia, fine secolo XIV-inizi secolo XVI*, in *Trasgressioni*, pp. 231-267.

Osheim D.J., *Conversion, Conversi and the Christian Life in Late Medieval Tuscany*, in «Speculum», 58 (1983), pp. 368-390

Osheim D.J., *The Country Parish at Late Medieval Lucca*, in *Beyond Florence. The Contours of Medieval and Early Renaissance Modern Italy*, a cura di P. Findlen, M.M. Fontaine e D.J. Osheim, Stanford, Stanford University Press, 2003, pp. 59-71

Osheim D.J., *An Italian Lordship. The Bishopric of Lucca in the Late Middle Ages*, Berkeley-Los Angeles-London, University of California Press, 1977

Oxford Handbook of Medieval Christianity, a cura di J.H. Arnold, Oxford, Oxford University Press, 2014

Owen D., *Ecclesiastical Jurisdicion in England 1300-1550: The Records and their Interpretation*, in *The Material Sources and Methods of Ecclesiastical History*, a cura di D. Baker, Oxford, Blackwell, 1975, pp. 199-221

Padoa Schioppa A., *Note sulla giustizia ecclesiastica a Milano alla fine del Duecento*, in *La diplomatica dei documenti giudiziari (dai placiti agli acta-secc. XI-XV)*, Atti del X congresso internazionale della Commission internationale de diplomatique (Bologna, 12-15 ottobre 2001), a cura di G. Nicolaj, Roma, Ministero per i beni e le attività culturali - Direzione generale per gli archivi, 2004, pp. 295-307

Paganelli J., *«Infra nostrum episcopatum et comitatum». Alcuni caratteri del principato vescovile di Volterra (IX-XIII sec.)*, in «Rassegna volterrana», XCII (2015), pp. 89-156

Pagnoni F., *L'episcopato di Brescia nel basso medioevo. Governo, scritture, patrimonio*, Roma, Viella, 2018

Pancino C., *"Puerpera pura parens". Per una storia del rito di purificazione dopo il parto*, in *Riti di passaggio, storie di giustizie*, pp. 55-66.

Papauté, monachisme et théories politiques. Etudes d'histoire médiévale offertes à Marcel Pacaut, 2 voll., Lyon, Presses Universitaires de Lyon, 1994

Paravicini Bagliani A., *Il papato e il demonio. Per una rilettura di alcune lettere pontificie del Due e Trecento*, in *Il diavolo nel medioevo*, Atti del convegno (Todi, ottobre 2012), Spoleto, CISAM, 2013, pp. 101-115

Parent S., *Dans les abysses de l'infidélité. Les procès contre les ennemis de l'église en Italie au temps de Jean XXII (1316-1334)*, Roma, École française de Rome, 2014

Parmeggiani R., *I Consilia procedurali per l'Inquisizione medievale (1235-1330)*, Bologna, Bononia University Press, 2011

La parrocchia nel Medio Evo. Economia, scambi, solidarietà, a cura di A. Paravicini Bagliani e V. Pasche, Roma, Herder, 1995

Pasquini E., *Clero e pubblico parrocchiale nei testi letterari*, in *Pievi e parrocchie in Italia nel Basso Medioevo*, pp. 575-599

Passerini L., *Genealogia e storia della famiglia Altoviti*, Firenze, Cellini, 1871

Il patrimonio documentario della Chiesa di Lucca. Prospettive di ricerca, Atti del convegno internazionale di studi (Lucca, 14-15 novembre 2008), a cura di S. Pagano e P. Piatti, Firenze, SISMEL, 2010

Pauler R., *La signoria dell'imperatore: Pisa e l'impero al tempo di Carlo IV, 1354-1369*, Pisa, Pacini, 1995

Pécout Th., *Justices d'Eglise en Provence (milieu du XII-milieu du XIV siècle)*, in *Les justices d'Église dans le Midi*, pp. 83-118

Pellegrini M., *Attorno all'"economia della salvezza". Note su restituzione d'usura, pratica pastorale ed esercizio della carità in una vicenda senese del primo Duecento*, in *Fedeltà ghibellina, affari guelfi. Saggi e riletture intorno alla storia di Siena fra Due e Trecento*, a cura di G. Piccinni, Pisa, Pacini, 2008, vol. II, pp. 395-446

Pellegrini M., *Chiesa e città. Uomini, comunità e istituzioni nella società senese del XII e XIII secolo*, Roma, Herder, 2004

Pellegrini M., *Clero non beneficiato, preti mercenari e salariato ecclesiastico: una prospettiva sul tardo medioevo*, in *La mobilità sociale nel Medioevo italiano*, 3. *Il mondo ecclesiastico*, a cura di S. Carocci e A. De Vincentiis, Roma, Viella, 2017, pp. 265-294

Pennington K., *Introduction to Courts*, in *The History of Courts and Procedure*, pp. 3-29

Pennington K., *The Jurisprudence of Procedure*, in *The History of Courts and Procedure*, pp. 125-159

Peterson D.S., *Conciliarism, Republicanism and Corporatism: the 1415-1420 Constitution of the Florentine Clergy*, in «Renaissance Quarterly», XLII/2 (1989), pp. 183-226.

Peterson D.S., *Florence's* universitas cleri *in the Early Fifteenth Century*, in «Renaissance Studies», 2 (1988), pp. 185-196

Peterson D.S., *The Albizzi, the Early Medici, and the Florentine Church, 1375-1460*, in *The Medici. Citizens and Masters*, a cura di R. Black e J.E. Law, I Tatti-The Harvard University Center for Italian Renaissance Studies, 2015, pp. 171-187

Petrucci E., *Pievi e parrocchie del Lazio nel Basso Medioevo. Note e osservazioni*, in *Pievi e parrocchie in Italia nel Basso Medioevo*, pp. 893-1017

Petrucci E., *Vescovi e cura d'anime nel Lazio (sec. XIII-XV)*, in *Vescovi e diocesi in Italia*, pp. 429-546

Pia E.C., *La giustizia del vescovo. Società, economia e chiesa cittadina ad Asti tra XIII e XIV secolo*, Roma, Viella, 2014

Pievi e parrocchie in Italia nel Basso Medioevo (sec. XIII-XV), Atti del VI convegno di Storia della Chiesa in Italia (Firenze, 21-23 settembre 1981), 2 voll., Roma, Herder, 1984

Pinto G., *La "borghesia di castello" nell'Italia centro-settentrionale (secoli XII-XV). Alcune considerazioni*, in *Città e territori nell'Italia del Medioevo: studi in onore di Gabriella Rossetti*, a cura di G. Chittolini, G. Petti Balbi e G. Vitolo, Napoli, Liguori, 2007, pp. 155-170

Pinto G., *Clero e chiese rurali nel Pistoiese alla fine del Duecento*, in *Pistoia e la Toscana nel Medioevo. Studi per Natale Rauty*, a cura di E. Vannucchi, Pistoia, Società pistoiese di storia patria, 1997, pp. 105-129

Pinto G., *Matrimonio e sessualità coniugale nella Toscana del basso medioevo: una rilettura delle fonti*, in Id., *Firenze medievale e dintorni*, Roma, Viella, 2016, pp. 143-161

Pirillo P., *L'abate, il Comune e i pesci del fossato: mezzo secolo di dispute a Passignano (secc. XIII-XIV)*, in *Passignano in Val di Pesa*, 1. *Una signoria sulle anime, sugli uomini, sulle comunità (dalle origini al sec. XIV)*, a cura di P. Pirillo, Firenze, Olschki, 2009, pp. 223-254

Pirillo P., *La Domenica delle Palme, un castello e due chiese. Popolamento e parrocchie nel piviere di Gaville*, in *San Romolo a Gaville. Storie di una pieve in età medie-vale*, a cura di P. Pirillo e M. Ronzani, Roma, Viella, 2008, pp. 149-174

Pirillo P., *Famiglia e mobilità sociale nella Toscana medievale. I Franzesi della Foresta da Figline Valdarno (secoli XII-XV)*, Firenze, Opuslibri, 1992

Platelle H., *La paroisse et son curé jusqu'à la fin du XIIIe siècle. Orientations de la recherche actuelle*, in *L'encadremente religieux des fidèles*, pp. 11-26

Plesner J., *Una rivoluzione stradale del Dugento*, Firenze, Papafava, 1979

Polo De Beaulieu A.M., *L'image du clergé séculier dans les recueils d'*exempla *(XIII-XV siècle)*, in *Le clerc séculier au Moyen Âge*, pp. 61-80

Poloni A., *Disciplinare la società. Un esperimento di potere nei maggiori Comuni di Popolo tra Due e Trecento*, in «Scienza e politica», 37 (2007), pp. 33-62

Pommeray L., *L'officialité archidiaconale de Paris aux XV-XVI: la composition et sa competence criminelle*, Paris, Sirey, 1933

Poteri carismatici e informali: chiesa e società medioevali, a cura di A. Paravicini Bagliani e A. Vauchez, Palermo, Sellerio, 1992

Pratiques sociales et politiques judiciaires dans les villes de l'Occident à la fin du Moyen Âge, a cura di J. Chiffoleau, C. Gauvard e A. Zorzi, Roma, École française de Rome, 2007

Praxis der Gerichtsbarkeit in europäischen Städten des Spätmittelalters, a cura di F.-J. Arlinghaus *et al.*, Frankfurt am Main, Klostermann, 2006

Preti nel Medioevo, Sommacampagna, Cierre, 1997 («Quaderni di storia religiosa», IV)

Prodi P., *Il sacramento della penitenza e la* restitutio, in *Riti di passaggio, storie di giustizie*, pp. 117-126

Prodi P., *Una storia della giustizia: dal pluralismo dei fori al moderno dualismo tra coscienza e diritto*, Bologna, il Mulino, 2000

Prosdocimi L., *Il diritto ecclesiastico dello Stato di Milano dall'inizio della signoria viscontea al periodo tridentino (secc. XIII-XVI)*, Milano, Cesalpino-Goliardica, 1973 (rist. dell'ed. Milano, L'arte, 1941)

The Politics of Law in Late Medieval and Renaissance Italy, a cura di L. Armstrong e J. Kirshner, Toronto, Toronto University Press, 2011

Ragone F., *Gabrielli, Paolo*, in *DBI*, LI, pp. 111-112

Ragone F., *Gambacorta, Lorenzo (Lotto)*, in *DBI*, LII, pp. 13-15

Ragone F., *Guinigi, Nicolao*, in *DBI*, LXI, pp. 522-524

Rando D., *"Religiosi ac presbiteri vagabundi". Vescovi e disciplina clericale dai Registri delle ammissioni nella Diocesi di Trento (1478-1493)*, in *La parrocchia nel Medio Evo*, pp. 169-207

Rapp F., *L'Eglise et la vie religieuse en Occident à la fin du Moyen Âge*, Paris, PUF, 1971

Rapp F., *La paroisse et l'encadrement religieux des fidèles (du XIVe au XVIe siècle)*, in *L'encadremente religieux des fidèles*, pp. 27-43

F. Rapp, *Rapport introductif*, in *Le clerc séculier au Moyen Âge*, pp. 9-25

Records of the Trial of Walter Langeton Bishop of Coventry and Lichfield 1307-1312, a cura di A. Bearwood, London, Royal Historical Society, 1969

The Records of the Medieval Ecclesiastical Courts, Part I. *The Continent. Reports of the Working Group on Church Court Records*, a cura di Ch. Donahue jr, Berlin, Duncker und Humblot, 1989

The Records of the Medieval Ecclesiastical Courts, Part II. *England. Reports of the Working Group on Church Court Records*, a cura di Ch. Donahue jr, Berlin, Duncker und Humblot, 1994

The Register Notule Communium *of the Diocese Of Barcellona (1345-1348). A Calendar with Selected Documents*, a cura di J.N. Hillgarth e G. Silano, Toronto, Pontifical Institute of Mediaeval Studies, 1983

I registri vescovili dell'Italia settentrionale (secoli XII-XV), Atti del convegno (Monselice, 24-25 novembre 2000), a cura di A. Bartoli Langeli e A. Rigon, Roma, Herder, 2003

La religion civique à l'époque médiévale et moderne (Chrétienté et Islam), a cura di A. Vauchez, Roma, École française de Rome, 1995

Religione nelle campagne, a cura di M. Rossi, Verona, Cierre, 2006 («Quaderni di Storia religiosa», XIV)

Religiosità e società in Valdelsa nel Basso medioevo, Atti del convegno (San Vivaldo, 29 settembre 1979), s.l., Società Storica della Valdelsa, 1979

A Renaissance of Conflicts. Visions and Revisions of Law and Society in Italy and Spain, a cura di J.A. Marino e Th. Kuehn, Toronto, Centre for Reformation and Renaissance Studies, 2004

Resl B., *Material Support I: Parishes*, in *The Cambridge History of Christianity. Volume 4*, pp. 99-106

Ricci B., *Di un frammento di atti di visite pastorali del vescovo Aldobrandino d'Este*, in «Atti e Memorie della R. Deputazione di storia patria per le provincie modenesi», s. V, IV (1905), pp. 15-79

Rieder P.M., *On the Purification of Women. Churching in Northern France, 110-1500*, New York, Palgrave Macmillan, 2006

Rider C., *Magic and Impotence in the Middle Ages*, Oxford, Oxford University Press, 2006

Rigon A., *Clero e città. "Fratalea cappellanorum", parroci, cura d'anime in Padova dal XII al XV secolo*, Padova, Istituto per la storia ecclesiastica di Padova, 1988

Rigon A., *Il clero curato*, in *Ceti, modelli, comportamenti nella società medievale (secoli XIII-metà XIV)*, Atti del convegno (Pistoia, maggio 1999), Pistoia, Centro italiano di studi di storia e d'arte, 2001, pp. 59-74

Rigon A., *L'identità difficile. Il clero secolare tra università e particolarismi*, in *Vita religiosa e identità politiche*, pp. 287-300

Rigon A., *Organizzazione ecclesiastica e cura d'anime nelle Venezie. Ricerche in corso e problemi da risolvere*, in *Pievi e parrocchie in Italia nel Basso Medioevo*, pp. 705-724

Ristori P., *Chiesa fiorentina e clero della cattedrale dalle origini al Giubileo del 1300. Vicende storiche, attività amministrativa, vita liturgica*, Firenze, Pagnini, 2015

Riti di passaggio, storie di giustizie. Per Adriano Prosperi, vol. III, a cura di V. Lavenzia e G. Paolin, Pisa, Edizioni della Normale, 2011

Ronzani M., *Aspetti e problemi delle pievi e delle parrocchie cittadine nell'Italia centro-settentrionale*, in *Pievi e parrocchie in Italia nel Basso Medioevo*, pp. 307-349

Ronzani M., *Un aspetto della "Chiesa di città" a Pisa nel Duecento e nel Trecento: ecclesiastici e laici nella scelta del clero parrocchiale*, in *Spazio, società, potere nell'Italia dei comuni*, a cura di G. Rossetti, Pisa-Napoli, GISEM-Liguori, 1986, pp. 143-194

Ronzani M., *Un aspetto della circolazione degli ecclesiastici: i trasferimenti dei vescovi (Italia comunale, secoli XIII-XIV)*, in *Circolazione di uomini e scambi culturali tra città (secoli XII-XIV)*, Atti del XXIII convegno del Centro italiano di studi di storia e d'arte (Pistoia, 13-16 maggio 2011), Roma, Viella, 2013, pp. 221-241

Ronzani M., *Chiesa e clero nella Pisa del Trecento attraverso la biografia di un protagonista. Attività ecclesiastica, affari finanziari e vita privata di Bonaggiunta da Calcinaia (1297-1362)*, in *Mediterraneo, Mezzogiorno, Europa. Studi in onore di Cosimo Damiano Fonseca*, a cura di G. Andenna e H. Houben, Bari, Mario Adda, 2004, pp. 895-959

Ronzani M., *Come lavorare con le "Rationes Decimarum"?*, in *Paesaggi, comunità, villaggi medievali*, Atti del convegno internazionale di studi (Bologna, 14-16 gennaio 2010), a cura di P. Galetti, Spoleto, CISAM, 2012, pp. 525-534

Ronzani M., *"Figli del comune" o fuoriusciti? Gli arcivescovi di Pisa di fronte alla città stato fra la fine del XIII secolo e il 1406*, in *Vescovi e diocesi in Italia*, pp. 773-835

Ronzani M.,, *L'imperatore come signore della città: l'esperienza pisana da Arrigo VII a Carlo IV*, in *Le signorie cittadine in Toscana. Esperienze di potere e forme di governo personale (secoli XIII-XV)*, a cura di A. Zorzi, Roma, Viella, 2013, pp. 121-148

Ronzani M., *L'inquadramento pastorale della diocesi di Pistoia nei secoli XI-XIII*, in *Il territorio pistoiese dall'alto Medioevo allo stato territoriale fiorentino*, a cura di F. Salvestrini, Pistoia, Società storica pistoiese, 2004, pp. 19-81.

Ronzani M., *L'organizzazione della cura d'anime nella città di Pisa (secoli XII-XIII)*, in Wickham, Ronzani, Milo, Spicciani, *Istituzioni ecclesiastiche*, pp. 35-85

Ronzani M., *La chiesa e il clero secolare*, in *Storia della civiltà toscana*, I. *Comuni e signorie*, a cura di F. Cardini, Firenze, Le Monnier, 2000, pp. 261-292

Ronzani M., *La Chiesa pisana dopo il 1406: arcivescovi e capitolo della cattedrale*, in *Firenze e Pisa dopo il 1406. La creazione di un nuovo spazio regionale*, Atti del convegno di studi, a cura di S. Tognetti, Firenze, Olschki, 2010, pp. 137-150

Ronzani M., *Nobiltà, Chiesa, memoria famigliare e cittadina a Pisa fra XI e XV secolo: i "sette casati"*, in *Società, istituzioni, spiritualità. Studi in onore di Cinzio Violante*, Spoleto, CISAM, 1994, vol. II, pp. 739-766

Ronzani M., *Simone Saltarelli*, in *DBI*, LXXXIX, pp. 749-751

Ronzani M., *Uffici vescovili e mobilità sociale: alcuni esempi pisani dei secoli XIII e XIV*, in *La mobilità sociale nel Medioevo italiano*, 3. *Il mondo ecclesiastico*, a cura di S. Carocci e A. De Vincentiis, Roma, Viella, 2017, pp. 159-176

Ronzani M., *Vescovi, capitoli e strategie famigliari nell'Italia comunale*, in *Storia d'Italia. Annali 9. La chiesa e il potere politico dal Medioevo all'età contemporanea*, a cura di G. Chittolini e G. Miccoli, Torino, Einaudi, 1986, pp. 99-146

Rosenwein B.H., *Emotional Communities in the Early Middle Ages*, Ithaca-London, Cornell University Press, 2009

Rosser G., *Conflict and Political Community in the Medieval Town: Disputes between Clergy and Laity in Hereford*, in *The Church in the Medieval Town*, a cura di T.R. Slater e G. Rosser, Aldershot, Ashgate, 1998, pp. 20-42

Rossi M.C., *Governare una Chiesa. Vescovi e clero a Verona nella prima metà del Trecento*, Verona, Cierre, 2003 (Biblioteca dei Quaderni di storia religiosa, III)

Rossi M.C., *I notai di curia e la nascita di una "burocrazia" vescovile: il caso veronese*, in «Società e Storia», XXIV (2002), pp. 1-33

Rossi M.C., *I notai di curia e la nascita di una "burocrazia" vescovile: il caso veronese*, in *Vescovi medievali*, pp. 73-164

Rossi M.C., *Gli "uomini" del vescovo.* Familiae *vescovili a Verona (1259-1350)*, Venezia, Deputazione di Storia patria per le Venezie, 2001

Rossi M.C., *Vescovi nel Trecento. Problemi, studi, prospettive*, in *Il difficile mestiere di vescovo*, pp. 217-254

Rubin M., *Sacramental Life*, in *The Cambridge History of Christianity. Volume 4*, pp. 219-237

Rusconi R., *L'ordine dei peccati: la confessione tra Medioevo ed età moderna*, Bologna, il Mulino, 2002

Salonen K., *The Consistory Court of Freising in the Late Middle Ages*, in «Zeitschrift der Savigny Stiftung für Rechtsgeschichte - Kanonistiche abteilung», 96 (2010), pp. 226-257

Salonen K., *Papal Justice in the Late Middle Ages. The Sacra Rota*, London, Routledge, 2016

Salvestrini F., *Silvestri, Francesco*, in *DBI*, LXXXXII, pp. 641-644

Samaritani A., *Una Diocesi d'Italia: Ferrara nel cinquantennio in cui sorse l'Università (1348-1399)*, Ferrara, Deputazione provinciale ferrarese di storia patria, 1991 («Atti e Memorie», serie IV, volume VIII)

Savigni R., *Il "conventus" delle chiese cittadine di Lucca nelle fonti dell'Archivio arcivescovile*, in *Il patrimonio documentario della Chiesa di Lucca*, pp. 157-185

Schwab Ch., *Das Augsburger offizialatregister (1358-1352). Eid Dokument geistlicher diözesangerichtbarkeit. Edition und Untersuchung*, Köln, Böhlau, 2001

Seghieri M., *Giurisprudenza lucchese nel medioevo. Due cause – una di diritto canonico l'altra di giure civile – dibattute avanti il tribunale ecclesiastico*, in «Actum Luce», XIII (1994), pp. 81-110

Seidel Menchi S., *Characteristics of Italian Anticlericalism*, in *Anticlericalism in Late Medieval and Early Modern Europe*, pp. 271-281

Seidel Menchi S., *I tribunali del matrimonio: bilancio di una ricerca*, in *I tribunali del matrimonio (secoli XV-XVIII)*, pp. 15-41

Sensi M., *Sinodi e visite pastorali in Umbria nel '200, '300 e '400*, in *Vescovi e diocesi in Italia*, pp. 337-372

Sharpe J.A.,*"Such Disagreement betwyx Neighbours": Litigation and Human Relations in Early Modern England*, in *Disputes and Settlements*, pp. 167-187

Siciliano Villanueva L., *Studii sulle vicende della giurisdizione ecclesiastica nelle cause dei laici secondo il diritto della Chiesa e la legislazione, dottrina e pratica italiana dalla fine dell'Impero Carolingio ai principii del sec. XV (con brevi accenni ai principii del sec. XV)*, Torino, Bocca, 1898

Silvestri A., *Power, Politics and Episcopal Authority. The Bishops of Cremona and Lincoln in the Middle Ages (1066-1349)*, Newcastle, Cambridge Scholars Publishing, 2015

Smail D.L., *Hatred as a Social Institution in Late-Medieval Society*, in «Speculum», 76 (2001), pp. 90-126

Smail D.L., *Violence and Predation in Late Medieval Mediterranean Europe*, in «Comparative Studies in Society and History», 54 (2012), pp. 7-34

Smith D.M., *Ecclesiastical Cause Papers at York: The Court of York 1301-1399*, York, Borthwick Institute of Historical Research, 1988

Soldi Rondinini G., *Vescovi e signori nel Trecento: i casi di Milano, Como e Brescia*, in *Vescovi e diocesi in Italia*, pp. 837-868

Soriani M., *Simone da Cascina*, in *DBI*, LXXXXII, pp. 716-718

Stadt un Recht im Mittelalter / La ville et le droit au Moyen Âge, a cura di P. Monnet e O.G. Oexle, Göttingen, Vandenhoeck & Ruprecht, 2003

Steinberg J., *Mimesis on Trial: Legal and Literary Verisimilitude in Boccaccio's* Decameron, in «Representations», 139 (2017), pp. 118-145

Stiaffini D., *Dino da Radicofani*, in *DBI*, XL, pp. 165-167

Storia del Cristianesimo. Religione-Politica-Cultura, VI. *Tempo di prove (1274-1449)*, a cura di M. Mollat du Jourdin e A. Vauchez, ed. it. a cura di R. Rusconi, Roma, Borla-Città Nuova, 1998 (ed. franc. Paris, 1990)

Strutture ecclesiastiche in Italia e in Germania prima della Riforma, a cura di P. Prodi e P. Johanek, Bologna, il Mulino, 1984

Swanson R.N., *Apostolic Successors: Priests and Priesthood, Bishop, and Episcopacy in Medieval Western Europe*, in *A Companion to Priesthood and Holy Orders in the Middle Ages*, a cura di G. Peters e C. Colt Anderson, Leiden-Boston, Brill, 2016, pp. 4-42

Swanson R.N., *Church and Society in Late Medieval England*, Oxford, Blackwell, 1989

Swanson R.N., *Le clergé rural anglais au bas Moyen Âge (vers 1300-vers 1530)*, in *Le clergé rural dans l'Europe médiévale*, pp. 61-100

Swanson R.N., *Religion and Devotion in Europe, c. 1215-1515*, Cambridge, CUP, 1995

Szabo Th., *Pievi, parrocchie e lavori pubblici nella Toscana dei secoli XII-XIV*, in *Pievi e parrocchie in Italia nel Basso Medioevo*, pp. 793-809

Tanzini L., *1345. La bancarotta di Firenze. Una storia di banchieri, fallimenti e finanza*, Roma, Salerno, 2018

Tanzini L., *Gli arbitrati del vescovo: giustizia vescovile e controversie private a Firenze fra Tre e Quattrocento*, in *Tribunali di mercanti e giustizia mercantile nel tardo Medioevo*, a cura di E. Maccioni e S. Tognetti, Firenze, Oslchki, 2016, pp. 107-126

Tanzini L., *Giurisdizione secolare e giurisdizione vescovile nella Toscana del XIV secolo*, in *La prassi del giurisdizionalismo negli Stati italiani. Premesse, ricerche, discussioni*, a cura di D. Edigati e L. Tanzini, Roma, Aracne, 2015, pp. 65-89

Tanzini L., *Giustizia penale e reati sessuali nella prassi dei tribunali vescovili nella Toscana del Trecento*, in *Eretico ed erotico nel Medioevo*, a cura di Ch. Grasso e M. Miglio, Roma, ISIME, 2019, pp. 41-57

Tanzini L:, *Un notaio duecentesco al servizio del vescovo di Fiesole*, in *"Notariorum itinera": notai toscani del basso Medioevo tra routine, mobilità e specializzazione*, a cura di G. Pinto, L. Tanzini e S. Tognetti, Firenze, Olschki, 2018, pp. 27-48

Tanzini L, *Pratiche giudiziarie e documentazione nello Stato fiorentino tra Tre e Quattrocento*, in *La documentazione degli organi giudiziari nell'Italia tardo-medievale e moderna*, Atti del convegno di studi (Siena, Archivio di Stato, 15-17 settembre 2008), a cura di A. Giorgi, S. Moscadelli e C. Zarrilli, 2 voll., Roma, Ministero per i beni e le attività culturali, 2012, II, pp. 785-832

Tanzini L., *Il vescovo e la città. Interessi e conflitti di potere dall'età di Dante a Sant'Antonino*, in «Annali di Storia di Firenze», VIII (2013), pp. 81-112

Tanzini L., *Il testamento del vescovo di Fiesole Ildebrando*, in «Corrispondenza», XXXVIII/1 (2018), pp. 7-90

Le terre nuove, Atti del seminario internazionale, a cura di D. Friedman e P. Pirillo, Firenze, Olschki, 2004

Il territorio pistoiese dall'alto Medioevo allo stato territoriale fiorentino, a cura di F. Salvestrini, Pistoia, Società storica pistoiese, 2004, pp. 19-81

Il tesoro di un povero: il Memoriale di Francesco Bentaccordi, fiorentino in Provenza (1400 ca.), a cura di S. Brambilla e J. Hayez, Roma, Viella, 2016

Thayer A.T., *Support for Preaching in Guido of Monte Rochen's Manipulus curatorum*, in *A Companion to Pastoral Care*, pp. 123-144

Théry J., *Faide nobiliaire et justice inquisitoire de la papauté à Sienne au temps des Neufs: les recollectiones d'une enquête de Benoît XII contre l'évêque Donosdeo de' Malavolti (ASV, Collectoriae 61A et 404A)*, in *Als die Welt in die Akten kam*, pp. 275-345

Théry J., *Fama: l'opinion publique comme preuve judiciaire. Aperçu sur la révolution médiévale de l'inquisitoire (XIIe-XIVe)*, in *La preuve en justice. De l'Antiquité à nos jours*, a cura di B. Lemesle, Rennes, Presses Universitaires de Rennes, 2003, pp. 119-147

Théry J., *"Innommables abominations sodomitiques": les débuts de la persécution autour de l'une des premières sentences conservées (justice episcopale d'Albi, 1280)*, in *Eretico ed erotico nel Medioevo*, a cura di Ch. Grasso e M. Miglio, Roma, ISIME, 2019, pp. 59-96

Thompson A. OP, *Cities of God. The Religion of the Italian Communes, 1125-1325*, Philadelphia, The Pennsylvania University Press, 2005

Tilatti A., *Capitoli e canonici. Esempi e riflessioni*, in *La mobilità sociale nel Medioevo italiano*, 3. *Il mondo ecclesiastico*, a cura di S. Carocci e A. De Vincentiis, Roma, Viella, 2017, pp. 243-263

Todeschini G., *I mercanti e il tempio. La società cristiana e il circolo virtuoso della ricchezza fra Medioevo ed età moderna*, Bologna, il Mulino, 2002

Todeschini G., *Visibilmente crudeli. Malviventi, persone sospette e gente qualunque dal Medioevo all'età moderna*, Bologna, il Mulino, 2007

Trasgressioni. Seduzione, concubinato, adulterio, bigamia (XIV-XVIII secolo), a cura di S. Seidel Menchi e D. Quaglioni, Bologna, il Mulino, 2004

Trexler R., *Church and Community 1200-1600. Studies in the History of Florence and New Spain*, Roma, Storia e Letteratura, 1987

Trexler R., *Death and Testament in the Episcopal Constitutions of Florence*, in *Church and community 1200-1600*, pp. 245-288

Trexler R., *Honor among Thieves: the Trust Function of the Urban Clergy in the Florentine Republic*, in Id., *Dependence in Context in Renaissance Florence*, New York, Medieval & Renaissance Texts and Studies, 1994, pp. 17-34 (ed. orig. 1978)

Trexler R., *The Spiritual Power. Republican Florence under Interdict*, Leiden, Brill, 1974

I tribunali del matrimonio (secoli XV-XVIII), a cura di S. Seidel Menchi e D. Quaglioni, Bologna, il Mulino, 2006 (I processi matrimoniali degli archivi ecclesiastici italiani, IV)

Turchini A., *Studio, inventario, regesto, edizione degli atti delle visite pastorali: esperienze italiane e problemi aperti*, in *Le visite pastorali. Analisi di una fonte*, a cura di U. Mazzone e A. Turchini, Bologna 1985, pp. 97-148

Välimäki R., *Bishop and the Inquisition of Heresy in Late Medieval Germany*, in *Dominus Episcopus*, pp. 186-206

Vallerani M., *La documentazione giudiziaria al crocevia: conflitti reali o riflessi "emozionali"? Per una critica dei paradigmi postmoderni*, in *Les registres de la justice pénale (*Libri maleficiorum*) et les sociétés de l'Italie communale (XII*e*-XV*e* siècle)*, a cura di D. Lett, in corso di stampa

Vallerani M., *I fatti nella logica del processo medievale. Note introduttive*, in «Quaderni storici», 36 (2001), pp. 665-693

Vallerani M., *Il giudice e le sue fonti. Note su* inquisitio *e fama nel* Tractatus de maleficiis *di Alberto da Gandino*, in «Rechtsgeschichte. Zeitschrift des Max-Planck-Instituts für europäische Rechtsgeschichte», 14 (2009), pp. 40-61

Vallerani M., *La giustizia pubblica medievale*, Bologna, il Mulino, 2005

Vallerani, *Modelli di verità. Le prove nei processi inquisitori*, in *L'énquête au Moyen Âge*, a cura di C. Gauvard, Roma, École française de Rome, 2008, pp. 123-142

Vallerani M., *Modelli processuali e riti sociali nelle città comunali*, in *Riti e rituali nelle società medievali*, a cura di J. Chiffoleau, L. Martines e A. Paravicini Bagliani, Spoleto, CISAM, 1994, pp. 115-140

Vallerani M., *Procedura e giustizia nelle città italiane del basso medioevo (XII-XIV secolo)*, in *Pratiques sociales et politiques judiciaires*, pp. 439-494

Vannucchi E., *Chiesa e religiosità*, in *Storia di Pistoia*, 2. *L'età del libero comune: dall'inizio del XII alla metà del XIV secolo*, a cura di G. Cherubini, Firenze, Le Monnier, 1998, pp. 347-386

Varanini G.M., *Note sull'archivio del capitolo della cattedrale di Verona fra XII e XIII secolo*, introduzione a *Le carte del capitolo della cattedrale di Verona. II (1152-1183)*, a cura di E. Lanza, Roma, Viella, 2006, pp. XI-LXV

Vasina A., *Pievi e parrocchie in Emilia-Romagna dal XIII al XV secolo*, in *Pievi e parrocchie in Italia nel Basso Medioevo*, pp. 725-750

Vauchez A., *Le vie della salvezza nella chiesa latina*, in *Storia del Cristianesimo. Religione-Politica-Cultura*, VI. *Tempo di prove*, pp. 392-420

Vauchez A., *The Church and the Laity*, in *The new Cambridge Medieval History*, V. *c. 1198-1300*, a cura di D. Abulafia, Cambridge, CUP, 1999, pp. 182-203

Verdon J., *Le clergé poitevin à la fin du Moyen Âge d'après les lettres de remission*, in *Papauté, monachisme et théories politiques*, pp. 621-634

Vescovi e diocesi in Italia dal XIV alla metà del XVI secolo, Atti del VII convegno di Storia della Chiesa in Italia (Brescia, 21-25 settembre 1987), a cura di G. De Sandre Gasparini, A. Rigon, F. Trolese e G.M. Varanini, Roma, Herder, 1990

Vescovi medievali, a cura di G.G. Merlo, Milano, Edizioni Biblioteca Francescana, 2003

Vescovo e città nell'alto Medioevo. Quadri generali e realtà toscane, Atti del convegno internazionale di studi (Pistoia, 16-17 maggio 1998), a cura di G.P. Francesconi, Pistoia, Centro italiano di studi di storia e d'arte, 2001

Violante C., *Clero e parrocchie nell'Italia centrosettentrionale durante i secoli XI e XII*, in *Le istituzioni ecclesiastiche della "Societas Christiana" dei secoli XI-XII. Diocesi, pievi e parrocchie*, Atti della VI settimana internazionale di studio (Milano, 1-7 settembre 1974), Milano, Vita e Pensiero, 1977, pp. 643-799

Violante C., *I vescovi dell'Italia centro-settentrionale e lo sviluppo dell'economia monetaria*, in *Vescovi e diocesi in Italia nel Medioevo (sec. IX-XIII)*, Atti del II convegno di Storia della Chiesa in Italia (Roma, 5-9 settembre 1961), Roma, Herder, 1964, pp. 193-217

Violence and the Medieval Clergy, a cura di G. Jaritz e A Marinković, Budapest, Central European University Press, 2001

La violenza alle donne. Una prospettiva medievale, a cura di A. Esposito, F. Franceschi e G. Piccinni, Bologna, il Mulino, 2018

Vita religiosa e identità politiche: universalità e particolarismi nell'Europa del tardo Medioevo, a cura di S. Gensini, Pisa, Pacini, 1998

Vodola E., *Excommunication in the Middle Ages*, Berkeley-Los Angeles-London, University of California Press, 1986

Volpe G., *Volterra. Storia di vescovi signori, di istituzioni comunali, di rapporti tra Stato e Chiesa nelle città italiane nei secoli XI-XV*, Firenze, Società anonima editrice "La voce", 1923

Wickham Ch., *Gossip and Resistance among the Medieval Peasantry*, in «Past and Present», 160 (1998), pp. 3-24

Wickham Ch., *Legge, pratiche e conflitti. Tribunali e risoluzione delle dispute nella Toscana del XII secolo*, Roma, Viella, 2000

Wickham Ch., Ronzani M., Milo Y., Spicciani A., *Istituzioni ecclesiastiche della Toscana medievale*, Galatina, Cogedo, 1980

Wieben C., *"As Men Do with Their Wives": Domestic Violence in Fourteenth-Century Lucca*, in «California Italian Studies», 1/2 (2010), pp. 1-13

Wieben C., *The Charms of Women and Priests: Sex, Magic, Gender and Public Order in Late Medieval Italy*, in «Gender & History», 29/1 (2017), pp. 141-157

Wieben C., *Unwilling Grooms in Fourteenth-century Lucca*, in «Journal of Family History», 40 (2015), pp. 263-276

Woodcock B.L., *Medieval Ecclesiastical Courts in the Diocese of Canterbury*, Oxford, Oxford University Press, 1952

Wray S.K., *Communities and Crisis: Bologna during the Black Death*, Leiden, Brill, 2009

Wunderli R.M., *London Church Courts and Society on the Eve of the Reformation*, Cambridge Mass., The Medieval Academy of America, 1981

Zafarana Z., *Cura pastorale, predicazione, aspetti devozionali nella parrocchia del basso Medioevo*, in *Pievi e parrocchie in Italia nel Basso Medioevo*, pp. 493-539

Zemon Davis N., *Fiction in the Archives. Pardon Tales and their Tellers in Sixteenth-century France*, Stanford, Stanford University Press, 1987

Zorzi A., *L'organizzazione del territorio in area fiorentina tra XIII e XIV secolo*, in *L'organizzazione del territorio in Italia e Germania, secoli XIII e XIV*, a cura di G. Chittolini e D. Willoweit, Bologna, il Mulino, 1994, pp. 279-349

Indice dei nomi

Indice dei luoghi*

* Per le località più piccole si è indicata tra parentesi la diocesi.

Finito di stampare
nel mese di ottobre 2020
da LOGO S.r.l.
Borgoricco (PD)